Avaliação em psicologia positiva

Coleção Avaliação Psicológica

Coordenador:
Makilim Nunes Baptista

Conselho editorial Ibap:
Profa. Dra. Cristiane Faiad de Moura
Prof. Dr. Fabián Javier Marín Rueda
Prof. Dr. Hugo Ferrari Cardoso
Profa. Dra. Katya Luciene de Oliveira
Prof. Dr. Marcelo Henrique Oliveira Henkalin

Dados Internacionais de Catalogação na Publicação (CIP)
(Câmara Brasileira do Livro, SP, Brasil)

Avaliação em psicologia positiva : fundamentos e integração na prática profissional / Karina da Silva Oliveira... [et al.]. – Petrópolis, RJ : Editora Vozes, 2023. – (Coleção Avaliação Psicológica) Outros autores: Caroline Tozzi Reppold, Evandro Morais Peixoto, Daniela Sacramento Zanini.

Bibliografia.
ISBN 978-65-5713-968-4

1. Avaliação psicológica 2. Psicologia I. Oliveira, Karina da Silva. II. Reppold, Caroline Tozzi. III. Peixoto, Evandro Morais. IV. Zanini, Daniela Sacramento. V. Série.

23-152360   CDD-150.287

Índices para catálogo sistemático:
1. Avaliação psicológica 150.287

Aline Graziele Benitez – Bibliotecária – CRB-1/3129

Avaliação em psicologia positiva
Fundamentos e integração na prática profissional

Karina da Silva Oliveira
Caroline Tozzi Reppold
Evandro Morais Peixoto
Daniela Sacramento Zanini
(orgs.)

Petrópolis

© 2023, Editora Vozes Ltda.
Rua Frei Luís, 100
25689-900 Petrópolis, RJ
www.vozes.com.br
Brasil

Todos os direitos reservados. Nenhuma parte desta obra poderá ser reproduzida ou transmitida por qualquer forma e/ou quaisquer meios (eletrônico ou mecânico, incluindo fotocópia e gravação) ou arquivada em qualquer sistema ou banco de dados sem permissão escrita da editora.

CONSELHO EDITORIAL

Diretor
Volney J. Berkenbrock

Editores
Aline dos Santos Carneiro
Edrian Josué Pasini
Marilac Loraine Oleniki
Welder Lancieri Marchini

Conselheiros
Elói Dionísio Piva
Francisco Morás
Gilberto Gonçalves Garcia
Ludovico Garmus
Teobaldo Heidemann

Secretário executivo
Leonardo A.R.T. dos Santos

Editoração: Andrea Bassotto Gatto
Diagramação: Sheilandre Desenv. Gráfico
Revisão gráfica: Fernando Sergio Olivetti da Rocha
Capa: Editora Vozes

ISBN 978-65-5713-968-4

Este livro foi composto e impresso pela Editora Vozes Ltda.

Sumário

Prefácio, 7
  Solange Muglia Wechsler

Apresentação, 9
  Caroline Tozzi Reppold, Daniela Sacramento Zanini, Evandro Morais Peixoto, Karina da Silva Oliveira

Fundamentos da avaliação em psicologia positiva, 11
  Daniela Sacramento Zanini, Iorhana Almeida Fernandes e Ana Paula Porto Noronha

Desafios da avaliação psicológica na perspectiva das três ondas da psicologia positiva, 25
  Karina da Silva Oliveira e Tatiana de Cassia Nakano

Construtos emergentes na área da psicologia positiva: o que os pesquisadores têm publicado no campo da avaliação em psicologia positiva nos últimos anos?, 37
  Ana Paula Porto Noronha, Caroline Tozzi Reppold, Ana Paula Ozório Cavallaro e Gabriela Bertoletti Diaz Itimura

Avaliação psicológica positiva no Brasil: desenvolvimento e aplicação, 48
  Marlos Andrade de Lima, Taís Bopp da Silva, Jéssica Vargas da Luz e Cristian Zanon

Instrumentos psicométricos da avaliação em psicologia positiva, 66
  Caroline Tozzi Reppold e Prisla Ücker Calvetti

Avaliação multimétodo em psicologia positiva, 76
  Carolina Rosa Campos, Karina da Silva Oliveira e Evandro Morais Peixoto

Identificação de recursos positivos por meio da observação e da entrevista no processo de avaliação em psicologia positiva, 89
  Carolina Rosa Campos e Amanda de Almeida Alves

Avaliação de indicadores positivos por meio de métodos projetivos, 102
  Ana Cristina Resende e Lucila Moraes Cardoso

Funcionamento ótimo na sociedade e paixão por atividades: ampliação do conhecimento sobre características positivas, 117
  Amanda Rizzieri Romano e Evandro Morais Peixoto

Motivos para viver e sentido de vida, 129
  Makilim Nunes Baptista, Ana Celi Pallini e Marcela Hipólito de Souza

Altas habilidades ou superdotação no contexto da psicologia positiva, 140
  Tatiana de Cassia Nakano

Avaliação em *mindfulness* e aplicações do construto: práticas, intervenções e pesquisas, 151
  Caroline Tozzi Reppold, Prisla Ücker Calvetti, Vanessa Kaiser e Marcela Cesa

Avaliação e aplicação da psicologia positiva em intervenções comportamentais e cognitivo-comportamentais, 161
  Maycoln Teodoro, Angélica Milena Barros Bernal e Renata Saldanha-Silva

Bem-estar psicológico: avaliação e prática clínica, 174
  Mariana Silveira Stinieski, Monique Cristielle Silva da Silva e Wagner de Lara Machado

Avaliação e aplicação da psicologia positiva na prevenção e na promoção de saúde, 183
   Cyntia Mendes de Oliveira, Helen Bedinoto Durgante e Laís Santos-Vitti

Avaliação e aplicação da psicologia positiva em atenção secundária, 196
   Margareth Regina Gomes Veríssimo de Faria, Kátya Alexandrina Matos Barreto Motta, Iorhana Almeida Fernandes e Daniela Sacramento Zanini

Avaliação e aplicação da psicologia positiva em atenção terciária, 208
   Doralúcia Gil da Silva, Elisa Kern de Castro e Cláudia Hofheinz Giacomoni

Sobre os autores, 225

Prefácio

Na psicologia humanista de Carl Rogers é apresentada a visão de que todo o ser humano possui um núcleo de saúde e uma tendência ao bem-estar, existindo a necessidade, portanto, de oferecer condições para que estas características positivas pudessem ser despertadas no processo terapêutico. Este foco nos aspectos positivos da personalidade influenciou fortemente outro humanista, Abram Maslow, a quem se atribui o termo "Psicologia Positiva", revertendo e questionando assim uma forte influência da psicanálise com a sua perspectiva do homem tomado por conflitos de seu inconsciente e luta entre desejos de vida e morte. Os trabalhos posteriores de Diener, Snyder, e mais precisamente de Seligman e Csikszentmihalyi, nos Estados Unidos, tiveram um grande impacto a partir de 2000 e demonstraram a relevância da Psicologia Positiva, a qual passou a serem dedicados estudos nas mais diversas áreas.

No Brasil, trabalhos sobre a psicologia positiva já existiam desde a época de 1990. Deve ser destacado o excelente desenvolvimento de pesquisas realizadas no Laboratório de Psicologia de Mensuração do Programa de Pós-graduação em Psicologia da Universidade Federal do Rio Grande do Sul chefiado pelo Dr. Claudio Hutz, sendo este local o pioneiro em pesquisas com instrumentos psicológicos para avaliação de diferentes construtos relacionados à Psicologia Positiva. Outros grandes impactos para a área foram a fundação da Associação Brasileira de Psicologia Positiva, a qual já realizou 4 grandes congressos nacionais, e o grupo de trabalho denominado "Criatividade e Psicologia Positiva", o qual foi organizado dentro da Associação Nacional de Pós-Graduação em Psicologia (Anpepp), gerando uma considerável quantidade de livros e artigos nas mais diversas áreas, tendo como base teórica a Psicologia Positiva.

Dois primeiros livros, resultantes de pesquisas na avaliação psicológica de construtos da psicologia positiva, foram organizados e publicados por Hutz. Portanto, é louvável que o Ibap, depois de 7 anos dessa última publicação científica, decidiu organizar um livro congregando os trabalhos principais dos pesquisadores brasileiros na área de Psicologia Positiva. Portanto, esta obra visa a complementar e atualizar as informações apresentadas em volumes anteriores, e demonstrar, mais uma vez, o avanço da Psicologia Positiva como ciência e prática no nosso país.

Esta obra apresenta várias estratégias que podem ser utilizadas para avaliação psicológica embasada na Psicologia Positiva. Os instrumentos listados buscam atender as exigências do Conselho Federal de Psicologia, no sentido de realizar pesquisas que possam indicar as evidências científicas de suas qualidades psicométricas de validade e precisão para a nossa realidade. Por sua vez, os diferentes enfoques teóricos utilizados demonstram que é possível avaliar características da Psicologia Positiva sob os mais diversos ângulos, indicando assim a profundeza dos estudos apresentados.

Além de informações históricas sobre a Psicologia Positiva no nosso país, uma grande contribuição deste livro é apresentar não somente as medidas objetivas para avaliação em psicologia positiva, mas também as de cunho mais qualitativo ou projetivo. Assim sendo, o profissional terá um leque maior de opções para avaliar o seu construto, de acordo com a sua preferência na área da avaliação psicológica. Também são apresentadas técnicas para diferentes tipos de atuação, tanto em nível primário quanto secundário e terciário, sendo esta uma grande inovação nesta obra sobre psicologia positiva.

Concluindo, é realmente um orgulho verificar o crescimento da área da Psicologia Positiva no país com tamanha qualidade de resultados em avaliação psicológica. Certamente esta obra deverá ser citada como uma das mais importantes referências para a área neste quinquênio, demonstrando assim que é possível avaliar, com qualidade científica, as mais diversas dimensões da personalidade humana sob o olhar da Psicologia Positiva.

Solange Muglia Wechsler, Ph.D.
Membro do Conselho Diretor da
International Testing Commission
Coordenadora do Grupo Ibero-Americano de
Avaliação Psicológica da
Interamerican Psychology Society
Ex-presidente do Ibap
Professora do Curso de Pós-graduação
da PUC-Campinas

Apresentação

Caroline Tozzi Reppold
Daniela Sacramento Zanini
Evandro Morais Peixoto
Karina da Silva Oliveira

A presente obra trata de uma proposta inovadora com o propósito de promover os fundamentos teóricos para avaliação psicológica na psicologia positiva e sua aplicação na prática profissional. De forma mais específica, a obra contempla a avaliação psicológica na psicologia positiva considerando seus pressupostos teóricos integrados em diferentes abordagens, por meio de multimétodos avaliativos e favorecendo a compreensão integrativa da avaliação psicológica positiva na prática profissional. Dessa forma, esta obra está voltada para professores, pesquisadores, profissionais de psicologia e alunos de graduação e pós-graduação interessados no tema.

O livro está organizado em três seções integradas. A primeira é voltada aos fundamentos teóricos que subsidiam o desenvolvimento das medidas em psicologia positiva, considerando os cenários nacional e internacional. A segunda seção do livro volta-se a especificidades do processo de avaliação psicológica na psicologia positiva, considerando os múltiplos métodos avaliativos, o raciocínio clínico e explorando os construtos clássicos e emergentes na área.

Por fim, a terceira seção aborda questões relacionadas à prática profissional, a partir de processos de integração de informações obtidas por meio do processo avaliativo em sua interlocução com diferentes abordagens psicológicas, assim como a avaliação da qualidade de processos interventivos. Cabe destacar que esta obra diferencia-se das demais já existentes no mercado por propor temas de reflexão voltados a aspectos epistemológicos, fundamentos e processos, ampliando a compreensão de avaliação para além das medidas objetivas e da fragmentação entre processo avaliativo e intervenção, preenchendo, assim, uma lacuna importante na área de avaliação psicológica.

Fundamentos da avaliação em psicologia positiva

Daniela Sacramento Zanini
Iorhana Almeida Fernandes
Ana Paula Porto Noronha

Highlights

1. A avaliação psicológica como área do conhecimento auxilia no desenvolvimento e estruturação de diferentes campos do conhecimento em psicologia.
2. A psicologia positiva, com o auxílio dos fundamentos da avaliação psicológica, transpôs conceitos filosóficos para construtos mensuráveis e modificáveis.
3. O desenvolvimento de medidas válidas e confiáveis permite o teste de modelos teóricos e o desenvolvimento da psicologia positiva.
4. Existem diferentes modelos teóricos de bem-estar e cada um demanda uma medida específica.

A Avaliação Psicológica (AP) é um campo de conhecimento antigo na ciência psicológica. No Brasil, a história da AP coincide com a inserção da Psicologia nas universidades na metade do século XX, e com a estruturação de serviços psicológicos oferecidos à sociedade. Inicialmente, a avaliação psicológica estava restrita a três grandes áreas, clínica, escolar e organizacional, mas ao longo do tempo seu escopo de atuação expandiu-se para diversos contextos (Baptista et al., 2019). Essa expansão levou ao desenvolvimento de inúmeros instrumentos tanto em nível internacional como nacional.

No contexto brasileiro, o desenvolvimento da área e o empenho dos profissionais e dos pesquisadores resultaram na estruturação e no nascimento de duas grandes entidades científicas brasileiras na área da avaliação psicológica (a Associação Brasileira de Métodos Projetivos e Rorschach [ASBRo] e o Instituto Brasileiro de Avaliação Psicológica [Ibap]), e na estruturação de um Sistema de Avaliação de Testes Psicológicos (Satepsi) para uso em contexto profissional regulado pelo Conselho Federal de Psicologia. Essas ações auxiliaram a qualificar ainda mais a área no Brasil e contribuíram com sua expansão em território nacional.

Assim, passados mais de cem anos da construção dos primeiros instrumentos de avaliação psicológica, observa-se tanto em âmbito internacional como nacional a avaliação psicológica como um campo de conhecimento estruturado e socialmente reconhecido. No Brasil, observa-se um desenvolvimento acentuado desse campo de conhecimento nas últimas décadas (Baptista et al., 2019), que culminou, inclusive, com o reconhecimento da avaliação psicológica como uma área de atuação do psicólogo e especialidade por meio do Conselho Federal de Psicologia (CFP) (ver resolução CFP n. 18/2019).

Neste capítulo discutiremos as contribuições da avaliação psicológica como área e campo do conhecimento em psicologia, já estabelecido para a construção e o desenvolvimento de um novo campo de estudos intitulado psicologia positiva (PP). De forma específica, destacamos dois desafios vivenciados pela psicologia positiva e o papel dos fundamentos da avaliação psicológica para sua superação. A saber: a transposição dos conceitos filosóficos para os construtos de Psicologia e a construção de evidências de eficácia de intervenções pautadas na psicologia positiva, ressaltando o papel da avaliação psicológica em sua transposição. Por fim, apresentaremos o desenvolvimento e a estruturação de um dos construtos mais caros da psicologia positiva e amplamente estudado, a saber, o bem-estar, e as contribuições da área de avaliação psicológica para a estruturação teórica, o desenvolvimento de medida e a compreensão das diferentes abordagens do fenômeno.

Desafios da psicologia positiva

Embora o estudo dos construtos positivos estivesse descrito na literatura psicológica há tempos, a organização e a reunião deles iniciaram-se nos anos de 1990, com Martin Seligman. De acordo com Seligman (2019), a ciência sempre esteve mais interessada nos aspectos disfuncionais e patológicos do ser humano do que em suas fortalezas ou aspectos que os mantinham saudáveis e felizes. Nesse sentido, agrupar os estudos que avaliam construtos positivos poderia auxiliar a lançar luz sobre o entendimento de como, apesar das diversidades, algumas pessoas mantêm-se saudáveis e felizes. Esses estudos, em última instância, contribuem para promover saúde, bem-estar e uma vida com propósito.

Entretanto alguns desafios se interpuseram no caminho. Entre eles, dois aspectos merecem atenção. Primeiro, os chamados construtos positivos ou relacionados à potencialização da saúde e bem-estar muitas vezes eram derivados da filosofia e representavam discussões abstratas e de difícil operacionalização. Como exemplo podemos citar compaixão, amor e mesmo felicidade. Segundo, metodologicamente, os estudos envolvendo prevenção ou potencialização de saúde são sempre mais desafiadores e demandam delineamentos mais sofisticados do que aqueles aplicados ao estudo dos fenômenos disfuncionais. Em ambos os casos, a avaliação psicológica teve papel central no auxílio ao desenvolvimento da psicologia positiva.

De conceitos filosóficos a construtos psicológicos

Como apontado anteriormente, a psicologia positiva nasce da tentativa de agrupamento e potencialização de estudos sobre o funcionamento humano saudável. Muitos desses estudos tinham como base epistemológica as correntes filosóficas do humanismo, do existencialismo e da fenomenologia (Reppold et al., 2019). Nesse sentido, traziam discussões e conceitos apoiados na filosofia, mas não operacionalizados. O próprio conceito de bem-estar, central à psicologia positiva, embora estivesse amplamente presente nos textos científicos e documentos em saúde (a exemplo dos próprios documentos da Organização Mundial em Saúde), careciam de uma definição específica e que o operacionalizasse enquanto fenômeno observável e, portanto, passível de ser avaliado e potencializado por meio de intervenções específicas.

Para superação desse desafio, contar com arcabouço teórico e metodológico da avaliação psicológica foi essencial. Por exemplo, ao possibilitar uma observação sistemática do conceito de bem-estar e por meio da descrição das emoções, comportamentos e/ou pensamentos que o compõem, foi possível estabelecer o que se chama de definição operacional e, dessa forma, construir medidas que possibilitaram observar, avaliar e comparar sua manifestação nos diferentes indivíduos. Os instrumentos relacionados aos construtos positivos podem ser nomeados como Medidas de Avaliação Psicológica Positiva (Mapp), tradução literal para Positive Psychological Assessment Measures (PPAMs) (Constantini, 2022). As Mapps são desenvolvidas a partir de um processo já conhecido no campo da avaliação psicológica e que pode ser sistematizado em quatro etapas.

A primeira etapa está relacionada às definições conceitual e operacional do construto. A segunda etapa corresponde à investigação qualitativa. Nessa etapa são realizados grupos focais, entrevistas com público-alvo, criação de múltiplos itens por juízes *experts* na área, entre outros. A terceira etapa está correlacionada ao agrupamento das informações coletadas nos estudos qualitativos, definição dos itens dos instrumentos e testagem em estudos-pilotos. A quarta etapa refere-se à busca de evidências de validade, estudos quantitativos com amostras representativas da população, que permitem a investigação da validade do instrumento e o possível refinamento da medida, incluindo ou excluindo itens.

Tais procedimentos podem ser encontrados em diversos manuais, artigos e livros que contêm os procedimentos adequados para serem realizados em cada etapa, a saber: diretrizes do International Test Comission (ITC) para a adaptação de instrumentos e para instrumentos baseados em tecnologias (ITC, 2017), e no Brasil diversos livros e artigos (p. ex., Baptista et al., 2019).

Beneficiando-se dos procedimentos de construção de medidas, a psicologia positiva avançou tanto no refinamento das definições operacionais quanto na investigação teórica com amostras representativas de diversas populações. No Brasil existe uma alta qualidade no desenvolvimento e na adaptação de medidas em psicologia positiva. Parte disso deve-se ao fato de os pesquisadores que fazem parte do movimento já serem *experts* da área de avaliação psicológica, o que permitiu o avanço significativo nas pesquisas em avaliação psicológica positiva e no desenvolvimento de intervenções baseadas em evidências no Brasil.

A avaliação psicológica como recurso para construção de intervenções eficazes

Tendo definido operacionalmente o construto e construído medidas válidas e confiáveis em relação a ele, pode-se, a partir da observação de suas características constitutivas, desenvolver métodos, técnicas e procedimentos com o fim de fomentar seu aumento ou diminuição. Dessa forma, desenvolve-se no campo da psicologia positiva um conjunto de intervenções focadas no desenvolvimento de diferentes construtos de psicologia positiva, como bem-estar, otimismo, gratidão etc.

Essas intervenções, denominadas de Intervenções Psicológicas Positivas ou IPPs, têm características específicas em relação ao conteúdo, ao objetivo, à população e à avaliação (Shankland & Rosset, 2017). Nesse sentido, observa-se, uma vez mais, a contribuição do campo da avaliação psicológica no desenvolvimento e no estabelecimento da psicologia positiva como campo científico.

Por meio do desenvolvimento de delineamentos clínicos, tais como ensaio clínico randomizado, foi possível testar modelos de IPPs avaliando-os em termos de eficácia e efetividade e, dessa forma, estabelecer a validade ecológica e consequencial do uso de métodos, técnicas e procedimentos desse campo (Hutz & Reppold, 2018).

Assim, pode-se construir evidências de que os construtos positivos podem ser mitigados ou potencializados a fim de produzir mudanças na vida das pessoas. A esse respeito cabe a ressalva de que avaliar os efeitos dessa mudança é de suma importância, pois embora o construto seja positivo, sua potencialização, em casos específicos, pode ter consequências negativas (para mais discussões ver, p. ex., Reppold et al., 2019). Por fim, por meio da avaliação dos métodos, técnicas e procedimentos, pode-se testar os modelos teóricos previamente construídos, produzindo seu refinamento e estabelecendo novos entendimentos. Podemos dizer, em certa medida, que foi essa retroalimentação que permitiu o desenvolvimento da psicologia positiva e a ampliação observada nas três ondas desse campo teórico (Reppold et al., 2019).

Abordagens do bem-estar: contribuições da AP para sua estruturação teórica, desenvolvimento de medidas e compreensão do fenômeno

Os estudos sobre bem-estar e saúde mental ganharam força com as discussões sobre saúde mais do que a ausência de doenças (The World Health Organization Quality of Life Assessment [WHOQOL Group], 1998) e com o início das discussões sobre a importância das características positivas que auxiliam os indivíduos a construírem uma vida feliz. No escopo dos estudos sobre bem-estar foram desenvolvidas diversas abordagens explicativas do construto, bem como instrumentos de medida desses estudos. Serão apresentadas cinco principais abordagens do construto e os instrumentos derivados de tais abordagens.

As definições de bem-estar mais bem-aceitas na literatura estão pautadas nas concepções filosóficas hedônicas e eudaimônicas, estudadas há muitos anos. Na base da concepção hedônica, o filósofo Aristipo, que fundou a Escola Cirenaica de Filosofia, argumenta que o prazer é o único bem e que a dor é o único mal, dando ênfase à necessidade de receber gratificação física imediata (Huta, 2022). A concepção eudaimônica de bem-estar, em contrapartida, baseia-se na filosofia de Aristóteles de felicidade. De acordo com o filósofo, a vida boa, representada pela eudaimonia é entendida como o principal bem humano e estaria relacionada à forma de viver, enfatizando os valores morais, a excelência e a realização dos potenciais humanos (Ryan et al., 2006).

Bem-estar Subjetivo (BES): concepção teórica

Em que pese o fato de que a filosofia dedicou-se grandemente ao tema, o foco científico deu-se mais contemporaneamente com Ed Diener, que promulgou o termo Bem-estar Subjetivo (BES), usando como base os preceitos da concepção hedônica. Diener et al. (2002) definem BES como as avaliações cognitivas (satisfação com a vida) e afetivas (afetos positivos e negativos) que os indivíduos fazem de suas vidas. No entanto, devemos destacar que o termo apareceu pela primeira vez na tese de Warner Wilson, em 1960, de forma intercambiável com o termo felicidade. Apesar de o termo felicidade ser utilizado como tradução de eudaimonismo, socialmente, felicidade é utilizada com frequência para traduzir sentimentos de prazer e alegria, estando fortemente vinculado à concepção hedônica (Huta, 2022).

Atualmente, os termos BES e felicidade são utilizados de forma intercambiável por diversos autores, sobretudo nas publicações estrangeiras. No Brasil, no entanto, o termo felicidade está relegado ao senso comum e nas produções científicas observa-se mais o termo BES. Além disso, a popularização da expressão felicidade tem sido uma importante razão para que pesquisadores brasileiros contemporâneos optem por não a utilizar.

Bem-estar Subjetivo (BES): avaliação

Para avaliar o componente afetivo do BES foi desenvolvida a Positive Affect and Negative Affect Scale (Panas) (Watson et al., 1988). A escala é composta por 20 itens, sendo divididos em 10 itens relacionados aos afetos positivos e 10 itens relacionados aos afetos negativos. O respondente deve assinalar entre 1 (nem um pouco) a 5 (extremamente). Para conhecer o escore deve-se somar todos os itens correspondentes ao afeto positivo e todos os itens correspondentes aos afetos negativos, formando, assim, dois escores brutos que devem ser interpretados de formas distintas. A escala, originalmente desenvolvida para adultos, apresenta bons índices de confiabilidade (Afetos positivos $\alpha = .86$ e afetos negativos $\alpha = .84$), e avalia uma perspectiva dimensional dos afetos.

Nessa perspectiva, os afetos positivos e negativos são compreendidos em dois eixos de dimensões ortogonais, compostas pela valência e pela ativação. Cada emoção pode ser compreendida como uma combinação de valência e ativação, resultando em quatro quadrantes de emoção: emoção positiva de alta ativação (p. ex., animado, eufórico), emoção negativa de alta ativação (p. ex., nervoso, zangado), emoção positiva de baixa ativação (p. ex., calma, contente) e emoção negativa de baixa ativação (p. ex., triste, entediado), assim chegando aos itens que compõem a escala. No Brasil, a Panas foi validada por Zanon e Hutz (2014) e apresentou bons índices de confiabilidade (afetos positivos $\alpha = .83$ e afetos negativos $\alpha = .77$).

A Panas é amplamente utilizada na avaliação dos afetos dentro do BES. No entanto existem outras medidas para avaliar esse componente. Recentemente foram encontradas diferenças nos desfechos de intervenções em psicologia positiva quando se utilizam diferentes medidas para avaliar o componente afetivo do BES (Moskowitz et al., 2021). Os autores classificaram as medidas como dimensionais, discretas e mistas.

Essa escala é um exemplo de medida dimensional e sua característica foi descrita anteriormente. Em contraste, medidas discretas de emoção baseiam-se na suposição de que existe um conjunto fundamental de emoções básicas que podem ser diferenciadas com base em seus componentes fisiológicos, comportamentais e de experiência subjetiva. As emoções básicas podem ser encontradas em diversas culturas e incluem emoções como interesse, alegria, surpresa, tristeza, raiva, nojo, desprezo, medo, vergonha e culpa. As medidas mistas avaliam os afetos dentro das perspectivas hedônica e eudaimônica, ou seja, os afetos positivos e negativos, emoções relacionadas a ter uma vida completa, repleta de sentido e propósito.

Os diferentes pontos de partida para construção das escalas de afetos parecem impactar nos desfechos encontrados após intervenções psicológicas positivas. Intervenções que foram avaliadas por medidas dimensionais apresentam resultados satisfatórios em relação ao aumento de emoções positivas e diminuição de emoções negativas. Quando avaliado por medidas discretas, os efeitos das intervenções estão associados apenas ao aumento das emoções positivas e não à diminuição das emoções negativas. Além disso, surgem diferenças ao comparar o período da avaliação (na última semana ou no último mês) usando medidas discretas.

Os efeitos da intervenção são mais prováveis em medidas discretas de afetos positivos em períodos de tempo mais curtos (p. ex., dia anterior ou momento atual), é menor em um período de tempo maior (p. ex., mês passado) (Moskowitz et al., 2021). Tais diferenças nos desfechos das intervenções podem estar associados às medidas utilizadas e os *tipos* de afetos que são avaliados.

Bem-estar Psicológico (BEP): concepção teórica

Em contraponto à abordagem hedônica, é cunhado por Ryff (1989) o termo Bem-estar Psicológico (BEP), baseado na concepção eudaimônica do bem-estar. O enfoque torna-se viver de acordo com o verdadeiro eu, "daimon", e de acordo com as virtudes de valores morais, em um eterno crescimento pessoal (Huta, 2022). Em grande parte, esse modelo surge de uma crítica ao BES. Ryff (1989) afirma que o BES foi pouco articulado com as teorias psicológicas já existentes na época, negligenciando aspectos importantes do funcionamento positivo dos indivíduos, e por isso não apresentaria uma visão completa do bem-estar.

Nessa abordagem, o bem-estar é compreendido como o funcionamento positivo dos indivíduos, classificado em seis dimensões (aceitação pessoal, relações positivas, autonomia, domínio do ambiente, propósito de vida e crescimento pessoal). A autoaceitação refere-se às atitudes positivas que o indivíduo tem a respeito de si, considerando os pontos fortes e fraquezas. As relações positivas correspondem à capacidade de ter e manter relacionamentos interpessoais. A autonomia refere-se à autoavaliação e à tomada de decisões com certo nível de independência. O domínio do ambiente corresponde à capacidade do indivíduo de manejar o seu ambiente. O propósito de vida refere-se à manutenção dos objetivos para alcançar uma vida repleta de significado. O crescimento pessoal corresponde à abertura a novas experiências e o progresso relacionado a essas experiências (Ryff, 1989).

Bem-estar Psicológico (BEP): avaliação

A concepção hedônica parece ser mais utilizada do que o eudaimonismo. Em parte, alguns autores consideram que o BES pode ter sido mais utilizado pela clareza e pela capacidade de ser medido com clareza (Ryan et al., 2006). Em contraponto, o BEP foi considerado um construto mais subjetivo, abrangente e composto por muitos domínios, o que pode dificultar a sua adesão em pesquisas (Huta, 2022). Entretanto, para avaliar o BEP foi desenvolvida a Escala de Bem-estar Psicológico (Ebep) (Ryff, 1989).

A Ebep é composta por 42 itens que medem os seis componentes do BEP, pontuados em uma escala *Likert* entre 1 (discordo totalmente) a 7 (concordo plenamente). Estudos apontam bons índices de confiabilidade (aceitação pessoal α = .93; relações positivas α = .91, autonomia α = .86, domínio do ambiente α = .90, propósito de vida α = .90 e crescimento pessoal α = .87). Para a construção dos itens, a autora utilizou as teorias já bem-estabelecidas na psicologia. A saber: estágios psicossociais de Erikson's (1959), personalidade de Neugarten's (1973), "autoatualização" de Maslow's (1968), maturidade de Allport's (1961), funcionamento pleno de Rogers (1961), saúde mental de Jahoda (1958), tendências básicas de Buhler (1935). No Brasil, a escala foi adaptada por Machado et al. (2013) e apresentou bons índices de confiabilidade, entre α = .77 e .89.

Qualidade de vida, *wellness* e modelos mistos: concepção teórica

Para além das abordagens centrais do bem-estar, Cooke et al. (2016), por meio de uma revisão de literatura, realizaram uma busca por instrumentos de avaliação psicológica positiva e os classificaram em outras três abordagens, que seriam, qualidade de vida, *wellness* e modelos mistos (que englobam duas ou mais das abordagens citadas).

As discussões em torno da Qualidade de Vida (QV) ganharam destaque nas últimas décadas do século passado, fazendo-se presente até o momento, em especial na área da saúde. A QV pode ser compreendida como a percepção do indivíduo sobre sua vida, incluindo as facetas de saúde física, psicológica e social (WHOQOL Group, 1998). Nessa perspectiva, o bem-estar está relacionado ao nível de satisfação do indivíduo com a vida de maneira global e com as facetas explicitadas. É um conceito complexo, multidimensional e que dependerá da avaliação subjetiva do próprio indivíduo sobre sua vida. A QV tem sido associada a gênero, saúde mental (Vizzotto et al., 2017) e nível de atividade física (Claumann et al., 2017).

Qualidade de vida, *wellness* e modelos mistos: avaliação

Com o intuito de avaliar a qualidade de vida (QV) de forma abrangente, em nível transcultural e em contraponto aos índices de mortalidade, foi desenvolvido o World Health Organization Quality of Life (WHOQOL). O instrumento foi construído de forma colaborativa por diversos pesquisadores em diferentes países (WHO, 1998) em quatro etapas, sendo elas: a definição conceitual e operacional do construto, estudos qualitativos, construção dos itens da escala e aplicação do estudo-piloto, e estudos de refinamento do instrumento.

O instrumento final é constituído por 100 itens, distribuídos em 24 facetas que permitem avaliar a QV geral e quatro domínios (físico, psicológico, social e ambiental). O instrumento apresenta bons índices de confiabilidade (domínio físico α = .82, domínio psicológico α = .75, domínio social α = .66, domínio ambiental α = .80, geral α = .78). Ele foi traduzido para mais de 40 idiomas e encontra-se disponível para uso em diversos países, incluindo o Brasil. A partir do WHOQOL foram desenvolvidos outros instrumentos para avaliar a QV em diferentes contextos, bem como uma versão abreviada dele. O WHOQOL-BREF surgiu pela necessidade de instrumentos curtos para análises que exigem pouco tempo para seu preenchimento.

Para avaliar a estrutura fatorial do WHOQOL-BREF foi realizada uma meta-análise, por meio de uma Análise Fatorial Exploratória (EFA) e Análise de Rede Social (SNA). Foram incluídos 16 estudos. As descobertas da EFA revelaram que os modelos de quatro e cinco fatores são aceitáveis. No entanto o modelo com quatro fatores apresenta os melhores índices de ajuste. Todos os 24 itens, exceto o item 8, foram carregados nos fatores projetados teoricamente. O modelo teórico de quatro fatores proposto pelo grupo WHOQOL foi validado (Lin & Yao, 2022).

Wellness: concepção teórica

Outra abordagem utilizada para compreensão do bem-estar, está dentro dos estudos sobre *wellness*. Diversos modelos explicativos para o *wellness* foram desenvolvidos, a saber: Modelo Hexagonal de Bem-estar de Hettler (1980), Modelo de Desenvolvimento do Ciclo de Vida de Sweeney e Witmer (1991), Modelo de Bem-estar de Zimpher (1992), Modelo de Bem-estar Espiritual de Chandler et al. (1992), Modelo Clínico e Educacional de Bem-estar de Granello (2012).

Embora a literatura da área indique diversos modelos, de forma geral o *wellness* pode ser compreendido como uma perspectiva holística do bem-estar, integrando corpo, mente e espírito (Long et al., 2022). Os modelos apresentam semelhanças com as definições e facetas da QV, no entanto diferem-se pela inclusão da dimensão espiritualidade em todos os modelos.

A inclusão da dimensão da espiritualidade nas discussões da psicologia foi impulsionada por estudos com pacientes crônicos e oncológicos, sendo grandemente associada ao estilo de *coping* religiosidade. Atualmente, alguns pesquisadores têm se dedicado à integração do *wellness* às práticas da psicologia clínica (Long et al., 2022). Os pesquisadores apontam para a necessidade da compreensão do bem-estar de forma holística, incluindo a espiritualidade como importante recurso para o enfrentamento das adversidades e do florescimento na vida. No entanto apontam a necessidade de mais estudos que ampliem a compreensão da avaliação psicológica da espiritualidade, estudos de eficácia de intervenções e a necessidade de desenvolvimento das habilidades dos psicólogos para abordarem essa temática (Blount et al., 2020).

Wellness: avaliação

Para avaliar a espiritualidade foi desenvolvida a The Spiritual Well-Being Scale (SWBS) (Palousian & Elisson, 1991). Originalmente, a escala tem como objetivo avaliar a espiritualidade como um construto amplo, sem examinar apenas crenças e práticas específicas de algumas religiões. A espiritualidade pode ser compreendida como a busca por sentido e propósito de vida, e uma conexão com algo que transcende o que o ser humano compreende (Alvarenga et al., 2019). Para os autores, o bem-estar espiritual é dividido em dois eixos centrais: I) relacionamento com Deus ou com um ser divino e II) satisfação com a vida ou com o propósito de vida.

A SWBS é composta por 20 itens, divididos em duas escalas: 10 itens medem o bem-estar religioso e contêm referência a Deus e os outros 10 itens avaliam o bem-estar existencial e não contêm nenhuma referência a Deus. Todos os itens são pontuados em uma escala *Likert* de 6 pontos, que varia de 1 "discordo totalmente" a 6 "concordo totalmente". Os escores são apresentados em três subescalas: bem-estar religioso, existencial e geral. A escala apresentou bons índices de confiabilidade (bem-estar espiritual geral α = .95; bem-estar religioso α = .97; bem-estar existencial α = .93).

A escala foi traduzida e adaptada para outros países, que confirmaram a estrutura fatorial de três fatores. A SWBS-versão árabe (Musa & Pevalin, 2012) foi utilizada com veteranos de guerra persas que atuaram nas guerras no Irã e Iraque (Soleimani et al., 2017; Shankland & Rosset, 2017). Foi encontrada uma estrutura fatorial de três fatores, nomeados: relação com Deus, crença no destino e otimismo. Os fatores relação com Deus e otimismo apresentaram alta correlação entre si.

Modelo Perma: concepção teórica

A abordagem dos modelos mistos é compreendida como aquela que engloba duas ou mais das quatro abordagens apresentadas. A exemplo dos modelos mistos, Seligman (2012) sugere o Modelo Perma, que é um acrônimo dos termos originais em inglês para emoções positivas (P), engajamento (E), relacionamentos positivos (R), sentido de vida (M), e realizações (A).

As emoções positivas compreendem as sensações de prazer, paz, serenidade, alegria, gratidão, entre outras que foram experienciadas pelos indivíduos no passado, presente ou que ainda acontecerão. O engajamento pode ser compreendido como estar ativo e engajado nas atividades individuais ou com outros e na comunidade.

Para Seligman (2012), estar engajado nas atividades deve ser prazeroso para o indivíduo, promovendo emoções positivas. No que diz respeito aos relacionamentos, pode ser compreendido como estar conectado a outras pessoas, sentir-se amado e apoiado por outros e sentir-se integrado ao ambiente social que frequenta. O sentido de vida compreende a sensação de ter uma vida com propósito e significado, fazendo uma avaliação positiva da própria existência. Está incluída nessa compreensão a sensação de estar conectado a algo maior. A realização está relacionada à avaliação positiva das conquistas de vida e à capacidade de permanecer motivado frente aos novos desafios (Carvalho et al., 2021; Seligman, 2012).

Modelo Perma: avaliação

Embora esse modelo tenha sido considerado por alguns autores como uma abordagem mais próxima da concepção eudaimônica, no instrumento de medida desenvolvido por Butler e Kern (2016) para avaliar o modelo, os itens dos componentes relacionados a bem-estar geral, felicidade e emoções positivas e negativas estão baseados na concepção hedônica.

Butler e Kern (2016) desenvolveram uma medida denominada Perma-Profiler (Perma-P), composta por 23 itens de autorrelato pontuados de 0 a 10 e avalia emoções positivas, engajamento, relacionamentos positivos, sentido de vida, realizações, bem-estar geral ou felicidade, emoções negativas, solidão e saúde física. A escala apresentou bons índices de confiabilidade (emoções positivas α = .88; engajamento α = .72; relacionamentos α = .82; sentido de vida α = .90; realizações α = .79; bem-estar geral α = .94) (Butler & Kern, 2016). Diferentemente dos outros instrumentos, os escores obtidos pelo respondente são apresentados em formato de gráfico de barras, indicando um perfil de bem-estar e auxiliando a compreensão das potencialidades e os déficits do indivíduo.

A escala Perma-Profiler foi adaptada e traduzida para diversos países no Ocidente e no Oriente, como Alemanha (Wammerl et al., 2019),

Brasil (Carvalho et al., 2021), Hong Kong (Lai et al., 2018), entre outros. Os estudos de adaptação do instrumento para outros países e contextos ainda são recentes e apresentam divergências na estrutura fatorial do modelo.

As divergências na estrutura fatorial aparecem na adaptação do modelo para contextos diferentes da população adulta e saudável. Em estudo feito com veteranos de guerra, a escala Perma-Profiler apresentou estrutura de dois fatores denominados pontos fortes de caráter emocional e pontos fortes de caráter de desempenho (forças pessoais emocionais e forças pessoais de desempenho). Os itens referentes aos componentes engajamento e significado estavam presentes nas duas estruturas (Umucu, 2020).

Em outro estudo realizado com estudantes universitários com algum déficit sensorial ou déficits de aprendizagem, a estrutura fatorial do modelo apresentou apenas um fator (Tansey, 2017). No entanto, em adultos saudáveis o modelo apresenta estrutura fatorial de cinco fatores (Carvalho et al., 2021; Wammerl et al., 2019) como proposto no estudo original (Butler & Kern, 2016). Tais evidências indicam a necessidade de aprofundamento sobre as características do modelo e as populações em que a estrutura de cinco fatores deve ser utilizada.

Considerações finais

O presente capítulo pretendeu demonstrar a importância dos fundamentos da avaliação na construção e no desenvolvimento e estruturação de um novo campo da psicologia, a saber, a psicologia positiva. Foram apresentados argumentos que demonstraram como as etapas de definição do construto, construção de instrumentos e avaliação foram essenciais para a estruturação de modelos teóricos consistentes no campo da PP.

De forma específica, analisando o conceito de bem-estar descreveu-se como as cinco abordagens apresentadas podem ser sintetizadas como eudaimônica (equivalente ao funcionamento positivo dos indivíduos), hedônica (equivalente à experiência de afetos positivos e negativos e à interpretação cognitiva da satisfação com a vida), abordagem QV (equivalente à avaliação subjetiva da vida, incluindo as facetas física, psicológica e social), abordagem *wellness* (equivalente à percepção holística da satisfação com a vida, incluindo a espiritualidade), abordagem mista (equivalente à integração entre os modelos eudaimônico e hedônico). Cada uma dessas cinco abordagens com modelos teóricos demandam medidas diferentes.

A discordância entre os pesquisadores sobre os aspectos centrais do bem-estar pode se dar em parte por se tratar do estudo de experiências humanas similares conceituadas de formas distintas, e em parte ser explicada pela sua origem em diferentes disciplinas da ciência (Psicologia, Sociologia, Medicina etc.). Associada a essas características, a variedade de termos para o bem-estar pode provocar um equívoco conhecido na literatura como *jingle jangle fallacy*.

O equívoco referente ao *jingle fallacy* acontece quando diferentes abordagens utilizam o mesmo termo para falar de conceitos diferentes e o *jangle fallacy* acontece quando se utilizam termos diferentes para conceituar o mesmo construto. Para evitar os equívocos, a área de AP apresenta os recursos metodológicos necessários para sintetizar as divergências e oferecer caminhos mais explícitos, apontando os déficits, as potencialidades e os possíveis desfechos na escolha de cada abordagem.

Contudo, embora existam diferenças entre as abordagens, as medidas apresentadas neste capítulo apresentam similaridades. Além do processo de desenvolvimento ou adaptação das Mapp, que foi citado no início do capítulo, são encontradas outras semelhanças, como a convergência para medidas de autorrelato, com itens reduzidos e pontuados em escalas *Likert*. As medidas usualmente convergem para a avaliação subjetiva que o indivíduo faz da própria vida e das respectivas experiências. Essa convergência pode explicar a tendência de medidas de autorrelato. Em geral, são instrumentos com poucos itens, medidos em uma escala *Likert*.

Instrumentos com itens reduzidos e autoaplicáveis aumentam a viabilidade da aplicação dessas medidas. Em geral os instrumentos de avaliação psicológica positiva podem ser aplicados em ambientes remotos, em um curto período de tempo, o que pode promover maior engajamento do participante na pesquisa, na avaliação e/ou na intervenção, além de acompanhar os desdobramentos da era virtual. No entanto, para a interpretação dos escores obtidos, bem como as intervenções decorrentes da aplicação do instrumento, necessita-se de um profissional *expert* na temática.

Apesar da qualidade dos instrumentos, a psicologia positiva tem sido criticada por ter amostras compostas por uma população ocidental, educada, industrializada, rica e em sociedades democráticas, e tem utilizado a sigla Weird (acrônimo para *western, educated, industrialized, rich and democratic*) (van Zyl & Rothmann, 2022). No Brasil, a realidade não tem sido diferente e as amostras dos estudos para validação de instrumentos, por exemplo, são predominantemente compostas por estudantes universitários, brancos, heterossexuais, entre 20 e 40 anos, das regiões Sul e Sudeste do país, o que, em um país com proporções continentais e uma grande diversidade, não é representativo.

Outro ponto diz respeito ao investimento inicial em estudos com metodologias mistas. Desde seu início, a psicologia positiva deu enfoque ao empirismo associado à utilização de técnicas estatísticas refinadas e robustas para análise dos resultados das pesquisas (Baptista et al., 2019; Hutz & Reppold, 2018). No entanto, a avaliação de construtos por vezes subjetivos requer uma intensa avaliação qualitativa do fenômeno para compreensão das nuances que às vezes não são totalmente apreendidas apenas com análises no nível quantitativo.

No Brasil, exemplos de análises qualitativas podem ser principalmente vistas em estudos sobre bem-estar com crianças e adolescentes. Principalmente para a avaliação dos construtos positivos em crianças, os pesquisadores têm sido bem criativos e alterado os padrões apresentados nos estudos com adultos (Giacomoni et al., 2014).

Por fim, o presente capítulo aponta que a utilização de diferentes medidas pode ampliar a compreensão do fenômeno e devem ser inseridas medidas diversas, principalmente em estudos que avaliem a eficácia de intervenções, para cobrir os construtos de forma mais ampla e entender realmente o impacto das IPPs na vida dos indivíduos, em curto, médio e longo prazos. Além disso, é importante escolher medidas que estejam afinadas aos objetivos das intervenções e apresentar diversas medidas também é positivo.

É possível analisar como o construto "comporta-se" em diferentes perspectivas. Essa comparação traz informações relevantes para os pesquisadores, auxiliando no aprimoramento das intervenções. Talvez seja interessante levantar perfis, avaliar de diversas formas o mesmo construto, para conseguir desenvolver intervenções que realmente auxiliem naquele detalhe do funcionamento do indivíduo. Tais aspectos estão alinhados aos fundamentos da avaliação psicológica e têm sido descritos na literatura como de grande auxílio no desenvolvimento científico da psicologia como ciência e profissão.

Indicação de leitura

Baptista, M. N., Muniz, M., Reppold et al. (orgs.) (2019). *Compêndio de avaliação psicológica*. Vozes. (Avaliação Psicológica).

Hutz, C. S. (2014). *Avaliação em psicologia positiva*. Artes Médicas.

Hutz, C. S., & Reppold, C. T. (orgs.) (2018). *Intervenções em psicologia positiva aplicadas à saúde*. Leader.

Referências

Allport, G. W. (1961). *Pattern and growth in personality*. Holt, Rinehart & Winston.

Alvarenga, W. A., Nascimento, L. C., Dos Santos, C. B., Leite, A. C. A. B., Mühlan, H., Schmidt, S., & Vieira, M. (2019). Measuring spiritual well-being in Brazilian adolescents with chronic illness using the FACIT-Sp-12: age adaptation of the self-report version, development of the parental-report version, and validation. *Journal of Religion and Health*, 58, 2.219-2.240. https://doi.org/10.1007/s10943-019-00901-y

Baptista, M. N., Muniz, M., & Reppold et al. (2019). *Compêndio de avaliação psicológica*. Vozes.

Blount, A. J., Dillman Taylor, D. L., & Lambie, G. W. (2020). Wellness in the helping professions: historical overview, wellness models, and current trends. *Journal of Wellness*, 2(2), 6.

Buhler, C. (1935). The curve of life as studied in biographies. *Journal of Applied Psychology*, 19, 405-409.

Butler, J., & Kern, M. L. (2016). The PERMA-Profiler: a brief multidimensional measure of flourishing. International *Journal of Wellbeing*, 6(3), 1-48. https://doi.org/10.5502/ijw.v6i3.526

Carvalho, T. F., Aquino, S. D., & Natividade, J. C. (2021). Flourishing in the brazilian context: evidence of the validity of the PERMA-profiler scale. *Current Psychology*, (s/n), 1-113. https://doi.org/10.1007/s12144-021-01587-w

Chandler, C. K., Holden, J. M., & Kolander, C. A. (1992). Counseling for spiritual wellness: theory and practice. *Journal of Counseling and Development*, 71, 168-175.

Claumann, G. S., Maccari, F. E., Ribovski, M., Pinto, A. D. A., Felden, É. P. G., & Pelegrini, A. (2017). Qualidade de vida em acadêmicos ingressantes em cursos de educação física. *Journal of Physical Education*, 28, e2824. https://doi.org/10.4025/jphyseduc.v28i1.2824

Conselho Federal de Psicologia (2019). Resolução n. 18/2019. Reconhece a avaliação psicológica como especialidade da psicologia e altera a Resolução CFP n. 13, de 14 de setembro de 2007, que institui a Consolidação das Resoluções relativas ao Título Profissional de Especialista em Psicologia. https://atosoficiais.com.br/cfp/resolucao-do-exercicio-profissional-n-18-2019-reconhece-a-avaliacao-psicologica-como-especialidade-da-psicologia-e-altera-a-resolucao-cfp--no-13-de-14-de-setembro-de-2007-que-institui--a-consolidacao-das-resolucoes-relativas-ao-titulo--profissional-de-especialista-em-psicologia

Constantini, A. (2022). Editorial: positive psychological assessments: modern approaches, methodologies, models and guidelines: current perspectives. *Frontiers in Psychology*, 13(1), 1020653. https://doi.org/10.3389/psyg.2022.1020653

Cooke, P. J., Melchert, T. P., & Connor, K. (2016). Measuring well-being. *The Counseling Psychologist*, 44(5), 730-757. https://doi.org/10.1177/0011000016633507

Diener, E., Lucas, R. E., & Oishi, S. (2002). Subjective well-being: the science of happiness and life satisfaction. *Handbook of Positive Psychology*, 2, 63-73.

Erikson, E. (1959). Identity and the life cycle. In *Psuchologial issues* (pp. 1-71). International Universities Press.

Giacomoni, C. H., Souza, L. K. D., & Hutz, C. S. (2014). O conceito de felicidade em crianças. *Psico-USF*, *19*(1), 143-153. https://doi.org/10.1590/S1413-82712014000100014

Granello, P. (2012) *Wellness counseling*. Pearson.

Hettler, W. (1980). Wellness promotion on a university campus. *The Journal of Health Promotion and Maintenance*, *3*(1), 77-95. https://doi.org10.1097/00003727-198005000

Huta, V. (2022). How distinct are eudaimonia and hedonia? It depends on how they are measured. *J Well-Being Assess*, *4*, 511-537. https://doi.org/10.1007/s41543-021-00046-4

Hutz, C. S., & Reppold, C. T. (orgs.) (2018). *Intervenções em psicologia positiva aplicadas à saúde*. Leader.

International Test Commission (2017). *The ITC Guidelines for translating and adapting tests* (2. ed.). https://www.intestcom.org/. Translation authorized by Instituto Brasileiro de Avaliação Psicológica (Ibap).

Jahoda, M. (1958). *Current concepts of positive mental health*. Basic Books

Lai, M. K., Leung, C., Kwok, S. Y. C., Hui, A. N. N., Lo, H. H., M., Leung, J. T. Y., & Tam, C, H, L. (2018). A multidimensional PERMA-H positive education model, general satisfaction of school life, and character strengths use in Hong Kong senior primary school students: Confirmatory factor analysis and path analysis using the APASO-II. *Frontiers in Psychology*, *9*, 1.090. https://doi.org/10.3389/fpsyg.2018.01090

Lin, L. C., & Yao, G. (2022). Validation of the factor structure of the WHOQOL-BREF using meta-analysis of exploration factor analysis and social network analysis. *Psychological Assessment*, *34*(7), 660-670. https://doi.org/10.1037/pas0001122

Long, S. M., Clark, M., Reed, L., & Raghavan, E. (2022). Wellness integration in professional counseling: A grounded theory. *Journal of Counseling and Development*, *100*(4), 442-453. https://doi.org/10.1002/jcad.12431

Machado, W. L., Bandeira, D. R., & Pawlowski, J. (2013). Validação da Psychological Well-being Scale em uma amostra de estudantes universitários. *Avaliação Psicológica*, *12*(2), 263-272. http://pepsic.bvsalud.org/pdf/avp/v12n2/v12n2a17.pdf

Maslow, A. H. (1968). *Toward a psychology of being* (2. ed.). Van Nostrand.

Moskowitz, J. T., Cheung, E. O., Freedman, M., Fernando, C., Zhang, M. W., Huffman, J. C., & Addington, E. L. (2021). Measuring positive emotion outcomes in positive psychology interventions: a literature review. *Emotion Review*, *13*(1), 60-73. https://doi.org/10.1177/1754073920950811

Musa, A. S., & Pevalin, D. J. (2012). An arabic version of the spiritual well-being scale. *International Journal for the Psychology of Religion*, *22*(2), 119-134. https://doi.org/10.1080/10508619.2011.638592

Neugarten, B. L. (1973). Personality change in late life: a developmental perspective. In C. Eisdorfer & M. P. Lawton (orgs.). *The psychology of adult development and aging* (pp. 311-335). American Psychological Association.

Paloutzian R., & Ellison, C. (1991). *The Spiritual Well-Being Scale (SWBS). Manual for Spiritual Well-Being Scale*. Life Advance, Inc.

Reppold, C. T., Zanini, D. S., Campos, D. C., Faria, M. R. G. V. de, & Tocchetto, B. S. (2019). Felicidade como produto: um olhar crítico sobre a ciência da psicologia positiva. *Avaliação Psicológica*, *18*(4), 333-342. https://dx.doi.org/10.15689/ap.2019.1804.18777.01

Rogers, C. R. (1961). *On becoming a person*. Houghton Muffin.

Ryan, R. M., Huta, V., & Deci, E. L. (2006). Living well: a self-determination theory perspective on eudaimonia. *Journal of Happiness Studies*, *9*(1), 139-170. https://dx.doi.org/10.1007/s10902-006-9023-4

Ryff, C. D. (1989). Happiness is everything, or is it? Explorations on the meaning of psychological well-being. *Journal of Personality and Social Psychology*, *57*(6), 1.069-1.081. https://dx.doi.org/10.1037/0022-3514.57.6.1069

Seligman, M. E. P. (2012). *Florescer: uma nova compreensão sobre a natureza da felicidade e do bem-estar*. Objetiva.

Seligman, M. E. (2019). Positive psychology: a personal history. *Annual Review of Clinical Psychology*, *15*(1), 1-23. https://doi.org/10.1146/annurev-clinpsy-050718-095653

Shankland, R., & Rosset, E. (2017). Review of brief school-based positive psychological interventions: A taster for teachers and educators. *Educational Psychology Review*, *29*, 363-392. https://doi.org/10.1007/s10648-016-9357-3

Soleimani, M. A., Pahlevan Sharif, S., Allen, K. A., Yaghoobzadeh, A., Sharif Nia, H., & Gorgulu, O. (2017). Psychometric properties of the Persian version of spiritual well-being scale in patients with acute myocardial infarction. *Journal of Religion and Health*, *56*, 1.981-1.997. https://doi.org/10.1007/s10943-016-0305-9

Sweeney, T. J., & Witmer J. M. (1991). Beyond social interest: strivingtoward optimum health and wellness.*Individual Psychology: Journal of Adlerian Theory, Research, & Practice*, *47*(4), 527-540. https://psycnet.apa.org/record/1992-19273-001

Tansey, T. N., Smedema, S., Umucu, E., Iwanaga, K., Wu, J.-R., Cardoso, E. da S., & Strauser, D. (2017). Assessing college life adjustment of students with disabilities: application of the PERMA Framework. *Rehabilitation Counseling Bulletin*, *61*(3), 131-142. https://doi.org/10.1177/0034355217702136

Umucu, E., Wu, J.-R., Sanchez, J., Brooks, J. M., Chiu, C.-Y., Tu, W.-M., & Chan, F. (2020). Psychometric validation of the PERMA-profiler as a well-being measure for student veterans. *Journal of American College Health*, *68*(3), 271-277. https://doi.org/10.1080/07448481.2018.1546182

Van Zyl, L. E., & Rothmann, S. (2022). Grand challenges for positive psychology: future perspectives and opportunities. *Frontiers in Psychology*, *13*, 833057. https://doi.org/10.3389/fpsyg.2022.833057

Vizzotto, M. M., Jesus, S. N., & Martins, A. C. (2017). Saudades de casa: indicativos de depressão, ansiedade, qualidade de vida e adaptação de estudantes universitários. *Revista Psicologia e Saúde*, *9*(1), 59-73. http://dx.doi.org/10.20435/pssa.v9i1.469

Wammerl, M., Jaunig, J., Mairunteregger, T., & Streit, P. (2019). The german version of the PERMA-profiler: evidence for construct and convergent validity of the PERMA theory of well-being in German speaking countries. *Journal of WellBeing Assessment*, *3*(2-3), 75-96. https://doi.org/10.1007/s41543-019-00021-0

Watson, D., Clark, L. A., & Tellegen, A. (1988). Development and validation of brief measures of positive and negative affect: The PANAS scales. *Journal of Personality and Social Psychology*, *54*(6), 1.063-1.070. https://doi.org/10.1037/0022-3514.54.6.1063

WHOQOL Group (1998). The World Health Organization Quality of Life Assessment (WHOQOL): development and general psychometric properties. *Social Science & Medicine*, *46*(12), 1.569-1.585.

Zanon, C., & Hutz, C. S. (2014). Escala de Afetos Positivos e Negativos (PANAS). In C. S. Hutz (ed.) *Avaliação em Psicologia Positiva* (pp. 63-67). Artmed.

Zimpher, D. G. (1992). Psychosocial treatment of life-threatening disease: a wellness model. *Journal of Counseling & Development*, *71*(2), 203-209.https://doi.org/10.1002/j.1556-6676.1992.tb02201

Desafios da avaliação psicológica na perspectiva das três ondas da psicologia positiva

Karina da Silva Oliveira
Tatiana de Cassia Nakano

Highlights

1. A avaliação psicológica é uma área que se fez presente de forma importante na organização da psicologia positiva.
2. Na primeira onda, a avaliação psicológica colabora com processos de organização e operacionalização dos construtos positivos.
3. A condução de estudos empíricos voltados à investigação das qualidades psicométricas dos instrumentos desenvolvidos trouxe refinamento às propostas taxonômicas.
4. É importante que na terceira onda tenha-se o foco em processos avaliativos, pois favorecerão a compreensão da complexidade das características positivas.

A área da avaliação psicológica é entendida como relevante tanto para o desenvolvimento da ciência psicológica quanto para o avanço das práticas de seus profissionais (Bueno & Peixoto, 2018). Isso porque o emprego de seus métodos e técnicas favorecem o acúmulo de evidências referentes à estrutura, a manifestação e as características presentes em fenômenos psicológicos (Hutz, 2015).

Sobretudo, os processos de construção de medidas psicológicas, isto é, dos testes psicológicos, colaboram para a operacionalização de construtos e para a organização de teorias em psicologia (Oliveira et al., 2022). Nesse contexto, nota-se um papel protagonista da área quanto à relação teórico-prática na ciência psicológica, pois os pressupostos teóricos subsidiam as construções instrumentais. Concomitantemente, a investigação da qualidade desses instrumentais aponta não somente para os parâmetros psicométricos das medidas, como também contribui com evidências que corroboram e/ou refutam os pressupostos que as fundamentaram.

Diante da relação intrínseca entre os processos avaliativos e a construção do raciocínio científico, o presente capítulo tem como objetivo refletir sobre os desafios enfrentados e que ainda se fazem presentes para a área da avaliação psicológica, em sua interface junto à psicologia positiva. Para fins didáticos, a reflexão será pautada no processo histórico da psicologia positiva, notadamente em suas três ondas.

O movimento da psicologia positiva

Nas últimas duas décadas temos visto o crescimento do movimento intitulado Psicologia Positiva (PP), cuja proposta inicial foi apresentada por Martin E. P. Seligman em seu discurso como presidente da American Psychological Association. Tal proposta, relativamente simples, baseava-se na constatação da existência de um interesse forte nas psicopatologias, de modo que uma lacuna importante em relação a outros temas de investigação na ciência psicológica fez-se presente durante várias décadas.

Conforme apontado por Seligman e Csikszentmihalyi (2014), desde antes da Segunda Grande Guerra os pesquisadores e profissionais atuavam em direção a três objetivos centrais: buscar processos de cura para psicopatologias, fazer a vida dos seres humanos ser mais produtiva e mais satisfatória e identificar e fortalecer as altas habilidades. Entretanto, as conjunturas históricas do pós-guerra favoreceram maior desenvolvimento de ações e de investimentos junto ao primeiro tema, aquele voltado às psicopatologias, doenças e danos.

Desse modo, ainda que existissem tentativas importantes de ampliação do foco de estudo psicológico desde a década de 1950, em especial presentes nas produções de Maslow, Diener e Snyder (Reppold et al., 2019), a organização do movimento da PP enquanto pauta científica deu-se com maior intensidade após os anos 2000. Desde então, tem-se observado o avanço da produção de conhecimentos voltados às condições que contribuem para o crescimento, o desenvolvimento e o funcionamento ótimo dos indivíduos, grupos e organizações, com base em forças e virtudes (Gable & Haidt, 2005), crescendo a ponto de tornar-se um movimento científico robusto e mundialmente relevante (Reppold et al., 2019).

Em termos gerais, essa nova área foca-se no uso de teorias, pesquisas e propostas de intervenção com o objetivo de entender comportamentos humanos positivos, adaptativos, criativos e emocionalmente adaptados, que possibilitam o crescimento (Compton & Hoffman, 2020). Segundo os autores, entre a ampla gama de interesses da PP, três diferentes níveis e seus construtos-focos podem ser destacados: nível subjetivo (felicidade, satisfação com a vida, relaxamento, amor, contentamento, otimismo, esperança vitalidade, confiança), nível individual (coragem, honestidade, persistência, forças de caráter, sabedoria e virtudes) e nível social (desenvolvimento, criação e manutenção de instituições positivas em diferentes contextos, familiar, trabalho, escolar, entre outros).

Nesse contexto, é importante esclarecer que a PP não nega a existência de problemas que as pessoas experienciam, inclusive reconhece a importância de experiências negativas como oportunidades de crescimento (Dewaele et al., 2019). Seu objetivo, portanto, é ampliar e complementar o foco da psicologia contemplando aspectos positivos, de modo que tal conhecimento seja visualizado, inclusive, como uma forma de prevenção de doenças físicas e mentais por meio da ativação das forças saudáveis e preservadas dos indivíduos (Paranhos & Verlang, 2015).

Como forma de sistematizar o grande volume de conhecimento produzido nesses mais de 20 anos, Lomas et al. (2021) propõem o uso da metáfora de ondas como forma de dividir os focos de interesse da PP em três períodos. Para os autores, a metáfora ilustra o processo, não linear, de produção de ideias, de comunicação científica e social, de avaliação de aspectos positivos e de impactos negativos, assim como de busca por novas soluções dentro da área.

Importante esclarecer que existem outras propostas de sistematização do conhecimento em psicologia positiva, tal como a apresentada por Wong (2011), em que se tem a noção de estágios, avanços e limitações. Entretanto, considerando que a licença poética e a ilustração utilizadas por Lomas et al. (2021) colaboram para a noção de movimento e que atualmente a área tem sido referida como um movimento científico em direção a uma psicologia mais positiva, neste capítulo adotaremos tal proposta como base. Desse modo, entendemos que já foram vividas duas ondas junto ao movimento da psicologia positiva e, hoje, estamos vivendo a terceira onda. Paralelamente ao movimento das ondas da psicologia positiva, buscaremos explicitar o papel da avaliação psicológica nesse processo.

Primeira onda em psicologia positiva e a avaliação psicológica

A primeira onda é marcada pela formulação do próprio campo e do trabalho posterior, sendo caracterizada, principalmente, pelas produções formativas e na operacionalização de conceitos e de construtos positivos (Lomas & Ivtzan, 2016), incluindo emoções, traços, comportamentos, cognições e organizações (Lomas et al., 2021).

Como marco inicial dessa primeira onda tem-se a produção célebre de Seligman e Csikszentmihalyi (2000), na qual os autores sugerem que deveriam ser pauta da investigação em psicologia positiva os seguintes tópicos: construção de medidas para avaliação do bem-estar, busca por evidências empíricas sobre a relação do bem-estar e outras variáveis psicológicas, tais como a personalidade. Ainda, havia, de acordo com os autores, a indicação da necessidade de operacionalização de construtos como prazer, bem-estar coletivo/comunitário, otimismo, esperança, gratidão e perdão, dentre outros construtos. Diante dessas pautas, notou-se a busca por processos de organização teórica de tais fenômenos psicológicos, assim como um maior avanço na qualidade das medidas desses construtos.

Considerando-se a explícita importância dada à construção de medidas para avaliação de construtos positivos, podemos ver que essa primeira onda desenvolveu-se em relação direta com a área da avaliação psicológica, sobretudo ao incentivar a condução de estudos voltados à construção e à investigação das qualidades psicométricas de testes psicológicos para fins de avaliação desses construtos.

Nesse sentido, instrumentos como a Escala de Afetos Positivos e Negativos (Positive and Negative Affect Schedule [Panas]) (Watson et al., 1988) e a Escala de Esperança Cognitiva (The Hope Index) (Staats, 1989), que foram desenvolvidas décadas antes da proposta de Seligman e Csikszentmihalyi (2000), passaram por novas investigações, que buscavam não somente a verificação da qualidade psicométrica desses testes, mas também a compreensão ampliada desses fenômenos com base em teorias empiricamente fundamentadas. No Brasil, o crescimento na área pode ser notado em relação ao número de pesquisadores envolvidos, quantidade de instrumentos disponíveis e aumento da produção científica, especialmente na última década (Reppold et al., 2019).

Cabe destacar que esse processo de retomada e de construção de novas medidas, essencialmente voltadas a construtos positivos, assumiu contornos globais, de modo que é possível observar o crescimento dessa nova visão em diferentes países. Do mesmo modo, pode-se verificar que essa visão positiva passou, aos poucos, a deixar de ser foco exclusivo da psicologia, ampliando-se para outras áreas de conhecimento, na busca por uma compreensão mais aprofundada do conhecimento humano, podendo-se citar a educação, neurociências, organizações, saúde, economia, entre outras (Seligman, 2018).

Consequentemente, dado o interesse global pela PP, a condução de estudos transculturais também possibilitou que comparações pudessem ser feitas a partir da adaptação e da tradução de medidas, de modo a contribuir para a compreensão da expressão de diferentes componentes dos construtos em culturas específicas (Hutz, 2016; Hutz et al., 2014).

Paralelamente ao fortalecimento das medidas, isto é, dos testes, os pesquisadores passaram a discutir a importância de ser construída uma proposta de classificação de comportamentos de saúde que fosse análoga às classificações de doenças, como temos na Classificação Internacional de Doenças (CID) e no Manual diagnóstico e estatístico de transtornos mentais (DSM). Tal ação tinha como objetivo operacionalizar construtos que apontassem para processos de saúde e que colaborassem com a compreensão de uma vida que fosse satisfatória e apresentasse completude (Snyder & Lopez, 2009). Em outras palavras, a proposta era centrada na construção de uma taxonomia voltada a experiências de saúde.

Entre as primeiras organizações taxonômicas podemos citar a Clifton Strengths Finder, a Values in Action (Snyder & Lopez, 2009) e o modelo Positive Emotion, Engagement, Relationships, Meaning and Accomplishment (Perma) (Seligman, 2018). Cada uma dessas propostas elenca características e construtos que sugerem a apresentação de comportamentos de saúde e que favoreçam a expressão de uma vida com maior frequência de satisfação e completude.

Para cada proposta é possível identificar processos semelhantes àqueles voltados à construção de instrumentos de testagem. Assim, inicialmente houve a operacionalização dos diferentes comportamentos em termos de afirmações (p. ex., itens). Em seguida, houve a condução de estudos que buscavam investigar as evidências psicométricas dos testes e, por fim, as conclusões desses estudos trouxeram embasamento empírico e refinamento às propostas taxonômicas.

Ainda que brevemente relatado, é possível perceber as importantes contribuições da avaliação psicológica para a construção do conhecimento nesse primeiro momento da psicologia positiva, contribuindo para o alcance dos objetivos iniciais, isto é, da construção de medidas para avaliação do bem-estar, da busca por evidências empíricas sobre a relação do bem-estar e outras variáveis psicológicas e da construção de uma taxonomia da felicidade. Sua ampliação para um número maior de construtos foi ocorrendo, de modo que diferentes revisões de literatura apontam para a inclusão de diversos outros construtos, tais como *flow*, satisfação laboral e satisfação com a vida, saúde geral, autoestima, habilidades sociais, felicidade (Pureza, Kuhn, Castro & Lisboa, 2012), qualidade de vida, resiliência, *coping*, autoeficácia, criatividade (Pires, Nunes & Nunes, 2015), afetos positivos e negativos, otimismo, engajamento, *mindfulness*, forças de caráter, compaixão, resiliência, entre outros (Reppold et al., 2019).

Conforme Wong (2011), esse primeiro momento foi acolhido pela comunidade científica e pela sociedade com bastante intensidade, ressaltando, no entanto, que críticas e reflexões também se fizeram presentes. Para Lomas e Ivtzan (2015), o crescimento intenso de estudos e de publicações em PP atuou de modo a fortalecer uma compreensão dicotômica da ciência psicológica, como se houvesse uma psicologia negativa e outra positiva.

Segundo os autores, essa dualidade trouxe inúmeros problemas conceituais e fortaleceu o desequilíbrio teórico sobre os modelos de saúde.

Os mesmos autores ainda refletem que, indiferente ao grande volume de investigações conduzidas e ao processo de intensa organização e operacionalização de construtos positivos, ainda se podia observar a presença de terminologias imprecisas, de pouco equilíbrio entre a compreensão quanto à contribuição de aspectos individuais e coletivos na expressão de saúde. Outras críticas iniciais envolveram o caráter subjetivo dos instrumentos, dado o fato da maior parte deles ser do tipo autorrelato. Devido a essa natureza, a influência da desejabilidade social nas medidas foi questionada, sendo que o avanço nos métodos estatísticos tem ajudado a resolver essa questão (Barros et al., 2010).

Por sua vez, quando aplicados à sociedade, os conhecimentos foram absorvidos como promessas irreais de sucesso individual e de felicidade plena, culminando em críticas importantes para a área. Diante dessas questões, Lomas et al. (2021) afirmam que parte das críticas apresentadas nessa primeira onda da PP não foi superada com a chegada da segunda década de trabalhos, pois, considerando as lacunas ainda presentes, alguns dos objetivos da primeira onda permearam também a segunda onda desse movimento científico.

A segunda onda: desafios e avanços

Após a intensa produção científica realizada na primeira década, ou seja, na primeira onda do movimento da PP, e considerando as lacunas, as reflexões e os avanços necessários para a área, na segunda década de estudos voltados à PP notou-se um processo mais amadurecido, marcado pela compreensão dimensional dos fenômenos positivos (Lomas et al., 2021). Segundo os autores, se na primeira onda o objetivo era definir a área, nessa segunda o principal objetivo voltou-se para a discussão da polaridade do pensamento e das conclusões possíveis diante dos dados. Desse modo, a segunda onda voltou-se com maior intensidade para a compreensão da relação entre psicopatologias e experiências positivas e de saúde (Wong, 2011).

Refletindo sobre o tema, Edwards et al. (2019) afirmam que o processo de polarização já era esperado, uma vez que, ao classificar e operacionalizar características positivas, o polo oposto é inferido de forma direta. Assim, é natural que o pensamento seja apresentado como dicotômico, ou seja, pode-se assumir que o contrário de bem-estar seja o mal-estar, ou, ainda, o contrário de otimismo seja o pessimismo, ou mesmo o contrário de esperança seja a desesperança (Lomas & Ivtzan, 2015). Entretanto, conforme apontado por Wong (2011), essa compreensão era, no início da segunda onda, fundamentada pelo raciocínio lógico e carecia de embasamentos empíricos que a sustentassem.

Na segunda onda, ao invés da polarização, a busca era por harmonia e equilíbrio, de modo que as ondas não podem ser consideradas mutuamente exclusivas, mas, sim, complementares (Lomas et al., 2021). Conforme apontado por Edwards et al. (2019), as experiências psicopatológicas e as características indesejadas, ou mesmo desadaptadas, são tão reais e necessárias quanto as experiências de saúde e as características desejadas e adaptadas para o funcionamento individual, social e comunitário. Assim, os delineamentos de pesquisa passaram a buscar os efeitos das características positivas e das intervenções positivas em indivíduos e suas comunidades (Lomas & Ivtzan, 2015). Conforme apontado por Reppold et al. (2019), nesse momento tem-se um adensamento de ensaios clínicos controlados com delineamentos quantitativos. Essas ações foram apresentadas como resposta à apropriação imprecisa dos conhecimentos alcançados na primeira onda, junto à sociedade, que iam na direção do emprego inadequado, não parcimonioso e não científico de conceitos e de técnicas.

Portanto, notou-se nesse cenário um crescimento de investigações voltadas a processos mais complexos da relação entre características positivas e experiências negativas (Lomas et al., 2021; Wong, 2011). Considerando essas questões, Reppold et al. (2019) ponderam sobre os efeitos indesejados ou, ainda, patológicos da presença elevada de algumas características/construtos tidas/tidos, essencialmente, como positivas/positivos, como é o caso do otimismo e do perdão, por exemplo.

Segundo as autoras, o otimismo elevado pode estar associado ao baixo engajamento em tratamentos de saúde, trazendo prejuízos a indivíduos que estejam em quadros crônicos. Por sua vez, escores elevados de perdão podem estar associados ao aumento do risco e da vulnerabilidade em mulheres em situação de violência doméstica.

Para Lomas e Ivtzan (2015), estudos dessa natureza colaboraram para a compreensão de que existem experiências valiosas e de crescimento decorrentes de características que ocupem, por exemplo, o polo negativo, como é o caso do pessimismo. Ainda nessa direção, buscando ampliar e complexificar o raciocínio sobre a relação positivo-negativo, os mesmos autores refletem sobre o construto da esperança, defendendo que esse fenômeno envolve a relação intrincada entre o desejo de alcançar um objetivo específico, os graus de confiança e a motivação para atuar em direção à meta estabelecida e aos sentimentos ansiosos quanto à possibilidade de não ser possível alcançar os objetivos. Destacam, por meio desses exemplos, que os fenômenos positivos não necessariamente são puros em suas expressões. Ou seja, existem nuances que apontam para a dimensionalidade das experiências e não para a polarização entre positivo-negativo (Ivtzan et al., 2016).

Esse aprofundamento e refinamento do conhecimento sobre as experiências positivas deu-se, sobretudo, por meio de processos de testagem e da avaliação da experiência dos indivíduos. A partir do emprego dos métodos de avaliação psicológica dos construtos positivos e de suas relações com outras variáveis, como a personalidade, variáveis associadas ao adoecimento, aos desfechos e às consequências diante da presença e/ou ausência de comportamentos positivos, foi possível avançar na compreensão da relação entre positivo e negativo na experiência humana (Lomas & Ivtzan, 2016).

Esse tipo de estudo pode ser conduzido a partir de pesquisas voltadas à investigação de evidências de validade com base na relação com variáveis externas do tipo divergente (para diferenciar os construtos, determinando suas particularidades) ou convergente (buscando semelhanças e aproximações entre construtos) (Oliveira et al., 2022).

Nota-se, portanto, que os delineamentos, embora predominantemente quantitativos, empregavam diferentes estratégias de avaliação a fim de alcançar os objetivos que nortearam as investigações nesta segunda onda. Cabe destacar que entre os delineamentos de investigação da validade de um instrumento há um tipo de investigação que envolve a avaliação das consequências sociais associadas à testagem (Pasquali, 2007; Primi, 2010). Esse tipo de avaliação psicométrica alinha-se à responsabilidade social da área da avaliação citada por Bueno e Peixoto (2018), de modo que a segunda onda da PP pode ser compreendida como um momento em que se busca aprofundar os *insights* e os impactos causados pela primeira onda (Lomas et al., 2021).

Conforme apontado por Lomas et al. (2021), a segunda onda não se caracteriza por apresentar objetivos diferentes da primeira. Isso porque os primeiros alvos – a saber: a operacionalização e a organização da área – mantiveram-se constantes mesmo ao longo da segunda década. Contudo eles afirmam que, na segunda onda, o amadurecimento científico e o refinamento das técnicas favoreceram compreensões mais ajustadas à realidade e menos polarizadas tanto sobre os construtos e os fenômenos investigados quanto sobre as teorias que passaram a contemplar, mais explicitamente, a importância da ponderação e do equilíbrio entre experiências e características positivas e negativas (Lomas et al., 2021).

Diante dessas questões, pode-se observar que tanto os objetivos da primeira onda quanto os da segunda seguem um processo de maior complexificação dos construtos, das medidas, das compreensões sobre a presença ou ausência das características positivas nos indivíduos e na sociedade, assim como das teorias que se propõem a explicar as intricadas relações entre aspectos positivos e negativos da vivência humana. É nesse cenário que a terceira onda começa a se formar.

Terceira onda: onde estamos e para onde vamos?

Diante do processo histórico é possível observar que a primeira e a segunda onda apresentaram objetivos ousados e fundamentais para a organização, o crescimento e o amadurecimento do campo. Conforme exposto, houve a predominância de investigações quantitativas (Reppold et al., 2019), delineamento necessário e coerente para o alcance das metas propostas por Seligman e Csikszentmihalyi (2000).

Notou-se, também, que nesse processo o refinamento das técnicas e dos modelos teóricos se fizeram como novas oportunidades de reflexão sobre as relações decorrentes do pensamento dicotômico e polarizado entre características positivas e negativas (Lomas & Ivtzan, 2016). Ainda, foi possível perceber que a chegada de uma nova onda não se deu pelo enfraquecimento da primeira, mas pela necessidade de avanços e pela presença de novas perguntas de pesquisa (Wong, 2011). Assim, é nesse contexto de sobreposição de objetivos e de novas inquietações que tem surgido a terceira onda em psicologia positiva.

Lomas et al. (2021) destacam que a terceira onda ainda está sendo delineada pela comunidade científica, tendo como característica dominante um movimento em direção a uma maior complexidade, relacionada a:

- focos de investigação: processos e fenômenos investigados não mais de forma individual, mas voltando-se ao coletivo, aos múltiplos fatores, aos sistemas e aos processos socioculturais que impactam o bem-estar das pessoas.
- disciplinas: tornando-se mais interdisciplinar.
- cultura: multicultural e global, ultrapassando os limites do contexto de trabalho, escola, social e familiar, além de ampliar seu interesse para o estudo de grupos minorizados, diversidade cultural e inserção de cons-

trutos, teorias e metodologias concebidas e desenvolvidas em contextos não ocidentais.

• metodologias: ampliando-se para além do modelo quantitativo predominante até então, de modo a incluir outras abordagens, por exemplo, qualitativa, longitudinal e análise do impacto de intervenções.

• ética: o amplo desenvolvimento do campo não seguiu padrões formais ou diretrizes éticas que guiassem a prática, sendo que tais aspectos mostram-se pertinentes agora que a PP está se tornando uma disciplina específica, dotada de uma identidade profissional distinta.

Entretanto, os autores afirmam que existem desafios que devem ser alvos das investigações. Ao refletir sobre tais desafios, Reppold et al. (2019, p. 339) defendem que, nesse novo momento, "os construtos positivos devem ser avaliados à luz dos contextos em que são aplicados, pois interagem com os demais aspectos da vida dos indivíduos e da comunidade". Assim, as autoras apontam para a importância da ampliação do escopo de investigação para além da construção de medidas, operacionalização de construtos, ou mesmo a compreensão de modelos dimensionais dos fenômenos, incluindo nuances contextuais e suas consequências na manifestação das características positivas.

Nesse sentido, Lomas et al. (2021, p. 13) ressaltam que se mostra "necessária uma estreita integração entre teoria, pesquisa e prática, identificando rigorosamente o que funciona, como, quando e com quem", de modo que os profissionais estão sendo encorajados a reconhecer as limitações das intervenções, dependendo do propósito, do indivíduo e do seu contexto.

É possível que à primeira vista não se faça a associação entre os avanços necessários para essa terceira onda e a área da avaliação. Isso ocorre porque é comum que os profissionais associem tal área exclusivamente à construção e à aplicação de instrumentos (Oliveira et al., 2022). Entretanto, conforme aponta Primi (2010), essa compreensão caracteriza-se como uma visão reducionista da área da avaliação, uma vez que esta é definida como uma área de investigação, de sistematização e de integração de informações sobre o funcionamento de pessoas (ou grupo de pessoas).

As técnicas e os métodos utilizados na avaliação psicológica são diversos; como exemplo temos os testes psicológicos (em suas variadas formas), as entrevistas, as observações, as documentações técnicas e os testes não psicológicos (Hutz, 2015).

Podemos afirmar que para a primeira e a segunda onda a construção de medidas foi a estratégia mais utilizada e que favoreceu o alcance dos objetivos apresentados nesses dois primeiros momentos. Conforme apontam Lomas et al. (2021), estudos dessa natureza apresentaram inúmeras vantagens, tais como: a investigação em larga escala da manifestação dos construtos positivos, a compreensão das características individuais na expressão dos comportamentos de saúde, a objetividade e o *status* científico necessário para o campo.

Contudo, nessa nova década de investigação, considerando o crescimento e o amadurecimento da PP, é possível que métodos e técnicas qualitativas de avaliação psicológica sejam empregados em uma perspectiva multimétodo e multitécnicas a fim de colaborar para a compreensão da expressão e da experiência positiva, dimensional e contextualizada (para maior aprofundamento sobre essa perspectiva ver o capítulo 6).

Assim, as expressões e tendências que começam a delinear a terceira onda apontam para uma direção de maior complexidade, exigindo dos profissionais e dos pesquisadores competências integradoras e processuais, como são observados nos processos de avaliação psicológica (Hutz, 2015; Lomas et al., 2021; Oliveira et al., 2022).

Ainda é necessário retomar que o surgimento de uma nova onda não indica a superação dos escopos de investigação presentes nos momentos anteriores, e, sim, sugere a sobreposição e a complexificação dos desafios (Wong, 2011). Dessa forma, embora a literatura sugira o adensamento de investigações qualitativas, estudos voltados à construção de medidas ainda se fazem necessários, sobretudo em contexto nacional.

Isso pode ser verificado dado o número ainda reduzido de instrumentos disponíveis para avaliação de construtos positivos junto ao Sistema de Avaliação de Testes Psicológicos (Satepsi) (https://satepsi.cfp.org.br/). Em consulta, em agosto de 2022, a lista de instrumentos aprovados do Satepsi conta com 167 instrumentos disponíveis; desses, 16 voltam-se objetivamente à avaliação de construtos positivos, tal como pode ser visualizado na Tabela 1.

Convém destacar a existência de outros instrumentos que estão no Satepsi, mas não são considerados exclusivos do psicólogo. Como exemplos podemos citar a Escala de Qualidade de Vida da Pessoa Idosa de Vitor, Questionário de Qualidade de Vida SF-36 e Triagem de Indicadores de Altas Habilidades/Superdotação – Versão Professor.

Ao apontar os instrumentos disponíveis no Satepsi devemos fazer uma ressalva e esclarecer que a maior parte deles encontra-se comercializada. Desse modo, outros instrumentos que não estão na referida lista também foram adaptados ou desenvolvidos no Brasil e apresentam inúmeros estudos voltados à investigação das suas qualidades psicométricas, tendo, os autores, optado por sua disponibilização de forma gratuita em livros e artigos (Hutz, 2016).

No entanto, o mesmo autor chama a atenção ao afirmar que cuidado é necessário nessa escolha visto que muitos instrumentos têm sido utilizados na prática, mas ainda são carentes de aprofundamento em seus estudos voltados às qualidades psicométricas. Na maior parte das vezes, os autores limitam-se a fazer traduções, traduções reversas e análises fatoriais, o que não é suficiente para atestar um uso seguro e adequado da medida e dos seus resultados.

Conforme é possível observar em cenário nacional, há, ainda, avanços necessários quanto à construção de materiais e disponibilização dos instrumentos aos profissionais. Ainda na Tabela 1 podemos notar a ausência de instrumentos voltados a construtos essenciais para o campo da PP, como é o caso do bem-estar subjetivo, da esperança e do otimismo, que são construtos clássicos da área (Seligman & Csikszentmihalyi, 2000; Lomas & Ivtzan, 2016; Wong, 2011).

Tais dados apontam um atraso do Brasil na pesquisa em PP, visto que, apesar de crescente, ainda se marca pela necessidade de ampliação dos focos de estudos e de construção de instrumentos (Pires et al., 2015), de modo que essa terceira onda ainda se encontra alinhada diretamente ao conhecimento proveniente da avaliação psicológica.

Tabela 1
Instrumentos associados ao escopo da psicologia positiva aprovados e disponíveis para uso profissional junto ao Satepsi.

Identificação	Construto	Estudos normativos válidos até
Bateria On-Line de Inteligência Emocional	Inteligência emocional	18/06/2036
Escala de Autoeficácia no Trabalho	Autoeficácia	19/03/2036
Escala de Autoeficácia para a Escolha Profissional	Autoeficácia	03/12/2026
Escala de Avaliação da Motivação para Aprender de Alunos do Ensino Fundamental	Motivação	15/06/2027
Escala de Identificação de Características associadas às altas habilidades/superdotação	Altas habilidades/superdotação	20/08/2037
Escala de Motivação para Aprendizagem	Motivação	24/05/2028
Escala de Percepção do Suporte Social – Versão Adolescentes	Suporte social	22/09/2032
Escala de Percepção do Suporte Social – Versão Adulto	Suporte social	21/09/2028
Escala Feminina de Autocontrole e Escala Masculina de Autocontrole	Autocontrole	31/12/2022
Estilos de Pensar e Criar	Criatividade	31/12/2022
Inventário de Percepção de Suporte Familiar	Suporte social	24/04/2024
Marcadores de Resiliência Infantil	Resiliência	18/06/2036
Questionário de Avaliação de Habilidades Sociais, Comportamentos e Contextos para Universitários	Habilidades sociais	25/10/2028
Roteiro de Entrevista de Habilidades Sociais Educativas Parentais	Habilidades sociais	01/10/2025
Teste de Criatividade Figural Infantil	Criatividade	26/11/2025
Teste de Habilidades Sociais para Crianças em Situação Escolar	Habilidades sociais	31/08/2028

Nota: dados coletados em 29 de agosto de 2022 no site https://satepsi.cfp.org.br/

Considerações finais

Diante do exposto, cabe refletir sobre as pautas propostas por Lomas et al. (2021) para a terceira onda. Para os autores, é necessário que, neste momento, as pesquisas, ampliadas em seus delineamentos metodológicos, incluam a compreensão sobre a complexidade ambiental na expressão de comportamentos saudáveis, buscando verificar o papel dos diferentes sistemas e contextos na experiência positiva dimensional, resultando em compreensões específicas sobre aspectos comunitários, culturais e linguísticos sobre as vivências e as manifestações dos construtos positivos, a inclusão de métodos de avaliação que envolvam as Tecnologias da Informação e da Comunicação (TICs), assim como comprometimentos éticos mais bem-definidos, a fim de que os conhecimentos produzidos pela PP não fundamentem discursos culpabilizantes e preconceituosos.

Segundo Lomas et al. (2021), parte desse risco pode ser amenizada por meio do desenvolvimento de diretrizes éticas específicas para a área, as quais podem ajudar tanto aqueles que já se encontram vinculados ao campo quanto aqueles que desejam se envolver. Os principais benefícios, de acordo com os autores, envolvem a profissionalização da área, o estabelecimento de diferentes níveis, especialidades e tipos de qualificação, a criação de uma base sólida para o desenvolvimento futuro da PP, a divulgação dos resultados de pesquisas emergentes e práticas em evolução, para garantir acesso dos profissionais às atualizações. Diversos pesquisadores já começam a chamar a atenção para essa questão (Handelsman et al., 2009; Lomas & Ivztan, 2016; Vella-Brodick, 2011).

Indicação de leitura

Hutz, C. S. (2016). *Avaliação em psicologia positiva: técnicas e medidas*. Cetepp.

Nakano, T. C. (2018). *Psicologia positiva aplicada à educação*. Vetor.

Niemuc, R. M. (2019). *Intervenções com forças de caráter*. Hogrefe.

Reppold, C. T., & Hutz, C. S. (2012). *Intervenções em psicologia positiva no contexto escolar e educacional*. Vetor.

Rodrigues, M., & Pereira, D. S. (2021). *Psicologia positiva – dos conceitos à aplicação*. Sinopsys.

Seibel, B. L., Poletto, M., & Koller, S. H. (2016). *Psicologia positiva: teoria, pesquisa e intervenção*. Juruá.

Vazquez, A. C., & Hutz, C. S. (2018). *Aplicações da psicologia positiva: trabalho e organizações*. Hogrefe.

Vazquez, A. C., & Hutz, C. S. (2021). *Psicologia positiva organizacional e do trabalho na prática*. Hogrefe.

Referências

Barros, R. M. A., Martín, J. I. G., & Pinto, J. F. V. C. (2010). Investigação e prática em psicologia positiva. *Psicologia Ciência e Profissão*, *30*(2), 318-327. https://doi.org/10.1590/S1414-98932010000200008

Bueno, J. M. H., & Peixoto, E. M. (2018). Avaliação psicológica no Brasil e no mundo. *Psicologia Ciência e Profissão*, *38*(spe), 108-121. https://doi.org/10.1590/1982-3703000208878

Compton, W. C., Hoffman, E. (2020). *Positive psychology: the science of happiness and flourishing*. Sage Publications.

Dewaele, J., Chen, X., Padilla, A. M., & Lake, J. (2019). The flowering of positive psychology in foreign language teaching and acquisition research. *Frontiers in Psychology*, *10*, 2.128. http://doi.org/10.3389/fpsyg.2019.02128.

Edwards, L. M., Pedrotti, J. T., Faytol, A., Wynn, J., Snyder, C. R., & Lopez, S. J. (2019). Measuring and labeling the positive and negative. In M. W. Gallagher, & S. J. Lopez (orgs.). *Psychological assessment: a handbook of models and measures* (pp. 29-44). American Psychological Association.

Gable, S. L., & Haidt, J. (2005). What (and why) is positive psychology? *Review of General Psychology*, *9*(2), 103-110. https://doi.org/10.1037/1089-2680.9.2.103

Handelsman, M. M., Knapp, S., & Gottlieb, M. C. (2009). Positive ethics: themes and variations. In S. Lopez (ed.). *The handbook of positive psychology* (pp. 105-113). Blackwell Publishing.

Hutz, C. S. (2015). O que é avaliação psicológica – métodos, técnicas e testes. In C. S. Hutz, D. R. Bandeira, & C. M. Trentini (orgs.). *Psicometria* (pp. 11-21). Artmed.

Hutz, C. S. (2016). Introdução. In C. S. Hutz (org.). *Avaliação em psicologia positiva: técnicas e medidas* (pp. 7-18). Hogrefe.

Hutz, C. S., Midgett, A., Pacico, J. C., Bastianello, M. R., & Zanon, C. (2014). The relationship of hope, optimism, self-esteem, subjective well-being, and personality in brazilians and americans. *Psychology (Irvine)*, *5*(6), 514-522. http://doi.org/10.4236/psych.2014.56061

Ivtzan, I., Lyle, L., & Medlock, G. (2016). Second wave positive psychology. *International Journal of*

Existential Psychology & Psychotherapy, *1*(n. esp.), 1-12. https://www.meaning.ca/web/wp-content/uploads/2019/10/225-13-540-1-10-20180829.pdf

Lomas, T., & Ivtzan, I. (2016). Professionalizing positive psychology: developing guidelines for training and regulation. *International Journal of Wellbeing*, *6*(3), 96-112. http://doi.org/10.5502/ijw.v6i3.4

Lomas, T., Waters, L., Williams, P., Oades, L. G., & Kern, M. L. (2021). Third wave positive psychology: broadening towards complexity. *The Journal of Positive Psychology*, *16*(5), 660-674. https://doi.org/10.1080/17439760.2020.1805501

Oliveira, K. S., Zaia, P., & Nakano, T. C. (2022). Critérios psicométricos dos processos avaliativos. In D. T. B. Sato (org.). *Avaliação na neuropsicopedagogia clínica* (pp. 35-56). Wak Editora.

Paranhos, M. E., & Werlang, B. S. G. (2015). Psicologia nas emergências: uma nova prática a ser discutida. *Psicologia: Ciência e Profissão*, *35*(2), 557-571. http://doi.org/10.1590/1982-370301202012

Pasquali, L. (2007). Validade dos testes psicológicos: será possível reencontrar o caminho? *Psicologia: Teoria e Pesquisa*, *23*(n. esp.), 99-107. https://doi.org/10.1590/S0102-37722007000500019

Pires, J. G., Nunes, M. F. O., & Nunes, C. H. S. S. (2015). Instrumentos baseados em psicologia positiva no Brasil: uma revisão sistemática. *Psico-USF*, *20*(2), 287-295. http://dx.doi.org/10.1590/1413-82712015200209

Primi, R. (2010). Avaliação psicológica no Brasil: fundamentos, situação atual e direções para o futuro. *Psicologia: Teoria e Pesquisa*, *26*(n. esp.), 25-35. https://doi.org/10.1590/S0102-37722010000500003

Pureza, J. R.; Corazza, C. H., Castro, E. K., & Lisboa, C. S. M. (2012). Psicologia positiva no Brasil: uma revisão sistemática da literatura. *Revista Brasileira de Terapias Cognitivas*, *8*(2), 109-117. http://pepsic.bvsalud.org/scielo.php?script=sci_arttext&pid=S1808-56872012000200006&lng=pt&tlng=pt

Reppold, C. T., D'Azevedo, L. S., Tocchetto, B. S., Diaz, G. B., Kato, S. K., & Hutz, C. S. (2019). Avanços da psicologia positiva no Brasil. *Revista Psicologia para a América Latina*, *32*(1), 133-141. http://pepsic.bvsalud.org/pdf/psilat/n32/a05n32.pdf

Reppold, C. T., Zanini, D. S., Campos, D. C., de Gomes Faria, M. R. V., & Tocchetto, B. S. (2019). Felicidade como produto: um olhar crítico sobre a ciência da psicologia positiva. *Avaliação Psicológica: Interamerican Journal of Psychological Assessment*, *18*(4), 333-342. http://dx.doi.org/10.15689/ap.2019.1804.18777.01

Staats, S. (1989). Hope: a comparison of two self-report measures for adults. *Journal of Personality Assessment*, *53*(2), 366-375. https://doi.org/10.1207/s15327752jpa5302_13

Seligman, M. E. P. (2019). Positive psychology: a personal history. *Annual Review of Clinical Psychology*, *15*(3), 1-23. http://doi.org/10.1146/annurev-clinpsy-0507108-095653

Seligman, M. E. P. (2018). PERMA and the building blocks of well-being. *The Journal of Positive Psychology*, *13*(4), 333-335. https://doi.org/10.1080/17439760.2018.1437466

Seligman, M. E. P., & Csikszentmihalyi, M. (2000). Positive psychology. *American Psychologist*, *55*(1), 5-14. http://doi.org/10.1037/0003-066X.55.1.5

Seligman, M. E. P., & Csikszentmihalyi, M. (2014). Positive psychology: an introduction. In M. Csikszentmihalyi (org.). *Flow and the foundations of positive psychology* (pp. 279-298). Springer.

Syder, C. R., & Lopez, S. J. (2009). Classificações e medidas das qualidades e resultados positivos do ser humano. In C. R. Syder, & S. J. Lopez (orgs.). *Psicologia positiva: uma abordagem científica e prática das qualidades humanas* (pp. 57-81). Artmed.

Vella-Brodrick, D. A. (2011). The moral of the story: the importance of applying an ethics lens to the teaching of positive psychology. *The Journal of Positive Psychology*, *6*(4), 320-325. http://doi.org/10.1080/17439760.2011.580773

Watson, D., Clark, L. A., & Tellegen, A. (1988). Development and validation of brief measures of positive and negative affect: The PANAS scales. *Journal of Personality and Social Psychology*, *54*(6), 1.063-1.070. https://doi.org/10.1037/0022-3514.54.6.1063

Wong, P.T.P. (2011). Positive psychology 2.0: towards a balanced interactive model of the good life. *Canadian Psychology*, *52*(2), 69-81. https://doi.org/10.1037/a0022511

Construtos emergentes na área da psicologia positiva:
o que os pesquisadores têm publicado no campo da avaliação em psicologia positiva nos últimos anos?

Ana Paula Porto Noronha
Caroline Tozzi Reppold
Ana Paula Ozório Cavallaro
Gabriela Bertoletti Diaz Itimura

Highlights

1. Os estudos iniciais da Psicologia Positiva (PP) no Brasil eram focados nos temas bem-estar subjetivo, satisfação de vida e resiliência.

2. Até 2015, a maioria das pesquisas brasileiras sobre PP era de estudos teóricos.

3. Atualmente, a produção nacional contempla instrumentos que permitem a avaliação de dezenas de construtos típicos da PP.

4. Bem-estar, forças pessoais, autoeficácia, esperança, otimismo e autoestima são alguns dos construtos mais frequentemente abordados na PP.

5. Exemplos de construtos emergentes da PP são admiração, compaixão, autocompaixão, *mindfulness*, *savoring*, gratidão, paz e sentido de vida.

> Os lugares mais felizes na terra não são os internos.
> Não são os geográficos. São os espaços entre nós.
> Peterson (2013)

A Psicologia Positiva (PP) é um movimento científico que surgiu no final da década de 1990 nos Estados Unidos, originalmente. O objetivo dos autores que a divulgaram era promover a investigação científica de determinados construtos psicológicos ditos positivos, que até aquele momento de desenvolvimento da ciência psicológica estavam relegados a segundo plano. Problematizaram os autores que a psicologia dispendeu grande parte dos seus esforços no entendimento das desordens mentais e do estudo dos transtornos, o que foi necessário, mas que pouco havia sido investido na direção da compreensão de quais fatores promovem uma vida boa e do que gera indivíduos felizes. A divulgação da PP entre pesquisadores gerou um aumento abrupto de investigações sobre a temática; assim, intervenções em PP passaram a compor contextos profissionais diversificados (Seligman & Csikszentmihalyi, 2000).

No Brasil, a PP, de maneira mais sistematizada, ganhou luz nos anos 2000 por intermédio das pesquisas realizadas por investigadores brasileiros. Em pouco tempo ela se alastrou e ganhou visibilidade de profissionais de vários campos do saber. No entanto, em que pese o fato de seu início ter acompanhado o expoente internacional, o avanço das pesquisas ainda é lento.

Este capítulo tem como objetivo revisitar os construtos mais pesquisados e apontar outros emergentes, cujo desenvolvimento precisa ser priorizado. Para tanto, haverá uma contextualização das pesquisas em PP no Brasil e, em seguida, serão apresentados dois construtos bastante pesquisados, nomeadamente bem-estar subjetivo e forças de caráter (pessoais). Ao lado disso, dois construtos emergentes serão discutidos: a admiração e a autocompaixão. E, finalizando, há sugestões de leituras.

Pesquisas em PP no Brasil

Enquanto ciência, a psicologia tinha como missão compreender e intervir em transtornos mentais, conhecer e promover o que faz as pessoas serem mais felizes e produtivas, avaliar e desenvolver talentos. Dessas consideradas missões, por décadas o foco esteve em minimizar os prejuízos funcionais de transtornos, de modo que o conhecimento sobre a "doença" se sobrepujou fortemente em relação às demais. Assim, a PP destina-se a estudar os processos que contribuem para o melhor funcionamento de pessoas, grupos e instituições, e as características psicológicas que impactam em tal processo.

Antes mesmo da proposição da PP, em 2000, já havia publicações nacionais tratando de temas próprios do interesse da área. Cite-se, por exemplo, o estudo sobre resiliência realizado por Hutz et al. (1996), com crianças em situação de risco, que envolvia também a investigação de fatores de proteção e de potencialidades dessas crianças; ou, ainda, os estudos de Giacomoni sobre bem-estar infantil, iniciados no final da década de 1990.

Contudo, o primeiro artigo científico brasileiro tratando da psicologia positiva de que se tem conhecimento foi desenvolvido por Yunes (2003) e era intitulado "Psicologia positiva e resiliência: o foco no indivíduo e na família". Yunes foi também uma das autoras do primeiro livro sobre PP publicado no Brasil, intitulado *Resiliência e psicologia positiva: interfaces do risco à proteção* (Dell'Aglio et al., 2006).

O tema da resiliência também era interesse dos estudos de Albuquerque e Tróccoli nesse período. Os autores desenvolveram uma escala de avaliação do bem-estar subjetivo, utilizada em muitos estudos da PP que envolviam pesquisas empíricas no Brasil a partir de então (Albuquerque & Tróccoli, 2004).

Publicações descrevem com maestria os percursos iniciais de pesquisas brasileiras sobre temas vinculados à PP. Entre elas, Paludo e Koller (2007), Pires et al. (2015), Pureza et al. (2012), Reppold et al. (2015, 2019), Scorsolini-Comin e Santos (2010). Paludo e Koller (2007), em um dos primeiros artigos brasileiros que apresentam a psicologia positiva à comunidade científica, abordam elementos históricos que justificaram o surgimento da área.

Eles citam, por exemplo, a negligência aos aspectos positivos e virtuosos dos indivíduos nos estudos da época e a ausência de estudos empíricos sobre os preceitos de Abraham Maslow, com sua teoria da motivação humana, e de Carl Rogers, com a Abordagem Centrada na Pessoa. Paludo e Koller (2007) destacaram os três importantes pilares da PP, sobre os quais se desenvolveriam os estudos sobre ela nos anos seguintes: 1) a experiência subjetiva; 2) as características individuais – forças pessoais e virtudes; 3) as instituições e comunidades (Seligman & Csikszentmihalyi, 2000).

Fazer uma revisão integrativa de instrumentos de avaliação em PP no contexto brasileiro foi o objetivo de Scorsolini-Comin e Santos (2010). Para tanto, os autores buscaram artigos nas bases Lilacs e SciELO, de 1970 a 2008, e encontraram seis trabalhos. Quanto aos instrumentos, apenas um era brasileiro; os demais trabalhos referiam-se a pesquisas com instrumentos norte-americanos. As conclusões dos autores corroboraram as encontradas por Paludo e Koller (2007) no sentido de que, àquela época, o movimento da psicologia positiva ainda precisava de grandes investimentos de pesquisas que gerassem novas publicações e apresentações de trabalhos em eventos científicos.

Se o foco da revisão de Scorsolini-Comin e Santos (2010) eram os instrumentos, a revisão realizada por Pureza et al. (2012) utilizou o descritor "psicologia positiva", com o filtro de que esse descritor deveria aparecer no título. Segundo os autores, a adoção desse critério tinha o propósito de excluir estudos que apenas mencionavam o tema da PP ou que eram de outras áreas do saber.

As bases utilizadas nessa revisão sistemática foram o SciELO Brasil, a Biblioteca Virtual em Saúde Brasil e a Biblioteca Digital Brasileira de Teses e Dissertações, e os produtos analisados, artigos científicos publicados, teses ou dissertações, indexados até setembro de 2012. Os resultados extraídos da busca foram 19 produtos, dos quais 16 artigos científicos. A partir dos dados analisados, os autores concluíram que a maior parte dos trabalhos até então produzidos era de natureza teórica. Os construtos cobertos por esses estudos foram bem-estar subjetivo (31%), satisfação em determinadas áreas da vida (laboral ou conjugal) (15%), experiências de *flow* (15%), felicidade (8%), autoestima (8%), habilidades sociais (8%), saúde geral (8%) e emoções positivas (7%). Sete instrumentos psicométricos foram identificados nesses estudos, sendo a Escala de Bem-estar Subjetivo (Albuquerque & Tróccoli, 2004) o mais frequentemente utilizado.

A revisão sistemática de Pires et al. (2015) atualizou a análise dos instrumentos baseados em PP publicados no Brasil. A busca incluiu publicações até julho de 2014, indexadas por meio do BVS-Psi. Dentre os resultados que mais importam presentemente, destaca-se que os construtos mais abordados foram qualidade de vida (21%), resiliência e *coping* (21%), bem-estar subjetivo (15%), autoeficácia (13%), afetos (11%), satisfação com a vida (9%), criatividade (5%) e bem-estar espiritual (5%). Quanto à área dos estudos, a maioria das produções era oriunda da psicologia, seguida pela enfermagem e pela medicina.

Os autores concluem ter observado um aumento da produção científica brasileira no campo da PP quando comparados seus achados com os de Scorsolini-Comin e Santos (2010) e de Pureza et al. (2012). Especificamente, Pires et al. (2015) identificaram nos trabalhos analisados 34 construtos e 67 instrumentos, ainda que a maior parte dos estudos estivesse concentrada em oito construtos e 11 instrumentos.

A expansão da área foi corroborada pela revisão sistemática realizada por Reppold et al. (2015), a qual investigou o perfil dos estudos brasileiros sobre PP e analisou todos os estudos nacionais publicados até outubro de 2014, que incluíam a PP, bem como os anais do I Congresso Brasileiro de Psicologia Positiva, ocorrido em outubro de 2014, em Porto Alegre, RS. As bases consultadas nessa revisão foram Medline (acessado pelo PubMed), Lilacs, Psycinfo, SciELO, Scopus e Banco de Teses da Capes.

Os achados mostraram que a maioria dos estudos até então realizados era de estudos teóricos (43,7%), seguidos por estudos psicométricos (25%) e transversais (18,7%). O construto mais frequentemente abordado pelos estudos teóricos foi bem-estar; nos estudos transversais foram bem-estar e resiliência; e nos estudos psicométricos esperança, otimismo e bem-estar.

Das 13 dissertações e teses produzidas entre 1980 e 2014 que entraram na revisão, três abordavam o tema da resiliência e três do bem-estar subjetivo. Por sua vez, dos 122 resumos publicados em anais do congresso, a maior parte dos trabalhos versava sobre bem-estar (14%), otimismo (7%) ou criatividade (7%). Salientamos que diversos outros construtos foram abordados em estudos teóricos, o que poderia ser explicado pela escassez de instrumentos da PP adaptados/validados disponíveis na ocasião. As autoras chamam a atenção também para o número reduzido de pesquisas brasileiras envolvendo intervenções em PP na época.

A propósito das intervenções, destaca-se a revisão de literatura sobre aplicações da PP no desenvolvimento infantil realizada por Ferreira e Lamas (2020). As autoras buscaram artigos nas bases SciELO e PePSIC, usando as palavras-chave positiva, resiliência, otimismo, habilidades sociais, bem-estar e felicidade, voltadas à infância, entre os anos 2000 e 2019. Como se observa, em relação aos trabalhos anteriores houve ampliação dos termos usados na busca, o que gerou um número muito superior dos produtos encontrados. Foram analisados 72 artigos, sendo que o construto mais pesquisado nesse caso foi habilidades sociais, seguido de resiliência.

Em 2019, Reppold et al. publicaram um artigo com o estado da arte nacional da PP. Nesse texto, descrevem os avanços da PP no Brasil ao longo de 20 anos e demonstram que, na atualidade, o país dispõe de pesquisadores em todas as regiões demográficas que estão produzindo novos conhecimentos na área. Também, de entidades científicas voltadas para articulação e divulgação de pesquisas relacionada à PP, como a Associação Nacional de Psicologia Positiva (ABP+), o Instituto Brasileiro de Avaliação psicológica (Ibap) e a Associação Nacional de Pesquisa e Pós-graduação em Psicologia, que conta com um GT específico sobre PP.

Os dados apresentados por Reppold et al. (2019) demonstram ter havido um incremento no número de intervenções desenvolvidas sobre os preceitos da PP em diversos contextos no país, sobretudo no campo da saúde e da escola. Eles também demonstram o avanço da área na oferta de instrumentos qualificados para mensuração de construtos próprios do interesse da PP. No texto são mencionados estudos para busca de evidências de validade de escalas que meçam satisfação com a vida, afetos positivos e negativos, autoestima, otimismo, esperança, resiliência, engajamento no trabalho, bem-estar subjetivo, bem-estar eudamônico, qualidade de vida, *mindfulness*, compaixão, autocompaixão, competências socioemocionais, forças de caráter, entre vários outros.

O que se pretendeu apresentar até o momento foi o cenário das pesquisas sobre PP no Brasil, com destaque aos construtos mais frequentemente abordados e aos instrumentos utilizados nesses estudos. O recorte que se fez foi a partir de revisões de PP no geral e não em contextos ou populações específicas. A conclusão é que ainda é necessário um grande investimento em termos de produção nacional, ainda que o avanço na área seja expressivo. Com o objetivo de promover avanços na área de conhecimento propomos este estudo, que versará sobre os construtos mais investigados em PP e as lacunas que podem ser superadas.

O que mais tem sido pesquisado em PP em âmbito mundial?

Desde que Seligman lançou oficialmente a PP, quando ocupava a presidência da American Psychological Association, em 1998, até os dias atuais, muito se produziu em prol do desenvolvimento da área. Dentre os tópicos mais pesquisados, dois receberam atenção especial, na PP e neste texto: o Bem-estar Subjetivo (BES) e as forças de caráter.

O BES é um dos construtos mais antigos do rol da PP. Seu surgimento remonta às perspectivas filosóficas hedônica e eudaimônica. No entanto, mais contemporaneamente, compete a Diener (1984) a organização do conceito em uma estrutura tripartite, no qual afetos positivos e afeto negativos configuram-se como dois fatores ortogonais que, somados à satisfação com a vida, formam a ideia de BES.

Esse construto associa-se fortemente a áreas fulcrais da vida do indivíduo, como resolução de problemas, relacionamentos interpessoais, enfrentamento de adversidades e prevenção à saúde física e mental. Ele é conceituado como a avaliação afetiva e cognitiva do indivíduo sobre sua vida. Retrata, especialmente, a autoavaliação sobre os contextos e as circunstâncias e incide nas respostas comportamentais (Diener, 1984; Diener et al., 2004). Os afetos reúnem-se no componente afetivo, que deve ser entendido como quais emoções são experimentadas e a intensidade em que elas se fazem presente, enquanto a satisfação com a vida, no cognitivo.

Uma recente revisão sistemática sobre o bem-estar subjetivo e outros indicadores de saúde durante a pandemia de Covid-19, com coleta de informações até julho de 2020, englobando estudos publicados em países da Ásia, Europa, América do Norte e América do Sul, incluindo o Brasil, indicou que houve diminuição do bem-estar subjetivo e aumento de sintomas de ansiedade e de depressão nesse período. Ao lado disso foi observada a incidência de problema de sono e queda de atividade física.

Todavia a importância do estudo ser relatado aqui é o fato de a medida de BES compor grande parte dos estudos que avaliaram comparativamente a diminuição dos indicadores de saúde física, o que revela a potência do BES como um importante índice de saúde mental já sedimentado em muitos países e pesquisas (Viner et al., 2022).

Contudo, deve-se registrar que os estudos com BES não se restringem ao contexto da saúde. Uma revisão sistemática realizada por Rodríguez et al. (2022) objetivou especificar como e em que medida a autorregulação da aprendizagem tem sido associada ao BES em estudantes. Os autores avaliaram artigos de 2010 a 2020 e encontraram predominância de medidas de BES nas avaliações realizadas, embora o bem-estar psicológico também estivesse presente.

Os achados indicam o impacto da capacidade de focar atenção e BES, assim como do BES na redução de problemas emocionais relacionados aos pares. A autorregulação da aprendizagem previu positivamente satisfação com a vida e afeto positivo, e negativamente, afeto negativo. Os autores concluíram que algumas estratégias de autorregulação empregadas no processo de aprendizagem estão relacionadas a diferentes medidas de BES.

Os resultados sobre BES foram corroborados por dados de Kaiser et al. (2020), que investigaram os preditores da autorregulação da aprendizagem em 1.046 universitários de 63 instituições de ensino superior do Brasil. Os autores discutem os achados considerando o potencial das intervenções em PP, incluindo as de promoção de BES, melhorar o desempenho acadêmico e a adaptação à vida universitária.

Ao lado do BES, outro construto que foi intensamente pesquisado com o advento da PP é o intitulado forças de caráter, traduzido para o português por Noronha e Reppold (2020) como forças pessoais. Elas são definidas como traços de personalidade, com valor moral, e são socialmente desejáveis, de modo que um indivíduo é admirado por tê-las.

Com o surgimento da PP foi elaborada uma classificação intitulada Values in Action (VIA), decorrente de um trabalho de cooperação de vários pesquisadores, que ficou conhecida em muitos países. A organização dos autores permitiu que muitas pesquisas fossem realizadas com as forças, assim como sistematizou conhecimentos da psicologia que não tinham, ainda, a égide da PP. O objetivo era descrever traços valorizados positivamente que contribuíam para o que os autores chamaram de boa vida.

Sem dúvida alguma, o VIA permitiu, com sua linguagem universal, integrar saberes e promover o desenvolvimento da ciência, o que atendeu aos pressupostos de fomentar intervenções com bases científicas. A classificação VIA reuniu 24 forças pessoais, distribuídas em seis virtudes. Em que pese o fato de a estrutura não ter se mostrado replicável, é inegável a contribuição dos autores que a fizeram, pois firmou-se um movimento na direção de um olhar mais positivo e apreciativo do potencial humano. Não se trata – e nunca se tratou – de promover a dualidade saúde *versus* doença, mas de compreender com mais propriedade os atributos positivos, aumentando as possibilidades de que os indivíduos tenham vidas mais engajadas e com propósito.

As forças pessoais são características positivas que se manifestam por pensamentos, sentimentos e comportamentos, e que contribuem para a busca da confiança em si mesmo, para promover satisfação e realização com o trabalho, e para o desenvolvimento do compromisso social e da identidade dos indivíduos. Como se observa, as forças pessoais proporcionam um caminho saudável para que indivíduos sintam-se integrados e contribuam para a sociedade. A escolha das 24 forças não é definitiva e não significa que outras não possam oportunamente ser incluídas, pesquisadas e fazer parte de intervenções. Para acessar o rol das forças pessoais, ver Noronha e Reppold (2020), que apresentam completa descrição de cada uma delas.

A elaboração de instrumentos de avaliação baseados na classificação VIA permitiu a tradução/adaptação para vários idiomas e a consequente utilização em pesquisas. Assim, a investigação sobre as forças pessoais extrapola nações e contextos diferentes. Como ocorre em relação ao BES, as forças são objeto de investigação de inúmeras revisões sistemáticas de literatura, especialmente na área da saúde. Uma delas é o caso da realizada por Bell et al. (2022), na qual os autores pretenderam responder em que medida construtos psicológicos positivos, dentre os quais as forças pessoais, associam-se a riscos de demência.

Os resultados indicaram que os construtos positivos associaram-se com pelo menos um indicador de demência, e os autores chamam a atenção para a importância de estudá-los individualmente. Mais especialmente, quanto às forças, merece destaque a revisão de Heintz e Ruch (2022). Os autores reuniram cinco meta-análises, que somaram a participação de mais de um milhão de pessoas, sobre as diferenças entre as forças pessoais quanto às idades. Foram encontradas diferenças para as idades em 23 delas, com exceção da força perspectiva, sendo que os mais velhos endossavam mais as forças. Entre as forças que apresentaram mais diferenças estão: criatividade, amor pela aprendizagem e autorregulação. Como implicações para a prática, os autores sugerem que os dados sejam usados para subsidiar intervenções.

As definições iniciais de forças pessoais, atrelando-as à vida boa e à possibilidade de estarem sujeitas à desejabilidade social, e a visão máxima do positivismo exagerado, geraram novos caminhos de investigações para o tema. Com vistas a analisar se quando as características positivas se manifestam de maneira excedente há relações com traços socialmente desajustados, Noronha et al. (2022) testaram um modelo multivariado que pretendeu explicar a tríade sombria (maquiavelismo, narcisismo e psicopatia) a partir das virtudes.

Os resultados revelaram que as virtudes nomeadas interpessoais, de coragem, de humanidade e de autorregulação explicaram os traços sombrios. Os autores problematizam que o desenvolvimento sem princípios e parâmetros das forças pode impactar em comportamentos indesejáveis. Seguramente, esse tema é um importante nicho de investigações.

Construtos emergentes com potencial para desenvolvimento

Como visto até o momento, a PP favoreceu a realização de muitas investigações sobre preceitos teóricos e instrumentos de medida, como os destacados BES e forças pessoais. No entanto o crescimento dos construtos positivos não foi linear, de modo que alguns receberam mais atenção do que outros. Esta seção destina-se a difundir outros conceitos pouco divulgados.

A literatura atual tem chamado atenção para a emergência de estudos voltados para avaliar/aplicar construtos como compaixão, autocompaixão, espiritualidade, *mindfulness*, *savoring*, paixão, gratidão, gentileza, solidariedade, perdão, paz, coragem, sentido de vida, entre outros (Hutz & Reppold, 2018; Reppold & Almeida, 2019; Reppold & Hutz, 2021). No texto a seguir daremos destaque, especificamente, a dois desses construtos.

> Admiração
> One may look up at the night sky and be lucky enough to see a glittering bed of stars and a strip of the Milky Way Galaxy. Is one mesmerized? Speechless? Flooded with feelings of beauty and wonder? Perhaps the best emotion to describe and account for this experience is awe (Chen & Mongrain, 2020).

Graziosi e Yaden (2021) definiram admiração como uma emoção autoexpansiva que assola o astronauta no espaço quando ele olha para a Terra, ou quando apreciadores de música clássica ouvem uma sinfonia. Ela refere-se à admiração evocada por um estímulo, como natureza, espaço, experiências espirituais ou teorias, entre outros.

Ao lado da emoção, a admiração é composta por um elemento cognitivo. A essas duas condições, os autores atribuíram os nomes de *vastness* e *accommodation*, ou vastidão e acomodação (tradução livre). A vastidão diz respeito à percepção de que algo é surpreendentemente grande e acomodação refere-se à reorganização de suas estruturas cognitivas para assimilar a nova experiência. A admiração leva a melhorias no bem-estar e na pró-sociabilidade, reduz a impaciência e aumenta a percepção de satisfação com a vida.

Os autores encontraram em seu estudo que a admiração eliciada por outras pessoas difere daquela advinda da natureza; por exemplo, levando-os a encontrar uma admiração interpessoal e outra geral. Concluem que testar empiricamente a admiração é um avanço para explorar as condições que a propiciam.

A admiração se faz presente quando o indivíduo é apresentado a novos estímulos, que fazem com que ele seja desafiado em sua concepção de mundo. Como dito anteriormente, pode ser uma visita a uma obra monumental ou quando é convidado a rever um conceito, que obriga a mudanças em seus esquemas mentais (Chen & Mongrain, 2020).

Os autores avançaram no sentido de informar os elementos eliciadores da admiração; a saber, físicos, sociais e cognitivos. O primeiro grupo pode ser traduzido pelas paisagens naturais. O segundo grupo inclui eventos coletivos, como concertos ou comícios. O cognitivo pode ser ilustrado pelo impacto da reflexão sobre a grandeza de uma gota de água. No entanto deve ficar elucidado que os autores não se aprofundam no tema.

Embora seja um tema ainda pouco difundido na PP, Chen e Mongrain (2020) afirmam que há pesquisas indicando o poder preditivo da admiração sobre a compaixão, a gratidão e o otimismo, assim como pode diminuir a ansiedade. Um corpo de pesquisas indica a associação entre admiração e pró-sociabilidade, pois admirar os outros implica ser mais generoso e se preocupar com o bem-estar de outrem. Também, ser mais colaborativo, menos agressivo e se conectar com algo maior. Assim, em termos de forças pessoais, podemos afirmar que a admiração está implicada a muitas delas, como a bondade, a humildade, a gratidão, o otimismo, a espiritualidade, a apreciação ao belo e a autorregulação.

Compaixão

Imagine que você está preso no trânsito no caminho para o trabalho e um sem-teto pede um trocado para lavar o vidro do seu carro. "Ele é tão insistente!" Você pensa. "Ele vai me fazer perder o sinal e chegar tarde [...]. Se eu ignorá-lo, talvez ele me deixe em paz." Mas ele não ignora você, que permanece sentado odiando-o, enquanto limpa o vidro; você vai se sentir culpado se não lhe der algum dinheiro e ressentido se o fizer. Até que um dia algo muda subitamente. Lá está você, no mesmo trânsito, no mesmo sinal, na mesma hora, e lá está o homem, com seu balde e rodo, como de costume. No entanto, por alguma razão desconhecida, hoje você o vê de forma diferente [...]. Você percebe o seu sofrimento. Como ele sobrevive? A maioria das pessoas simplesmente o expulsa [...]. Qual será a história dele? Como foi parar nas ruas? No momento em que você vê o homem como um ser humano real que está sofrendo, seu coração se conecta com ele (Neff, 2017).

Deve-se a Neff (2017) os estudos mais sistematizados sobre autocompaixão. O conceito tem sido entendido como uma atitude positiva e atenciosa de um indivíduo em relação a si mesmo, às suas falhas e às suas imperfeições. Ela envolve também o reconhecimento do sofrimento e o sentimento genuinamente bondoso com as pessoas que sofrem. De modo geral, refere-se ao reconhecimento da condição humana imperfeita e inexata.

A autora acrescenta que alguns elementos podem facilmente ser inseridos no bojo da autocompaixão, nomeadamente, autobondade *versus* autojulgamento, humanindade *versus* isolamento e, por fim, *mindfulness versus* superidentificação. A autobondade implica praticar o perdão e se aceitar mesmo com suas falhas. A humanidade refere-se a compreender as vivências como parte do existir, reconhecendo-as e aceitando-as. Por fim, *mindfulness* descreve a consciência equilibrada de pensamentos negativos, tanto aqueles negativos quanto os positivos.

Partindo da concepção de que autocompaixão é acalmar-se com bondade e compreender sem julgamento, e que maiores níveis de compaixão levam à promoção da saúde mental, Wilson et al. (2019) realizaram uma revisão sistemática com meta-análise, com vistas a identificar se a Terapia Focada na Compaixão, a Terapia Cognitiva Baseada em *Mindfulness* e a Terapia de Aceitação e Compromisso eram eficazes na promoção da autocompaixão e na redução de psicopatologias.

Foram analisados 22 estudos clínicos e os resultados indicaram que a terapia produziu mudanças na autocompaixão, o que levou os autores a concluírem que a autocompaixão é uma característica psicológica que pode ser promovida. No entanto, os autores não encontraram que, em condições controladas, um tipo de terapia promoveu melhores resultados do que outro. São sugeridos estudos que testem o papel mediador da autocompaixão sobre as terapias e a diminuição dos sintomas.

Outra revisão sistemática de literatura foi realizada por Inwood e Ferrari (2018). Com base na premissa de que a autocompaixão pode melhorar a saúde mental e promover a autorregulação emocional, os autores visaram identificar pesquisas que estudassem a relação entre autocompaixão, autorregulação e saúde mental. Para tanto, analisaram cinco estudos revisados por pares e concluíram que a autorregulação emocional mediou significativamente a relação entre autocompaixão e saúde mental, sobretudo sintomas voltados ao estresse, à depressão e ao transtorno de estresse pós-traumático. No entanto, os autores chamam a atenção para o fato de que os delineamentos metodológicos das pesquisas eram transversais, o que pode gerar uma diminuição no poder de generalização dos resultados.

Considerações finais

O presente capítulo apresentou uma revisão das propostas atuais de investigação em avaliação psicológica no campo da psicologia positiva. Nessa perspectiva, o texto iniciou apresentando um histórico da área e o surgimento dos estudos sobre PP no Brasil.

A partir de revisões da literatura, buscamos situar o leitor quanto aos construtos mais frequentemente pesquisados ao longo do tempo no país, os instrumentos mais utilizados nas investigações brasileiras e outros dados de relevância. Assim, o capítulo descreve os avanços da área em âmbito nacional ao longo de mais de duas décadas. Na sequência, o texto apresenta alguns dos construtos emergentes nos estudos atuais da área da PP. Cite-se que muitos desses novos construtos são coerentes com a proposta da terceira onda da PP, que tem como premissa uma preocupação em promover valores coletivos e coerentes com a realidade de cada contexto, especialmente depois das adversidades decorrentes da pandemia de Covid-19.

O capítulo dá destaque a dois construtos emergentes: admiração e compaixão. Entretanto, o leitor está convidado a conhecer mais sobre construtos diversos da PP. Nessa direção, recomenda-se a leitura de outras publicações nacionais que descrevem, inclusive para público leigo, como forças e habilidades positivas podem ser aplicadas no dia a dia em situações que visem à prevenção no campo da saúde mental e a promoção do bem-estar, em nível individual e coletivo (cf. Noronha & Reppold, 2020; Reppold et al., 2022).

Referências

Albuquerque, A. S., & Tróccoli, B. T. (2004) Desenvolvimento de uma escala de bem-estar subjetivo. *Psicologia: Teoria e Pesquisa*, *20*, 153-160. http://dx.doi.org/10.1590/S0102-37722004000200008

Bell, G., Singham, T., Saunders, R., John, A., & Stott, J. (2022). Positive psychological constructs and association with reduced risk of mild cognitive impairment and dementia in older adults: a systematic review and meta-analysis. *Ageing Research Reviews*, *77*, 101594. https://doi.org/10.1016/j.arr.2022.101594

Chen, S. K., & Mongrain, M. (2020). Awe and the interconnected self. *The Journal of Positive Psychology*. http://dx.doi.org/10.1080/17439760.2020.1818808

Dell'Aglio, D. D., Koller, S. H., & Yunes, M. A. M. (orgs.) (2006). *Resiliência e psicologia positiva: interfaces do risco à proteção*. Casa do Psicólogo.

Diener, E. (1984). Subjective well-being. *Psychological Bulktin*, *95*, 542-575. http://labs.psychology.illinois.edu/~ediener/Documents/Diener_1984.pdf

Diener, E., Scollon, C. N., & Lucas, R. E. (2004). The evolving concept of subjective well-being: the multifaceted nature of happiness. *Advances in Cell Aging and Gerontology*, *15*, 187-219. https://doi.org/10.1016/S1566-3124(03)15007-9

Ferreira, P. C., & Lamas, K. C. A. (2020). Aplicações da psicologia positiva no desenvolvimento infantil: uma revisão de literatura. *Psico-USF*, *25*(3), 493-505. https://doi.org/10.1590/1413-82712020250308

Graziosi, M., & Yaden, D. (2021). Interpersonal awe: exploring the social domain of awe elicitors. *The Journal of Positive Psychology*, *6*(2), 263-271. https://doi.org/10.1080/17439760.2019.1689422

Heintz, S., & Ruch, W. (2022). Cross-sectional age differences in 24-character strengths: Five meta-analyses from early adolescence to late adulthood. *The Journal of Positive Psychology*, *17*(3), 356-374. https://doi.org/10.1080/17439760.2021.1871938

Hutz, C., Koller, S. H., & Bandeira, D. R. (1996). Resiliência e vulnerabilidade em crianças em situação de risco. *Coletâneas da ANPEPP*, *1*(12), 79-86.

Hutz, C. S., & Reppold, C. T. (2018). *Intervenções em psicologia positiva aplicadas à área da saúde*. Leader.

Inwood, E., & Ferrari, M. (2018). Mechanisms of change in the relationship between self-compassion, emotion regulation, and mental health: A systematic review. *Health and Well-being*, *10*(2), 215-235. https://doi.org/10.1111/aphw.12127

Kaiser, V., Reppold, C. T., Hutz, C. S., & Almeida, L. S. (2020). Contributions of positive psychology in self-regulated learning: a study with brazilian undergraduate students. *Frontiers in Psychology*, *10*, 29-80. https://doi.org/10.3389/fpsyg.2019.02980

Neff, K. (2017). *Autocompaixão: pare de se torturar e deixe a insegurança para trás*. Lúcida Letra.

Noronha, A. P. P., Barros, L. O., & Bonfá-Araújo, B. (2022). Tríade sombria baseada em um modelo de virtudes da psicologia positiva. *Avaliação Psicológica*, *21*(2). http://dx.doi.org/10.15689/ap.2022.2102.20388.12

Noronha, A. P. P., & Reppold, C. T. (2020). As fortalezas dos indivíduos: o que são forças de caráter? In M. Rodrigues, & D. S. Pereira (org.). *Psicologia positiva: dos conceitos à aplicação* (pp. 43-53). Sinopsys.

Paludo, S. S., & Koller, S. H. (2007) Psicologia positiva: uma nova abordagem para antigas questões. *Paideia*, *17*(36), 9-20. http://dx.doi.org/10.1590/S0103-863X2007000100002

Peterson, C. (2013). *Pursuing the good life: 100 reflections on positive psychology*. Oxford University Press.

Pires, J. G., Nunes, M. F. O., & Nunes, C. H. S. S. (2015). Instrumentos baseados em psicologia positiva no Brasil: uma revisão sistemática. *Psico-USF, 20(2)*, 287-295. https://doi.org/10.1590/1413-82712015200209

Pureza, J. R., Kuhn, C. H. C. C., Castro, E. K., & Lisboa, C. S. M. (2012). Psicologia positiva no Brasil: uma revisão sistemática da literatura. *Revista Brasileira de Terapias Cognitivas, 8(2)*, 109-117. http://pepsic.bvsalud.org/scielo.php?script=sci_arttext&pid=S1808-56872012000200006&lng=pt&tlng=pt

Reppold, C. T., Gurgel, L. G., & Schiavon, C. C. (2015). Research in positive psychology: a systematic literature review. *Psico-USF, 20(2)*, 275-285. https://doi.org/10.1590/1413-82712015200208.

Reppold, C. T., & Almeida, L. (2019). *Psicologia positiva: educação, saúde e trabalho*. Cerpsi.

Reppold, C. T., D'Azevedo, L., Tocchetto, B. S., Diaz, G. B., Kato, S. K., & Hutz, C. S. (2019). Avanços da psicologia positiva no Brasil. *Psicologia para América Latina, 32*, 133-141. http://pepsic.bvsalud.org/pdf/psilat/n32/a05n32.pdf

Reppold, C. T., & Hutz, C. S. (2021). *Intervenções em psicologia positiva no contexto escolar e educacional*. Vetor.

Reppold, C. T., Serafini, A. J., & Tocchetto, B. S. (2022). *Habilidades para a vida: práticas da psicologia positiva para promoção do bem-estar e prevenção em saúde mental para além da pandemia*. Editora da Universidade Federal de Ciências da Saúde de Porto Alegre. https://www.ufcspa.edu.br/documentos/editora/050-full.jpg

Rodríguez, S., González-Suárez, R., Vieites, T., Piñeiro, I., & Díaz-Freire, F. M. (2022). Self-regulation and students well-being: a systematic review 2010-2020. *Sustainability, 14*, 23-46. https://doi.org/10.3390/su14042346

Scorsolini-Comin, F., & Santos, M. A. (2010). Psicologia positiva e os instrumentos de avaliação no contexto brasileiro. *Psicologia: Reflexão e Crítica, 23(3)*, 440-448. http://dx.doi.org/10.1590/S0102-79722010000300004

Seligman, M., & Csikszentmihalyi, M. (2000). Positive psychology: an introduction. *American Psychologist, 55*, 5-14. https://doi.org/10.1037/0003-066X.55.1.5

Viner, R., Russell, S., Saulle, R., Croker, H., Stansfield, C., Packer, J., Nicholls, D., Goddings, A., Bonell, C., Hudson, L., Hope, S., Ward, J., Schwalbe, N., Morgan, A., & Minozzi, S. (2022). School closures during social lockdown and mental health, health behaviors, and well-being among children and adolescents during the first Covid-19 wave: a systematic review. *JAMA Pediatrics, 176(4)*, 400-409. http://dx.doi.org/10.1001/jamapediatrics.2021.5840

Wilson, A. C., Mackintosh, K., Power, K., & Chan, S. W. Y. (2019). Effectiveness of self-compassion related therapies: a systematic review and meta-analysis. *Mindfulness, 10*, 979-995. https://doi.org/10.1007/s12671-018-1037-6

Yunes, M. A. M. (2003). Psicologia positiva e resiliência: o foco no indivíduo e na família. *Psicologia em Estudo, 8*, 75-84. https://doi.org/10.1590/S1413-73722003000300010

Avaliação psicológica positiva no Brasil: desenvolvimento e aplicação

Marlos Andrade de Lima
Taís Bopp da Silva
Jéssica Vargas da Luz
Cristian Zanon

Highlights

1. No início do desenvolvimento da PP no Brasil, quando foram produzidos os primeiros artigos e produções teóricas, percebia-se a ausência de instrumentos para avaliação e intervenção.
2. Além da adaptação dos instrumentos para o Brasil e materiais teóricos, diversas escalas foram elaboradas no contexto brasileiro.
3. São várias as intervenções positivas que servem como meio para atingir o bem-estar do aluno e do professor, bem como a avaliação cumpre papel essencial nos programas de intervenção.
4. A PP nas organizações envolve uma nova perspectiva sobre as relações de trabalho.
5. A psicoterapia positiva não se contrapõe ao modelo médico, porém sinaliza que o retraimento dos sintomas por si só não contribui para aumentar os níveis de bem-estar e felicidade do cliente.

O uso de instrumentos que avaliam construtos psicológicos positivos pode complementar substancialmente avaliações psicológicas em diversos contextos. Este capítulo tem como objetivo realizar um levantamento histórico do desenvolvimento da Psicologia Positiva (PP) como área de conhecimento, em sua origem, nos Estados Unidos e no Brasil.

Apesar de não se tratar de uma revisão sistemática de literatura, considera-se que este capítulo pode ser útil para profissionais de diversas áreas que busquem complementar suas avaliações incorporando aspectos positivos de seus clientes (e.g., bem-estar, esperança, autoeficácia). Além disso, será discutido sobre como a PP pode contribuir de maneira significativa em áreas como saúde, organizações e educação.

Breve histórico da Psicologia Positiva

No final dos anos 1990 iniciou-se um processo de tensionamento dos paradigmas teóricos da psicologia. Discutia-se, na época, se era possível abordá-la não pelo viés dos transtornos, mas, sim, do enfoque nas características saudáveis dos indivíduos. No sentido em que é abordada atualmente, a PP surgiu em meados de 1998, quando Martin Seligman assumiu a posição de presidente da American Psychological Association (APA).

Seligman e Csikszentmihalyi (2000) apresentaram, em sua publicação, uma alternativa ao modelo tradicional que embasava todas as outras abordagens teóricas, no sentido de promover uma nova visão que pudesse evidenciar os aspectos positivos e fortalecedores dos indivíduos.

Os autores discutem conceitos como otimismo, esperança, autonomia e autorregulação, em uma perspectiva inovadora de promoção de saúde (Seligman & Csikszentmihalyi, 2000).

A PP encontra-se em processo de ascensão no Brasil. Foi na década de 1990 que começaram a surgir as primeiras discussões brasileiras inseridas no campo dessa disciplina, ainda que não se tivesse adotado o termo psicologia positiva na época, assim como nos Estados Unidos. Por exemplo, Hutz et al. (1998) discorreram acerca da resiliência em crianças em situação de risco e apontaram o conceito de fatores de proteção e como eles são importantes ao longo do ciclo vital, com influência ativa nas situações vivenciadas (ambos os construtos são discutidos dentro da psicologia positiva).

Apesar do observado aumento no número de publicações relativas a produções teóricas e materiais didáticos no Brasil, nem sempre elas são localizadas em revisões bibliográficas por não conterem o termo Psicologia Positiva entre suas palavras-chave ou por terem sido publicadas em periódicos internacionais (Hutz, 2014). Existem bibliografias brasileiras acerca de assuntos como: bem-estar subjetivo, risco, proteção, resiliência, entre outras (Arteche & Bandeira, 2003; Costa & Pereira, 2007; Giacomoni, 2002; Nunes et al., 2009; Pesce et al., 2004; Sapienza & Pedromônico, 2005).

No início do desenvolvimento da PP no Brasil, quando foram produzidos os primeiros artigos e produções teóricas, percebia-se a ausência de instrumentos para avaliação e intervenção. Para além da expansão da teoria da PP, percebeu-se a necessidade da adaptação e do desenvolvimento de escalas, com o intuito de viabilizar avaliações e intervenções relacionadas a essa área.

Nesse sentido, Reppold et al. (2019) efetuaram um apanhado teórico que contextualiza a ascensão da PP no Brasil, assim como da produção e da adaptação de instrumentos. Conforme cronologia realizada pelos autores, é possível destacar o Laboratório de Mensuração, pertencente ao Programa de Pós-graduação em Psicologia, da Universidade Federal do Rio Grande do Sul (UFRGS), que é associado ao pioneirismo no desenvolvimento de instrumentos na área. Outros pesquisadores pioneiros na área foram Silvia Helena Koller (Universidade Federal do Rio Grande do Sul [UFRGS]) e Valdiney Veloso Gouveia (Universidade Federal da Paraíba [UFPB]).

Adaptação, validação e criação de instrumentos de Psicologia Positiva no Brasil

A partir do surgimento do Laboratório de Mensuração da UFRGS, diversos instrumentos foram adaptados e criados para o contexto brasileiro. Desde então, quatro fontes sintetizam os instrumentos de psicologia disponíveis para o contexto brasileiro: duas revisões sistemáticas e duas obras. A primeira revisão sistemática da literatura sobre PP no Brasil encontrou apenas 19 estudos e cinco instrumentos identificados (Pureza et al., 2012). A segunda revisão sistemática trata diretamente dos instrumentos baseados em PP no Brasil, indicando um crescimento das produções, com 49 publicações encontradas e 11 instrumentos identificados (Pires et al., 2015). A terceira e a quarta fontes abarcam 10 instrumentos entre adaptações e criações nacionais que podem ser utilizados em diferentes contextos (Hutz, 2014, 2016).

As informações descritas a seguir foram obtidas a partir de uma breve pesquisa no Google Acadêmico com os descritores: "revisão sistemática psicologia positiva no Brasil", já as duas obras foram publicações do Laboratório de Mensuração da UFRGS (tabelas 1 e 2). As tabelas estão divididas em adaptações e criações para o contexto brasileiro.

Os primeiros instrumentos de PP no Brasil foram adaptações (Tabela 1), realizadas por profissionais oriundos de outras áreas, como a medicina e a saúde pública. Atualmente, há mais de 20 instrumentos adaptados para o contexto brasileiro.

Além da adaptação dos instrumentos para o Brasil e materiais teóricos, diversas escalas foram elaboradas no contexto brasileiro (Tabela 2). Essas escalas mensuram construtos da PP, entre eles: satisfação de vida e do trabalho, afetos positivos e negativos, experiência de *flow* e autoeficácia.

Avaliação em Psicologia Positiva: campos de aplicação

O papel da avaliação em PP é essencial. É partindo das características humanas positivas que as pessoas trazem consigo que o psicólogo poderá planejar intervenções que levem indivíduos e grupos a florescer. Nesta seção será apresentada a ideia de florescimento e, na sequência, serão discutidas três áreas importantes de aplicação da PP: educação, organizações e saúde. Alguns construtos relevantes para cada um desses campos serão mencionados, fazendo-se referência a materiais disponíveis para a sua mensuração e apontando lacunas, o que representa um chamado àqueles que se interessam por construção de instrumentos e medidas em PP.

Para compreender a ideia de florescimento é preciso remontar à história do objeto da PP tal como conhecida atualmente. A proposta de Martin Seligman centrava-se na ideia de felicidade autêntica. Basicamente, Seligman (2019) propunha que a felicidade não consistia no prazer incondicional e na ausência de sentimentos negativos.

A fim de elucidar sua proposta, buscou separar, de um lado, a alegria proporcionada por "atalhos" que levam ao prazer fugaz (p. ex., comer chocolate, fazer compras, sexo, usar drogas e outras fontes de gozo sensorial) e, de outro, a felicidade conquistada como resultado do exercício das chamadas forças e virtudes pessoais (Rashid & Seligman, 2019). Essa seria a felicidade autêntica.

Seligman elencou seis virtudes constantes em três mil anos de história. Buscou e encontrou na tradição filosófica (Aristóteles, Platão, Santo Agostinho e Santo Tomás de Aquino), na religião (Velho Testamento, Buda, Alcorão) e nos nomes relacionados a marcos civilizatórios (Benjamin Franklin) as virtudes recorrentes: (1) saber e conhecimento, (2) coragem, (3) amor e humanidade, (4) justiça, (5) temperança e (6) espiritualidade e transcendência. Apesar de comportarem a noção de bom caráter, afirmava Seligman, as virtudes eram ideias impraticáveis por serem conceitos abstratos. Nesse sentido, propôs as chamadas forças do caráter, as quais estariam presentes em todos os seres humanos, e por meio das quais as virtudes seriam alcançadas. A conquista da felicidade consistiria, então, no exercício diuturno e consciente de tais forças nas várias esferas da vida, como no trabalho, nas relações amorosas, na criação dos filhos e nos momentos de lazer.

Seligman (2012) elegeu 24 forças de caráter, as quais relacionou a uma das seis virtudes.

Tabela 1
Instrumentos de Psicologia Positiva adaptados no Brasil

Nome da escala	Construto	Fatores	Itens	Adaptação
WHOQOL-100	Qualidade de vida	Físico Psicológico Independência Relações sociais Meio ambiente	100	(Fleck, 2000)
Escala de resiliência	Resiliência	Competência pessoal Aceitação de si mesmo e da vida Capacidade de resolução de ações	25	(Pesce et al., 2005)
Questionários McGill de Amizade	Amizade	Segurança emocional ($\alpha = 0{,}81$) Intimidade ($\alpha = 0{,}77$) Aliança confiável ($\alpha = 0{,}79$) Companheirismo ($\alpha = 0{,}73$) Ajuda ($\alpha = 0{,}77$) Autovalidação ($\alpha = 0{,}81$)	16	(Souza & Hutz, 2007)
Escala de Esperança Disposicional para Adolescentes (ADHS)	Esperança disposicional	Esperança disposicional ($\alpha = 0{,}80$)	12	(Sartore & Grossi, 2008)
Escala de Bem-estar Espiritual (SWS)	Bem-estar espiritual	Bem-estar religioso ($\alpha = 0{,}85$) Bem-estar espiritual ($\alpha = 0{,}92$)	20	(Marques et al., 2009)
Escala de Enfrentamento (Cope)	Resiliência	Coping evitativo ($\alpha = 0{,}71$) Foco na emoção ($\alpha = 0{,}28$) Foco no problema ($\alpha = 0{,}81$)		(Gonçalves-Câmara, et al., 2019)
Escala de Autoestima de Rosenberg (Rosenberg Self-Esteem Scale)	Autoestima	Autoestima ($\alpha = 0{,}90$)	10	(Hutz & Zanon, 2011)
Escala Filadélfia de Mindfulness (EFM)	Mindfulness	Aceitação ($\alpha = 0{,}85$) Consciência ($\alpha = 0{,}81$)	20	(Silveira et al., 2012)
The Hope Index	Esperança	Esperança em si ($\alpha = 0{,}83$) Esperança nos outros ($\alpha = 0{,}81$)	16	(Pacico et al., 2013)
Questionário das Cinco Facetas de Mindfulness (FFMQ-BR)	Mindfulness	Não julgamento ($\alpha = 0{,}78$) Piloto-automático ($\alpha = 0{,}79$) Observar ($\alpha = 0{,}76$) Descrição – itens positivos ($\alpha = 0{,}76$) Descrição – itens negativos ($\alpha = 0{,}75$) Não reação ($\alpha = 0{,}68$) Ação com consciência ($\alpha = 0{,}63$)	39	(Barros et al., 2014)
Escala de Felicidade Subjetiva (SHS)	Felicidade subjetiva	Felicidade subjetiva ($\alpha = 0{,}84$)	4	(Damásio et al., 2014)

Instrumento	Construto	Subescalas / α	Itens	Referência
Inventário Mindfulness Freiburg (FMI-BR)	Comportamentos de atenção plena	*Mindfulness*	30	(Hirayama et al., 2014)
Revised Life Orientation Test (LOT-R)	Otimismo	Otimismo (α = 0,80)	10	(Bastianello et al., 2014; Zenger et al., 2013)
Youth Life Orientation Test (YLOT)	Otimismo	Otimismo (α = 0,77) Pessimismo (α = 0,82)	12	(Oliveira et al., 2022)
Adult Dispositional Hope Scale (ADHS)	Esperança	Esperança (α = 0,80)	12	(Bastianello et al., 2014)
Satisfaction With Life Scale (SWLS)	Satisfação de vida	Satisfação de vida (α = 0,87)	4	(Zanon et al., 2014)
Escala Forças de Caráter (EFC)	Caráter	Sabedoria e conhecimento Coragem Humanidade Justiça Temperança Transcendência	71	(Noronha et al., 2015)
Escala de Atenção e Consciência Plenas (Maas)	Consciência atencional	*Mindfulness* (α = 0.87)	15	(Barros et al., 2015)
Escala Utrecht de Engajamento no Trabalho (Uwes)	Engajamento	Vigor (α = 0,86) Dedicação (α = 0,87) Concentração (α = 0,85)	17	(Magnan et al., 2016)
Escala de Autocompaixão (SCS)	Autocompaixão	Bondade própria (α = 0,81) Autojulgamento (α = 0,77) *Mindfulness* (α = 0,77) Hiperidentificação (α = 0,66) Humanidade comum (α = 0,79) Isolamento (α = 0,79)	26	(Souza & Hutz, 2016)
Escala de Satisfação Conjugal (ESC)	Satisfação conjugal	Interação conjugal (α = 0,84) Aspectos emocionais (α = 0,89) Aspectos organizacionais e estruturais (α = 0,93)	24	(Hernandez et al., 2017)
Escala de Afetos Positivos e Afetos Negativos (Panas)	Afetos	Afetos positivos (α = 0,88) Afetos negativos (α = 0,87)	10	(Giacomoni et al., 1997; Nunes et al., 2019; Segabinazi et al., 2012)
Escala de Ajustamento Diádico (EAD)	Ajustamento conjugal	Consenso (α = 0,86) Satisfação (α = 0,86) Coesão (α = 0,76) Expressão de afeto (α = 0,62)	32	(Hernandez, 2008)
Steen Happiness Index (SHI)	Felicidade autêntica	Felicidade autêntica (α = 0,93)	20	(Zanon et al., 2021)

Tabela 2
Escalas desenvolvidas no Brasil

Nome da escala	Construto	Fatores	Itens	Referência
Escala de Afeto Positivo e Negativo para Crianças (EAPN-C)	Afetos	Afeto positivo (α = 0,90) Afeto negativo (α = 0,92)	34	(Giacomoni & Hutz, 2006)
Escala de Satisfação no Trabalho	Satisfação no trabalho	Reconhecimento profissional (α = 0,82) Utilidade social (α = 0,81) Suporte organizacional (α = 0,86) Relacionamento afetivo no trabalho (α = 0,80)	113	(Martins, 1984, 2006)
Escala de Percepção de Suporte Social (EPSS)	Suporte social	Suporte prático (α = 0,91) Suporte emocional (α = 0,92)	29	(Siqueira, 2008)
Escala de Bem-estar Subjetivo (Ebes)	Bem-estar subjetivo	Afeto positivo (α = 0,95) Afeto negativo (α = 0,95) (In)satisfação com a vida (α = 0,90)	69	(Albuquerque & Tróccoli, 2004)
Questionário para Identificação do Flow	Experiência de *flow*	Alpha de Cronbach de 0,93	7	(Roettgers, 2014)
Escala Multidimensional de Satisfação de Vida para Crianças (EMSVC)	Satisfação de vida	*Self* *Self* comparado (α = 0,84) Família (α = 0,74) Amizade (α = 0,74) Escola (α = 0,66)		(Giacomoni & Hutz, 2008; de Oliveira et al., 2019)
Escala Multidimensional de Satisfação de Vida para Adolescentes	Satisfação de vida	Família (α = 0,74) *Self* (α = 0,71) Escola (α = 0,66) *Self* comparado (α = 0,85) Não violência (α = 0,70) Autoeficácia (α = 0,71) Amizade (α = 0,82)	52	(Segabinazi et al., 2010)
Escala de Afeto Positivo e Negativo para Adolescentes (EAPN-A)	Afetos	Afeto positivo (α = 0,88) Afeto negativo (α = 0,74)	34	(Segabinazi et al., 2012)
Escala de Afetos Positivos e Negativos (EA)	Afetos	Afeto positivo (α = 0,83) Afeto negativo (α = 0,77)	20	(Zanon et al., 2013)
Escala Global de Satisfação de Vida para Adolescentes - (EGSV-A)	Satisfação de vida	Satisfação de vida (α = 0,90)	10	(Segabinazi et al., 2014)
Escala de Autoeficácia no Trabalho (EAE-T)	Autoeficácia	Execução do trabalho (α = 0,96) Relações interpessoais trabalhistas (α = 0,95)	23	(Cardoso & Baptista, 2018)

Por exemplo, curiosidade e inteligência social foram relacionadas a virtude, saber e conhecimento; bravura, à coragem; por meio da força da bondade alcançar-se-ia a virtude e a humanidade; imparcialidade foi relacionada a virtude e justiça; autocontrole e humildade à temperança; a virtude, a espiritualidade e a transcendência seriam alcançadas por meio do perdão, do bom humor e da gratidão. A chave para uma vida boa poderia ser encontrada, portanto, em características positivas da pessoa, a serem identificadas e exercitadas. Por conseguinte, fica evidente o papel fundamental que a avaliação psicológica cumpre dentro da PP já no seu início.

Cerca de dez anos mais tarde, a teoria da felicidade autêntica é amadurecida. O foco da PP passa a ser o bem-estar, um construto composto de vários elementos mensuráveis e manejáveis (Rashid & Seligman, 2019; Seligman, 2019). Se esses elementos estão indo bem, considera-se que o indivíduo está alcançando o florescimento. Se o indivíduo está aquém da sua potencialidade, o papel do psicólogo é trabalhar para aumentar seu florescimento.

São cinco os elementos do bem-estar que podem ser medidos para verificar como o indivíduo está florescendo. O conjunto desses elementos mensuráveis deu origem ao modelo Perma, acrônimo para os termos em língua inglesa correspondentes a emoções positivas (*positive emotions*), engajamento (*engajament*), relacionamentos positivos (*relationships*), significado (*meaning*) e realização (*achievement*) (Rashid & Seligman, 2019; Seligman, 2019). De forma breve, esses elementos são descritos a seguir:

Quadro 1

- *Positive emotion* (emoções positivas). Experimentar emoções que fazem da vida uma vida agradável: entusiasmo, êxtase, orgulho, prazeres sensoriais, confiança, autoestima positiva etc.

- *Engagement* (engajamento). Perder a consciência de si mesmo como consequência do foco e da entrega durante a realização de uma atividade gratificante.

- *Relationships* (relacionamentos). Iniciar e manter relacionamentos genuínos, harmoniosos, confiáveis, em que se possa buscar e fornecer apoio, exercitar a solidariedade.

- *Meaning* (significado). Sentir que a vida tem um propósito que transcende os ganhos e os benefícios individuais.

- *Achievement* (realização). Perseguir sucesso, conquistas, domínio e ampliação de competências de forma não instrumental, ou seja, apenas como um fim em si mesmo.

Com a ampliação da sua teoria do bem-estar, em que o grau de florescimento pode ser mensurável a partir de índices, Seligman fez da felicidade um objeto científico. Com base na operacionalização do conceito de bem-estar e da gama de instrumentos formulados para medir seus componentes, algumas perguntas acerca do tema são passíveis de serem respondidas. Por exemplo: Qual é a proporção de pessoas em processo de florescimento dentro de uma comunidade ou instituição? Existe uma etapa do desenvolvimento em que as pessoas estão em pleno florescer? Se isso acontece, ocorre de modo igual em todas as culturas? As escolas estão preparando os estudantes para o florescimento? As organizações permitem que seus trabalhadores expressem suas potencialidades? O que pode fazer a psicoterapia positiva para ajudar a pessoa no resgate da sua capacidade de florescimento?

Nas próximas seções, essas questões serão abordadas com mais detalhes, ainda que sem esgotá-las. Serão apresentados alguns conceitos, construtos e pressupostos da PP concernentes a três importantes áreas: educação, trabalho, organizacional e clínica. Buscar-se-á indicar instrumentos de medidas e estratégias de intervenção concernentes aos construtos relevantes na área. Também serão apontadas lacunas importantes de serem sanadas de modo a estimular a produção em PP.

Escolarização positiva: a Psicologia Positiva na educação

Uma definição importante dentro da PP é a de escolarização positiva. O termo "escolarização" é preferível ao termo "educação" por denotar a importância da comunidade como um todo no ensino da criança (Snyder & Lopez, 2009). Aqui, contudo, serão utilizados os termos escolarização e educação como intercambiáveis, sempre com o sentido mencionado, pois a importância de pensar na comunidade escolar de modo integrado é o que pautará a discussão sobre a PP na escola.

A educação ou a escolarização positiva consiste em avaliações e intervenções realizadas no âmbito da educação, visando ao aumento do bem-estar de alunos e da comunidade escolar como um todo, valendo-se de evidências científicas da PP (Oliveira & Giacomoni, 2021). São várias as intervenções positivas que servem como meio para atingir o bem-estar do aluno e do professor, e a avaliação cumpre papel essencial nos programas de intervenção.

Nessas intervenções podem ser trabalhadas competências socioemocionais (Nakano et al., 2018), motivação (Marrone & Hutz, 2021), comportamentos pró-sociais (Narvaes et al., 2021), engajamento (Fernandes et al., 2021), criatividade (Nakano et al., 2018), projetos de vida (Dellazzana-Zanon et al., 2019), forças de caráter (Campos et al., 2021), otimismo (Giacomoni et al., 2018) e autoeficácia (Kaiser & Reppold, 2021).

A importância de se abordar os fatores de bem-estar na escola deve-se ao entendimento de que a escolarização é um momento crucial de preparação do indivíduo para conhecer e manejar seus potenciais de modo a buscar seu florescimento futuro. Entre adolescentes portugueses, a satisfação escolar foi associada positivamente ao cultivo de boas relações com os pais e a dimensões de bem-estar psicológico que respondem pela capacidade de se adaptar a tarefas desenvolvimentais, como autonomia, domínio do meio, crescimento pessoal, relações positivas, objetivos de vida e aceitação de si (Fernandes et al., 2021).

Porém falar de PP na escola é falar de intervenções voltadas ao cuidado da instituição escolar como um todo, atentando não apenas para o aluno, mas também para o professor e para o grupo escolar. Nesse sentido, é preciso que se entenda a escola como uma rede de relações. A qualidade da trama dessa rede, por sua vez, dependerá da força de cada fio, bem como do tensionamento equilibrado dos nós que os integram.

No entanto, quando se discutem questões concernentes ao ensino, como o chamado insucesso escolar ou a evasão, o debate entre os especialistas e mesmo entre a população gira em torno de encontrar um responsável. Ora se culpabiliza o professor, criando-se uma discussão centrada na questão salarial, ora se responsabiliza o aluno, alegando falta de motivação, e os fatores de ordem orgânica que dificultam a aprendizagem (p. ex., hiperatividade ou desatenção, que seriam suprimidas via medicação); por vezes é apontada a falta de estrutura escolar.

Três consequências seguem-se desse entendimento centrado na culpabilização. Primeiro, entende-se o aluno ou o professor, ou mesmo a escola, como entidades isoladas, que não afetam o funcionamento umas das outras. Segundo, a solução para as questões educacionais reside em focalizar naquilo que não está bem e que é assumido como a causa do desequilíbrio: os baixos salários dos professores, a falta de investimento e as dificuldades individuais dos estudantes. Em terceiro lugar, ao psicólogo escolar cumpriria o papel de remediador dos fatores bloqueadores da aprendizagem e conciliador de conflitos.

Certamente, a escola apresenta problemas que necessitam de soluções e indivíduos que dela fazem parte precisam ser atendidos em suas dificuldades. Um dos papéis do psicólogo na escola é estar atento a essas demandas. No entanto, quando a atuação do psicólogo centraliza o problema, trabalha-se apenas para que sejam asseguradas as condições mínimas para que os professores façam seu trabalho e para que os alunos assimilem os conteúdos. Consequentemente, o potencial da escola de fomentar o florescimento dos membros de sua comunidade reduz-se significativamente

A escolarização positiva, ao contrário, pode ser imaginada como um edifício cujo alicerce é formado por cuidado, confiança e respeito pela diversidade. Não apenas um lugar com ausência de conflito. Nesse sentido, os professores devem servir como modelos de referência e precisam estar disponíveis para fornecer uma base segura aos seus alunos (Snyder & Lopez, 2009).

No entanto, quando estão se sentindo sobrecarregados, responsabilizados pelos problemas da escola, acometidos por Síndrome de Burnout, estresse e depressão, que tipo de motivação podem ter os mestres para mostrarem-se disponíveis? É necessário, pois, que a PP forneça suporte adequado a esse professor e, para isso, o primeiro passo é a avaliação de suas crenças, atitudes e valores positivos em relação ao ensino, à escola e aos seus alunos (Reppold & Hutz, 2021). Também é importante conhecer seus níveis de autoestima, autoeficácia, otimismo, esperança, autocompaixão, o significado atribuído à profissão e à qualidade da relação professor-aluno.

A importância desses construtos é destacada por Reppold e Hutz, (2021), que apresentam diretrizes gerais para a realização de intervenções positivas com professores. Os autores destacam uma série de cuidados a serem tomados no planejamento de uma intervenção. Destacam aspectos éticos, seleção de recursos, instrumentos e materiais, uso de técnicas e atividades, desenvolvimento da intervenção em si (incluindo o pré-teste, a explanação dos conceitos trabalhados, os cuidados com a sobrecarga de atividades e tarefas de casa), cuidado com a elaboração do cronograma e fechamento da intervenção. Ressaltam, ainda, a importância da realização de um pós-teste e da avaliação das atividades realizadas, tanto individual como em grupo, e fornecem a indicação de uma gama de instrumentos validados para avaliar os construtos mencionados, bem como outros, relevantes nesse contexto.

Quanto a intervenções positivas destinadas a estudantes, são vários os construtos que podem ser abordados, conforme citados no início desta seção (para mais detalhes, consultar as referências indicadas). Por uma limitação de espaço, optamos por dar destaque a apenas um aspecto da educação positiva dirigida aos jovens, nomeadamente, os projetos de vida. Tal escolha deu-se em virtude de que esse assunto passou a fazer parte da nova configuração curricular do Ensino Médio brasileiro a partir de 2022 (Brasil, 2018). Nesse sentido, muitos educadores, além de psicólogos, beneficiar-se-ão das informações contidas neste capítulo.

Com a Lei n. 13.415/2017, o Ensino Médio brasileiro passa a oferecer uma estrutura curricular mais flexível (Brasil, 2017). As disciplinas, com base nessa lei, são organizadas em componentes formados por conteúdos essenciais, cuja organização deverá ser orientada pela Base Nacional Comum Curricular (BNCC). Outro grupo de componentes torna o currículo mais flexível. São os chamados itinerários formativos, compostos de oficinas, projetos, disciplinas e outras situações de aprendizagem que visam proporcionar ao estudante o aprofundamento em uma área de conhecimento ou em uma formação técnica de acordo com seu interesse. Toda essa estruturação converge para o aprimoramento de dez competências gerais, das quais a sexta envolve o desenvolvimento de projetos de vida (Brasil, 2018).

O projeto de vida tem como objetivo central estimular e organizar metas, gerenciar comportamentos e prover ao indivíduo um senso de significado (McKinight & Kashdan, 2009). Sendo a adolescência uma etapa do desenvolvimento em que a identidade encontra-se em processo de construção, há poucas certezas sobre o que se almeja para o futuro. Além disso, a profusão de informações proporcionadas pelo mundo conectado, as amplas possibilidades de escolhas e as mudanças socioeconômicas, que extinguem antigas profissões e fazem surgir outras tantas, tornando o mundo do trabalho cada vez mais instável, apontam para a necessidade de orientação do jovem na direção da construção de um projeto de vida. A escola, nesse aspecto, cumpre um papel fundamental na medida em que uma das suas funções deveria ser ajudar o estudante a descobrir seus recursos e potencialidades para buscar uma vida melhor. Nesse contexto, construtos importantes para a PP, como autoeficácia, autorregulação, otimismo, pensamento crítico, esperança, criatividade e habilidades socioemocionais precisam ser acionados visando à elaboração de um projeto de vida. A escolarização positiva pode auxiliar nesse aspecto.

O desenvolvimento de programas em projetos de vida é uma das possibilidades que a PP tem a oferecer. Um estudo de intervenção dentro dessa linha sugeriu que intervenções baseadas em PP permitem a ressignificação do sentido de vida do estudante (Pereira et al., 2021). A intervenção foi aplicada a 18 estudantes de Ensino Médio de uma escola pública e contou com um total de oito encontros.

Ao longo do processo foram desenvolvidas atividades com o intuito de trabalhar autoconhecimento (acerca de sonhos já cultivados, da história de superação de dificuldades, das atividades preferidas, da história laboral de suas famílias), senso de prospecção, expectativas, fortalecimento de vínculos, resiliência, fatores que contribuem para o sucesso e o reconhecimento profissional, planejamento, persistência, entre outros aspectos. Foi realizada uma avaliação pré e pós-intervenção, utilizando-se a Escala de Projetos de Vida para Adolescentes (Epva) (Dellazzana-Zanon et al., 2019). A aplicação da Epva ao final do processo indicou que os participantes passaram a fazer maior questionamento quanto ao valor atribuído à aquisição de bens materiais, aumentaram o autoquestionamento sobre sentido da vida e apresentaram maior segurança quanto a aspectos relacionados a estudo, trabalho, aspirações positivas e espiritualidade (Pereira et al., 2021). O estudo destacou o importante papel da avaliação nos programas de intervenção, na medida em que o cotejo dos dados coletados no pré e no pós-intervenção forneceu a informação concreta acerca da evolução do participante, sendo essa informação essencial na entrevista devolutiva.

A Psicologia Positiva nas organizações e no trabalho

O trabalho tem um peso importante na vida do indivíduo adulto. Dele retira-se o sustento material, porém a satisfação psicológica também depende em grande parte de como a pessoa conecta-se com o local de trabalho e de como lida com as tarefas que precisa desempenhar. Afinal de contas, a jornada de um trabalhador ocupa um espaço considerável em sua vida: cerca de um terço do seu dia, sem contar as horas investidas em preparo e qualificação para o enfrentamento de um mercado cada vez mais competitivo, em qualquer área.

Em virtude da centralidade do trabalho em nossas vidas, é preciso não apenas que ele não seja causador de doenças ou que faça o indivíduo prosperar materialmente. É necessário ambicionar um trabalho que gere gratificação psicológica, que faça sentido, promova engajamento e gere satisfação. O termo "emprego gratificante" faz referência a esse trabalho; ele deve permitir ao indivíduo: (1) variabilidade de tarefas; (2) ambiente seguro; (3) renda digna; (4) senso de propósito; (5) felicidade e satisfação; (6) engajamento e envolvimento; (7) sensação de bom desempenho; e (8) integração com colegas de trabalho, chefes e empresas (Snyder & Lopez, 2009).

Atualmente, é essencial para as organizações a gestão da qualidade de vida dos funcionários e as experiências de bem-estar. A qualidade de vida abarca diagnosticar, promover e monitorar o bem-estar e a satisfação dos profissionais no trabalho (Oliveira & Rocha, 2019).

O bem-estar no trabalho é composto por três componentes: satisfação, envolvimento e comprometimento. A satisfação aponta para o vínculo afetivo positivo com o trabalho. O envolvimento trata do estado de fluxo em que altos desafios são respondidos por altas habilidades. O comprometimento representa a ligação positiva do empregado com o empregador (Siqueira & Padovam, 2008). Ao tornar as interações mais positivas, permite-se um grau de florescimento dos colaboradores, melhorando as relações de trabalho e evitando fatores de risco no âmbito laboral (Marujo et al., 2007).

A PP nas organizações envolve uma nova perspectiva sobre as relações de trabalho. A partir de suas aplicações, dois desenvolvimentos tiveram expressão. Um deles foi a PP Organizacional e do Trabalho (Ppot); o outro foi a Positividade em Contextos Organizacional (POS) (Meireles & Lobo, 2011).

A Ppot identifica fatores de saúde e proteção nas organizações, como: bem-estar, engajamento e envolvimento com o trabalho (Vazquez et al., 2019). A Ppot pauta-se na ideia de que a promoção das emoções positivas gera melhores relações no trabalho e, consequentemente, produz saúde mental. Ao focar nas potencialidades humanas, a PP promove um ambiente que produz resiliência e engajamento no trabalho (Baccin et al., 2020).

A POS defende o estudo de melhores práticas para o desenvolvimento da vitalidade, da prosperidade e do potencial humano positivo dos empregados. A POS é composta por três conceitos: Positivo (*Positive*), que dá ênfase à bondade; Organizacional (*Organizational*), que envolve a dinâmica interpessoal e estrutural das organizações em que ocorrem os fenômenos positivos; o Saber acadêmico (*Schoolarship*), que investiga o que é positivo em contextos organizacionais (Meireles & Lobo, 2011).

A PP traz inúmeros benefícios ao contexto organizacional e do trabalho. Ao dar ênfase em promover um ambiente saudável, contribui com as organizações na retenção de talentos, no autodesenvolvimento dos colaboradores e na solução de problemas. Ao investir em autoconhecimento e autorresponsabilidade dos funcionários, as empresas conseguem aprimorar o desempenho tanto individual quanto em equipe. A postura otimista e a liberdade de se pensar permitem a criação de ideias inovadoras. O ambiente saudável atrai talentos, previne doenças mentais, absenteísmo e quedas na produtividade, economizando recursos para as organizações (Oliveira & Rocha, 2019).

Aplicações clínicas

A PP também traz sua contribuição para o atendimento clínico. Distanciando-se do modelo médico, que focaliza os sintomas e as dificuldades, a abordagem positiva propõe a direção do foco para as forças do cliente. Na avaliação e na condução do tratamento psicoterápico, as forças assumem peso tão importante quanto os sintomas. No sentido proposto pelos autores, as forças atuariam independentemente dos aspectos fragilizados do cliente; isto é, não consistiriam em compensações das fraquezas ou mecanismos de defesa (Rashid & Seligman, 2019). A psicoterapia positiva, no entanto, não se contrapõe ao modelo médico, porém sinaliza que o esbatimento dos sintomas por si só não contribui para aumentar os níveis de bem-estar e felicidade do cliente.

No modelo da Psicoterapia Cognitivo-comportamental Positiva (TCC positiva) (Bannink, 2012), entende-se que psicoterapeuta e cliente precisam trabalhar juntos vislumbrando um resultado positivo para o futuro. Nesse sentido, há um projeto a ser construído e não simplesmente algo a ser eliminado. E se há algo a ser construído, há a necessidade de recursos. Tais recursos encontram-se dentro dos próprios clientes, e consistem em suas forças de caráter. A missão do terapeuta é trabalhar para resgatá-las. Daí a importância de uma avaliação que vise localizar e medir as habilidades, os pontos fortes e os recursos da pessoa em sofrimento. Serão esses os insumos para a construção de um projeto de uma vida mais feliz e com mais sentido. A avaliação e a conceitualização de caso em

TCC positiva contemplam os seguintes aspectos do cliente: (1) foco de mudança (objetivo da psicoterapia); (2) motivação para mudança; (3) recursos (competências, habilidades, forças de caráter, exceções ao problema); (4) progressos; (5) esperança; e (6) confiança.

Como visto na seção sobre instrumentos construídos e adaptados para a população brasileira, existem recursos para a mensuração de diversos construtos importantes para a PP – ainda que não haja variabilidade de ferramentas no âmbito de um mesmo construto. Tal lacuna aponta para um campo de trabalho com muitas oportunidades a explorar: o da construção de instrumentos de medidas em PP. Por focarem em características positivas e não nas patologias, tais instrumentos apresentam potencial de aplicação em múltiplos contextos de avaliação: não apenas clínico, mas também organizacional, educacional, vocacional, esportivo, entre outros.

Conclusões

A PP surgiu no final da década de 1990, produto de uma nova visão compartilhada por alguns pesquisadores, que entendiam que a saúde mental poderia ser tratada em termos de fortalezas, em detrimento do enfoque nas patologias. O Brasil acompanhou a evolução dessa temática, de modo que vários pesquisadores empenharam-se (e ainda se empenham) em desenvolver instrumentos e materiais teóricos, contribuindo constantemente para a ascensão da área em nível mundial.

Atualmente, entre as produções nacionais, encontram-se mais de 20 instrumentos adaptados e mais 10 criados com normas para o contexto brasileiro. A PP cresceu nos últimos anos por meio do esforço de profissionais, pós-graduandos e professores universitários de todas as regiões do Brasil. Tal crescimento é importante porque a área de avaliação e medidas assume importância singular na PP.

Dentro de um processo de intervenção, é a etapa de avaliação psicológica que faz emergir toda a matéria-prima com a qual o psicólogo trabalhará durante a caminhada com seu cliente, seja na clínica, na escola ou nas organizações. Tal matéria-prima é aquilo que há de melhor no indivíduo: suas forças de caráter, suas habilidades e suas competências. O trabalho do psicólogo é explorar ao máximo esses recursos e construir com seu cliente os caminhos para a mudança e para a construção de uma vida positivamente melhor.

Ao encerrar o presente capítulo, é importante retomar a ideia de que a avaliação psicológica não se reduz à aplicação de testes e coleta de medidas. Antes, é um processo global, que visa perceber o indivíduo em suas múltiplas dimensões e sob diversas lentes. Portanto, a boa avaliação psicológica não prescinde de entrevistas abertas, de dados obtidos a partir de heterorrelatos e de fontes multidisciplinares e, é claro, de medidas provenientes de testes psicológicos bem construídos e adequados as suas populações.

Indicação de leitura

Hutz, C. S. (2014). *Avaliação em psicologia positiva*. Artes Médicas.

Hutz, C. S. (2016). *Avaliação em psicologia positiva: técnicas e medidas*. Cetepp Hogrefe.

Nakano, T. C. (2018). *Psicologia positiva aplicada à educação* Vetor.

Reppold, C. T., & Hutz, C. (2021). In *Intervenções em psicologia positiva no contexto escolar e educacional*. Vetor.

Referências

Albuquerque, A. S., & Tróccoli, B. T. (2004). Desenvolvimento de uma escala de bem-estar subjetivo. *Psicologia: Teoria e Pesquisa, 20*(2), 153-164. https://doi.org/10.1590/S0102-37722004000200008

Arteche, A. X., & Bandeira, D. R. (2003). Bem-estar subjetivo: um estudo com adolescentes trabalhadores. PsicoUSF, *8*(2), 193-201. http://pepsic.bvsalud.org/scielo.php?script=sci_abstract&pid=S1413-82712003000200011&lng=pt&nrm=iso&tlng=pt

Baccin, A. A., da Silva, A. F. M., Taschetto, C. da F., Rodrigues, J. M., Prates, P. F., & Vasconcellos, S. J. L. (2020). A psicologia positiva e sua aplicação nos contextos do trabalho. *Psico, 51*(3), e32384. https://doi.org/10.15448/1980-8623.2020.3.32384

Bannink, F. (2012). *Practicing positive CBT*. Wiley. https://doi.org/10.1002/9781118328941

Barros, V. V. de, Kozasa, E. H., Souza, I. C. W. de, & Ronzani, T. M. (2014). Validity evidence of the brazilian version of the five facet mindfulness questionnaire (FFMQ). *Psicologia: Teoria e Pesquisa, 30*(3), 317-327. https://doi.org/10.1590/S0102-37722014000300009

Barros, V. V., Kozasa, E. H., de Souza, I. C. W., & Ronzani, T. M. (2015). Validity evidence of the Brazilian version of the Mindful Attention Awareness Scale (MAAS). *Psicologia: Reflexão e Crítica, 28*(1), 87-95. https://doi.org/10.1590/1678-7153.201528110

Bastianello, M. R., Pacico, J. C., & Hutz, C. S. (2014). Optimism, self-esteem and personality: adaptation and validation of the brazilian version of the revised Life Orientation Test (LOT-R). *Psico-USF, 19*(3), 523-531. https://doi.org/10.1590/1413-827120140190030

Brasil. Ministério da Educação (2017). Lei n. 13.415, de 16 de fevereiro de 2017 (2017). Estabelece as Diretrizes e Bases da Educação Nacional e institui a Política de Fomento à Implementação de Escolas de Ensino Médio em Tempo Integral. https://abmes.org.br/legislacoes/detalhe/2051/lei-n-13.415

Brasil. Ministério da Educação (2018). *Base Nacional Comum Curricular*. http://basenacionalcomum.mec.gov.br/

Campos, R. R. F., Noronha, A. P. P., Batista, H. H. V., & dos Santos, A. A. A. (2021). Forças de caráter, afetos e emoções: proposta de intervenção em psicologia positiva. In *Intervenções em psicologia positiva no contexto escolar e educacional* (pp. 251-268). Vetor.

Cardoso, H. F., & Baptista, M. N. (2018). Escala de autoeficácia no trabalho: evidências de validade e precisão. *Revista Avaliação Psicológica, 17*(2), 188-198. https://doi.org/10.15689/ap.2018.1702.13946.04

Costa, L. S. M. da, & Pereira, C. A. A. (2007). Bem-estar subjetivo: aspectos conceituais. Arquivos Brasileiros de Psicologia, 59(1), 72-80. http://pepsic.bvsalud.org/scielo.php?script=sci_abstract&pid=S1809-52672007000100008&lng=pt&nrm=iso&tlng=pt

Damásio, B. F., Zanon, C., & Koller, S. H. (2014). Validation and psychometric properties of the brazilian version of the Subjective Happiness Scale. *Universitas Psychologica, 13*(1), 17-24. https://doi.org/10.11144/Javeriana.UPSY13-1.vppb

Dellazzana-Zanon, L. L., Zanon, C., Noronha, A. P. P., Oliveira, M. V. de, & Rosado, A. F. de P. (2019). Evidências preliminares de validade da escala de projetos de vida para adolescentes. *Revista Avaliação Psicológica, 18*(04), 429-437. https://doi.org/10.15689/ap.2019.1804.18602.11

Fernandes, S. C. S., Cortez, P. A., Veiga, H. M. da S., & Bittencourt, I. I. (2021). Contribuições teórico-práticas da psicologia positiva para a gamificação. In *Intervenções em psicologia positiva no contexto escolar e educacional* (pp. 87-108). Vetor.

Fleck, M. P. de A. (2000). O instrumento de avaliação de qualidade de vida da Organização Mundial da Saúde (WHOQOL-100): características e perspectivas. *Ciência & Saúde Coletiva, 5*(1), 33-38. https://doi.org/10.1590/S1413-81232000000100004

Giacomoni, C., Bandeira, C. M., & Oliveira, C. M. (2018). Papel do otimismo na educação e no processo de aprendizagem. In *Psicologia positiva aplicada à educação* (pp. 99-112). Vetor.

Giacomoni, C. H. (2002). *Bem-estar subjetivo infantil: conceito de felicidade e construção de instrumentos para avaliação*. https://lume.ufrgs.br/handle/10183/3158

Giacomoni, C. H., & Hutz, C. S. (2006). Escala de afeto positivo e negativo para crianças: estudos de construção e validação. *Psicologia Escolar e Educacional*, *10*(2), 235-245. https://doi.org/10.1590/S1413-85572006000200007

Giacomoni, C. H., & Hutz, C. S. (2008). Escala multidimensional de satisfação de vida para crianças: estudos de construção e validação TT – Multidimensional life satisfaction scale for children: development and validation studies. Estudos de Psicologia, 25(1), 25-35. http://www.scielo.br/scielo.php?script=sci%7B%5C_%7Darttext%7B%5C&%7Dpid=S0103-166X2008000100003%7B%5C&%7Dlang=eshttp://www.scielo.br/pdf/estpsi/v25n1/a03v25n1.pdf

Giacomoni, C. H., & Hutz, C. S. (1997). A mensuração do bem-estar subjetivo: escala de afeto positivo e negativo e escala de satisfação de vida [Resumos]. Sociedade Interamericana de Psicologia (org.). *Anais XXVI Congresso Interamericano de Psicologia*, 313.

Gonçalves-Câmara, S., Carlotto, M. S., & Bedin, L. M. (2019). Evidências de validade da versão reduzida do Coping Orientation to Problems Experienced Inventory (COPE) com Trabalhadores Brasileiros. *PSICOGENTE*, *22*(41), 1-18. https://doi.org/10.17081/psico.22.41.3301

Hernandez, J. A. E. (2008). Avaliação estrutural da escala de ajustamento diádico. *Psicologia Em Estudo*, *13*(3), 593-601. https://doi.org/10.1590/S1413-73722008000300021

Hernandez, J. A. E., Ribeiro, C. M., Carvalho, A. L. N., Fonseca, R. C. T., Peçanha, R. F., & Falcone, E. M. O. (2017). Revisão da estrutura fatorial da escala de satisfação conjugal. *Temas em Psicologia*, *25*(4), 1977-1990. https://doi.org/10.9788/TP2017.4-22Pt

Hirayama, M. S., Milani, D., Rodrigues, R. C. M., Barros, N. F. de, & Alexandre, N. M. C. (2014). A percepção de comportamentos relacionados à atenção plena e a versão brasileira do Freiburg Mindfulness inventory. *Ciência & Saúde Coletiva*, *19*(9), 3.899-3.914. https://doi.org/10.1590/1413-81232014199.12272013

Hutz, C., Koller, S., & Bandeira, D. (1998). Resiliência e vulnerabilidade em crianças em situação de risco. *Coletâneas ANPEPP*, *1*(12), 79-86. https://www.researchgate.net/profile/Silvia-Koller/publication/290482936_Resiliencia_e_vulnerabilidade_em_criancas_em_situacao_de_risco/links/57163c1608ae5925760c83f2/Resiliencia-e-vulnerabilidade-em-criancas-em-situacao-de-risco.pdf

Hutz, C. S. (2014). *Avaliação em psicologia positiva*. Artes Médicas.

Hutz, C. S. (2016). *Avaliação em psicologia positiva: técnicas e medidas*. Cetepp Hogrefe.

Hutz C. S., & Zanon, C. (2011). Revisão da adaptação, validação e normatização da Escala de Autoestima de Rosenberg. *Avaliação Psicológica*, *10*(1), 41-49. http://pepsic.bvsalud.org/pdf/avp/v10n1/v10n1a05.pdf

Kaiser, V., & Reppold, C. Tozzi. (2021). Intervenções em autoeficácia no contexto escolar: revisão da literatura. In C. T. Reppold & C. S. Hutz (orgs). *Intervenções em psicologia positiva no contexto escolar e educacional* (pp. 159-180). Vetor.

Magnan, E. D. S., Vazquez, A. C. S., Pacico, J. C., & Hutz, C. S. (2016). Normatization of the brazilian Utrecht Work Engagement Scale. *Revista Avaliação Psicológica*, *15*(2), 133-140. https://doi.org/10.15689/ap.2016.1502.01

Marques, L. F., Sarriera, J. C., & Dell'Aglio, D. D. (2009). Adaptação e validação da Escala de Bem-Estar Espiritual (EBE). *Avaliação Psicológica*, *8*(2), 179-186. http://pepsic.bvsalud.org/pdf/avp/v8n2/v8n2a04.pdf

Marrone, D. B. D., & Hutz, C. S. (2021). O papel da motivação no ensino-aprendizagem: contribuições da teoria da autodeterminação. In *Intervenções em psicologia positiva no contexto escolar e educacional* (pp. 71-86). Vetor.

Martins, M. C. F. (1984). *Satisfação no trabalho: elaboração de instrumento e variáveis que afetam a satisfação* [Dissertação de Mestrado]. Universidade de Brasília.

Martins, M. C. F., & Santos, G. E. (2006). Adaptação e validação de construto da Escala de Satisfação no Trabalho. *Psico-USF*, *11*(2), 195-205. https://doi.org/10.1590/S1413-82712006000200008

Marujo, H. A., Neto, L. M., Caetano, A., & Rivero, C. (2007). Revolução positiva: psicologia positiva e práticas apreciativas em contextos organizacionais. *Comportamento Organizacional e Gestão*, *13*(1), 115-136. http://www.scielo.gpeari.mctes.pt/pdf/cog/v13n1/v13n1a07.pdf

McKnignt, P. E., & Kashdan, T. B. (2009). Purpose in life as a system that creates and sustains health and well-being: an integrative, testable theory. *Review of General Psychology*, *13*(3), 242-251. https://doi.org/10.1037/a0017152

Meireles, C., & Lobo, F. (2011). A psicologia positiva e as organizações. In *I Congresso Internacional de Psicologia do Trabalho e das Organizações Trabalho, Riscos Psicossociais e Saúde: Conceptualização, Diagnóstico e Intervenção* (pp. 139-162). Aletheia. Associação Científica e Cultural. Faculdade de Filosofia. Centro Regional de Braga. http://repositorio.ucp.pt/bitstream/10400.14/17031/1/artigo1.pdf

Nakano, T. C., Zaia, P., & Oliveira, K. S. (2018). Programas e modelos de treinamento em criatividade. In T.C. Nakano (org.). *Psicologia positiva aplicada à educação* (pp.141-160). Vetor.

Narvaes, D., Bock, T., Souza, L. K., & Martinez, S. B. S. (2021). Promoção do caráter moral e da expertise ética: o modelo RAVES. In C.T. Reppold & C.S. Hutz (orgs.). *Intervenções em psicologia positiva no contexto escolar e educacional* (p. 47-70). Vetor.

Noronha, A. P. P., Dellazzana-Zanon, L. L., & Zanon, C. (2015). Internal structure of the Characters Strengths Scale in Brazil. *Psico-USF*, *20*(2), 229-235. https://doi.org/10.1590/1413-82712015200204

Nunes, C. H. S., Hutz, C. S., & Giacomoni, C. H. (2009). Associação entre bem-estar subjetivo e personalidade no modelo dos cinco grandes fatores. *Avaliação Psicológica*, *8*(1), 99-108. http://pepsic.bvsalud.org/scielo.php?script=sci_abstract&pid=S1677-04712009000100009&lng=pt&nrm=iso&tlng=pt

Nunes, L. Y. O., Lemos, D. C. L., Ribas, R. D. C. J., Behar, C. B., & Santos, P. P. P. (2019). Análisis psicométrico de la PANAS en Brasil. *Ciências Psicológicas*, *13*(1), 45. https://doi.org/10.22235/cp.v13i1.1808

Olivcira, C. M., & Giacomoni, C. (2021). Educação positiva: definição e aplicações no contexto escolar. In C. T. Reppold & C. S. Hutz (orgs.). *Intervenções em psicologia positiva no contexto escolar e educacional* (pp. 9-20). Vetor.

Oliveira, C. M. de, Mendonça Filho, E. J., Marasca, A. R., Bandeira, D. R., & Giacomoni, C. H. (2019). Escala Multidimensional de Satisfação de Vida para Crianças: revisão e normas. *Revista Avaliação Psicológica*, *18*(1), 31-40. https://doi.org/10.15689/ap.2019.1801.15492.04

Oliveira, C. M., Zanon, C., de Moraes Bandeira, C., Heath, P. J., & Hofheinz Giacomoni, C. (2022). Evaluating optimism in children and adolescents: Adaptation, factor structure, convergent validity, and invariance of the Brazilian version of the Youth Life Orientation Test (YLOT). *Psychological Assessment*, *34*(1), e1-e14. https://doi.org/10.1037/pas0001090

Oliveira, I., & Rocha, F. N. (2019). Uma nova perspectiva para os processos de trabalho da equipe em saúde: contribuições da Psicologia Positiva. *Revista Mosaico*, *10*(1). https://doi.org/10.21727/rm.v10i1.1717

Pacico, J. C., Zanon, C., Bastianello, M. R., Reppold, C. T., & Hutz, C. S. (2013). Adaptation and validation of the brazilian version of the Hope Index. *International Journal of Testing*, *13*(3), 193-200. https://doi.org/10.1080/15305058.2012.664833

Pereira, P., Zanon, C., & Dellazzana-Zanon, L. L. (2021). Desenvolvendo projetos de vida em adolescentes: uma intervenção com base na Psicologia Positiva. In C. T. Reppold & C. S. Hutz (orgs.). *Intervenções em psicologia positiva no contexto escolar e educacional* (pp. 269-290). Vetor.

Pesce, R. P., Assis, S. G., Avanci, J. Q., Santos, N. C., Malaquias, J. V., & Carvalhaes, R. (2005). Adaptação transcultural, confiabilidade e validade da escala de resiliência. *Cadernos de Saúde Pública*, *21*(2), 436-448. https://doi.org/10.1590/s0102-311x2005000200010

Pesce, R. P., Assis, S. G., Santos, N., & Oliveira, R. de V. C. de (2004). Risco e proteção: em busca de um equilíbrio promotor de resiliência. *Psicologia: Teoria e Pesquisa*, *20*, 135-143. https://doi.org/10.1590/S0102-37722004000200006

Pires, J. G., Nunes, M. F. O., & Nunes, C. H. S. da S. (2015). Instrumentos baseados em psicologia positiva no Brasil: uma revisão sistemática. *Psico-USF*, *20*(2), 287-295. https://doi.org/10.1590/1413-82712015200209

Pureza, J. da R., Kuhn, C. H. C., Castro, E. K. de, & Lisboa, C. S. de M. (2012). Positive psychology in Brazil: a systematic review. *Revista Brasileira de Terapias Cognitivas, 8*(2), 109-117. https://doi.org/10.5935/1808-5687.20120016

Rashid, T., & Seligman, M. (2019). *Psicoterapia positiva: manual do terapeuta*. Artmed.

Reppold, C. T., D'Azevedo, L. S., Tocchetto, B. S., Diaz, G. B., Kato, S. K., & Hutz, C. S. (2019). Avanços da psicologia positiva no Brasil. *Psicologia para América Latina, 32*, 133-141. http://pepsic.bvsalud.org/scielo.php?script=sci_abstract&pid=S1870-350X2019000200005&lng=pt&nrm=iso&tlng=pt

Reppold, C. T., & Hutz, C. (2021). Programas de desenvolvimento das competências socioemocionais no contexto escolar: uma revisão. In *Intervenções em psicologia positiva no contexto escolar e educacional* (pp.181-200). Vetor.

Roettgers, C. (2014). *Construção e validação de uma escala de Flow para atletas e praticantes de exercício físico* (p. 129). [Programa de Pós-Graduação em Psicologia]. Universidade Federal de Santa Catarina. https://repositorio.ufsc.br/handle/123456789/132959

Sapienza, G., & Pedromônico, M. R. M. (2005). Risco, proteção e resiliência no desenvolvimento da criança e do adolescente. *Psicologia em Estudo, 10*, 209-216. https://doi.org/10.1590/S1413-73722005000200007

Sartore, A. C., & Grossi, S. A. A. (2008). Escala de Esperança de Herth: instrumento adaptado e validado para a língua portuguesa. *Revista da Escola de Enfermagem da USP, 42*(2), 227-232. https://doi.org/10.1590/S0080-62342008000200003

Segabinazi, J. D., Giacomoni, C. H., Dias, A. C. G., Teixeira, M. A. P., & Moraes, D. A. de O. (2010). Desenvolvimento e validação preliminar de uma escala multidimensional de satisfação de vida para adolescentes. *Psicologia: Teoria e Pesquisa, 26*(4), 653-659. https://doi.org/10.1590/S0102-37722010000400009

Segabinazi, J. D., Zortea, M., & Giacomoni, C. H. (2014). Avaliação de bem-estar subjetivo em adolescentes. *Avaliação em Psicologia Positiva*, 69-84.

Segabinazi, J. D., Zortea, M., Zanon, C., Bandeira, D. R., Giacomoni, C. H., & Hutz, C. S. (2012). Escala de Afetos Positivos e Negativos para Adolescentes: adaptação, normatização e evidências de validade. *Avaliação Psicológica, 11*(1), 1-12.

Seligman, M. E. P. (2019). Felicidade autêntica: use a psicologia positiva para alcançar todo seu potencial. (Vol. 2). Objetiva.

Seligman, M. E. P. (2012). *Florescer: uma nova compreensão sobre a natureza da felicidade e do bem-estar*. Objetiva.

Seligman, M. E. P., & Csikszentmihalyi, M. (2000). Positive psychology: an introduction. *American Psychologist, 55*(1), 5-14. https://doi.org/10.1037/0003-066X.55.1.5

Silveira, A. da C. da, Castro, T. G. de, & Gomes, W. B. (2012). Adaptação e validação da Escala Filadélfia de Mindfulness para adultos brasileiros. *Psico-USF, 17*(2), 215-223. https://doi.org/10.1590/s1413-82712012000200005

Siqueira, M. M. M. (2008). Construção e validação da escala de percepção de suporte social. *Psicologia em Estudo, 13*(2), 381-388. https://doi.org/10.1590/S1413-73722008000200021

Siqueira, M. M. M., & Padovam, V. A. R. (2008). Bases teóricas de bem-estar subjetivo, bem-estar psicológico e bem-estar no trabalho. *Psicologia: Teoria e Pesquisa, 24*(2), 201-209. https://doi.org/10.1590/S0102-37722008000200010

Snyder, C. R., & Lopez, S. J. (2009). *Psicologia positiva: uma abordagem científica e prática das qualidades humanas*. Artmed.

Souza, L. K. de, & Hutz, C. S. (2007). A qualidade da amizade: adaptação e validação dos questionários McGill. *Aletheia, 25*, 82-96.

Souza, L. K., & Hutz, C. S. (2016). Adaptation of the self-compassion scale for use in Brazil: evidences of construct validity. *Temas em Psicologia, 24*(1), 159-172. https://doi.org/10.9788/TP2016.1-11

Vazquez, A. C. S., Ferreira, M. C., & Mendonça, H. (2019). Avanços na psicologia positiva: bem-estar, engajamento e redesenho no trabalho. *Revista*

Avaliação Psicológica, *18*(04), 343-351. https://doi.org/10.15689/ap.2019.1804.18859.02

Zanon, C., Bardagi, M. P., Layous, K., & Hutz, C. S. (2014). Validation of the Satisfaction with Life Scale to brazilians: evidences of measurement non-invariance across Brazil and US. *Social Indicators Research*, *119*(1), 443-453. https://doi.org/10.1007/s11205-013-0478-5

Zanon, C., Bastianello, M. R., Pacico, J. C., & Hutz, C. S. (2013). Desenvolvimento e validação de uma escala de afetos positivos e negativos. *Psico-USF*, *18*(2), 193-201. https://doi.org/10.1590/S1413-82712013000200003

Zanon, C., Fabretti, R. R., Martins, J. Z., & Heath, P. J. (2021). Adaptation of the Steen Happiness Index (SHI) to Brazil: a comparison of the psychometric properties of the SHI and the Subjective Happiness Scale. *Assessment*. https://doi.org/10.1177/10731911211024354

Zenger, M., Finck, C., Zanon, C., Jimenez, W., Singer, S., & Hinz, A. (2013). Evaluation of the Latin American version of the Life Orientation Test-Revised. *International Journal of Clinical and Health Psychology*, *13*(3), 243-252. https://doi.org/10.1016/S1697-2600(13)70029-2

Instrumentos psicométricos da avaliação em psicologia positiva

Caroline Tozzi Reppold
Prisla Ücker Calvetti

Highlights

1. A Psicologia Positiva (PP) é um movimento de perspectiva apreciativa do potencial humano e não se refere a uma abordagem teórica específica.
2. O movimento da Psicologia Positiva proporciona uma aplicação transteórica e transdiagnóstica.
3. No Brasil, há medidas psicométricas tradicionais da área e escassos são os instrumentos disponíveis informatizados da PP.
4. A relevância científica está em disponibilizar instrumentos qualificados para avaliar e intervir em potencialidades humanas em contextos clínicos e psicossociais.
5. Instrumentos de avaliação em PP auxiliam no processo de monitoramento do cuidado em processos de saúde.

A Psicologia Positiva (PP) é reconhecida pela Associação Americana de Psicologia (APA) desde 2000, cujo enfoque incide nos aspectos virtuosos do desenvolvimento humano e de seus efeitos sobre a saúde, a adaptação e o bem-estar social (Seligman & Csikszentmihalyi, 2000; Snyder & Lopez, 2002; Seligman, 2019). Caracteriza-se pelo fomento à busca de evidências científicas que fundamentem suas práticas e pelo incentivo à realização de estudos com delineamentos quantitativos controlados, sobretudo ensaios clínicos randomizados (Adler & Seligman, 2016; Seligman et al., 2005, 2006, 2009).

Com a proposta de mudança nos paradigmas vigentes pela psicologia moderna (Diener, 2003; Duckworth et al., 2005), as publicações indicam que a PP ampliou o escopo da ciência psicológica e propôs um novo olhar sobre temas relacionados ao funcionamento humano em diferentes contextos (Greene et al., 2016; Norrish, 2015; Reppold & Almeida, 2019; Seligman et al., 2006; Seligman et al., 2009), e que o bem-estar segue sendo o principal objeto de estudo da Psicologia Positiva (Diener et al., 2017; Reppold et al., 2015; Seligman, 2019).

Na perspectiva epistemológica adotada pela PP, o bem-estar é concebido como uma condição relativamente estável, estabelecida a partir da promoção de circunstâncias internas positivas (como afetos, habilidades e crenças) e de recursos externos que a favoreça (Reppold & Almeida, 2019), capaz de ser investigada por meio de instrumentos válidos, com normas contextualizadas, que subsidiem os pesquisadores a compreender a relação entre esse construto e suas variáveis explicativas.

Nessa linha, um dos modelos mais aceitos para investigação do bem-estar atualmente é o do Bem-estar Subjetivo (BES) (definido como o modo como as pessoas pensam e sentem sua vida) (Diener, 2000; Diener et al., 2017), sendo esse construto constituído por dois fatores distintos, porém relacionados: afetos positivos e negativos (dimensão emocional do BES) e satisfação de vida (dimensão cognitiva do BES) (Diener & Emmons, 1984; Diener et al., 2002; Reppold et al., 2007).

Além do Bem-estar Subjetivo, outros construtos de interesse à área da PP são a autoestima (conjunto de atributos e habilidades individuais avaliados pelo sujeito sobre si mesmo) (Rosenberg et al., 1995), a autoeficácia (crença do sujeito em produzir os efeitos desejados por meio de suas próprias ações) (Bandura, 1994), o otimismo (traço de personalidade estável relacionado a expectativas positivas que o indivíduo tem em relação a eventos futuros) (Carver et al., 2010; Scheier & Carver, 1985), e a esperança (estado emocional positivo que emerge da interação entre rotas cognitivas e agenciamento, sendo esse último compreendido como a motivação frente a determinado objetivo) (Snyder et al., 1991; Snyder, 1994). De acordo com Compton e Hoffman (2013), autoestima elevada, otimismo e autoeficácia são os principais preditores *top down* do bem-estar.

Revisões sistemáticas realizadas em âmbitos nacional e internacional indicam que os construtos supracitados são alguns dos temas mais frequentemente abordados em estudos teóricos ou de desfecho clínico desenvolvidos na área da PP (DuBois et al., 2015; Macaskill, 2016; Reppold et al., 2015; Reppold et al., 2018).

Destaca-se, nessa linha, o trabalho de Kim et al. (2018), que apresenta um panorama das pesquisas em PP a partir de uma revisão que incluiu 63 países. O estudo apontou que os tópicos mais frequentemente investigados na área, nos cinco continentes, seguem sendo bem-estar, satisfação com a vida e afetos. Esses dados enfatizam a relevância do presente projeto na medida em que ilustram que a disponibilidade de instrumentos com evidências atuais de validade para mensuração desses construtos é condição *sine qua non* para o avanço da área no Brasil.

O que se observa no panorama internacional ao longo dos quase 20 anos em que a psicologia positiva foi instituída, é que a área percorreu os caminhos esperados do desenvolvimento de uma nova ciência em expansão: a) a consolidação de novos modelos teóricos e a ampliação de seu escopo; b) a elaboração de estudos que buscavam evidências de validade e estimativa de precisão de novos instrumentos que pudessem recolher dados empíricos para testar tais modelos e ampliá-los; c) a elaboração de atividades de intervenção que pudessem aplicar o novo modelo teórico em diferentes contextos (Bolier et al., 2013; Reppold et al., 2019; Seligman, 2019). Assim, nos últimos anos foram desenvolvidos, sobretudo nos Estados Unidos, diversos instrumentos que pudessem mensurar construtos próprios da PP, como bem-estar, otimismo e esperança, entre outros (Hutz & Reppold, 2018; Reppold & Almeida, 2019; Reppold et al., 2012).

No Brasil, estudos sobre intervenções baseadas em preceitos da PP são incipientes e a maioria ainda não envolve a avaliação de eficácia (Machado et al., 2017; Reppold et al., 2018). Entre os instrumentos desenvolvidos/adaptados, há escalas para avaliação de autoestima (Escala de Autoestima de Rosenberg, adaptada por Hutz, Zanon & Vazquez, 2014; Reppold et al., 2007), autoeficácia (Escala de Autoeficácia Geral, desenvolvida por Pacico et al., 2014), otimismo (Teste de Orientação para Vida Revisado, adaptado por Bastianello et al., 2014), esperança (Escala de Esperança Cognitiva, adaptada por Pacico et al., 2013), satisfação de vida (Escala de Satisfação de Vida, adaptada por Zanon et al., 2013; Reppold et al., 2007) e afetos (Escala de Afetos Positivos e Negativos, adaptada por Zanon & Hutz, 2014; Reppold et al., 2007).

Os estudos publicados por pesquisadores desses laboratórios demonstram que os instrumentos apresentam boas estimativas de precisão e evidências de validade baseadas em conteúdo e estrutura interna e normas preliminares de intepretação (Hutz, 2014, 2016). Algumas escalas também apresentam evidências de validade convergente (Hutz, 2014, 2016). Elas destacam-se por serem instrumentos breves de autorrelato, fácil aplicação e sem custo.

Desta feita, considerando as recomendações dos Standards for Educational and Psychological Tests (Aera et al., 2014) e os *guidelines* da International Test Commission (ITC, 2005, 2013, 2015), que preconizam que as informações relacionadas às normas, à precisão e à validade dos instrumentos avaliativos sejam sistematicamente atualizadas, observa-se a necessidade de novos estudos de busca de evidências de validade, estimativa de confiabilidade e atualização de normas para as escalas referidas.

Embora os *guidelines* (ITC, 2005, 2015) não estabeleçam um prazo de validade das informações referentes aos dados psicométricos dos instrumentos de medida, orientações da área indicam que os parâmetros psicométricos de um teste devem ser revisados periodicamente, não podendo o intervalo entre um estudo e outro ultrapassar 15 anos (Baptista, et al., 2019; Markus & Borsboom, 2013; Pasquali, 2010; Reppold & Gurgel, 2015; Resolução CFP n. 09/2018).

Ademais, deve-se considerar que o conceito de validade psicométrica, segundo os Standards for Educational and Psychological Tests (Aera et al., 2014), refere-se ao grau em que as interpretações propostas para os resultados de uma testagem são apoiadas por evidências empíricas e teóricas, devendo essas evidências serem delimitadas ao contexto específico no qual o teste foi aplicado. Dessa forma, seria incorreto afirmar que os instrumentos disponíveis "são" válidos em definitivo.

A busca de evidências de validade depende de um processo cumulativo de resultados que dão suporte às interpretações, indicando a adequação teórica e empírica do instrumento para mensurar seu traço latente (construto) em determinada população-alvo. Esse argumento respalda o interesse e a justificativa do presente projeto de pesquisa em desenvolver novos estudos de busca de evidências de validade (e atualização das normas) para a Escala de Autoestima de Rosemberg, a Escala de Autoeficácia Geral, o Teste de orientação para Vida Revisado (LOT-R), a Escala de Esperança Cognitiva, a Escala de Afetos Positivos e Negativos (Panas) e a Escala de Satisfação de Vida para a população brasileira adulta, embora já haja dados sobre o tema publicados no início desta década.

Os Standards for Educational and Psychological Tests (Aera et al., 2014) definem cinco fontes de evidências a serem consideradas para indicar a validade de um teste. São elas: (a) evidência com base no conteúdo (Aera et al., 2014; Pacico & Hutz, 2015; Primi et al., 2009; Urbina, 2007); (b) evidência com base no processo de resposta (Aera et al., 2014; Markus & Borsboom, 2013; Messick, 1995; Primi et al., 2009); (c) evidência com base na estrutura interna (Aera et al., 2014; Ambiel & Carvalho, 2017; Pacico

& Hutz, 2015); (d) evidência com base na relação com variáveis externas (AERA et al., 2014) e (e) evidências baseadas nas consequências da testagem (Ambiel & Carvalho, 2017; Pacico & Hutz, 2015; Peixoto & Ferreira-Rodrigues, 2019).

Para tanto, o objetivo do capítulo é apresentar as principais medidas utilizadas da Psicologia Positiva (PP) em adultos. Os instrumentos são: Escala de Afetos Positivos e Negativos (Panas), a Escala de Satisfação de Vida, o Teste de Orientação da Vida Revisado, a Escala de Esperança Cognitiva, a Escala de Autoestima de Rosenberg e a Escala de Autoeficácia Geral. A seguir, os principais instrumentos da PP com a sua descrição e autorias para população adulta brasileira.

Instrumentos

Escala de Afetos Positivos e Negativos (Panas)

Desenvolvida por Watson, Clark e Tellegen (1988), a escala avalia a vivência de afetos positivos (AP) e negativos (AN), componentes emocionais do bem-estar subjetivo. É composta por uma lista de 20 palavras que expressam emoções, sendo 10 itens de cada tipo de afeto. O respondente avalia, por meio de uma escala *Likert* de 5 pontos, o quanto sentiu as emoções descritas nas últimas semanas (1. nem um pouco – 5. extremamente).

A Panas é o instrumento mais utilizado internacionalmente para avaliação de afetos (Diener, 2000; Reppold et al., 2007). Originalmente, a escala foi elaborada considerando uma lista de 60 adjetivos, submetidos a uma análise de componentes principais com solução para dois componentes, que procurou identificar os itens de maior carga fatorial em cada dimensão (Watson et al., 1988).

No estudo americano que deu origem à Panas, a precisão da escala de AP situou-se em 0,88 e a de AN em 0,87, considerados índices adequados de consistência interna. A correlação entre ambos os fatores foi de apenas -0,17, denotando a sua ortogonalidade. No contexto brasileiro, a escala foi adaptada para uso em adultos por Zanon e Hutz, em 2014, apresentando estudos que demonstram boa precisão, evidências de validade fatorial e normas preliminares (Zanon & Hutz, 2014).

Escala de Satisfação de Vida (ESV)

Elaborada originalmente por Diener, Emmons, Larsen e Griffin (1985), a versão brasileira da ESV foi adaptada e validada para contexto brasileiro por Zanon et al. (2013) e avalia, de forma global, aspectos cognitivos do bem-estar subjetivo. É também a escala considerada padrão-ouro para avaliação do construto (Diener, 2000).

Composta por cinco itens de autorrelato, cujo conteúdo mensura o nível de satisfação dos sujeitos com suas condições de vida, é respondida por meio de uma escala tipo *Likert* de 7 pontos. Seus estudos de adaptação demonstram boas evidências de precisão e validade e normas preliminares (Hutz, Zanon & Bardagi, 2014).

Teste de Orientação da Vida Revisado (LOT-R)

Esse teste avalia o otimismo disposicional. O instrumento originalmente proposto por Scheier, Carver e Bridges (1994) foi adaptado e validado para contexto brasileiro por Bastianello, Pacico e Hutz (2014). A versão brasileira do teste é composta por 11 itens de autorrelato, dos quais quatro são itens distrativos. Apresenta bons indicadores de consistência interna (coeficiente alfa = 0,80) e de validade de estrutura interna, obtidos em um grupo amostral com idade entre 17 e 36 anos (média: 21; DP 3,2) (Bastianello et al., 2014).

Escala de Esperança Cognitiva

A Escala de Esperança Cognitiva é composta por duas colunas (com escalas *Likert* de 5 pontos), entre as quais ficam os itens. Cada uma dessas colunas corresponde a uma dimensão do instrumento: desejo (o quanto você deseja aquilo descrito na assertiva) e expectativa (o quanto você acredita que a assertiva acontecerá). O respondente é instruído que cada item deve receber duas respostas, uma para cada coluna/dimensão. Ambas as respostas são consideradas para formação de um escore global de esperança cognitiva.

Esse teste, composto por 21 itens, foi elaborado com base na Hope Index, de Staats (1989), e apresenta cinco itens a mais que a Hope Index. Estudos indicam que o instrumento apresenta empiricamente estrutura bifatorial e demonstra adequados índices de precisão (α = 0,86 para esperança autocentrada e α = 0,80 para esperança altruísta) e evidências de validade, obtidos em um grupo amostral com idade entre 17 e 36 anos (média: 21; DP 3,2) (Pacico et al., 2013; Pacico & Bastianello, 2014). A escala apresenta normas preliminares de interpretação dos escores (Pacico & Bastianello, 2014).

Escala de Autoestima de Rosenberg

Esse instrumento é composto por 10 itens, respondidos por meio de uma escala tipo *Likert* de 4 pontos que avalia o grau de concordância do participante em relação à assertiva. Desenvolvida por Rosenberg (1965), é considerada padrão-ouro internacional para avaliação do construto autoestima (Howard, 2017).

No estudo original de sua criação, a escala obteve alfa de Cronbach igual a 0,77 e evidências de validade fatorial, convergente e preditiva com medidas de depressão e ansiedade (Rosenberg, 1965). No Brasil, esse instrumento foi adaptado e normatizado pelo grupo de pesquisas do Prof. Dr. Claudio Hutz (Hutz & Zanon, 2011; Hutz, Zanon & Vazquez, 2014; Reppold et al., 2007).

Os resultados dos estudos de evidências de validade e precisão do instrumento indicam que ele apresenta propriedades psicométricas adequadas. A consistência interna da escala adaptada, avaliada pelo alfa de Cronbach, foi de 0,90; quanto à estrutura interna, análises fatoriais indicaram a unidimensionalidade do construto. No Brasil, o instrumento foi normatizado para a população entre 10 e 50 anos de idade (Hutz, Zanon & Vazquez, 2014).

Escala de Autoeficácia Geral

A Escala de Autoeficácia Geral, desenvolvida em Pacico, Ferraz e Hutz (2014), é formada por 20 itens de autorrelato, respondidos por meio de uma escala *Likert* de 5 pontos. Avalia autoeficácia percebida e destina-se à população entre 17 e 60 anos de idade. Os estudos fatoriais realizados com o instrumento indicam que ele tem uma estrutura unifatorial e propriedades psicométricas que indicam seu uso. No estudo de precisão, a escala obteve coeficiente alfa de 0,89. Ainda, apresenta normas preliminares de interpretação dos escores (Pacico et al., 2014).

Os instrumentos apresentados ilustram os principais utilizados internacionalmente e validados para o Brasil. Os estudos relacionados ao uso de médias em avaliação em psicologia positiva tem por objetivo compor a avaliação psicológica e outros tipos de avaliação, bem como conhecer as potencialidades do desenvolvimento humano para fins de monitoramento e aprimoramento de intervenções.

Atualmente, avanços do movimento em psicologia positiva e do campo da avaliação psicológica apresentam a necessidade de novas competências, bem como desafios e perspectivas que incluem as diretrizes da telepsicologia e adaptações da aplicação de instrumentos e medidas, bem como atendimento com o uso de Tecnologias da Informação e Comunicação (TICs) (Weisenmuller & Luzier, 2022). Entre os novos estudos, destacam-se as pesquisas de equivalência das medidas de lápis e papel para a modalidade digital e/ou informatizada.

A partir da descrição dos instrumentos em avaliação em psicologia positiva, pode-se constatar que as pesquisas apontam para adequadas qualidades psicométricas de tais medidas para a população adulta brasileira. A proposta deste capítulo é no campo da avaliação em PP que proporciona o monitoramento de potencialidades humanas em intervenções clínicas e psicossociais.

No campo clínico, Rashid & Seligman (2019) introduzem fundamentos teóricos e práticas para processos em psicoterapia que incluem diversos construtos da PP: gratidão, forças de caráter, perdão, saborear, esperança e otimismo, crescimento pós-traumático, altruísmo e outros. A prática desses construtos podem ser ampliadas para intervenções psicossociais na sociedade, como em escolas, universidades, organizações e outras. É necessário o uso de medidas psicométricas da PP para avaliar e monitorar resultados de intervenções em psicologia baseadas em evidências.

Considerações finais

Com base no estudo de revisão da literatura sobre medidas em PP para adultos brasileiros, o presente capítulo visou destacar construtos baseados em modelos teóricos sobre o desenvolvimento humano positivo, reunindo evidências empíricas sobre a validade de tais medidas.

Para o presente e o futuro da avaliação psicológica, o desafio está nos estudos de equivalência para a disponibilidade dos instrumentos em versão informatizada. Dessa maneira, a ciência psicológica em avaliação contribuirá para viabilizar a realização de futuras pesquisas, pela maior facilidade de acesso aos participantes e pelo baixo custo envolvido na aplicação dessas escalas na modalidade baseada na internet.

Desse modo, os novos desafios e as perspectivas da avaliação psicológica em psicologia positiva estão em qualificar e disponibilizar instrumentos com qualidades psicométricas para os profissionais em psicologia com impacto social em prol das potencialidades humanas na sociedade, possíveis de serem utilizados no contexto da avaliação e da intervenção psicológica clínica e psicossocial baseadas em evidências, bem como em contextos interdisciplinares.

Referências

Adler, A., & Seligman, M. E. P. (2016). Using wellbeing for public policy: Theory, measurement, and recommendations. *International Journal of Wellbeing*, 6(1), 1-35. https://doi.org/10.5502/ijw.v6i1.1

Ambiel, R. A. M., & Carvalho, L. F. (2017). Validade e precisão de instrumentos de avaliação psicológica. In M. R. C. Lins, & J. C. Borsa (orgs.). *Avaliação psicológica: aspectos teóricos e práticos*. Vozes.

American Educational Research Association, American Psychological Association, & National Council on Measurement in Education (2014). *Standards for educational and psychological testing*. American Educational Research Association.

American Psychiatric Association (2014). *Manual diagnóstico e estatístico de transtornos mentais: DSM-5*. Artmed.

Bandura, A. (1994). Self-efficacy. In V. S. Ramachaudran (ed.). *Encyclopedia of human behavior* (pp. 71-81). Academic Press.

Baptista, M. N., Muniz, M., Reppold, C. T., Nunes, C. H. S. S., Carvalho, L. F., Primi, R., Noronha, A. P. P., Seabra, A. G., Weschler, S., Hutz, C. S., & Pasquali, L. (2019). *Compêndio de avaliação psicológica*. Vozes.

Bastianello, M. R., & Pacico, J. (2014). Otimismo. In C. S. Hutz (org.). *Avaliação em psicologia positiva* (pp. 95-100). Artmed.

Bastianello, M. R., Pacico, J. C., & Hutz, C. S. (2014). Optimism, self-esteem and personality: adaptation and validation of the brazilian version of The Revised Life Orientation Test (LOT-R). *Psico-USF*, 19(3), 523-531. https://doi.org/10.1590/1413-827120140190030

Bolier, L., Haverman, M., Westerhof, G. J., Riper, H., Smit, F., & Bohlmeijer, E. (2013). Positive psychology interventions: a meta-analysis of randomized controlled studies. *BMC Public Health*, 13, 119. https://doi.org/10.1186/1471-2458-13-119

Brasil. Conselho Federal de Psicologia. Resolução n. 031, de 15 de dezembro de 2022. Estabelece diretrizes para a realização de Avaliação Psicológica no exercício profissional da psicóloga e do psicólogo, regulamenta o Sistema de Avaliação de Testes Psicológicos – SATEPSI e revoga a Resolução CFP n. 09/2018. Conselho Federal de Psicologia.

Carver, S. C., Scheier, M. F., & Segerstrom, S. C. (2010). Optimism. *Clinical Psychology Review*, 30, 879-889. http://dx.doi.org/10.1016/j.cpr.2010.01.006

Compton, W. C., & Hoffman, E. (2013). *Positive psychology: the science of happiness and flourishing*. Wadsworth.

Diener, E. (2000). Subjective well-being: the science of happiness and a proposal for a national index. *American Psychologist*, 55(1), 34-43. https://doi.org/10.1037/0003-066X.55.1.34

Diener, E. (2003). What is positive about positive psychology: the curmudgeon and Pollyanna. *Psychological Inquiry*, 14, 115-120. https://doi.org/10.1207/S15327965PLI1402_03

Diener, E., & Emmons R. A. (1984). The independence of positive and negative affect. *Journal of Personality and Social Psychology*, 47(5), 1.105-1.117. https://doi.org/10.1037/0022-3514.47.5.1105

Diener, E., Emmons, R. A., Larsen, R. J., & Griffin, S. (1985). The satisfaction with life scale. *Journal of Personality Assessment*, 49, 71-75. https://doi.org/10.1207/s15327752jpa4901_13

Diener, E., Lucas, R., & Oishi, S. (2002). Subjective well-being: the science of happiness and life satisfaction. In C. Snyder, & S. Lopez (eds.). *Handbook of Positive Psychology* (pp. 63-73). Oxford University Press.

Diener, E., Pressman, S., Hunter, J., & Delgadillo-Chase, D. (2017). If, why, and when subjective well-being influences health, and future needed research. *Applied Psychology, Health and Well-Being*, 9, 133-167. https://doi.org/10.1111/aphw.12090

DuBois, C. M., Lopez, O. V., Beale, E. E., Healy, B. C., Boehm, J. K., & Huffman, J. C. (2015). Relationships between positive psychological constructs and health outcomes in patients with cardiovascular disease: A systematic review. *International Journal of Cardiology*, 195, 265-280. https://doi.org/10.1016/j.ijcard.2015.05.121

Duckworth, A. L., Steen, T. A., & Seligman, M. E. P. (2005). Positive psychology in clinical practice. *Annual Reviews of Clinical Psychology*, 1, 629-651. https://doi.org/10.1146/annurev.clinpsy.1.102803.144154

Greene, J., Morrison, I., Seligman, M (2016). *Positive neuroscience*. Oxford Press.

Howard, M. C. (2017). Measuring self-esteem instability through a single-administration scale: still a fruitless endeavor? *Personality and Individual Differences*, 104, 522-532. https://doi.org/10.1016/j.paid.2016.09.011

Hutz, C. S. (2014). *Avaliação em psicologia positiva*. ArtMed.

Hutz, C. S. (2016). *Avaliação em psicologia positiva: técnicas e medidas*. Cetepp Hogrefe.

Hutz, C. S., & Reppold, C. T. (2018). *Intervenções em psicologia positiva na área da saúde*. Leader.

Hutz, C. S., & Zanon, C. (2011). Revisão da adaptação, validação e normatização da Escala de Autoestima de Rosenberg. *Avaliação Psicológica*, 10(1), 41-49. http://pepsic.bvsalud.org/scielo.php?script=sci_arttext&pid=S1677-04712011000100005&lng=pt&tlng=pt

Hutz, C. S., Zanon, C., & Bardagi, M. (2014). Satisfação de vida. In C. S. Hutz (org.). *Avaliação em psicologia positiva* (pp. 43-47). Artmed.

Hutz, C. S., Zanon, C., & Vazquez, A. C. (2014). Escala de Autoestima de Rosenberg. In C. S. Hutz (org.). *Avaliação em psicologia positiva* (pp. 85-94). Artmed.

International Testing Comission (2005). *ITC guidelines for translating and adaptating tests*. http://www.intestcom.org

International Test Commission (2013). *International guidelines for test use*. Version 1.2. http://www.intestcom.org

International Test Commission (2015). *International guidelines for practitioner use of test revisions, obsolete tests, and test disposal*. http://www.intestcom.org

Kim, H., Doiron, K., Warren, M. A., & Donaldson, S. I. (2018). The international landscape of positive psychology research: a systematic review. *International Journal of Wellbeing*, 8(1), 50-70. https://doi.org/10.5502/ijw.v8i1.651

Macaskill, A. (2016). Review of positive psychology applications in clinical medical populations. *Healthcare*, 4(3), 66. https://doi.org/10.3390/healthcare4030066

Machado, F. A., Gurgel, L., & Reppold, C. T. (2017). Intervenções em psicologia positiva na reabilitação de adultos e idosos: revisão da literatura. *Estudos de Psicologia*, 34(1), 119-130. https://dx.doi.org/10.1590/1982-02752017000100012

Markus, K. A., & Borsboom, D. (2013). *Frontiers of test validity theory: measurement, causation, and meaning*. Routledge.

Messick, S. (1995). Validity of psychological assessment: validation of inferences from persons' responses and performances as scientific inquiry into score meaning. *American Psychologist*, 50(9), 741-749. https://doi.org/10.1037/0003-066X.50.9.741

Norrish, M. (2015). *Positive education: the Geelong Grammar School Journey*. University Press.

Pacico, J. C., & Hutz, C. S. (2015). Validade. In C. S. Hutz, D. Bandeira, & C. Trentini (orgs.). *Psicometria* (pp. 46-53). Artmed.

Pacico, J., & Bastianello, M. R. (2014). Instrumentos para avaliação da esperança: Escala de Esperança Disposicional e Escala de Esperança Cognitiva. In C. S. Hutz (org.). *Avaliação em psicologia positiva* (pp. 101-110). Artmed.

Pacico, J., Bastianello, M. R., Zanon, C., Reppold, C. T., & Hutz, C. S. (2013). Adaptation and validation of the brazilian version of the Hope Index. *International Journal of Testing*, 13, 193-200. https://doi.org/10.1590/S0102-79722011000400006

Pacico, J., Ferraz, S. B., & Hutz, C. S. (2014). Autoeficácia – Yes we can! In Hutz, C. S. (org.). *Avaliação em psicologia positiva* (pp. 111-120). Artmed.

Pasquali, L. (2010). *Instrumentação psicológica: Fundamentos e práticas*. Artmed.

Peixoto, E. M., & Ferreira-Rodrigues, C. F. (2019). Propriedades psicométricas de testes psicológicos. In M. Baptista; M. Muniz; C. Reppold; C. Nunes, L. Carvalho; R. Primi, A. P. Noronha, A. Seabra, S. Wechsler, C. Hutz, L. Pasquali (orgs.). *Compêndio de avaliação psicológica* (pp. 29-39). Vozes.

Primi, R., Muniz, M., & Nunes, C. H. S. S. (2009). Definições contemporâneas de validade de testes psicológicos. In C. S. Hutz (org.). *Avanços e polêmicas em avaliação psicológica* (pp. 243-265). Casa do Psicólogo.

Rashid, T., & Seligman, M. (2019). *Psicoterapia positiva: manual do terapeuta*. Artmed.

Reppold, C. T., & Almeida, L. (2019). *Psicologia positiva: educação, saúde e trabalho*. Cerpsi.

Reppold, C. T., & Gurgel, L. G. (2015). O papel do teste na avaliação psicológica. In C. S. Hutz, D. R.

Bandeira, & C. M. Trentini (orgs.). *Psicometria* (pp. 147-164). Artmed.

Reppold, C. T., Giacomoni, C. H., & Hutz, C. S. (2007). Bem-estar subjetivo: Definição e formas de avaliação. In P. Schelini (ed.). *Alguns domínios da avaliação psicológica* (pp. 111-124). Alínea.

Reppold, C. T., Gurgel, L. G., & Schiavon, C. C. (2015). Research in positive psychology: a systematic literature review. *Psico-USF*, 20(2), 275-285. https://doi.org/10.1590/1413-82712015200208

Reppold, C. T., Kaiser, V., & Almeida, L. S. (2018). Intervenções de psicologia positiva no contexto da psicologia escolar. In T. Nakano (org.). *Psicologia positiva aplicada à educação* (pp. 7-18). Vetor.

Reppold, C. T., Mayer, J. C., Almeida, L. S., & Hutz, C. S. (2012). Avaliação da resiliência: controvérsia em torno do uso de escalas. *Psicologia: reflexão e Crítica*, 25(2), 248-255. https://doi.org/10.1590/S0102-79722012000200006.

Reppold, C. T., Silveira, A., & Hutz, C. (2007). Indicadores de validade de um instrumento para avaliação de auto-estima. In Anais do V Congresso Norte Nordeste de Psicologia (p. 67). CNNP.

Reppold, C. T., Zanini, D. S., & Noronha, A. P. P. (2019). O que é avaliação psicológica? In M. Baptista, M. Muniz, C. Reppold, C. Nunes, L. Carvalho, R. Primi, A. P. Noronha, A. Seabra, S. Wechsler, C. Hutz, L. Pasquali (orgs.). *Compêndio de avaliação psicológica* (pp. 15-28). Vozes.

Reppold, C. T., Kaiser, V., D'azevedo, L., & Almeida, L. (2018). Intervenções em psicologia positiva na área da saúde: o que os ensaios clínicos informam sobre a efetividade dessas intervenções? In C. Hutz, & C. T. Reppold (orgs.). *Intervenções em psicologia positiva aplicadas à saúde* (pp. 11-42). Leader.

Rosenberg, M. (1965) *Society and the adolescent self-image*. University Press.

Rosenberg, M., Schooler, C., Shoenbach, C., & Rosenberg, F. (1995). Global self-esteem and specific self-esteem: different concepts, different outcomes. *American Sociological Review*, 60, 141-156. https://doi.org/10.2307/2096350

Scheier, M. F., & Carver, C. S. (1985). Optimism, coping, and health: Assessment and implications of generalized outcome expectancies. *Health Psychology*, 4, 219-247. https://doi.org/10.1037/0278-6133.4.3.219

Schiavon, C. C., Marchetti, E., Gurgel, L. G., Busnello, F. M., & Reppold, C. T. (2017). Optimism and hope in chronic disease: a systematic review. *Frontiers in Psychology*, 7, 1-10. https://doi.org/10.3389/fpsyg.2016.02022

Seligman, M. E. P. (2002). Positive psychology, positive prevention and positive therapy. In C. Snyder, & S. Lopez (eds.). *Handbook of positive psychology* (pp. 3-9). Oxford.

Seligman, M. E. P. (2019). Positive psychology: a personal history. *Annual Review of Clinical Psychology*, 15, 1-23. https://doi.org/10.1146/annurev-clinpsy-050718-095653

Seligman, M. E. P., & Csikszentmihalyi, M. (2000). Positive psychology: an introduction. *American Psychologist*, 55(1), 5-14. https://doi.org/10.1037/0003-066X.55.1.5

Seligman, M. E. P., Rashid, T., & Parks, A. C. (2006). Positive psychotherapy. *American Psychologist*, 61, 774-788. https://doi.org/10.1037/0003-066X.61.8.774

Seligman, M. E. P., Steen, T. A., Park, N., & Peterson, C. (2005). Positive psychology progress: empirical validation of interventions. *American Psychologist*, 60, 410-421. https://doi.org/10.1037/0003-066X.60.5.410

Seligman, M. E., Ernst, R. M., Gillham, J., Reivich, K., y Linkins, M. (2009). Positive education: positive psychology and classroom interventions. *Oxford Review of Education*, 35(3), 293-311. https://doi.org/10.1080/03054980902934563

Snyder, C. R. (1994). *The psychology of hope: you can get there from here*. Free Press.

Snyder, C. R., & Lopez, S. J. (2002). *Handbook of positive psychology*. Oxford.

Snyder, C. R., Harris, C., Anderson, J. R., Holleran, S. A., Irving, L. M., Sigmon, S. T., Yoshinobu, L., Gibb, J., Langelle, C., & Harney, P. (1991). The will and the ways: development and validation of an individual-differences measure of hope. *Journal of Personality and Social Psychology*, 60(4), 570-585. https://doi.org/10.1037/0022-3514.60.4.570

Urbina, S. (2007). *Fundamentos da testagem psicológica*. Artmed.

Vera-Villarroel, P., Urzúa, A., Jaime, D., Contreras, D., ..., & Lillo, S. (2017). Positive and Negative Affect Schedule (PANAS): psychometric properties and discriminative capacity in several Chilean samples. *Evaluation & The Health Professions*, 1-25. doi: 0163278717745344

Watson, D., Clark, L. A., & Tellegen, A. (1988). Development and validation of brief measures of positive and negative affect: The PANAS Scales. *Journal of Personality and Social Psychology*, *54*, 1.063-1.070. doi:10.1037//0022-3514.54.6.1063

Weisenmuller, C. M., & Luzier, J. L. (2022). Technology is a core competency in professional psychology. *Training and education in professional psychology*. Advance online publication. https://doi.org/10.1037/tep0000423

Zanon, C., & Hutz, C. S. (2014). Escala de Afetos Positivos e Negativos (PANAS). In C. S. Hutz (org.). *Avaliação em psicologia positiva* (pp. 63-67). Artmed.

Zanon, C., Bardagi, M. P., Layous, K., & Hutz, C. S. (2014). Validation of the Satisfaction with Life Scale to Brazilians: Evidences of measurement noninvariance across Brazil and US. *Social Indicators Research*, *119*(1), 443-453. https://doi.org/10.1007/s11205-013-0478-5

Avaliação multimétodo em psicologia positiva

Carolina Rosa Campos
Karina da Silva Oliveira
Evandro Morais Peixoto

> *Highlights*
> 1. A avaliação psicológica deve considerar em seu processo múltiplos métodos para coleta de informação.
> 2. A avaliação psicológica deve levar em consideração inúmeros informantes para coletar dados.
> 3. A Psicologia Positiva associada à prática de avaliação psicológica precisa promover a saúde do avaliando.
> 4. A prática de avaliação psicológica atrelada à Psicologia Positiva permite estratégias interventivas voltadas ao bem-estar dos indivíduos.

A avaliação psicológica é definida como um procedimento técnico, científico e sistemático de coleta de dados sobre o funcionamento psicológico de um indivíduo e/ou de um grupo (Resolução n. 31 de 2022, do Conselho Federal de Psicologia, 2022). É aconselhável que essa prática profissional seja organizada de modo a favorecer a coleta de informações por meio de diferentes técnicas, estratégias e métodos (Oliveira et al., 2021).

Assim, a referida resolução orienta que os profissionais façam uso de múltiplas estratégias que são classificadas como fontes fundamentais (testes psicológicos, entrevistas e observações) e fontes complementares (relatórios técnicos e testes não psicológicos). Tais orientações têm como objetivo ampliar as fontes de informações e de dados na avaliação, uma vez que, historicamente, há uma associação inadequada de que ela seja sinônimo de testagem (Primi, 2010).

Quando tomamos as características do processo de organização do movimento da psicologia positiva, enquanto campo de investigação, temos a área da avaliação psicológica, notadamente a de construção de instrumentos de medida, como uma intersecção importante. Conforme apontado por Ryff (2022), os testes desempenharam um papel relevante no desenvolvimento da área ao possibilitar a operacionalização de modelos teóricos, ou seja, a compreensão dos comportamentos observáveis representantes dos construtos psicológicos positivos, bem como o teste empírico desses modelos, o estudo das associações entre variáveis, por exemplo, fomentando, assim, o desenvolvimento da Psicologia Positiva (para maior aprofundamento, ver capítulo 2 deste livro).

Nesse contexto, é possível que as ações avaliativas sejam pautadas, com maior exclusividade, nos testes psicológicos, dada a atenção dispensada a essas ferramentas. O presente capítulo tem como objetivo refletir sobre o emprego de múltiplas técnicas e de múltiplos métodos, de modo a favorecer processos de avaliação psicológica em psicologia positiva que sejam mais ampliados e que contemplem aspectos qualitativos e quantitativos da experiência de saúde dos avaliandos.

Componentes multimétodos em processos avaliativos

Os processos avaliativos caracterizam-se pela coleta de informações sobre o funcionamento psicológico dos indivíduos com base em diferentes fontes de informação. Seu caráter processual aponta para a necessidade da integração de dados oriundos de diferentes fontes, podendo-se citar entre elas as fontes fundamentais e as complementares. Esses processos avaliativos têm como principal objetivo fundamentar a tomada de decisão acerca de demandas individuais que poderão impactar a vida de pessoas, grupos e comunidades (Primi, 2010, 2018; Rueda & Zanini, 2018).

Nesse ínterim, sua prática precisa estar embasada em evidências científicas, bem como resguardada as características individuais e do contexto no qual o indivíduo está inserido, buscando por sugestões diagnósticas, encaminhamentos e propostas interventivas devidamente validadas. Do ponto de vista das fontes fundamentais descritas na Resolução n. 31 de 2022 (CFP, 2022), temos as entrevistas, em suas variadas formas, incluindo as entrevistas de anamnese, os protocolos de registros de observação e os testes psicológicos. Embora sejam técnicas conhecidas pelos profissionais, gostaríamos de apresentá-las brevemente.

As entrevistas podem ser caracterizadas por um processo de troca, de encontro e de possibilidade de comunicação (Anastasi & Urbina, 2000). De modo mais abrangente, as entrevistas favorecem a busca por diferentes conteúdos psicológicos e podem ter caráter investigativo, diagnóstico, interventivo, entre outros.

De acordo com Tavares (2002), as técnicas de entrevista permitem o contato com as particularidades do indivíduo e com a sua forma de relacionar-se com o ambiente, podendo-se identificar capacidades de adaptabilidade, necessidades individuais e/ou coletivas. Cabe destacar que a entrevista é uma técnica que favorece a coleta de informações não somente com o avaliando, mas, também, com múltiplos informantes, ampliando, assim, os dados sobre o funcionamento psicológico do indivíduo (Rocha & Emerich, 2018).

Com base em suas características, as entrevistas são classificadas como livres, semiestruturadas e estruturadas (Lins et al., 2018). As autoras descrevem que as entrevistas livres oferecem ao entrevistado liberdade irrestrita para falar de conteúdos que julgar pertinente, com nenhuma, ou pouca, interferência do entrevistador. Por sua vez, as entrevistas semiestruturadas apresentam uma sequência de questões previamente selecionadas pelo entrevistador, visando nortear a conversa. Por fim, a entrevista estruturada tem caráter objetivo, com perguntas cujas alternativas de respostas propostas foram selecionadas *a priori*.

Silva et al. (2018) sugerem adaptações lúdicas aos formatos de entrevista, quando as condições do avaliando requererem essa flexibilização. Assim, recursos como brinquedos, jogos, trechos de filmes, livros e outras estratégias podem favorecer a apresentação do tema da entrevista, ou mesmo ser o contexto que favoreça o diálogo. As entrevistas realizadas com o suporte de recursos facilitadores são denominadas de entrevistas lúdicas (Silva et al., 2018).

Ainda, podemos citar as entrevistas de anamnese que se caracterizam pela busca de informações detalhadas sobre o desenvolvimento e a história do avaliando, a fim de que tais informações fundamentem hipóteses diagnósticas, favoreçam a compreensão das características do indivíduo e auxiliem na seleção de estratégias que sejam adequadas para o processo avaliativo (Silva & Bandeira, 2016).

Destacamos que, na literatura, as entrevistas de anamnese são classificadas como entrevistas semiestruturadas (Borges & Baptista, 2018). Portanto, caberá ao profissional a seleção das questões que irão compor uma entrevista, formulando um roteiro que integre a teoria psicológica e as informações necessárias para a compreensão do fenômeno-alvo da avaliação.

Na mesma direção, considerando as estratégias qualitativas que compõem as fontes fundamentais (CFP, 2022), temos os protocolos de registro de observação. A observação é inerente à prática da avaliação psicológica, pois é por meio dessa técnica que há o aprofundamento quanto às nuances e aos aspectos específicos da expressão do comportamento, ou, ainda, do fenômeno avaliado (Oliveira et al., 2021). Semelhantemente à entrevista, os processos observacionais podem ser classificados a partir de diferentes aspectos.

Quando o profissional realiza a observação no contexto natural do avaliando, esse tipo de atuação é chamada de "observação em campo". Ao passo que aquelas conduzidas em contextos controlados e preparadas para que o comportamento seja expresso pelo avaliando são chamadas de "observações sistemáticas" (Souza & Aiello, 2018).

Há, também, registros de observação que são automonitorados, isto é, quando o próprio avaliando é responsável por verificar a frequência de determinados comportamentos. As observações também podem ser monitoradas por pessoas que convivam cotidianamente com o avaliando e que se responsabilizem pela verificação da frequência dos comportamentos (Oliveira et al., 2021).

Além dos aspectos quantitativos, já citados, os registros de observação podem colaborar para o detalhamento da expressão do comportamento, isto é, indicando a presença de comportamentos não verbais e verbais, elencando a presença de expressões emocionais, entonação, postura e demais comportamentos. Ainda é possível que a observação ocorra livremente ou de forma intencional, a depender dos objetivos do processo avaliativo.

Como dito anteriormente, a observação é uma prática inerente ao processo de avaliação; por essa razão, é requerido do profissional competência científica e técnica para não somente conduzi-la, mas, sobretudo, realizar os registros de forma adequada, a fim de que os dados obtidos por meio da observação sejam integrados aos demais dados do processo avaliativo.

Quanto ao registro dos processos observacionais, a literatura propõe seis classificações específicas: (1) o registro contínuo, que realiza a narração descritiva e ordenada dos fatos e eventos; (2) o registro de evento, que realiza a contagem da frequência em que um determinado comportamento foi emitido; (3) o registro de intervalo, que envolve a indicação do período ou, ainda, do intervalo de tempo em que um comportamento foi observado; (4) registro de amostra de tempo, que envolve o registro do momento em que o comportamento foi observado, sem a repetição do registro, mesmo que o comportamento seja observado novamente; (5) registro de duração, no qual se faz a delimitação do tempo em que o comportamento se inicia e se encerra; (6) registro de latência, em que se faz o registro do intervalo de tempo entre a apresentação de um estímulo e a apresentação do comportamento (Souza & Aiello, 2018).

A última fonte fundamental descrita na Resolução n. 31 de 2022 (CFP, 2022) refere-se aos testes psicológicos. Embora existam muitos debates sobre como definir um teste psicológico, podemos afirmar que essa estratégia caracteriza-se por ser uma amostra sistemática e quantificável do comportamento-alvo do processo de avaliação (Pasquali, 2011). De acordo com Lins (2022), os testes psicológicos podem variar em função de algumas características, que estão sumarizadas na Tabela 1.

Tabela 1
Síntese das características dos testes psicológicos

Característica	Descrição
Formato de resposta	Pode ser respondido verbalmente, por meio de lápis e papel, por meio de execução de tarefas, com auxílio de Tecnologias da Informação e Comunicação (TICs) como computadores, celulares e *tablets*, de modo presencial ou remoto.
Estímulo apresentado	Tarefas padronizadas com opções limitadas de respostas; tarefas padronizadas para execução e verificação de desempenho; e tarefas cuja estruturação do item favorece a variabilidade de respostas.
Quanto ao respondente	Autorrelato (quando o próprio testado traz informações sobre si) e heterorrelato (quando uma terceira pessoa traz informações sobre o testando).
Objeto de avaliação	Pode avaliar aptidões, interesses, preferências e desempenho.

Nota: adaptado de Lins (2022)

Embora a organização dos testes psicológicos a partir de suas características seja uma estratégia de cunho didático, um profissional que tenha conhecimento das especificidades dos diferentes testes terá maior competência para selecionar a medida mais adequada em função das características do fenômeno-alvo da avaliação e, sobretudo, das características do indivíduo avaliado. Desse modo, explicita-se que o teste psicológico não é soberano no processo avaliativo (Oliveira et al., 2021), isto é, o dado obtido pelo teste será mais bem-utilizado quando refletir, de forma adequada, as características do avaliando e favorecer a integração das informações obtidas junto a outras técnicas já mencionadas.

Em consulta realizada em 25 de outubro de 2022 ao site do Sistema de Avaliação de Testes Psicológicos (Satepsi) (https://satepsi.cfp.org.br/), foram identificados 172 testes psicológicos na lista de aprovados e disponíveis para uso profissional. Atualmente, o Satepsi é gerido pela Comissão Consultiva de Avaliação Psicológica (Ccap), comissão formada por, ao menos, sete pesquisadores reconhecidamente relevantes para a área da avaliação psicológica no país.

A essa comissão cabe, entre outras funções, a avaliação das qualidades psicométricas dos testes, verificando, cuidadosamente, tanto aspectos metodológicos quanto teóricos, mas, sobretudo, éticos, dos itens dos instrumentos (Zanini, 2022). Todo o trabalho desenvolvido pela Ccap é apresentado no site do Satepsi. Portanto, sugere-se que os profissionais consultem com regularidade as informações lá disponibilizadas.

Encerradas as fontes fundamentais, a Resolução n. 31 de 2022 (CFP, 2022) ainda apresenta as fontes complementares. São elas: os testes não psicológicos e os relatórios multidisciplinares. Neste momento, é importante destacar que essas fontes devem ser utilizadas como parte do processo avaliativo, agregando mais informações àquelas obtidas por meio das fontes fundamentais, ou seja, um processo avaliativo não pode tomar como base somente as fontes complementares (CFP, 2022).

Os testes não psicológicos também são compreendidos como tarefas padronizadas que promovem a compreensão de um fenômeno; entretanto, o fenômeno-alvo da testagem não deve ser considerado psicológico. Também em consulta ao site do Satepsi, em 25 de outubro de 2022, foram identificados 23 materiais não psicológicos aprovados para uso dos psicológicos enquanto estratégia complementar.

Os fenômenos avaliados são variados, podendo-se citar: processos desenvolvimentais, de aprendizagem e de qualidade de vida, registros de pensamento, processos emocionais, instrumentos de triagem para condições neuropatológicas, psicopatológicas e de superdotação/altas habilidades. Ainda, nota-se grande variabilidade de formatos, sendo observados protocolos de registros observacionais, entrevistas estruturadas, baralhos temáticos que favorecem a entrevista e a coleta de dados por meio de estratégias lúdicas e inventários.

Por fim, a Resolução n. 31 de 2022 (CFP, 2022) traz como última fonte complementar, informações compartilhadas por meio de documentos técnicos, como: relatórios multidisciplinares, prontuários médicos, boletins acadêmicos, relatórios produzidos por profissionais de outras áreas do conhecimento que ofereçam informações sobre o funcionamento e o comportamento do avaliando.

Processos avaliativos, multimétodos e a Psicologia Positiva

A Psicologia Positiva completou 20 anos, sendo vista nesse período como uma proposta científica de conhecer aspectos positivos e de saúde dos indivíduos, assim como de pensar os fenômenos psicológicos e as intervenções com enfoque distinto do tradicional (Giacomoni & Scorsolin-Comin, 2020).

Embora o histórico da área seja marcado por diferentes compreensões, bem como associações entre a teorias Humanista e Cognitivo-comportamental, com vários movimentos históricos, sua principal premissa está no foco da promoção do desenvolvimento humano. No Brasil, mesmo que seja possível observar o avanço desse movimento na ciência psicológica, nota-se que importantes espaços de investigação ainda requerem mais investimentos.

Nesse sentido, podemos citar a necessidade de estudos voltados à operacionalização de construtos positivos, resultando em compreensões empiricamente orientadas de modelos teóricos, produção de instrumentos psicológicos que sejam representativos da população brasileira considerando questões sociais, culturais e específicas, assim como investigações sobre processos interventivos junto ao público nacional.

No entanto, esforços de pesquisadores merecem destaque; por exemplo, as referências científicas de Hutz (2014; 2016), que produziram/adaptaram instrumentos importantes como a Escala de Autoestima de Rosemberg (Hutz et al.,

2014), Escala de Satisfação com a Vida (Zanon, et al., 2013), Escala de Esperança (Pacico & Bastianello, 2014), Escala de Otimismo (Bastianello & Hutz, 2015) e Escala de Afetos Positivos e Negativos (Zanon & Hutz, 2014).

Outros pesquisadores também têm colaborado com esse processo adaptando, por exemplo, a Escala de Paixão (Peixoto et al., 2019), e construindo instrumentos nacionais, como é o caso do Marcadores de Resiliência Infantil (Oliveira & Nakano, 2021). Também são identificados outros esforços que têm contribuído para o avanço da área, notadamente com estudos referenciais relacionados a amizade, forças e virtudes, autocompaixão, resiliência, altruísmo, entre outros. Assim, para maior aprofundamento sobre instrumentos de medida que apresentem estudos de suas propriedades psicométricas e normas interpretativas junto à população brasileira, sugerimos o contato com obras de Hutz (2014, 2016).

Considerando o caráter da avaliação multimétodo em psicologia positiva, sugerimos que esses instrumentos sejam utilizados para a identificação de recursos positivos e potenciais preservados do avaliando. Os resultados obtidos por meio dessas técnicas devem ser integrados a outras técnicas e estratégias, como os roteiros de entrevista e de observação, bem como documentos técnicos, visando otimizar o olhar integrado e ampliado sobre o funcionamento do avaliando. Ainda, é importante considerar que mesmo instrumentos que não sejam declaradamente desenvolvidos para a avaliação de construtos positivos, podem ser empregados de modo a apontar para potenciais.

A título de exemplo, um teste de inteligência pode ser utilizado a fim de identificar potenciais cognitivos e não somente prejuízos nesse funcionamento. Por sua vez, testes de personalidade podem ser empregados com o objetivo de identificar características, tendências e padrões que sejam benéficos para o funcionamento do avaliando. Desse modo, conforme apontado por Giacomoni e Scorsolin-Comin (2020), a Psicologia Positiva não se propõe a ser uma substituição do paradigma tradicional, mas uma visão complementar para que seja possível alcançar uma compreensão mais ampliada sobre os potenciais dos indivíduos.

Cabe destacar que dado o fato de as entrevistas e os roteiros de observação serem flexíveis e podendo ser utilizados em várias etapas do processo avaliativo de acordo com o objetivo estabelecido, essas técnicas podem ser ajustadas de acordo com a demanda e os construtos definidos.

Nessa perspectiva, dada as possibilidades exploradas dentro do processo de avaliação psicológica e buscando ilustrar as etapas desse processo, a seguir será apresentado um modelo de ficha de entrevista e observação que possibilitaria a otimização da identificação de recursos positivos, podendo, a depender dos objetivos, serem adaptados de acordo com as hipóteses/objetivo da avaliação e do construto a ser avaliado. Visando ilustrar o processo, optamos por formular os objetivos pensando no construto de bem-estar subjetivo (tab. 2). Inferimos, ainda, que o modelo foi pensado considerando encontros iniciais e podem ser otimizados pensando nas várias etapas do processo avaliativo.

O raciocínio apresentado no modelo anterior pode ser adaptado a partir das necessidades do processo avaliativo, podendo trazer foco maior a outros construtos psicológicos, como os afetos, a

Tabela 2
Modelo de categorias para elaboração de entrevista e protocolo de observação em processos avaliativos positivos

Categoria	Objetivos
Identificação	Dados do avaliado que permitam a contextualização e o delineamento de um perfil para futuros encaminhamentos (nome, idade, sexo, escolaridade, profissão, entre outros).
Queixa	Levantamento e compreensão das características individuais do avaliando, quais as principais demandas associadas a sua vida cotidiana, tempo e frequência. Identificar características emocionais, cognitivas e afetivas que podem indicar elementos de bem--estar subjetivo.
Potenciais preservados	Identificação de características positivas do avaliando, como autoestima, autoeficácia, criatividade, compaixão, capacidades de resolução de problemas, entre outras.
Relações familiares	Compreender como são as relações familiares, os papéis sociais exercidos, os conflitos existentes e como o avaliado lida com as demandas. Identificação de afetos positivos e negativos e estabelecimento de vínculo entre familiares. Identificar o reflexo dos afetos e da qualidade do bem-estar em relação aos familiares.
Relações profissionais	Investigar relações profissionais, excesso de trabalho, possíveis conflitos e características da ocupação e carga horária. Identificar o reflexo da satisfação e bem--estar no âmbito laboral.
Percepção de bem-estar subjetivo e satisfação com a vida	Investigar o julgamento global e o julgamento relacionado a domínios específicos nas relações sociais (considerar domínios como paixão, angústia, determinação, nervosismo, inspiração, entre outros). Investigar o quanto a pessoa está satisfeita com sua vida atual, possíveis mudanças, ideais, entre outros.
Observações	Identificar a capacidade de nomeação das emoções por parte do avaliado e como se comporta durante as perguntas. Pode-se apresentar "simulações de situações" para observar características e formas de expressão das capacidades do indivíduo em lidar com demandas especificas.
Impressões do avaliador	Registro de informações coletadas durante o processo de entrevista e observações. Identificação de recursos positivos do avaliando. Possibilidades diagnósticas e plano de ações visando otimizar aspectos positivos em processos interventivos.

Nota: adaptado de Scorsolini-Comin (2016)

esperança, o otimismo e outros já mencionados. Ainda, cabe destacar que um bom processo avaliativo conta com a colaboração de outras fontes de informação que não somente o avaliando. Dessa forma, o modelo pode nortear entrevistas e processos observacionais com múltiplos informantes, tais como: familiares, amigos, colegas de trabalho e outras pessoas que convivam com o avaliando e que sejam relevantes para o processo de coleta de informações.

Também, com o intuito de apresentar recursos para a condução de entrevistas, destacamos o conceito de entrevista preventiva proposto por Simon (1989), que viabilizaria o olhar avaliativo do ponto de vista positivo e também poderia ser utilizado dentro de um processo multimétodo e com múltiplos informantes dentro das características norteadoras e propostas no modelo de categorias para elaboração de entrevista e protocolo de observação em processos avaliativos positivos, apresentados na Tabela 2.

A proposta da entrevista preventiva está baseada na premissa de que o convite por parte de uma(um) psicóloga(o) para a participar de uma entrevista pode gerar angústia no potencial entrevistado. Nessa perspectiva, o autor sugere uma técnica de manejo dessas angústias por intermédio da compreensão da condição do entrevistado a partir do conceito de adaptação, que se expressa em diferentes esferas da vida. Assim, a eficácia adaptativa decorre da qualidade da adaptação das respostas do sujeito em quatro setores da personalidade: afetivo-relacional, produtividade, sociocultural e orgânico.

O setor afetivo-relacional compreende o conjunto de respostas emocionais do sujeito em relação a si mesmo e nas relações interpessoais; o da produtividade, à totalidade das respostas frente ao trabalho, estudo ou qualquer atividade produtiva de ocupação principal do indivíduo, mesmo que de natureza artística, filosófica ou religiosa; o sociocultural abrange sentimentos, atitudes e ações dos sujeitos frente às instituições, às expressões culturais, aos costumes e aos valores da cultura em que vive; e o orgânico ao estado físico e ao conjunto de respostas quanto a sentimentos, atitudes e cuidados relativos ao próprio corpo: alimentação, sono, exercício (Simon, 2005).

Como estratégia para a realização da entrevista preventiva sugerimos a ordenação da exploração dos setores adaptativos, iniciando-se pela produtividade, seguido do sociocultural com a exploração das atividades que a pessoa tem prazer em realizar, então do setor orgânico e finalizando pelo setor afetivo-relacional. Essa organização dá-se justamente pelo fato de o setor afetivo-relacional abordar temas mais íntimos, como as relações interpessoais, e, portanto, exigir maior nível de confiança entre o(a) profissional e o(a) entrevistado(a), a ponto de este último falar abertamente sobre suas experiências.

Destacamos novamente que, neste capítulo, não temos o objetivo de fazer uma revisão detalhada sobre a entrevista preventiva, mas apontar a potencialidade dessa técnica em situações em que a pessoa é convidada pelo serviço de psicologia a participar de uma entrevista, indicando uma perspectiva também de mudança de olhar até mesmo quanto à procura por um profissional, e indicando alternativas de instrumentalização para situações em que o objetivo é identificar possíveis forças pessoais e experiências de bem-estar nas diferentes esferas da vida.

Enfatizamos que buscamos, ao longo do capítulo, apresentar um olhar diferenciado dos objetivos tradicionais de um processo avaliativo/psicoterapêutico. Isso porque, quando pensamos os processos avaliativos, é comum que o foco dê-se a partir da premissa de que um "paciente/cliente" procura atendimento psicológico para tratar de uma queixa ou de um sintoma por ele(a) apresentado.

Contudo, considerando a temática deste capítulo, optamos por trazer ao leitor outra possibilidade de compreensão, com ênfase na potencialidade das experiências positivas de saúde, isto é, da avaliação em psicologia positiva, em contextos preventivos, ou seja, contextos em que o entrevistado é procurado por um setor de prevenção (público, educacional, empresarial), ou que faça parte de serviço/projetos multidisciplinares em que a psicologia é integrada com fins de melhoria dos níveis de bem-estar dos participantes.

Ressaltamos, ainda, que para que o processo seja integrativo e global acerca da identificação de competências e potencialidades do avaliando, sugerimos a utilização de fontes fundamentais de informação, como os testes psicológicos que avaliam personalidade, inteligência e aspectos emocionais. Esses recursos, quando entrelaçados com as informações coletadas pelas entrevistas e pelos protocolos observacionais, podem nortear a tomada de decisão de possíveis processos interventivos, bem como permitir a identificação de recursos positivos do indivíduo com melhor precisão.

Instrumentos de mensuração do bem-estar

Buscando ampliar os recursos para a condução dos processos avaliativos em psicologia positiva, nesta seção trataremos dos instrumentos para a avalição do bem-estar. Nessa direção, podemos perceber que diferentes instrumentos têm sido propostos na literatura para avaliação do bem-estar. Essa pluralidade de instrumentos demonstra o crescente interesse de pesquisadores na área, mas, por outro lado, denuncia uma pulverização de modelos teóricos poucos robustos, o que fragiliza o acúmulo de conhecimento na área de estudo. Nesse sentido, optamos por destacar duas correntes teóricas bem aceitas na literatura e com forte evidências empíricas: as perspectivas hedônica e eudaimônica.

Na perspectiva hedônica, o bem-estar pode ser entendido como a felicidade e experiências de prazer e se caracteriza pela avaliação de duas dimensões: uma cognitiva (composta pela satisfação com a vida) e uma afetiva (composta pelos afetos positivos e negativos). Por meio da avaliação da satisfação com a vida a pessoa pode refletir sobre suas experiências, avaliar sua vida de forma geral e comparar-se aos padrões que tem e considera como essencial para uma vida boa.

Nesse sentido, é ela própria que elenca quais são os elementos que contribuem para sua satisfação com a vida e os eventos e circunstâncias nos quais experimenta emoções que considera positivas ou negativas, enquanto os afetos positivos e negativos podem ser caracterizados pela frequência e pela intensidade que os sujeitos experienciam suas emoções (Lyubomirsky et al., 2005).

Estudos sobre a mensuração do bem-estar subjetivo têm corroborado que as dimensões que compõem esse construto são organizadas em uma estrutura tripartite. Nessa direção, Peixoto et al. (2022) avaliaram a estrutura interna da versão brasileira de mensuração do Bem-estar Subjetivo (BES), composto pelas Escala de Satisfação com a Vida (SWLS) e Escala de Afetos Positivos e Negativos (Panas). Os resultados sugeriram a adequação do modelo tripartite (três fatores independentes correlacionados entre si) no contexto brasileiro e indicou estabilidade do modelo ao avaliar grupos em função de sexo e as macrorregiões geográficas do país.

Já na perspectiva eudaimônica, o bem-estar está relacionado ao significado e ao propósito de vida e funcionamento humano em sua plenitude, bem como ao processo de autorrealização por meio do envolvimento em atividades pessoalmente significativas, modelo comumente identificado na literatura por Bem-estar Psicológico (Hutz, 2014).

Essa perspectiva foi operacionalizada por Ryff (1989) na ocasião do desenvolvimento da Psychological Well-Being Scale (PWBS) (Escala de Bem-estar Psicológico), que conta com seis dimensões denominadas relações positivas com outros, autonomia, domínio sobre o ambiente, crescimento pessoal, propósito na vida e autoaceitação.

A PWBS tem apresentado boas qualidades psicométricas quando adaptada a diferentes culturas e tem fomentado a realização de pesquisas que buscam associar o bem-estar psicológico a outros diferentes construtos psicológicos. No contexto brasileiro, os investimentos de adaptação do instrumento foram realizados por Machado et al. (2013), que desenvolveram uma versão da medida em português e estimaram evidência com base na estrutura interna e na relação com outras variáveis psicológicas, a saber: Bem-estar Subjetivo. Os resultados corroboraram a adequação da estrutura fatorial original com seis fatores correlacionados. Adicionalmente, observaram correlações com direção e magnitude esperada com as dimensões de Bem-estar Subjetivo, sugerindo a adequação do instrumento em sua versão brasileira.

Reflexões finais

Este capítulo teve como principal objetivo discutir a importância da avaliação multimétodo em psicologia positiva. Destacamos a relevância da otimização e da qualificação no processo de avaliação em psicologia positiva, bem como os desafios enfrentados pelos profissionais da área que buscam integrar as informações obtidas por meio de diferentes procedimentos e instrumentos de avaliação psicológica.

Isso fica ainda mais evidente pela ausência de literatura que apresente e discuta essas estratégias nos âmbitos de avaliação das forças e recursos preservados das pessoas submetidas aos processos de avaliação. Nesse sentido, esperamos que este capítulo contribua para a realização de um processo de avaliação mais qualificado em psicologia positiva.

Conforme destacado ao longo do capítulo, o desafio da integração dos dados oriundos de diferentes fontes de informação é enfrentado por todos os profissionais da psicologia, incluindo os profissionais que atuam em psicologia positiva. Mais especificamente encontra-se o desafio de integrar resultados provenientes de procedimentos e ferramentas desenvolvidos com base em diferentes aportes teóricos, o que pode ser observado nas compreensões do bem-estar aqui descritas.

Nesse sentido, entendemos a relevância de o profissional da psicologia ter um olhar para a complementaridade entre as informações acessadas a partir desses instrumentos e procedimentos, pois, conforme já destacado por Urbina (2007), enquanto a testagem psicológica envolve procedimentos uniformes e acesso a construtos específicos, o processo de avaliação é muito mais complexo e pode envolver a avaliação de diversos construtos e, portanto, a utilização de diversos instrumentos e procedimentos.

Nesse contexto, a título de exemplo, podemos pensar a atuação de um psicólogo do esporte que atua junto a uma equipe técnica com o objetivo de oferecer a prática de atividade física e esportiva para idosos. Muitos idosos interessados nesse projeto podem iniciar sua participação para melhorar sua saúde física, por indicações médicas ou mesmo por gostarem de praticar atividades físicas.

Já os idealizadores e os profissionais que atuam nesses serviços (educadores físicos, fisioterapeutas, psicólogos, médicos, entre profissionais que compõem a ciências do esporte), sabem da potencialidade dessas práticas (quando adequadamente organizadas) para desenvolvimento do bem-estar, fortalecimento dos vínculos sociais, autoeficácia, autoestima, entre outras características psicológicas. Dessa forma, o esporte e os exercícios são pensados com contextos facilitadores de construtos psicológicos positivos

Com o objetivo de aderir e manter a atividade física e o esporte por parte dos idosos, os psicólogos, em parceria com os outros profissionais, buscam planejar o processo de acompanhamento desses idosos para compreender as contribuições dessas práticas em experiências de bem-estar no contexto esportivo e fora dele. Assim, são empregadas estratégias de observação com o objetivo de compreender a maneira como essas pessoas relacionam-se com as atividades propostas, com os companheiros de práticas e com a equipe organizadora.

Da mesma maneira, relatórios produzidos por outros profissionais podem ser acessados e entrevistas empregadas para compreender como essas intervenções realizadas nos âmbitos dos setores orgânico e sociocultural (neste caso, a prática de esporte e de exercícios físicos) poderiam influenciar outras esferas da vida, como os setores afetivo-relacional e a produtividade.

Instrumentos de medida podem ser utilizados para estimativas dos afetos positivos e negativos vivenciados durante as práticas, bem como para compreensão de como essas experiências estão associadas a melhoras na percepção de satisfação com a vida. Os instrumentos também podem ser utilizados para avaliação dos efeitos da prática esportiva em longo prazo, por meio de medidas repetidas desses construtos psicológicos.

Por fim, destacamos desafios importantes a serem enfrentados pela área, como a necessidade de acúmulo de evidência de validade dos instrumentos de medida que avaliem os recursos psicológicos positivos, cumprindo, assim, os requisitos mínimos exigidos pelo CFP para uso profissional dos testes psicológicos (CFP, 2022). Em especial, destacamos a relevância de investimentos em estudos de normatização, pois, se por um lado é comum os esforços para estudos de construção e adaptação de instrumentos, bem como estudos de evidências de validade com base em estrutura interna e relação com variáveis externas; por outro lado são escassos os esforços para o desenvolvimento de normas interpretativas dos escores obtidos com esses instrumentos, assim como a reunião dessas informações em manuais técnicos. Isso prejudica diretamente os profissionais da área, que são impedidos de atribuir sentido psicológico ao escores desses testes de forma padronizada.

Entendemos que esforços nessa direção contribuirão diretamente para aumentar o instrumental dos psicólogos brasileiros e, portanto, na realização de processos de avaliações psicológicas mais robustos.

Indicação de leitura

Bornstein, R. F. (2017). Evidence-based psychological assessment. *Journal of personality assessment*, 99(4), 435-445. https://doi.org/10.1080/00223891.2016.1236343

Oliveira, K. S., Campos, C. R., & Peixoto, E. M. (2021). Avaliação de multitraços e por multimétodos em crianças e adolescentes. In M. Mansur-Alves, M. Muniz, D. S. Zanini, & M. N. Baptista (orgs.). *Avaliação psicológica na infância e adolescência* (pp. 131-150). Vozes.

Simon, R. (2005). *Psicoterapia breve operacionalizada – Teoria e técnica*. São Paulo: Casa do Psicólogo.

Referências

Anastasi, A., & Urbina, S. (2000). *Testagem psicológica* (7. ed.). Artmed.

Bastianello, M. R., & Hutz, C. S. (2015). Do otimismo explicativo ao disposicional: a perspectiva da psicologia positiva. *Psico-USF*, 20, 237-247. https://doi.org/10.1590/1413-82712015200205

Borges, L., & Baptista, M. N. (2018). Avaliação psicológica e psicoterapia na infância. In M. R. C. Lins,

M. Muniz, & L. M. Cardoso (orgs.). *Avaliação psicológica infantil* (pp. 71-90). Hogrefe.

Giacomoni, C. H., & Scorsolini-Comin, F. (2020). *Temas especiais em psicologia positiva*. Vozes.

Hutz, C. S. (2014). *Avaliação em psicologia positiva*. Artmed.

Hutz, C. S. (2016). *Avaliação em psicologia positiva: técnicas e medidas*. Hogrefe.

Hutz, C. S., Zanon, C., & Bardagi, M. P. (2014). Satisfação de vida. In: C. S. Hutz (org.). *Avaliação em psicologia positiva* (pp. 43-48). Artmed.

Lins, M. R. C. (2022). Teste psicológico. In J. C. Borsa, M. R. C. Lins, & H. L. R. S. Rosa (orgs.). *Dicionário de Avaliação Psicológica* (pp. 126-129). Vetor.

Lins, M. R. C., Muniz, M., & Uehara, E. (2018). A importância da entrevista inicial no processo avaliativo infantil. In M. R. C., Lins, M. Muniz, & L. M. Cardoso (orgs). *Avaliação psicológica infantil* (pp. 143-158). Hogrefe.

Lyubomirsky, S., King, L., & Diener, E. (2005). The benefits of frequent positive affect: does happiness lead to success? *Psychological Bulletin*, 131(6), 803-855. https://doi.org/10.1037/0033-2909.131.6.803

Machado, W. D. L., Bandeira, D. R., & Pawlowski, J. (2013). Validação da Psychological Well-being Scale em uma amostra de estudantes universitários. *Avaliação Psicológica*, 12(2), 263-272 http://pepsic.bvsalud.org/pdf/avp/v12n2/v12n2a17.pdf

Oliveira, K. S., Campos, C. R., & Peixoto, E. M. (2021). Avaliação de multitraços e por multimétodos em crianças e adolescentes. In M. Mansur-Alves, M. Muniz, D. S. Zanini, & M. N. Baptista (orgs.). *Avaliação psicológica na infância e adolescência* (pp. 131-150). Vozes.

Oliveira, K. S., & Nakano, T.C. (2021). *Marcadores de resiliência infantil: manual técnico*. Hogrefe.

Pacico, J. C., & Bastianello, M. R. (2014). As origens da psicologia positiva e os primeiros estudos brasileiros. In: C. S. Hutz (org.). *Avaliação em psicologia positiva* (pp. 13-22). Artmed.

Pasquali, L. (2011). *Técnicas do exame psicológico – TEP: manual*. Casa do Psicólogo/Conselho Federal de Psicologia.

Peixoto, E. M., Nakano, T. D. C., Castillo, R. A., Oliveira, L. P., & Balbinotti, M. A. A. (2019). Passion scale: psychometric properties and factorial invariance via exploratory structural equation modeling (ESEM). *Paideia*, 29, e2911. https://doi.org/10.1590/1982-4327e2911

Peixoto, E. M., Romano, A. R., Zanini, D. S., & Noronha, A. P. (2022). Understanding the structure of subjective well-being: a study with brazilian adults. (manuscrito não publicado).

Primi, R. (2010). Avaliação psicológica no Brasil: fundamentos, situação atual e direções para o futuro. *Psicologia: Teoria e Pesquisa*, 26(n. esp.), 25-35. https://doi.org/10.1590/S0102-37722010000500003

Primi, R. (2018). Avaliação psicológica no século XXI: de onde viemos e para onde vamos. *Psicologia: Ciência e Profissão*, 38(spe), 87-97. https://doi.org/10.1590/1982-3703000209814

Resolução n. 31, de 15 de dezembro de 2022. Estabelece diretrizes para a realização de Avaliação Psicológica no exercício profissional da psicóloga e do psicólogo, regulamenta o Sistema de Avaliação de Testes Psicológicos (Satepsi) e revoga a Resolução CFP n. 09/2018. Brasília, DF: Conselho Federal de Psicologia.

Rocha, M. M., & Emirich, D. R. (2018). A importância dos múltiplos informantes na avaliação psicológica. In M. R. C. Lins, M. Muniz, & L. M. Cardoso (orgs.). *Avaliação Psicológica Infantil* (pp. 159-178). Hogrefe.

Rueda, F. J. M., & Zanini, D. S. (2018). O que muda com a Resolução CFP n. 09/2018? *Psicologia: Ciência e Profissão*, 38(spe), 16-27. https://doi.org/10.1590/1982-3703000208893

Ryff, C. D. (2022). Positive psychology: looking back and looking forward. *Frontiers in Psychology*, 13, 840062. https://doi.org/10.3389/fpsyg.2022.840062.

Ryff, C. D. (1989). Happiness is everything or is it? Explorations on the meaning of psychological well-being. *J Pers Soc Psychol.*, 57(6),1.069-1.081.

Scorsolini-Comin, F. (2016). Fatores associados ao bem-estar subjetivo em pessoas casadas e solteiras. *Estudos de Psicologia*, 33(2), 313-324. https://doi.org/10.1590/1982-02752016000200013

Scorsolini-Comin, F., & Giacomoni, C. H. (2020). Psicologia positiva – A solidificação do campo, seus movimentos e ondas futuras. In C. H. Giacomoni, & F. Scorsolini-Comin (orgs.). *Temas especiais em psicologia positiva*. (pp. 17-27). Vozes.

Silva, M. A., & Bandeira, D. R. (2016). A entrevista de anamnese. In C. S. Hutz, D. R. Bandeira, C. M. Trentini, & J. S. Krug (orgs.). *Psicodiagnóstico* (pp. 52-67). Artmed.

Silva, T. C., Naves, A. R. C. X, & Lins, M. R. C. (2018). Estratégias lúdicas na avaliação infantil. In M. R. C. Lins, M. Muniz, & L. M. Cardoso (orgs.). *Avaliação Psicológica Infantil* (pp. 179-202). Hogrefe.

Simon, R. (2005). *Psicoterapia breve operacionalizada: teoria e técnica*. Casa do Psicólogo.

Simon, R. (1989). *Psicologia clínica preventiva: novos fundamentos*. EPU.

Souza, D. H., & Aiello, A. L. R. (2018). Técnicas de observação no contexto clínico infantil. In M. R. C. Lins, M. Muniz, & L. M. Cardoso (orgs.). *Avaliação psicológica infantil* (pp. 129-142). Hogrefe.

Tavares, M. (2002). A entrevista clínica. In J. A. Cunha. *Psicodiagnóstico – V* (5. ed., rev. e ampl.). Artmed.

Urbina, S. (2007). *Fundamentos da testagem psicológica*. Artmed.

Zanini, D. S. (2022). Sistema de avaliação dos testes psicológicos (SATEPSI). In J. C. Borsa, M. R. C. Lins, & H. L. R. S. Rosa (orgs.). *Dicionário de Avaliação Psicológica* (pp. 104-106). Vetor.

Zanon, C., Bastianello, M. R., Pacico, J. C., & Hutz, C. S. (2013). Desenvolvimento e validação de uma escala de afetos positivos e negativos. *Revista Psico-USF, 18*(2), 193-201. https://doi.org/10.1590/S1413-827120130 00200003

Zanon, C., & Hutz, C. S. (2014) Escala de Afetos Positivos e Negativos (PANAS). In C. S. Hutz (ed.) *Avaliação em psicologia positiva* (pp. 63-67). Artmed.

Identificação de recursos positivos por meio da observação e da entrevista no processo de avaliação em psicologia positiva

Carolina Rosa Campos
Amanda de Almeida Alves

Highlights

1. A Psicologia Positiva busca práticas efetivas para aperfeiçoar a percepção de bem-estar e desempenhos pessoal, grupal e institucional.
2. A avaliação psicológica com enfoque na psicologia positiva permite identificar aspectos saudáveis e contribuir para o autoconhecimento.
3. Os construtos da Psicologia Positiva podem ser identificados por meio de multimétodos, como entrevistas e técnicas de observação.
4. As técnicas de observação e entrevistas são fundamentais para um processo de avaliação psicológica de qualidade.

A identificação de recursos positivos pode ser realizada por meio de um processo de avaliação psicológica. Esta, por sua vez, pode ser definida como um processo profundo e multifacetado, no qual se visa obter dados a respeito de uma pessoa, grupo ou instituição, sendo que tais informações podem ser utilizadas para inferir as suas características no âmbito psicológico e permitir, por parte do avaliador, juntamente ao avaliado, a tomada de decisão para possíveis diagnósticos, encaminhamentos e intervenções (Primi, 2018).

Por meio desse processo é possível identificar e prever comportamentos futuros, assim como avaliar aspectos saudáveis do ser humano, como propõe a Psicologia Positiva. Nesse sentido, é importante que o profissional esteja munido de diversas fontes de coleta de informação, mediante diferentes técnicas, estratégias e métodos, visando garantir a qualidade de suas inferências (Oliveira et al., 2021; Resolução n. 31 de 2022, Conselho Federal de Psicologia, 2022).

Sendo assim, neste capítulo será feita uma breve conceituação sobre as técnicas de observação e de entrevista, e a sua importância para a identificação dos recursos positivos dos indivíduos em processos de avaliação em psicologia positiva. Por fim, será apresentado um caso ilustrativo com proposta de roteiro de entrevista e observação para identificação de tais recursos.

Entrevista e técnicas de observação

As entrevistas e técnicas de observação têm papel importante dentro de um processo avaliativo, principalmente pelo fato de permitirem o acesso acerca dos construtos psicológicos. Constituem-se como passos mínimos para a realização da avaliação psicológica (CFP, 2013), não sendo técnicas específicas de uma abordagem psicológica, mas ferramentas imprescindíveis na avaliação.

Nesse sentido, permite que, por meio da integração de informações, seja possível fomentar a tomada de decisão acerca de questões importantes que norteiam e impactam a vida de pessoas, grupos e sociedade (Primi, 2010, 2018; Rueda & Zanini, 2018). Cabe ainda destacar que outros recursos podem complementar esse processo integrativo, como o uso de recursos lúdicos, uso de testes psicológicos e não psicológicos, acesso a documentos técnicos e multiprofissionais, entre outros, cientificamente comprovados.

De acordo com o foco deste capítulo, é importante destacar que as entrevistas têm características importantes de troca e possibilidade de comunicação entre duas pessoas ou grupos, nas quais ocorrem em ambiente natural, face a face, geralmente com interação verbal e que visa a um conhecimento acerca de determinado tema, podendo ter caráter investigativo, diagnóstico, interventivo, entre outros (Gil, 2010; Flick, 2009).

Essa amplitude de possibilidades permite compreender que as técnicas utilizadas precisam ser planejadas e adequadas a partir do objetivo que se espera cumprir. Isso quer dizer, em outras palavras, que, para uma entrevista ser eficiente, o foco deve estar na interação que será realizada entre o entrevistado e o entrevistador e que, para isso, é fundamental que o roteiro entrelace os objetivos propostos que se visa atender, e que o respondente tenha a possibilidade de se posicionar e indicar sua compreensão a respeito do que está sendo investigado (Scorsolin-Comin et al., 2016).

Segundo o autor, as entrevistas, dentro do contexto prático da psicologia, podem atender a esses objetivos por meio de categorias, como as entrevistas diagnósticas, psicoterápicas, de encaminhamento, de seleção e de desligamento. Há também as entrevistas narrativas e episódicas, com fins de pesquisa, e os modelos mais reconhecidos, como as entrevistas estruturadas e não estruturadas, que se classificam não pelos objetivos, mas, como o próprio nome diz, pela estrutura (Creswel, 2010; Richardson, 2010). Vale destacar ainda que, embora tenham características distintas, as categorias podem, muitas vezes, mesclarem-se, e a estrutura adequada deve, por sua vez, ser escolhida visando atender aos objetivos propostos.

Por intermédio da entrevista é possível estimar elementos manifestos, a proposição de uma queixa principal e a origem de um futuro encaminhamento, bem como acessar aspectos latentes (Wechsler et al., 2019). Sendo assim, é preciso criar condições e suportes favoráveis para a qualidade da relação com o avaliado. Tal aplicabilidade já se constitui como parte do processo de avaliação, e por meio da entrevista inicia-se a avaliação da estrutura do funcionamento e outros aspectos da pessoa, atribuindo papel ao entrevistador de olhar atento e escuta qualificada (Simões & Sapeta, 2018).

Nessa perspectiva, é evidente o quanto a observação caminha em conjunto com o uso de técnicas de entrevista e o quanto ambos podem ser complementares diante dos objetivos propostos dentro da avaliação. Durante a entrevista existe uma comunicação não verbal que deve ser registrada e considerada, e para a entrevista existe uma comunicação verbal que faz mais sentido quando se considera o que não é manifestado verbalmente pelo respondente (Hutz, 2016).

A observação torna-se viável a fim de alcançar certa informação a respeito de algum elemento da realidade que não foi ou foi pouco captável na entrevista. Nesse ínterim, destaca-se ainda que o objeto de observação também se foca na relação existente entre avaliando e avaliador (Simões & Sapeta, 2018). Por esse ângulo, vale inteirar que, assim como na entrevista, existem diferentes tipos de observação e formas de utilizar essa técnica visando auxiliar na identificação de demandas. Quando a avaliação é realizada no âmbito natural do avaliado é chamada de "observação em campo". Em contrapartida, existem as "observações sistemáticas", que ocorrem em contextos controlados e previamente organizados para possibilitar a expressão do comportamento do avaliando (Simões & Sapeta, 2018).

Outras questões a serem destacadas é que existem observações em que o registro é automonitorado, ou seja, quando o próprio avaliando deve averiguar a frequência de certos comportamentos. Por outro lado, existem observações que são monitoradas por sujeitos que convivem com o avaliado e se responsabilizam pela averiguação da frequência de determinados comportamentos. A depender do objetivo do processo, a observação pode ocorrer livre ou de forma intencional. Para além dessa proposta quantitativa já citada, a observação pode contribuir para a descrição da expressão do comportamento, ou seja, é possível notar comportamentos não verbais e verbais por meio de expressões emocionais, postura, entonação da voz etc.

Em relação ao registro do processo de observação, a literatura oferece seis classificações fundamentais. A primeira é o registro contínuo, que é a descrição dos eventos de forma organizada e ordenada. A segunda é o registro de evento, que busca contar a frequência em que certo comportamento ocorreu. A terceira, o registro de intervalo, que se relaciona ao intervalo de tempo que determinado comportamento foi emitido, indicando os períodos de tempo. A quarta, o registro de amostra de tempo, após certo intervalo de tempo, em que o sujeito é observado. A quinta, o registro de duração, que busca delimitar o tempo em que o comportamento começa e termina. Por fim, o registro de latência, em que se registra o tempo que o comportamento levou para ser emitido após a apresentação do estímulo (Cavalcante & Moreira, 2022).

Nesse sentido, a escolha das técnicas atreladas às estratégias e aos objetivos deve ter um embasamento de referência como ponto de partida e chegada. É essencial saber quais objetivos se deseja alcançar quando se escolhe um instrumento ou uma técnica, e não utilizar qualquer ferramenta sem um fundamento, pois é de acordo com os objetivos que será possível compreender se um determinado método será capaz de contribuir para que se chegue ao propósito.

Portanto, o profissional deve aprimorar-se constantemente para que tenha conhecimento dos instrumentos e das técnicas usadas e que podem ser aplicadas no contexto e no público-alvo em questão, assim como o domínio sobre a aplicação e a interpretação desses, considerando os aspectos éticos e o respaldo científico (Conselho Federal de Psicologia, 2013).

Uso de entrevistas e técnicas de observação para identificação de recursos positivos

A Psicologia Positiva vem avançando em processo de expansão dentro da ciência psicológica, especialmente no Brasil. De modo abrangente, os estudos dentro dessa área iniciaram-se por meio da compreensão da resiliência, em função de fatores de risco e de vulnerabilidade dentro do contexto brasileiro que necessitariam de capacidade de adaptação e de reconhecimento de recursos positivos frente às adversidades (Sapienza & Pedromônico, 2005; Souza & Cerveny, 2006).

Os recursos positivos podem ser compreendidos ao encontro do que se estabelece como compreensão da proposta de investigação dos aspectos positivos e saudáveis dos indivíduos traçados pela psicologia positiva. Nesse ínterim, seu objetivo está relacionado ao estudo dos sentimentos, das emoções e dos comportamentos que se relacionam ao bem-estar (Seligman, 2011), sendo esse um construto complexo que se vincula à percepção, ao engajamento, ao sentido de vida e aos relacionamentos do indivíduo.

No contexto da avaliação psicológica existem determinadas técnicas, instrumentos e construtos trabalhados que podem contribuir para a identificação de recursos positivos, como os testes validados para a população brasileira, os testes de avaliação de qualidade de vida (Hutz, 2014), de satisfação com a vida (Zanon et al., 2013), de resiliência (Reppold et al., 2016), de autoestima (Hutz et al., 2014), de afetos positivos e negativos (Hutz & Zanon, 2011), entre outros.

Há também instrumentos disponíveis para avaliar outros construtos da área, como amizade, altruísmo e autocompaixão, propiciando ampla divulgação e acesso a pesquisadores e profissionais da área (Hutz, 2014, 2016; Reppold et al., 2019). Outra questão a se ressaltar é o desenvolvimento das aplicações da psicologia positiva em vários âmbitos, não só na clínica individual, mas também em contexto organizacional, hospitalar, educacional e institucional.

Na literatura científica, os recursos explorados são, em sua maioria, voltados às compreensões de qualidade de vida, resiliência, *coping*, bem-estar subjetivo, autoeficácia, afetos, satisfação com a vida, criatividade e bem-estar espiritual, dentre outros (Pires et al., 2015). É importante aclarar que embora, neste capítulo, tenhamos optado por trazer exemplos sobre essas compreensões, flexibilidades diante das estratégias podem ser realizadas para outros aspectos de investigação por parte do avaliador, a depender do objetivo traçado com o avaliando.

A qualidade de vida é um construto amplo, que se relaciona com a percepção do sujeito de sua posição na vida, suas expectativas, potências e objetivos, entre outros fatores, no contexto sociocultural em que se vive. Ela abrange as necessidades humanas fundamentais, espirituais e materiais em diferentes setores, como a saúde, o trabalho e a educação (Carleto et al., 2019).

Outros autores acrescentam que elementos positivos da vida favorecem a qualidade de vida, sendo que esses podem ser fortificados por meio de estratégias de manutenção e, consequentemente, enfraquecer os elementos negativos da vida (Dariva & Mendes, 2019). Um instrumento que avalia qualidade de vida é o World Health Organization Quality of Life (WHOQOL-100), que é uma ferramenta com cem perguntas que dizem respeito a seis aspectos: psicológico, físico, relações sociais, nível de dependência, meio ambiente e espiritualidade (Carvalho et al., 2021).

Em um contexto de avaliação psicológica, por meio da entrevista e observação, é possível perceber fatores de qualidade de vida. Por exemplo, durante a entrevista, quando questionada a respeito de atividades físicas, a pessoa diz que realiza ioga e que se sente bem, emocionalmente e socialmente, com tal prática. Observa-se sua satisfação ao falar do exercício e faz-se inferências conjuntas com o avaliando, com a possibilidade de integração de outros métodos de coleta, como a WHOQOL-100 (Dariva & Mendes, 2019).

A resiliência pode ser compreendida como uma conduta que integra o desenvolvimento de qualquer indivíduo e refere-se à maneira como a pessoa percebe e enfrenta as adversidades da vida, considerando o contexto e o tempo em que se está vivendo (Correia, 2022). Um exemplo que pode ser observado e registrado durante a entrevista é quando o entrevistador pergunta como a pessoa se sente e reage quando algo em sua vida não acontece como o esperado ou quando é submetida a uma situação estressante, indicando elementos que a permitem compreender capacidades de resolução de problemas e, em processos interventivos futuros, indicar os aspectos positivos e de adaptação diante de situações análogas. A forma como o sujeito lida com tais situações permitirá a compreensão de aspectos relevantes para a construção do raciocínio e a identificação de características resilientes.

Coping, ou estratégias de enfrentamento, diz respeito à maneira como o sujeito lida com os estressores, seja de forma agressiva, assertiva ou passiva. Nessa perspectiva, são esforços comportamentais e cognitivos que se transformam constantemente a fim de conduzir as demandas internas e externas (Carleto et al., 2019). Uma maneira de compreender as estratégias de enfrentamento do indivíduo por meio da entrevista e observação é pelos roteiros que abordam as reações dele frente a uma situação estressante, que pode ser elaborada justamente no momento da entrevista, por meio das questões que ele traz. Diante desse aspecto, pode-se ainda sugerir o quanto os recursos pessoais e sociais têm eficiência e podem ser revisados como mantenedores de estresse e/ou de melhor qualidade de vida e vivências positivas.

O Bem-estar Subjetivo (BES) pode ser compreendido como uma experiência particular de cada pessoa e refere-se ao porquê e como os indivíduos vivenciam positivamente suas vidas. Nesse sentido, é composto por uma avaliação subjetiva da qualidade de vida (Soares, Gutierrez & Resende, 2020). Por meio da entrevista e observação é possível relacionar com o BES, questionando a pessoa sobre o quão satisfeita ela está com a vida e por quê, visando identificar as estratégias comportamentais, cognitivas, emocionais e sociais do avaliando.

Nesse contexto englobam-se também os afetos, que são construtos constituintes do bem-estar subjetivo, que amparam a maneira como a pessoa olha sua vida e aqueles que a cercam. Assim, se a pessoa percebe mais afetos positivos, a tendência é que ela sinta mais prazer nas atividades cotidianas; em contrapartida, se percebe mais afetos negativos, a tendência é olhar suas práticas e pessoas à sua volta de modo triste e negativo (Alves & Ambiel, 2018).

Um dos instrumentos que avalia tal construto é a Escala de Afetos Positivos e Negativos (Panas) (Zanon et al., 2013). Por meio das técnicas de entrevista e observação é possível atrelar ao instrumento concepções sobre a percepção do entrevistado acerca dos afetos, visando compreender o sentimento mais presente enquanto se realiza atividades diárias/laborais, entre outras.

A satisfação com a vida é um sentimento dinâmico e ligado a múltiplos fatores, como os acontecimentos ao longo do tempo, e também se relaciona com o BES. Nesse âmbito, pode variar de acordo com os diferentes períodos da vida, à medida que novas questões ocorrem. É um construto determinado pela realização e pela satisfação das necessidades, vontades e desejos (Zanon et al., 2013).

A Escala de Satisfação com a Vida (Diener et al., 1985) é outra ferramenta que avalia esse construto e pode trazer dados importantes relacionados a um roteiro de observação e entrevista que visem compreender a satisfação da pessoa mediante questionamentos; por exemplo, se ela está feliz com a sua vida e os motivos, o que auxiliará a compreender sua perspectiva quanto à vida e o que ela leva em consideração para estar realizada.

A autoeficácia é um construto que diz respeito às condutas utilizadas por um indivíduo para lidar com a variedade de situações potencialmente estressantes, imprevisíveis e desconhecidas (Pereira & Silva, 2022). Durante a entrevista, os aspectos da autoeficácia podem se manifestar por meio de perguntas como: "Você costuma atingir a maioria das metas que estabelece para si mesmo?" e "Você consegue um bom desempenho mesmo quando as coisas estão difíceis?" Situações análogas a essa temática também podem ser colocadas ao avaliando com o objetivo de observar sua capacidade de percepção sobre a sua autoeficácia.

A criatividade é um conceito multifacetado e pode ser entendida enquanto um processo, em que o indivíduo, ao perceber falhas em uma determinada ideia, é capaz de formular hipóteses para apresentar soluções inovadoras (Nakano et al., 2011). Um dos instrumentos que avalia a criatividade é o Teste Figural Infantil (Nakano et al., 2011). Por intermédio da entrevista e observação é possível compreender aspectos criativos da pessoa relacionados, também, a sua capacidade de resolução de problemas, flexibilidade de pensamento e originalidade. Ainda, outros recursos como arte e música podem ser incorporados para vislumbrar caminhos possíveis que fazem interlocução com outros recursos positivos do avaliando.

Por fim, o bem-estar espiritual refere-se a uma sensação de bem-estar experienciada quando o indivíduo encontra um propósito de vida e, dessa forma, um significado para o viver (Vale-Dias & Vera, 2020). A Escala de Bem-estar Espiritual (Paloutzian & Ellison, 1982) avalia o construto em questão, que pode ser percebido pelo avaliador com questionamentos sobre seu propósito e significado de vida, identificando a percepção dos afetos da pessoa, tendo em vista que quem experiencia esse tipo de bem-estar tende a nutrir afetos positivos.

Considerando os construtos apresentados, o que buscamos nortear neste capítulo foi identificar os recursos positivos. Dessa maneira, nota-se que os construtos podem ser identificados independentemente, porém, considerando a perspectiva integradora dos processos avaliativos dentro da psicologia, a recomendação é que sejam feitos de modo integrado, respaldados pela ética e pela ciência, visando ao olhar global do indivíduo.

Nesse sentido, elaboramos um caso ilustrativo para melhor compreensão de um processo avaliativo com o objetivo de identificar recursos positivos em uma pessoa.

Caso ilustrativo

Indicação de avaliação

Thereza, 34 anos, classe socioeconômica média, publicitária. Procurou o serviço de avaliação psicológica com queixa inicial de grande angústia e tristeza excessiva, dizendo não ter motivação para viver. Seu trabalho lhe causava muito estresse e em âmbito familiar tinha dificuldades em resolver problemas e conflitos com o marido.

Dados complementares coletados em entrevista inicial e anamnese

- Filha de pais separados, uma irmã de 25 anos.
- Casada com João há quatro anos, sem filhos.

- Exercia a atividade de publicitária em uma empresa do ramo televisivo há três anos. Suas principais atividades envolviam atendimento ao público, atividades comerciais de vendas publicitárias e elaboração de materiais gráficos.

Dados coletados por meio do roteiro de entrevista e olhar observador do avaliador

Thereza buscou o processo de avaliação psicológica devido à grande tristeza e angústia que sentia diariamente. Às vezes, ainda se sentia feliz quando realizava alguma atividade para si mesma ou quando era elogiada. Sua rotina, basicamente, baseava-se no trabalho de *home office*, nos cuidados com a casa e nos encontros com a família, que não estavam ocorrendo mais com tanta frequência.

Adorava assistir televisão, principalmente séries de terror, e residia com o marido e seu cachorro Ozzy. Algumas características como disposição, vontade de mudança, incômodo com a não resolução dos problemas e esperança indicavam elementos de bem-estar subjetivo, que serão abordados mais à frente.

Tinha contato com os familiares, especialmente com o pai e a irmã. Avaliava a relação com os demais como "normal", boa e tranquila. Não os via com tanta frequência desde que se mudara de cidade, exceto a família do pai, que morava em uma cidade próxima. Visitava-os pelo menos uma vez por mês e vice-versa, algo que ocorria

Roteiro de entrevista inicial e observação para identificação de recursos positivos (adaptado pelas autoras de modelo proposto por Scorsolini-Comin et al., 2016)

Identificação
Nome: Data de nascimento: Sexo: Idade:
Queixa
O que te trouxe aqui?
O que está sentindo?
Há quanto tempo se sente assim?
Com que frequência se sente assim?
Quais as demandas associadas à vida do avaliando?
Quais características emocionais, cognitivas e afetivas do avaliando podem indicar elementos de bem-estar subjetivo?
Relações familiares
Tem contato com seus familiares? Se sim, com quais membros têm maior contato?
Como é sua relação com seus familiares? Ocorrem conflitos familiares? Como são?
Ocorrem conflitos familiares que te envolvem? Como você reage?
Como esses conflitos refletem em você?
O que mais lhe deixa irritada, triste e feliz em relação aos seus familiares?

Continua >>

\>> Continuaçao

Relações profissionais
Você estuda, trabalha ou ambos?
Se estuda, qual curso realiza? Se trabalha, trabalha em que área?
Como é seu dia a dia de estudos/trabalho?
Quantas horas por dia você fica na escola/faculdade/trabalho?
Quantas horas por dia dedica-se aos estudos/trabalho?
Como é o ambiente escolar/faculdade/trabalho?
Você gosta do que estuda? E da escola/faculdade? Você gosta de trabalhar nessa área? E nessa empresa/lugar?
Você se sente bem estudando/trabalhando?
Ocorrem conflitos no ambiente de estudo/trabalho? Como lida com os conflitos?
Quais suas maiores dificuldades nesse ambiente? E suas facilidades?
Você se sente feliz e satisfeita no atual trabalho?
O que mudaria no seu ambiente laboral?
Percepção de bem-estar subjetivo e satisfação com a vida
Atualmente, o que você acha que mais a torna feliz?
O quão satisfeita está com a sua vida como um todo?
Sente-se confiante no dia a dia?
Sente-se satisfeita com a maneira que você é hoje?
Sente que sua vida é recompensadora?
Na maioria dos aspectos, sua vida está próxima ao seu ideal? Qual seria seu ideal?
Se pudesse viver sua vida novamente, mudaria algo?
Você acha que o seu bem-estar poderia aumentar? Como?
Até hoje, conseguiu as coisas mais importantes que desejava na vida?
Sente orgulho de si mesma?
Você acredita ser capaz de fazer as coisas tão bem quanto a maioria das pessoas?
Você sente que se respeita?
Você acredita que tem uma atitude positiva em relação a si mesma?
Observações
Diante do que foi abordado nas perguntas, o que foi possível perceber sobre o avaliando? Como demonstra nomear as emoções, identificar pontos positivos nas situações citadas? E os pontos negativos?
Impressões do avaliador
Quais os recursos positivos do avaliando?
Há alguma possibilidade diagnóstica?
Qual o melhor plano de ações a ser traçado visando otimizar os aspectos positivos do avaliando?

com mais frequência quando moravam na mesma cidade.

O pai casou-se novamente, assim como a mãe. Não tinha tanto apreço pela madrasta, mas dizia ter uma relação tranquila e que nunca discutiram. Thereza não tinha mais contato com a mãe desde que ela e seu padrasto comentaram que a sua tristeza era para chamar atenção das pessoas, desvalorizando seus sentimentos. Thereza dizia que começava a chorar nesse momento e eles riam. Decidiu ir embora e não falaram mais disso, como se nunca tivesse acontecido. Isso a incomodava, mas acreditava que não estava errada.

Quando os pais moravam juntos, Thereza se recordava de brigas frequentes, palavras obscenas e comportamento violento da mãe, que fazia uso de antidepressivos. Sobre a família do pai, dizia que raramente ocorriam conflitos. A avalianda comentou que essas discussões que os pais tinham quando ela era criança lhe deixavam muito triste, assim como permitir que sua irmã mais nova vivenciasse tais situações. "Pelo menos ela não estava sozinha", ressaltava. O que mais lhe deixava feliz era saber que poderia contar com o pai para qualquer coisa que precisasse. Em contrapartida, as questões da mãe lhe deixavam muito triste e irritada, pois não conseguia auxiliá-la e, muitas vezes, acabava se machucando em tentativas frustradas.

Estava trabalhando em *home office* para uma empresa de cosméticos, realizando a parte publicitária. Realizava trabalho de edição, propaganda e cuidava da rede social da empresa. Gostava muito de trabalhar nessa área e disse que havia trabalhado no ramo televisivo e que tinha sido a melhor época de sua vida. Nessa empresa, sentia que era desvalorizada, pois raramente precisava estar presente fisicamente, apenas quando a requisitavam.

Quando estava no ambiente de trabalho sentia-se estranha, pois parecia que ninguém a conhecia e muito menos compreendia a importância de seu trabalho na empresa. Sentia-se insatisfeita no atual trabalho. Apesar disso, não costumava ocorrer conflitos nesse âmbito. Sua maior dificuldade no trabalho era lidar com o sentimento de inutilidade e suas facilidades relacionavam-se com a própria realização do trabalho, que, segundo Thereza, era fácil e tranquilo de se realizar.

Durante a entrevista, abordando os aspectos de bem-estar subjetivo, Thereza comentou que sentia muita tristeza e que a única coisa que a deixava feliz era estar com seu cachorro de estimação. Tal tristeza e angústia estava impactando em seu casamento, pois gerava conflitos com os quais tinha dificuldade de lidar. O marido tentava ajudá-la, mas ela sentia muita vontade de ficar sozinha. A avalianda ainda relatou que o parceiro a cobrava com falas do tipo: "Quando você vai dar um jeito na vida? Vai ficar nessa tristeza para sempre?" Thereza, em resposta, chorava e dizia não aguentar mais. Normalmente, ele pedia desculpas e dizia entendê-la, mas logo cobrava novamente.

Dizia não estar satisfeita com a vida em geral, pois sentia que não saía do lugar há muito tempo. Sentia que sua vida não era recompensadora. Thereza dizia que sua vida não estava nem perto de seu ideal, que seria trabalhar em um lugar onde se sentisse prestativa e feliz. Também acreditava que realizar exercícios, mudar sua alimentação e investir em atividades de lazer sozinha, com o marido e a família seria algo que faria muita diferença. Não tinha amigos, disse que já havia sofrido muito e não confiava nas pessoas.

Acreditava que seu bem-estar poderia melhorar, pois, segundo ela, estava negativo. Tinha a intenção de desenvolver a confiança em si mesma e nas pessoas, além de melhorar as relações que já tinha, principalmente com o marido. Por fim, ressaltava não sentir orgulho de si mesma, mas que conhecia esse sentimento, pois já sentira, há alguns anos, quando seu emprego e relacionamentos eram estáveis. Achava ser capaz de fazer as coisas tão bem quanto a maioria das pessoas, mas lhe faltava disposição. Por fim, indicou que tinha uma atitude positiva de si às vezes, pois acreditava que as coisas poderiam melhorar, mas estava ali em busca de ajuda nesse processo.

Observou-se que Thereza apresentava grande tristeza em relação a sua vida. Sentia culpa, angústia e desânimo, e chorava com frequência, inclusive, chorou em alguns momentos da sessão. Além da tristeza, mostrou-se esperançosa nas últimas questões, especialmente quando disse acreditar que as coisas podiam melhorar. Nessa parte, foi o momento em que mais fez contato visual, para falar que sua vida pode melhorar. Quando comentava sobre a constante tristeza, olhava para baixo.

Nesse sentido, nota-se recursos positivos da avalianda como esperança, vontade de ser ajudada e de mudança, disposição e, aparentemente, parecia gostar de desafios, já que menciona que o trabalho atual é fácil até demais, diferente do anterior, em que havia mais demandas e complicações, porém estava satisfeita naquela época.

Parecia ser uma pessoa que precisava de movimento para se satisfazer, como atividades, trabalho e resoluções. Por fim, ressalta-se que o melhor plano a ser tratado, tendo queixa inicial de angústia e tristeza, seria de caminhos e possibilidades para que Thereza pudesse trilhar e desabrochar as capacidades que já tinha, otimizando seus aspectos positivos e seu bem-estar subjetivo.

Indicação de instrumentos para otimização de identificação de recursos positivos de acordo com o caso

O processo de avaliação psicológica com interface na psicologia positiva foi baseado nas técnicas de entrevista semiestruturada e observação e poderiam ser articuladas com a Escala de Afetos Positivos e Negativos (Panas), Escala de Satisfação com a Vida (ESV) e Escala de Autoestima de Rosenberg, dentre outras que possam trazer dados complementares à identificação dos recursos positivos da avalianda. Sugerimos, ainda, a interlocução desses dados com outras fontes fundamentais de informação, como testes psicológicos que avaliem personalidade, inteligência, habilidades cognitivas, aspectos emocionais, entre outros métodos, técnicas e estratégias que viabilizem o olhar global do indivíduo.

Interpretação do caso

Na entrevista, Thereza se mostrou uma pessoa comunicativa, sendo esse um ponto positivo, uma vez que torna mais fácil a comunicação com as pessoas com quem vive e a resolução de problemas. Além disso, demonstrou interesse e expectativa de melhora que, apesar do grande sentimento de tristeza, são grandes aliados para a mudança nos aspectos da vida que lhe angustiam.

Por meio do roteiro de entrevista proposto e direcionado à identificação de recursos positivos, foi possível identificar que Thereza era uma pessoa independente e disposta à mudança, tendo em vista que buscou a avaliação psicológica a fim de compreender melhor o que vinha ocorrendo consigo e o que poderia fazer a respeito.

Nesse sentido, embora apresentasse sentimentos de tristeza, angústia e culpa, também tinha grande potencial, podendo construir, significar e ressignificar aquilo que desejava, o que, em conjunto com um planejamento de intervenção, poderia permitir o desabrochamento de capacidades que lhe trariam bem-estar subjetivo e melhor satisfação com a vida em suas esferas de trabalho e familiar.

O objetivo de apresentar esse caso ilustrativo foi elucidar e dar destaque aos processos iniciais de identificação de recursos positivos e que, o processo como um todo, deve ser seguido buscando, inclusive, identificar outros aspectos, como autoestima, autoeficácia, criatividade e outros construtos abordados neste capítulo, mas que não foram contemplados no caso. Destacamos ainda que, em processos de avaliação psicológica, sugerimos o uso de fontes fundamentais e complementares de informação para embasar tecnicamente e cientificamente a identificação de demandas e de proposições diagnósticas.

Considerações finais

O presente capítulo objetivou abordar como os construtos da psicologia positiva podem ser identificados por meio de técnicas de entrevista e observação, etapas importantes dentro de um processo de avaliação psicológica. Para isso foi necessário elucidar no que concerne à psicologia positiva, a avaliação psicológica e os procedimentos de entrevista e observação, assim como a ligação de tais elementos entre si.

Na sequência, foi apresentado um breve caso ilustrativo, com uma proposta de entrevista e de possibilidade de observação e identificação de recursos positivos, que devem ser considerados com cautela e utilizados, conjuntamente, a demais técnicas e estratégias avaliativas dentro do campo de avaliação psicológica, visando identificar de forma global as potencialidades do indivíduo de acordo com suas demandas.

Indicação de leitura

Hutz, C. S. (org.) (2014). *Avaliação em Psicologia Positiva*. Artmed.

Seligman, M. E. P., & Csikszentmihalyi, M. (2000). Positive psychology: An introduction. *American Psychologist, 55*(1), 5-14. https://doi.org/10.1037/0003-066X.55.1.5

Referências

Alves, B. P., & Ambiel, R. A. M. (2018). Escala de forças de caráter: relações com instrumentos de avaliação de afetos e interesses profissionais. *Estudos Interdisciplinares em Psicologia*, 9(2), 04-20. http://pepsic.bvsalud.org/pdf/eip/v9n2/a02.pdf

Carleto, C. T., Cornélio, M. P. M., Nardelli, G. G., Gaudenci, E. M., Haas, V. J., & Pedrosa, L. A. K. (2019). Saúde e qualidade de vida de universitários da área da saúde. *Revista Família, Ciclos de Vida e Saúde no Contexto Social*, 7(1), 53-64. https://www.redalyc.org/articulo.oa?id=497958150011

Carvalho, B. F., Inocêncio, C. C., Guadagnin, E., Amorim, E., & Vianna, P. V. C. (2021). Instrumento WHOQOL-100 e políticas públicas: avaliação da qualidade de vida da população-alvo de política habitacional. *Saúde e Sociedade*, 30(2), e200324. https://doi.org/10.1590/S0104-12902021200324

Cavalcante, W. Q., & Moreira, M. B. (2022). *O registro de informações em serviços de psicologia: definições, diretrizes, boas práticas e um pequeno experimento*. Instituto Walden4.

Conselho Federal de Psicologia (2013). *Cartilha avaliação psicológica*. Brasília. https://site.cfp.org.br/publicacao/cartilha-avaliacao-psicologica-2013/

Correia, C. H. (2022). Resiliência e coping em casais de famílias em contexto de risco: uma perspectiva do modelo salutogênica. *Revista Ibero-Americana de Humanidades, Ciências e Educação, 8*(3), 167-181. https://doi.org/10.51891/rease.v8i3.4569

Creswell, J. W. (2010). *Projeto de pesquisa: métodos qualitativo, quantitativo e misto*. Artmed.

Dariva, L. F. S., & Mendes, D. L. (2019). Bem-estar, qualidade de vida e regulação emocional: a prática do yoga como terapia complementar. *Revista Científica Perspectiva Ciência e Saúde, 4*(2), 18-49. http://sys.facos.edu.br/ojs/index.php/perspectiva/article/view/438/324

Diener, E., Emmons, R. A., Larsen, R. J., & Griffin, S. (1985). The Satisfaction With Life Scale. *Journal of Personality Assessment, 49*, 71-5. https://www.researchgate.net/publication/7404119_The_Satisfaction_With_Life_Scale

Flick, U. (2009). *Desenho da pesquisa qualitativa*. Artmed.

Gil, A. C. (2010). *Como elaborar projetos de pesquisa*. Atlas,

Hutz, C. S. (2014). *Avaliação em psicologia positiva*. Artmed.

Hutz, C. S. (2016). *Avaliação em psicologia positiva: técnicas e medidas*. Hogrefe.

Hutz, C. S., & Zanon, C. (2011). Revisão da adaptação, validação e normatização da Escala de Autoestima de Rosenberg. *Avaliação Psicológica, 10*, 41-49. http://pepsic.bvsalud.org/pdf/avp/v10n1/v10n1a05.pdf

Nakano, T. C., Wechsler, S. M., & Primi, R. (2011). *Teste de Criatividade Figural Infantil: manual técnico*. Vetor.

Oliveira, K. S., Campos, C. R., & Peixoto, E. M. (2021). Avaliação de multitraços e por multimétodos em crianças e adolescentes. In M. Mansur-Alves, M. Muniz, D. S. Zanini, & M. N. Baptista (orgs.). *Avaliação psicológica na infância e adolescência* (pp. 131-150). Vozes.

Paloutzian, R. F., & Ellison, C. W. (1982). Loneliness, spiritual well-being and the quality of life. In L. A. Peplau, & D. Perlman (orgs.). *Loneliness, a sourcebook of current theory, research and therapy* (pp. 224-237). Wiley.

Pereira, M. D., & Silva, J. P. (2022). Autoeficácia, mindfulness e autocompaixão: possíveis interlocuções a partir da psicologia positiva na educação superior. *Memorandum: Memória e História em Psicologia, 39*. https://doi.org/10.35699/1676-1669.2022.36717

Pires, J. G., Nunes, M. F. O., & Nunes, C. H. S. S. (2015). Instrumentos baseados em psicologia positiva no Brasil: uma revisão sistemática. *Revista Psico-USF, 20*(2), 287-295. https://doi.org/10.1590/1413-82712015200209

Primi, R. (2010). Avaliação psicológica no Brasil: fundamentos, situação atual e direções para o futuro. *Psicologia: Teoria e Pesquisa, 26*, 25-35. https://doi.org/10.1590/S0102-37722010000500003

Primi, R. (2018). Avaliação psicológica no século XXI: de onde viemos e para onde vamos. *Psicologia: Ciência e Profissão, (38)*, 87-97. https://doi.org/10.1590/1982-3703000209814

Reppold, C. T., Pacheco, J., & Gurgel, L. (2016). Resiliência. In C. Hutz (org.). *Avaliação em psicologia positiva: técnicas e medidas* (pp. 153-168). Hogrefe.

Reppold, C. T., D'Azevedo, L. S., Tocchetto, B. S., Diaz, G. B., Kato, S. K., & Hutz, C. S. (2019). Avanços da psicologia positiva no Brasil. *Psicologia para América Latina, (32)*, 133-141. http://pepsic.bvsalud.org/pdf/psilat/n32/a05n32.pdf

Resolução n. 31, de 15 de dezembro de 2022. Estabelece diretrizes para a realização de Avaliação Psicológica no exercício profissional da psicóloga e do psicólogo, regulamenta o Sistema de Avaliação de Testes Psicológicos (SATEPSI) e revoga a Resolução CFP n. 09/2018. Brasília, DF: Conselho Federal de Psicologia. https://atosoficiais.com.br/cfp/resolucaodo-exercicio-profissional-n-31-2022-estabelece-diretrizes-para-a-realizacao-de-avaliacao-psicologicano-exercicio-profissional-da-psicologa-e-do-psicologo-regulamenta-o-sistema-de-avaliacao-de-testespsicologicossatepsi-e-revoga-a-resolucao-cfp-no-09-2018?origin=instituicao

Richardson, R. J. (2010). *Pesquisa social: métodos e técnicas*. Atlas.

Rueda, F. J. M., & Zanini, D. S. (2018). O que muda com a Resolução CFP n. 09/2018? *Psicologia: Ciência e Profissão, 38*, 16-27. https://doi.org/10.1590/1982-3703000208893

Sapienza, G., & Pedromônico, M. R. M. (2005). Risco, proteção e resiliência no desenvolvimento da criança e do adolescente. *Psicologia em Estudo*, *10*(2), 209-216. https://doi.org/10.1590/S1413-73722005000200007

Seligman, M. E. P. (2011). O que é bem-estar? In Seligman, M. E. P. *Florescer*. Objetiva.

Scorsolini-Comin, F., Fontaine, A. M. F. V., Barroso, S. M., & Santos, M. A. (2016). Fatores associados ao bem-estar subjetivo em pessoas casadas e solteiras. *Estudos de Psicologia*, *33*(2), 313-324. https://doi.org/10.1590/1982-02752016000200013

Simões, Â. S. L., & Sapeta, A. P. G. A. (2018). Entrevista e observação: instrumentos científicos em investigação qualitativa. *Investigación Cualitativa*, *3*(1), 43-57. https://repositorio.ipcb.pt/handle/10400.11/6160?mode=full

Soares, A. F., Gutierrez, D. M. D., & Resende, G. C. (2020). A satisfação com a vida, o bem-estar subjetivo e o bem-estar psicológico em estudos com pessoas idosas. *GIGAPP Estudios Working Papers*, *7*(150-165), 275-291. https://www.gigapp.org/ewp/index.php/GIGAPP-EWP/article/view/186

Souza, M. T. S., & Cerveny, C. M. O. (2006). Resiliência psicológica: revisão de literatura e análise de produção científica. *Revista Interamericana de Psicologia*, *40*(1), 119-126. http://pepsic.bvsalud.org/pdf/rip/v40n1/v40n1a13.pdf

Vale-Dias, M. D. L. V., & Vera, J. S. A. S. (2020). Sentido de vida, bem-estar subjetivo e bem-estar espiritual em jovens portugueses e brasileiros. *Revista INFAD de Psicología. International Journal of Developmental and Educational Psychology*, *2*(1), 321-332. https://estudogeral.uc.pt/handle/10316/85423

Wechsler, S. M., Hutz, C. S., & Primi, R. (2019). O desenvolvimento da avaliação psicológica no Brasil: avanços históricos e desafios. *Avaliação Psicológica: Interamerican Journal of Psychological Assessment*, *18*(2), 121-128. http://pepsic.bvsalud.org/pdf/avp/v18n2/03.pdf

Zanon, C., Bastianello, M. R., Pacico, J. C., & Hutz, C. S. (2013). Desenvolvimento e validação de uma escala de afetos positivos e negativos. *Revista Psico-USF*, *18*(2), 193-201. https://doi.org/10.1590/S1413-82712013000200003

Zanon, C., Bardagi, M. P., Layous, K., & Hutz, C. S. (2013). Validation of the Satisfaction with Life Scale to brazilians: evidences of measurement noninvariance across Brazil and US. *Social Indicators Research*, *114*, 1-11. https://doi.org/10.1007/s11205-013-0478-5

Avaliação de indicadores positivos por meio de métodos projetivos

Ana Cristina Resende
Lucila Moraes Cardoso

> *Highlights*
> 1. Não há nada intrínseco nos métodos projetivos que apoie mais as interpretações patológicas do que as saudáveis.
> 2. Com pesquisas será possível obter recomendações específicas de tratamento baseado num perfil de esperança, resiliência e inteligência emocional no Rorschach.
> 3. Lançar um olhar positivo para os indicadores dos métodos projetivos depende da *expertise* e do manejo clínico dos psicólogos.

Este capítulo destaca os métodos projetivos como instrumentos científicos que têm suas origens em uma prática clínica focada em investigar o que está "errado" no funcionamento psicológico das pessoas, como também com um grande potencial de acessar conflitos menos conscientes, que podem gerar formas de pensar, sentir e agir pouco ajustadas, ou estar na origem de psicopatologias mais graves. No entanto, não há nada intrínseco nos métodos projetivos que apoiam mais as interpretações negativas ou patológicas do que as positivas e saudáveis.

Nesse sentido, as autoras incentivam os avaliadores que utilizam métodos projetivos a direcionarem seus olhares para uma avaliação psicológica positiva. Ou seja, de acordo com Gallagher et al. (2019), o foco primordial dessa avaliação positiva são os pontos fortes, como uma forma de gerenciar, educar ou aconselhar melhor os nossos clientes, pois a avaliação psicológica nessa vertente propicia mais descobertas sobre os processos saudáveis e a realização humana. Segundo os autores, no centro da busca por "fazer a diferença" estão as descobertas sobre o que há de melhor em todos nós.

Métodos projetivos: definição e tradição

Os métodos projetivos consistem em instrumentos psicológicos de avaliação de personalidade, por meio dos quais a pessoa é solicitada a responder a um conjunto de estímulos ambíguos ou pouco estruturados e, assim, externalizar características de sua personalidade nessas respostas. Em geral, os métodos projetivos parecem ser mais úteis para ajudar as psicólogas e os psicólogos a obterem uma imagem mais profunda dos conflitos, e recursos psicológicos eficientes que a pessoa dispõe para lidar com as demandas de sua vida (Eby, 2021).

Só para citar alguns métodos projetivos, um dos mais estudados é o Teste de Manchas de Tinta de Rorschach, em que a pessoa é solicitada a dizer com o que cada uma das dez manchas de tinta se parece e, em seguida, quais características perceptuais a fazem parecer dessa maneira. Todas essas informações são codificadas por meio de mais de 50 códigos, que geram um relatório a respeito da forma de pensar, sentir e agir do respondente.

Outro método é o Teste de Apercepção Temática (TAT), um exercício de contar histórias no qual a pessoa responde com uma narrativa a uma série de imagens ambíguas em preto e branco, mas às vezes altamente carregadas, representando interações humanas.

Há também o Teste do Desenho da Casa-Árvore-Pessoa (HTP), em que o examinando é solicitado a realizar esses desenhos e a responder a uma série de perguntas por intermédio de um questionário semiestruturados sobre a atividade realizada, bem como vários aspectos dos desenhos são analisados, tais como: dimensão, localização, tipo de traços, pressão, tempo e sequência de execução, movimento e sombreado.

Têm-se outros tipos de métodos projetivos, como o Teste das Pirâmides Coloridas de Pfister (TPC) e o Teste de Fotos Profissões (BBT-Br). No TPC a pessoa é solicitada a montar três pirâmides seguindo um esquema desenhado em um papel, com 1.200 quadrículos que têm 24 matizes diferentes de 10 cores. Para avaliar os aspectos da maturidade afetiva e cognitiva dos respondentes são considerados: a constância ou a variação das cores e matizes ao longo das três pirâmides, os aspectos formais, o modo de colocação dos quadrículos e o processo de execução das pirâmides.

Por sua vez, o BBT-Br consiste em um método composto por 96 fotos. Em cada foto há a representação de uma atividade profissional sendo realizada no ambiente de trabalho usual, de modo que em todas elas constam: as atividades realizadas pelo personagem da foto; os instrumentos usados na tarefa; os objetos envolvidos na ação; o ambiente em que se realiza a atividade e os objetivos que se pretendem alcançar (Noce et al., 2008). A tarefa do examinando consiste em selecionar os cartões com atividades de seu interesse (escolhas positivas) e as de rejeição (escolhas negativas), organizando os estímulos conforme as prioridades motivacionais em positivas (negativas as de escolhas consideradas neutras).

De acordo com Piotrowski (2022), apesar das críticas contínuas em relação à credibilidade psicométrica dos métodos projetivos na literatura acadêmica, evidências recentes indicam que há décadas são considerados parte integrante dos métodos aceitáveis usados ou aplicados em pesquisas. Exemplos da importância dos métodos projetivos em psicologia clínica, aplicados ao processo de avaliação de saúde mental, são as publicações de Villemor-Amaral et al. (2022), Weiner e Kleiger (2021) e Yalof e Bram (2021). Em relação ao uso de métodos projetivos de desenhos na prática clínica, nota-se um interesse profissional contínuo na avaliação projetiva.

Piotrowski (2022) destaca que dados mais recentes sobre o uso de uma variedade de métodos projetivos por psicólogas e psicólogos foram relatados em uma dissertação sobre as práticas atuais de avaliação no contexto como auxílio na terapia (Hanigan, 2021). Dos 293 entrevistados, 29% estavam envolvidos em avaliações por mais de 20 horas/semana. Além disso, 55% desses praticantes usavam, pelo menos, um método projetivo.

No geral, a presença contínua de medidas projetivas na literatura de pesquisa, a introdução de uma série de novas técnicas projetivas nos últimos anos e os dados de pesquisas contemporâneas sobre o uso de testes confirmam o fato de que os métodos projetivos continuam sendo uma parte significativa do arsenal de avaliação de habilidades mentais.

Tradicionalmente, o foco dado aos métodos projetivos está em diagnosticar patologias subjacentes para que possam ser trabalhadas em psicoterapia, por exemplo. Mais precisamente, a ênfase está em abordar o que está "errado" na forma de pensar, sentir e agir da pessoa, visando aliviar os sintomas, atenuar as suas preocupações ou orientá-la em como mudar, superar e ressignificar a forma pouco ajustada de lidar com as questões abordadas na avaliação.

Entretanto, para realizar as tarefas dos métodos projetivos, seja para dizer com que as manchas de tintas se parecem, contar histórias, fazer desenhos, preencher esquemas de pirâmides com quadrículos coloridos ou escolher fotos que mais lhe interessam, o examinando atenta-se para as partes dos estímulos, gera uma impressão sobre informações perceptivas deles, tais como o formato e a cor, e, a partir disso, faz uma associação entre suas impressões e o que conhece do objeto.

Ao tratar especificamente desse processo no método de Rorschach, o material serve como estímulo à estruturação cognitiva e o examinando utiliza-se dos processos de atenção, percepção, tomada de decisão e análise lógica para produzir a resposta. Além disso, o método tem sido historicamente reconhecido por possibilitar gerar informações sobre os conteúdos subjacentes da personalidade e o modo como o indivíduo relaciona-se com seu contexto de vida (Resende et al., 2022).

Estudos na área das neurociências permitem relacionar quais regiões cerebrais estão envolvidas na resolução das tarefas dos métodos projetivos. Para responder a esses instrumentos, o respondente acessa em parte o hemisfério direito e o funcionamento cerebral subcortical (Finn, 2012), a área do sistema límbico e estruturas, como as amígdalas, e os neurônios-espelhos no lóbulo parietal (superior e inferior) e na parte dorsal do córtex pré-motor (Giromini et al., 2016), em que as sequelas emocionais negativas provenientes de traumas normalmente ficam registradas.

Logo, os métodos projetivos favorecem o acesso às informações que os respondentes não podem relatar diretamente por meio da linguagem, pois frequentemente estão mais dissociadas, mais carregadas de afetos ambíguos e mais facilmente acessíveis por intermédio de imagens e desenhos que evocam lembranças autobiográficas traumáticas ou "não superadas".

Esse foco dos métodos projetivos nos aspectos menos ajustados, ou nas psicopatologias, de acordo com Meyer et al. (2017), também é herança da tradição médica clínica, na qual as pessoas procuram o profissional para saber o que está errado com elas. Ainda assim, não há nada intrínseco nos testes projetivos que apoie mais as interpretações negativas ou patológicas do que as positivas e saudáveis.

Conforme os autores, a avaliação psicológica essencialmente deve dar ao cliente respostas cientificamente fundamentadas e úteis dos resultados da avaliação. Nesse sentido, é importante fazer um esforço em gerar interpretações baseadas em pontos fortes ou positivos de cada cliente, minimamente em quantidades semelhantes às inferências em relação aos pontos fracos ou patológicos.

Por anos, a psicologia preocupou-se em investigar patologias, negligenciando os aspectos saudáveis dos seres humanos (Paludo & Koller,

2007), e na área da avaliação psicológica não foi diferente. Contudo, estimulada por evidências que mostram que abordagens e práticas psicológicas positivas não apenas promovem o florescimento, mas também ajudam a reduzir doenças mentais, manter a saúde mental e fortalecer os recursos e capacidades psicológicas (Waters et al., 2022), a vertente das pesquisas em avaliação psicológica positiva também começou a se desenvolver (Gallagher et al., 2019; Hutz, 2016), afinal, são necessários instrumentos, métodos e técnicas de avaliação para que a área possa avançar. Assim, os estudos têm demonstrado a importância de avaliar os pontos fortes das pessoas como uma forma de gerenciar, educar ou de aconselhá-las melhor, pois propicia mais descobertas sobre processos saudáveis e realização humana.

Segundo a Psicologia Positiva, o conhecimento das forças e virtudes pode propiciar o "florescimento" (*flourishing*) das pessoas, isto é, potencializar o estado no qual as pessoas sentem emoções positivas pela vida, apresentando um bom funcionamento emocional e social, e não têm problemas relacionados à saúde mental. Para Seligman (2003, como citado em Paludo & Koller, 2007), há três importantes pilares para a investigação nessa perspectiva: 1) a experiência subjetiva; 2) as características individuais, ou seja, forças pessoais e virtudes; 3) as instituições e as comunidades. Especificamente no que se refere às características individuais, haveria, dentre outros enfoques, um direcionamento para a compreensão das capacidades para o afeto.

Os métodos projetivos são reconhecidos por possibilitarem gerar informações sobre a afetividade por meio do uso das cores. Ao tratar do termo "afetividade", consideram-se as emoções, os afetos e os sentimentos de prazer e desprazer (Villemor-Amaral & Yazigi, 2022). Portanto, o pressuposto usual da relação entre cores e emoção nos métodos projetivos abarca características positivas para além da visão usual, ou seja, de que esses métodos expressariam tão somente aspectos menos saudáveis da personalidade.

Ao publicar o livro *Psychodiagnostics*, em 1921, Rorschach usou a ideia de que estímulos coloridos revelam características de personalidade relacionadas à afetividade. Embora a relação entre cor e afeto tenha sido estabelecida, pela primeira vez, no campo da avaliação psicológica, sem nenhuma formulação teórica sobre o assunto, alguns estudiosos não deram credibilidade à lógica até então expressa, e outros assumiram a existência de associações culturalmente estabelecidas entre cores e afetividade. Essa relação foi mais bem-fundamentada a partir de medidas fisiológicas, como frequência cardíaca, *gunshot residue* (GSR), piscar de olhos, pressão arterial e alterações no eletroencefalograma (EEG).

No trabalho com os métodos projetivos, essa relação entre cor e afetividade foi reforçada pela inclusão da versão cromática no HTP por Buck e pelas contribuições posteriores de Hammer sobre o fato de os desenhos coloridos feitos com giz de cera expressarem as reações e a tolerância da pessoa avaliada a estímulos emocionais, revelando camadas mais profundas da personalidade. Anos depois, as publicações do livro *Teste das cores de Lücher* e do TPC também partiram dos pressupostos de que a percepção das cores está diretamente relacionada à afetividade (Villemor-Amaral & Yazigi, 2022).

Outros métodos projetivos, como o TAT e o BBT-Br, não trabalham com o pressuposto da relação entre cor e afeto, e os estímulos dos dois testes são compostos por cartões acromáticos. Nos cartões do TAT, por exemplo, há situações de interação humana, paisagens ou figuras abstratas. A estruturação e a sequência de apresentação dos estímulos no TAT permitem espaços de elaboração dos conflitos vivenciados. Podemos citar o caso da cliente Amarilis (nome fictício), que durante um processo de avaliação terapêutica relatou o conflito intenso que envolvia a escolha entre permanecer morando com seu esposo e filhos numa cidade do Nordeste, que ela não gostava, ou voltar a morar com sua mãe na cidade onde nasceu, na região Sudeste, como ela disse, "deixando para trás" a família que havia constituído. Ao deparar-se com a prancha número 16, em branco, do TAT, Amarilis deu uma gargalhada e seguiu com a tarefa dizendo:

> Jura? Ahahah. Eu falei para você que eu tinha pouca imaginação. Vamos dizer que isso seja uma nova fase que estou querendo iniciar na minha vida. Querendo apagar as mágoas do passado e querendo fazer um desenho novo, com cores bonitas, vivas e alegres. Retomar as coisas que eu deixei para trás. O meu relacionamento está afetado, resgatar a minha filha, me sentir mais feliz. Isso aqui é uma tela em branco que eu quero desenhar, uma página em branco que eu quero reescrever de uma forma muito mais feliz. [E: Como você vai fazer isso?] Tentando... é... desatar os nós das questões que estão pendentes na minha vida. Cada uma delas, a questão da Phipa (nome fictício), minha relação matrimonial, a chegada da maturidade. Isso também afeta a gente, né [sic]? Os filhos vão ficando adultos e também fazem a gente pensar, né [sic]? Meu trabalho, né [sic]? Meu trabalho sempre foi minha terapia, nem digo nada, não vejo a hora de começar as minhas aulas. [E: Se você pudesse imaginar uma cena acontecendo nessa tela em branco, como você imaginaria?] Ah! Se fosse para eu colocar uma cena aqui, minha família reunida, minha família toda abraçada, de mãos juntas, juntos tentando superar todas as suas dificuldades; eu, Phipa, todos unidos em um abraço único, bem juntinhos, tentando superar todas as nossas dificuldades [...]. Meu periquito também, viu? Ia estar aqui (Amarilis, sessão de aplicação do TAT, 28 de janeiro de 2020).

No discurso de Amarilis foi possível identificar o desejo da cliente de permanecer com a sua família. A partir do estímulo, ela conseguiu, pela primeira vez nos atendimentos, imaginar um final feliz com a família.

Em outros métodos, como o BBT-Br, essa perspectiva focada em aspectos positivos fica ainda mais evidente na própria proposta do teste. O BBT ganhou projeção em processos de orientação profissional e de carreira, e também passou a ser um campo favorecedor para as diversas escolhas de vida (Melo-Silva et al., 2016).

De modo sintético, Pasian e Okino (2018) explicam que o BBT-Br permite compreender as inclinações motivacionais do examinando, fornecendo informações sobre áreas de interesse e de rejeição pessoal, favorecendo, igualmente, a autorreflexão e o conhecimento sobre as necessidades internas em um determinado momento do desenvolvimento e do contexto sociocultural de vida.

Nesse sentido, a ênfase do próximo tópico está em explicitar uma série de indicadores positivos que podem ser avaliados por meio de alguns métodos projetivos, mais especificamente no Teste de Rorschach e no TPC. Contudo, há a necessidade de se investigar o quanto esses indicadores dos métodos projetivos estão relacionados ou complementam a compreensão dos mais variados construtos que se busca investigar nas medidas de avaliação psicológica positiva (p. ex., gratidão, inteligência emocional, resiliência, compaixão, engajamento, coragem, humildade, bem-estar, satisfação com a vida, felicidade e criatividade), de modo a aumentar a credibilidade desses construtos e do nosso conhecimento, além do impacto da psicologia positiva e do uso dos métodos projetivos.

Avaliação de indicadores positivos por meio do Rorschach

O Teste de Rorschach é um dos métodos projetivos de avaliação de personalidade mais pesquisados e utilizados em diferentes países, entre eles o Brasil. Para constatar isso, basta uma breve pesquisa no portal periódico da Coordenação de Aperfeiçoamento de Pessoal de Nível Superior (Capes), inserindo os nomes dos métodos projetivos individualmente. A quantidade de estudos com o Rorschach tende a ser aproximadamente três vezes maior do que qualquer outro método projetivo.

Considerando mais especificamente o Rorschach no Sistema de Avaliação por Performance (R-PAS), nota-se que, ao total, são 60 os índices com evidências de validade mais robustas, atingindo valores cientificamente aceitáveis (Mihura et al., 2013), sendo 40 deles relacionados aos aspectos positivos do funcionamento da personalidade.

A seguir são descritos os possíveis significados positivos dessas variáveis do teste e, posteriormente, será descrito um estudo em que os autores desenvolveram um índice de esperança utilizando seis variáveis do Rorschach.

Com base em seis dessas variáveis de Rorschach, considerando o Sistema Compreensivo (SC), Scioli et al. (2018) desenvolveram uma medida de esperança (State Hope Index), com base no conceito de esperança fundamental, um construto que tende a ampliar a visão da realidade. Desse modo, os autores incluíram aspectos de percepções interpessoais (apego), recursos de enfrentamento (sobrevivência) e engajamento em metas (domínio).

Em relação aos aspectos interpessoais no teste, as variáveis selecionadas para compor o índice foram GHR e COP, por meio das quais se observa o grau em que as representações objetais podem ser mais ou menos saudáveis. A variável GHR aponta as percepções humanas positivas e benignas, típicas de pessoas mais positivamente conectadas aos outros e que transmitem confiança nas interações interpessoais. Mediante o COP, observam-se as percepções de interações de solicitude e cooperação entre as pessoas, e a vontade de participar de tais interações.

Quanto aos recursos de enfrentamento (sobrevivência), as variáveis do Rorschach selecionadas foram "Nota D" (ou MC-PPD em Meyer et al. [2017]) e as variáveis "a" e "p". A variável "Nota D" revela a atual competência de gerenciamento do estresse e autorregulação adequada, o que sugere uma visão positiva de si mesmo como uma pessoa capaz e resiliente. As variáveis "a" e "p" despontam a flexibilidade do pensamento e a capacidade de reavaliar a sua postura com base em novas informações. Assim, por meio dessas variáveis notam-se formas de enfrentamento das situações de modo mais deliberado e direto, como também estratégias de enfrentamento mais indiretas ou evitativas, buscando administrar as frustrações na fantasia, sendo essas últimas mais adaptativas para o manejo em curto prazo de situações nas quais uma pessoa seria incapaz de exercer muita ação direta de controle do estresse.

Sobre o engajamento em metas, Scioli et al. (2018) utilizaram-se das variáveis W:M e ZSum,

Quadro 1
As 40 variáveis do R-PAS relacionadas aos indicadores positivos

N.	Variáveis	Aspecto avaliado
1	CT	Relacionada à curiosidade intelectual, à flexibilidade para ver as coisas de diferentes ângulos e à independência.
2	Complexidade (*Complexity*)	Referente à criatividade, à abertura a experiências, modos sofisticados e mais flexíveis de pensar e solucionar problemas.
3	R	Motivação e capacidade de produtividade mental.
4	F%	Relacionada à capacidade de simplificar as coisas e dar respostas rápidas para as demandas diárias da vida.
5	*Blend*	Capacidade de integrar recursos psicológicos diferentes para tomar decisões e solucionar problemas mais complexos.
6	Sy	Capacidade de captar e organizar as informações com facilidade e eficiência.
7	MC	Recursos psicológicos eficientes para administrar as demandas estressantes da vida.
8	MC-PPD	Observa se os recursos eficientes são suficientes para administrar o estresse subjetivamente sentido. Revela se há uma autorregulação adequada. Pode revelar uma visão positiva de si mesmo como uma pessoa capaz e resiliente.
9	M	Capacidade de refletir e usar a imaginação para elaborar as experiências; representa um tipo de processo de mentalização que contribui para a capacidade de empatia e o senso de responsabilidade pessoal ativa.
10	M/MC	Avalia o grau em que decisões e ações são influenciadas por deliberação meticulosa e mentalização (M) *versus* reatividade espontânea, vitalidade e expressividade emocional (WSumC).
11	(CF+C)/SumC	Espontaneidade e calor nas trocas afetivas.
12	FQo%	Contato com a realidade, capacidade de entender as consequências dos seus atos, de discernir os comportamentos mais adequados.
13	P	Bom-senso, capacidade de entender as normas para uma boa convivência em grupo.
14	YTVC'	Sensibilidade para processar as informações.

pois refletem o grau de investimento psicológico em conquistas (Exner, 2003). O W:M consiste em um índice de aspiração que contrasta o nível de esforço perceptivo (W) com as capacidades funcionais necessárias para as atividades orientadas à realização (M). Ou seja, o W:M avalia o quanto a ambição intelectual (W) está de acordo com a sua capacidade criadora, com a sua determinação e com os seus recursos eficientes disponíveis para lidar com a vida (M). Por sua vez, a pontuação ZSum (ou Sy) revela até que ponto uma pessoa está motivada e é capaz de captar e organizar as informações com facilidade e eficiência.

Após várias análises para demonstrar a validade das variáveis do Rorschach para avaliar aspectos da esperança e desenvolver um índice de esperança com essas variáveis, Scioli et al. (2018) aplicaram retrospectivamente o índice de esperança a um caso de suicídio. Tratava-se de um rapaz de 21 anos, que foi internado em uma clínica psiquiátrica após tentativa de suicídio pulando de uma ponte.

O jovem tinha níveis de inteligência alta e um histórico de sucesso acadêmico. Desde o seu nascimento, ele presenciou diversos conflitos familiares. Era filho de um pai alcoolista, que abusava fisicamente da mãe, que, por sua vez, apre-

Quadro 2
As 40 variáveis do R-PAS relacionadas aos indicadores positivos

N.	Variáveis	Aspecto avaliado
15	M	Maturidade para perceber as pressões do ambiente.
16	SR	Medida implícita do comportamento de busca de independência, perspectiva inventiva ou criativa e capacidade de se opor.
17	GHR	Capacidade de estabelecer relacionamentos prazerosos e livres de confusões.
18	AGC	Capacidade de autoproteção.
19	H	Capacidade de ver as pessoas de modo mais realista, multifacetadas e integradas.
20	COP	Capacidade de interações solícitas, cooperativas e agradáveis.
21	MAH	Potencial para relações interpessoais mais maduras e saudáveis. Reflete um padrão positivo de ver relacionamentos.
22	W%	Capacidade de abstração, de generalização e de visão de contextos.
23	Dd%	Capacidade de perceber detalhes que passam despercebidos pela maioria das pessoas.
24	SI	Indica tipicamente esforço cognitivo para integrar figura e fundo, pensamentos mais complexos e criativos.
25	IntCont	Uso da intelectualização como defesa contra desentendimento ou angústia emocional ou social.
26	V	Capacidade de captar sutilezas, perceber perspectivas diferentes, ganhar distanciamento ou ver através das coisas.
27	FD	Capacidade de perceber as coisas sob diferentes ângulos.
28	R8910%	Reflete uma responsividade geral a estímulos empolgantes ou vibrantes, engajamento afetivo.
29	WSumC	Capacidade de vibrar com os acontecimentos, de expressar afetos e sentimentos, bem como de acolher os sentimentos dos outros.
30	Mp/(Ma+Mp)	Disposição para sonhar, desejar, planejar e esperar.
31	FQu%	Modos não convencionais de interpretar experiências, mas nem por isso consistem em interpretações equivocadas. Também se relaciona à criatividade.
32	PPD	Refere-se a uma sensibilidade ou sintonia ambiental.

Quadro 3
As 40 variáveis do R-PAS relacionadas aos indicadores positivos

N.	Variáveis	Aspecto avaliado
33	SumH	Reflete a autoconsciência e o interesse pelo que as pessoas fazem, falam e sentem.
34	NPH/SumH	Capacidade de fantasiar e estabelecer relacionamentos mais lúdicos.
35	V-Comp	Capacidade de se manter vigilante diante de ameaças do ambiente.
36	R	Capacidade de usar a si próprio como referência ao processar informações.
37	p/(a+p)	Avalia a flexibilidade do pensamento, a capacidade de reavaliar a sua postura com base em novas informações.
38	AGM	Atitudes assertivas.
39	T	Capacidade de estabelecer relacionamentos mais próximos e íntimos.
40	GHR	Predisposição para estabelecer relações interpessoais efetivas, adaptativas, livres de confusões, positivas e benignas.

sentava graves transtornos mentais. Após a separação dos pais, quando tinha 3 anos de idade, ele foi criado por outros familiares próximos.

O estado de saúde mental do rapaz foi reavaliado após cinco semanas de internação por meio do Teste de Rorschach, bem como pelo Inventário Multifásico Minnesota de Personalidade (MMPI), um teste de conclusão de sentença e vários desenhos projetivos. Tanto no MMPI quanto no Teste de Rorschach, vários índices estavam dentro do que seriam esperados para pessoas de grupos não clínicos. Mais especificamente sobre o Rorschach, tanto o índice de depressão quanto o índice de suicídio estavam dentro dos limites dos padrões normativos. Como os resultados indicaram uma melhora de seu quadro, a equipe o liberou para um final de semana fora da clínica. O paciente, então, morreu por suicídio após pular da mesma ponte em que foi detido inicialmente. E esse protocolo de Rorschach foi apresentado como um exemplo de falso negativo. E a principal variável-chave para entender a falha na previsão do suicídio foi o Lambda alto (L = 1,2), que indica uma forma de responder o teste de modo superficial e simplista, o que também foi corroborado pelo MMPI.

Ao terem acesso ao protocolo de Rorschach, os autores calcularam o índice de esperança, o que revelou um quadro clínico ameaçador. O protocolo recebeu uma pontuação "2" (máximo = 6). A pessoa avaliada caiu abaixo do ponto de corte em quatro das seis variáveis usadas para o cálculo do índice de esperança. As pontuações (= 2) do jovem estavam relacionadas ao aspecto de engajamento em metas, o que seria esperado para um jovem com níveis de inteligência altos e com histórico de sucesso acadêmico, mas com fracasso nas relações interpessoais (apego) e quanto aos recursos de enfrentamento (domínio).

É importante destacar que o índice de esperança (pontuação total, 0 – 6) mostrou pouca sobreposição com o índice de depressão (Depi, 0 – 7), ou a Constelação de Suicídio (Scon, 0 – 12). Em ambos os casos, o grau de variância compartilhada foi inferior a 3%. O índice de esperança inclui aspectos de apego saudável (relacionamento interpessoais), domínio (recursos de enfrentamento) e esperança de sobrevivência (engajamento em metas). Por outro lado, o Depi e o Scon colocam um peso maior na presença da dor psíquica (6/7 marcadores para Depi e 6/12 para Scon).

Nos casos do suicídio, a literatura clínica tem apontado que os pensamentos suicidas variam substancialmente em curtos períodos e que as flutuações desses pensamentos podem ocorrer em um período de horas e/ou dias (Exner, 2003; Lucht et al., 2022; van Ballegooijen et al., 2022). Logo, de acordo com Scioli et al. (2018), colocar muita ênfase na dor psíquica ao avaliar a depressão e o suicídio não apenas ignora outras dimensões críticas da esperança, mas coloca o examinador no difícil papel de tentar capturar uma janela fugaz de turbulência que está alternadamente aglutinando-se e dissolvendo-se, às vezes em questão de dias, se não de horas.

Os autores também questionam a longa tradição de os psicólogos colocarem o engajamento em metas ou os investimentos psicológicos em conquistas no centro de suas abordagens à esperança. Sugerem, ainda, que em algum momento a espiritualidade deverá ser um fator no processo de avaliação da esperança no Rorschach, pois acreditam que ela reforça as necessidades subjacentes atendidas pela esperança. Com isso em mente, um algoritmo de pontuação para espiritualidade pode incluir contagens de respostas boas ou ruins também relacionadas à presença da espiritualidade. A pesquisa poderia, inclusive, revelar se todos os dez cartões seriam necessários para provocar associações religiosas ou espirituais, ou se um subconjunto selecionado seria suficiente.

Por exemplo, uma estratégia que poderia ser adotada num procedimento de aplicação qualitativo-associativo do Rorschach, após a aplicação padronizada, para capturar essa dimensão espiritual, seria dizer ao avaliado que algumas pessoas veem símbolos religiosos ou espirituais ao olhar para os cartões, e convidá-lo a examiná-los uma outra vez, e ver se nota algum símbolo ou objeto religioso ou espiritual.

Outros usos potenciais do índice de esperança estão em avaliar o bem-estar de idosos e jovens em situação de risco, de pessoas que fazem uso abusivo de substâncias e outras pessoas com várias formas de doenças mentais debilitantes. Além disso, os profissionais de saúde que cuidam de indivíduos com uma doença física com risco de vida e precisam ajudá-los a suportar regimes médicos dolorosos e intervenções arriscadas sem garantia de sucesso, também devem estar cientes do declínio da esperança e inserir a avaliação desse construto em suas avaliações (Scioli et al., 2018).

Além dos estudos sobre a esperança no Rorschach, foram encontradas outras duas pesquisas que investigam construtos normalmente investigados em psicologia positiva (resiliência e inteligência emocional), considerando os últimos seis anos (2017-2022), embora os autores não façam alusão a essa vertente da psicologia nem estudem os efeitos da positividade.

Um deles foi um estudo qualitativo clínico sobre a capacidade de resiliência, explorando os aspectos da autorrepresentação e da mentalização, em sete adolescentes, entre 13 e 15 anos de idade, que, por situações familiares adversas, tiveram que ser abrigados em um lar infantil de caráter social, na França, com o Rorschach aplicado de acordo com a Escola Francesa (Demogeot & Lighezzolo-Alnot, 2020). Os resultados apontaram que quatro dos sete adolescentes pareciam trilhar uma trajetória resiliente.

Os autores destacam que os vários índices do teste foram considerados numa leitura articulada e integrada entre eles (autorrepresentação e autounidade: a quantidade de respostas inteiras e fragmentadas no teste, bem como o tipo de localização dada aos cartões V e X; mentalização e espaço imaginário rico: C ponderada, K, k, F%, F+%, TRI, A%, índice de elaboração simbólica das respostas fálicas agressivas).

Outro estudo comparou as pontuações de dois testes de desempenho: o Rorschach (R-PAS) e o Teste Computadorizado de Percepção de Emoções Primárias (PEP) para percepção e compreensão emocional, que são dois ramos da inteligência emocional (Miguel et al., 2017). Participaram 93 brasileiros, entre graduandos e pacientes ambulatoriais de hospitais psiquiátricos.

Correlações significativas foram encontradas, variando de 0,20 a 0,37. Os resultados indicaram que a capacidade de perceber expressões emocionais no rosto das pessoas está relacionada à empatia e ao interesse na interação humana (M, MC, SumH, T), atenção aos detalhes (Dd%), pensamento integrativo e processamento cognitivo complexo (SI, *blend*, *complexity*). Distorção na percepção emocional, isto é, perceber emoções que não estavam presentes, correlacionou-se com distúrbios de pensamento e percepção (EII-3, TP-Comp, WSumCog, SevCog, FQ-%).

Com certeza há a necessidade de pesquisas adicionais que comparem resultados de instrumentos de autorrelato e sinais comportamentais externos de construtos positivos com os índices do Rorschach, bem como comparar esses índices com outros indícios positivos em diferentes métodos projetivos, como o TCP e o TAT.

Com mais pesquisas pode ser possível gerar recomendações específicas de tratamento com base em um perfil de esperança, de resiliência e inteligência emocional no Rorschach. Enquanto essas pesquisas ganham corpo e *status* científico mais avançados, cabe a cada especialista em Rorschach enfatizar a utilidade do teste nas avaliações de pontos fortes e áreas de crescimento, como: gerenciamento de estresse, engajamento cognitivo e afetivo, processamento das informações, capacidades de adaptabilidade e de relacionamentos maduros e mutuamente recíprocos, recursos eficientes de pensamento e percepção.

Entendemos que o momento é oportuno, se não urgente, para que os aspectos positivos sejam centrais em processos de avaliações psicológicas, e esperamos que essas práticas foquem no aumento da segurança, do crescimento e do bem-estar dos avaliados em primeiro lugar.

Avaliação de indicadores positivos por meio das Pirâmides Coloridas de Pfister

Pensando no TPC, há diversos indicadores que, ao serem adequadamente interpretados, fornecem informações sobre as potencialidades de quem o responde. Nesse sentido, é importante reforçar que no TPC, assim como em todos os outros métodos projetivos, os indicadores não devem ser considerados de modo isolado.

A análise do protocolo deve levar em consideração a combinação das informações que são geradas a partir da exposição ao estímulo. A título de exemplo, de como o TPC pode contribuir para a avaliação de indicadores positivos, detalharemos arranjos de indicadores que, quando combinados, evidenciam criatividade.

O processo de execução reflete o modo como a pessoa aborda a tarefa (Villemor-Amaral, 2012), podendo gerar informações se a pessoa tende a executar as tarefas de uma maneira mais desordenada (relaxada) ou mais meticulosa ou mesmo rígida (metódica), havendo também indícios de organização e flexibilidade. É recomendado que esse dado possa ser associado ao aspecto formal, cujos principais indicadores seriam: os tapetes, que sugerem desorganização emocional ou cognitiva; formação, em que há a demonstração de maior organização emocional ou cognitiva; e estrutura, que evidencia organização emocional ou cognitiva.

Ainda falando do aspecto formal, no estudo de Costa e Villemor-Amaral (2004), a Bateria de Provas de Raciocínio (BPR-5) e o TPC foram administrados em 200 pessoas. Em seguida, foram selecionados os protocolos das pessoas que tiveram percentil inferior a 25 no escore do BPR-5 (Grupo 1) e das pessoas com percentil superior a 75 no escore geral do BPR-5 (Grupo 2). Foi feita a comparação entre os dois grupos e verificou-se que os participantes com percentil superior realizaram mais estruturas, sugerindo que esse aspecto formal é indício de desenvolvida inteligência e organização emocional.

Considerando que a inteligência e a criatividade são construtos relacionados, sendo a inteligência um subconjunto de criatividade (Nogueira & Fleith, 2021), ao retomar a combinação dos indicadores do TPC, tem-se que um processo de execução ordenado (flexibilidade) com o aspecto formal estrutura (inteligência, organização emocional e flexibilidade) sugerem que estaríamos diante de uma pessoa inteligente e/ou criativa.

Pensando especificamente na criatividade, Villemor-Amaral et al. (2014) verificaram evidências de validade para o uso do TPC com crianças na avaliação dessa capacidade. As crianças mais criativas apresentaram aumento da síndrome de estímulo, composta pela combinação do aumento das cores vermelha, amarela e laranja, aventando que essas crianças tinham maior energia, abertura para os estímulos e interesse para produzir.

Ao tratar da abertura para os estímulos no TPC, pode-se mencionar também a fórmula cromática, que gera dados sobre a estabilidade ou a instabilidade na restrição ou na amplitude de abertura aos estímulos do ambiente (Villemor-Amaral, 2012). Desse modo, as fórmulas cromáticas amplas podem reforçar essa perspectiva de abertura aos estímulos. Nesse sentido, mais uma vez podemos retomar os estudos de Nogueira e Fleith (2021) sobre a relação entre inteligência, criatividade e personalidade, na medida em que as pesquisadoras concluíram que pessoas superdotadas teriam maiores índices de criatividade e inteligência, e uma personalidade com maior abertura a novas experiências e mudanças.

Deixando de lado a relação entre os indicadores do TPC e a criatividade, ao tratar do TPC convém mencionar que alguns indicadores exprimem características mais associadas à dinâmica emocional do respondente, enquanto outros ao funcionamento cognitivo. Os indicadores que envolvem a escolha e a combinação das cores (cores, cores por dupla e síndromes cromáticas) relacionam-se com a dinâmica emocional e fornecem dados sobre o estado da personalidade, isto é, algo momentâneo. Já os indicadores que refletem mais um modo de agir do examinando na relação com os quadrículos coloridos (aspecto formal, modo de colocação, processo de execução e fórmula cromática), denotam o funcionamento cognitivo, isto é, geram dados sobre como as emoções influenciam em seu modo de agir, tratando-se de características estruturais do funcionamento típico do respondente.

Não convém aqui explorar o significado de cada uma das cores, haja vista a possibilidade da psicóloga e do psicólogo poderem obter essas informações no manual do TPC (Villemor-Amaral, 2012, 2014). Cabe, em vez disso, reforçar que as cores atuam como mobilizadoras de determinados estados emocionais (Villemor-Amaral & Yazigi, 2022), possibilitando analisar o modo como a pessoa interage afetivamente com o ambiente em que está inserida.

Essa compreensão de quais seriam os indicadores estruturais possibilita ao avaliador tecer uma compreensão mais ou menos positiva sobre o examinando. Ou seja, quando as pessoas evidenciam características positivas nos indicadores do funcionamento cognitivo, tem-se, de antemão, o dado de que estaríamos diante de uma pessoa com recursos para lidar com as adversidades cotidianas, mesmo que, eventualmente, os indicadores da dinâmica emocional apontem que a pessoa esteja passando por alguma situação mais conturbada do ponto de vista emocional.

A análise da sequência do aspecto formal e do modo de colocação também pode contribuir com essa compreensão, tendo em vista que se a pessoa inicia a montagem das pirâmides com indicadores que sugerem menos adaptação, e nas demais pirâmides progride para indicadores melhores, estaríamos diante de uma pessoa que pode demandar um tempo para se adaptar a uma situação nova, mas que após compreender o que se espera dela, demonstra propensão à organização emocional e cognitiva, isto é, tem tendência à adequada adaptação.

Ainda na perspectiva de apresentar indicadores positivos do TPC, incentivamos que, na interpretação das cores, os avaliadores também observem o significado das cores que obtiveram frequência de uso considerada na média. Embora a recomendação usual no uso dos métodos projetivos seja de explorar a interpretação dos indicadores que se distanciam da média, por representarem características que mais se destacam no modo de funcionar do examinando, há que se considerar que as cores na média também expressam características do examinado. Por vezes, a interpretação das cores que foram usadas, conforme valores medianos dos parâmetros normativos, podem complementar os dados que mais marcam o modo de funcionar da pessoa e reforçar dados que manifestam características positivas.

Considerações finais

Finn (2007, 2017), ao propor a avaliação terapêutica, reforça os princípios que devem guiar o trabalho da psicóloga e do psicólogo, destacando-se valores como: colaboração, respeito, humildade, compaixão, abertura e curiosidade na relação entre cliente e avaliador. Nesse contexto, finalizamos este capítulo com um convite para que cada um dos leitores olhe para os dados gerados pelos indicadores dos métodos projetivos, buscando compreender o ser humano em suas potencialidades.

Tradicionalmente, na avaliação da personalidade, a psicóloga e o psicólogo se guiam pelos dados dos testes psicológicos que se distanciariam dos valores médios esperados, haja vista serem as características que se destacariam mais na pessoa. Entretanto, orientando-se pelos avanços proporcionados pelos estudos em psicologia positiva, nota-se que há demanda para a mudança não só na construção de instrumentos positivos, mas também no modo de interpretar os resultados dos testes psicológicos. Desse modo, os dados observados num intervalo mediano, isto é, aqueles que correspondem às características em que a pessoa funciona tal qual a maioria das pessoas, não deveriam ser negligenciados, pois eles podem justamente estar representando as características relacionadas às potencialidades e às forças na dinâmica de personalidade da pessoa.

Nota-se que a perspectiva de lançar um olhar positivo para os indicadores dos métodos projetivos e ter uma compreensão das forças e potencialidades da pessoa avaliada dependem essencialmente, da *expertise* e do manejo clínico da psicóloga ou psicólogo que manuseia o método.

Assim, fazendo coro à defesa feita por tantos outros colegas pesquisadores, reforçamos aqui a exigência de uma formação qualificada não só na técnica em si, mas na compreensão do papel da psicóloga e do psicólogo, em especial, no que tange à avaliação psicológica como estratégia de promoção à saúde.

Referências

Costa, O. R. S., & Villemor-Amaral, A. E. (2004). Um estudo correlacional do nível formal das Pirâmides de Pfister e a BPR-5. In C. E. Vaz, & R. L. Graeff (orgs.). *Técnicas Projetivas – Produtividade em pesquisa* (pp. 56-59). Casa do Psicólogo.

Demogeot, N., & Lighezzolo-Alnot, J. (2020). The process of resilience through the Rorschach: study of imaginary space and mentalization with placed adolescents. In H. Mazurek (org.). *Pratiques basées sur la résilience* (pp.67-74). AMU, IRD, LPED. 4e Congrès mondial sur la résilience, juin 2018, Marseille, France. https://hal.science/hal02465380v3/file/Pratiques%20basées%20sur%20la%20Résilience.pdf#page=67

Eby, M. (2021). Projective Psychodiagnostics: inkblots, stories, and drawings as clinical measures. In *Oxford Research Encyclopedia of Psychology*. UK.

Exner, J. E. (2003). *The Rorschach: a comprehensive system. Basic foundations and principles of interpretation* (4. ed.). Wiley.

Finn, S. E. (2012). Implications of recent research in neurobiology for psychological assessment. *Journal of Personality Assessment, 94*(5), 440-449. https://doi.org/10.1080/00223891.2012.700665

Finn, S. E. (2017). *Pela perspectiva do cliente: teoria e técnica da avaliação terapêutica* (C. C. Bartalotti trad.). Hogrefe (Original publicado em 2007).

Gallagher, M. W., Lopez, S. J., & Snyder, C. R. (2019). The future of positive psychological assessment: making a difference. In M. W. Gallagher, & S. J. Lopez (eds.). *Positive psychological assessment: a handbook of models and measures* (pp. 419-428). American Psychological Association. https://doi.org/10.1037/0000138-026

Giromini, L., Morese, R., Salatino, A., Di Girolamo, M., Viglione, D. J., & Zennaro, A. (2016). Rorschach Performance Assessment System (R-PAS) and vulnerability to stress: a preliminary study on electrodermal activity during stress. *Psychiatry Research, 246*, 166-172. https://doi.org/10.1016/j.psychres.2016.09.036

Hanigan, C. R. (2021). *Understanding current practice and the role of therapeutic techniques in the provision of psychological assessment*. [Unpublished doctoral dissertation, Regent University].

Hutz, C. S. (2016). *Avaliação em psicologia positiva: técnicas e medidas*. Artmed.

Lucht, L., Spangenberg, L., Forkmann, T., Hallensleben, N., Rath, D., Strauss, M., & Glaesmer, H. (2022). Association of real-time assessed mood, affect and suicidal ideation in psychiatric inpatients with unipolar depression. *Clinical Psychology & Psychotherapy, 29*(5), 1580-1586. https://doi.org/10.1002/cpp.2741

Melo-Silva, L. L., Pasian, S. R., Okino, E. T., Marangoni, L. O., & Shimada, M. (2016). Teste de Fotos de Profissões (BBT-Br): Estudo de *follow-up* de uma situação clínica uma década depois. In R. S. Levenfus (org.). *Orientação vocacional e de carreira em contextos clínicos e educativos* (pp. 155-170). Artmed.

Meyer, G. J., Viglione, D. J., & Mihura, J. L. (2017). Psychometric foundations of the Rorschach Performance Assessment System (R-PAS). In R. E. Erard, & F. B. Evans (eds.). *The Rorschach in multimethod forensic assessment conceptual foundations and practical applications* (pp. 23-91). Routledge, Taylor & Francis Group.

Miguel, F. K., Amaro, M. C. P., Huss, E. Y., & Zuanazzi, A. C. (2017). Emotional perception and distortion correlates with Rorschach cognitive and interpersonal variables. *Rorschachiana, 38*(2), 143-159. https://doi.org/10.1027/1192-5604/a000096

Mihura, J. L., Meyer, G. J., Dumitrascu, N., & Bombel, G. (2013). The validity of individual Rorschach variables: systematic reviews and meta-analyses of the comprehensive system. *Psychological Bulletin, 139*(3), 548-605. https://doi.org/10.1037/a0029406

Noce, M. A., Okino, E. T. K., Assoni, R. de F., & Pasian, S. R. (2008). BBT – Teste de Fotos de Profissões: teoria, possibilidades de uso e adaptação brasileira. In A. E. Villemor-Amaral, & B. S. G. Werlang. *Atualizações em métodos projetivos para avaliação psicológica* (pp. 363-387). Casa do Psicólogo.

Nogueira, M., & Fleith, D. de S. (2021). Relação entre inteligência, criatividade, personalidade e superdotação no contexto escolar. *Psicologia: Ciência e Profissão* [on-line], *41*(n. spe3), e219130. https://doi.org/10.1590/1982-3703003219130

Paludo, S. D. S., & Koller, S. H. (2007). Psicologia positiva: uma nova abordagem para antigas questões. *Paideia, 17*(36), 9-20. https://doi.org/10.1590/S0103-863X2007000100002

Pasian, S. R., & Okino, E. T. (2018). Avaliação psicológica no campo da orientação profissional: Contribuições do Teste de Fotos Profissões (BBT-Br). In A. E. A. Antúnez, & G. Safra (eds.). *Tratado de psicologia clínica – Da graduação à pós-graduação* (pp. 243-249). Atheneu.

Piotrowski, C. (2022). Editorial: further evidence that projective techniques continue as popular clinical assessment tools in practice settings. *Journal of Projective Psychology & Mental Health*, 29(2), 61-63. https://www.proquest.com/scholarly-journals/editorial-further-evidence-that-projective/docview/2695109121/se-2

Resende, A. C., Pianowski, G., Vieira, P. G., & Zuanazzi, A. C. (2022). O sistema de avaliação por performance no Rorschach (R-PAS). In A. E. Villemor-Amaral, S. R. Pasian, & D. M. Amparo (orgs.). *Avanços em métodos projetivos* (pp. 77-96). Hogrefe.

Scioli, A., Cofrin, M., Aceto, F., & Martin, T. (2018). Toward a Rorschach hope index. *Rorschachiana*, 39(2), 157. https://doi.org/10.1027/1192-5604/a000110

Van Ballegooijen, W., Littlewood, D. L., Nielsen, E., Kapur, N., & Gooding, P. (2022). The temporal relationships between defeat, entrapment and suicidal ideation: ecological momentary assessment study. *BJPsych Open*, 8(4), E105. doi:10.1192/bjo.2022.68

Villemor-Amaral, A. E. (2012). *Manual das pirâmides coloridas de Pfister.* Casa do Psicólogo.

Villemor-Amaral, A. E. (2014). *Teste das Pirâmides Coloridas de Pfister – Versão para crianças e adolescentes.* Casa do Psicólogo.

Villemor-Amaral, A. E., & Yazigi, L. (2022). Color and affect: a long, never-ending history. *Rorschachiana*, 43(1), 70-88. https://doi.org/10.1027/1192-5604/a000156

Villemor-Amaral, A. E., Pasian, S. R., & Amparo, D. M. (2022). *Avanços em métodos projetivos.* Hogrefe.

Villemor-Amaral, A. E., Tavella, R. R., Cardoso, L. M., Biasi, F. C., & Pavan, P. M. P. (2014). Teste das Pirâmides Coloridas de Pfister e a criatividade em crianças. *Psicologia: teoria e prática*, 16(3), 114-124. http://pepsic.bvsalud.org/scielo.php?script=sci_arttext&pid=S1516-36872014000300009

Waters, L., Algoe, S. B., Dutton, J., Emmons, R., Fredrickson, B. L., Heaphy, E., Moskiwitz, J. T., Neff, K., Niemiec, R., Pury, C., & Steger, M. (2022). Positive psychology in a pandemic: buffering, bolstering, and building mental health. *Journal of Positive Psychology*, 17, 303-323. https://doi.org/110.1080/17439760.2021.1871945

Weiner, I. B., & Kleiger, J. H. (eds.). (2021). Psychological assessment of disordered thinking and perception. *American Psychological Association*. https://doi.org/10.1037/0000245-000

Yalof, J. A., & Bram, A. D. (eds.). (2021). *Psychoanalytic assessment applications for different settings.* Routledge/Taylor & Francis Group.

Funcionamento ótimo na sociedade e paixão por atividades: ampliação do conhecimento sobre características positivas

Amanda Rizzieri Romano
Evandro Morais Peixoto

Highlights

1. A Psicologia Positiva associada à prática de avaliação psicológica deve promover saúde nos níveis psicológico, físico e social.

2. É necessário adotar conceituações ampliadas para compreensão do bem-estar, considerando as múltiplas dimensões do funcionamento humano.

3. O Funcionamento Ótimo na Sociedade engloba o bem-estar psicológico e físico, os relacionamentos românticos/não românticos, o desempenho e a contribuição à sociedade;

4. A paixão caracteriza o tipo de inclinação a determinadas atividades e indica possíveis formas de engajamento e desfechos psicológicos a partir de sua realização.

I believe that traditional wisdom is incomplete.
Martin Seligman

A psicologia positiva surge como uma proposta complementar à psicologia tradicional, que dedicou esforços ao avanço nos estudos acerca de patologias, deficiências e transtornos psicológicos (Seligman, 2011). Desse modo, o movimento propõe o enfoque nas potencialidades das pessoas pensando em aspectos básicos que promovam um desenvolvimento físico, psíquico e social saudável (Diener, 2009).

Nesse sentido, Seligman e Csikszentmihaly (2000) dedicaram-se aos estudos de emoções positivas e virtudes, como felicidade, gratidão, resiliência e otimismo, e investigaram os estados afetivos, os comportamentos e os aspectos sociais que poderiam promover a felicidade humana e que influenciam diretamente a prevenção e a promoção de saúde, além de possibilitar a compreensão em relação aos mecanismos de enfrentamento em situações desafiadoras (Calvetti et al., 2007).

Nesse contexto, Seligman (2011) afirma que pensar sobre características positivas também elucida o entendimento acerca do bem-estar. Baseando-se nessa perspectiva e também pensando na ampliação do conhecimento, novos construtos têm sido propostos pela literatura. Dentre esses, o Funcionamento Ótimo na Sociedade (Optimal Functioning in Society) (Chénard-Poirier et al., 2021; Vallerand, 2013) e o Modelo Dualístico da Paixão (Dualistic Model of Passion (Vallerand et al., 2003) têm se mostrado como importantes variáveis à psicologia positiva a partir do desenvolvimento de pesquisas.

Desse modo, o presente capítulo tem como principal objetivo apresentar construtos emergentes que contribuem para um desenvolvimento saudável em longo prazo e que beneficiam os indivíduos e a sociedade de modo geral. Para tanto, será apresentado, inicialmente, o desenvolvimento teórico dos modelos de bem-estar que culminaram na proposta do Funcionamento Ótimo na Sociedade (Ofis), um modelo que engloba bem-estar psicológico, saúde física, relacionamentos e contribuição à sociedade (Vallerand, 2013). Outra proposta teórica a ser discutida é o Modelo Dualístico da Paixão (MDP), que descreve diferentes tipos de engajamento com as atividades que as pessoas gostam, dedicam tempo e energia para sua realização.

Serão apresentados os principais instrumentos de avaliação que mensuram tais fenômenos, empregados na literatura científica contemporânea, bem como as hipóteses teóricas e evidências empíricas de associação entre o Ofis e a paixão.

Estudos sobre bem-estar: diferentes perspectivas e limitações

Diferentes conceituações sobre o bem-estar foram propostas ao longo do tempo, mas, de forma geral, o intuito dos estudiosos foi compreender quais características influenciavam o funcionamento ideal do sujeito. Os estudos realizados sobre o bem-estar partiram da filosofia grega. Aristóteles, por exemplo, introduziu os conceitos de eudemonia e hedonia, que conceitualizam o bem-estar de formas distintas.

A perspectiva eudaimônica refere-se a viver a boa vida, ou seja, viver de forma virtuosa, e está pautada no Bem-estar Psicológico (BEP), que diz respeito à percepção de realização e compreende o bem-estar como o funcionamento pleno do sujeito. A perspectiva hedonista, por sua vez, refere-se a viver uma vida boa, ou seja, sentir-se feliz, e configura-se como Bem-estar Subjetivo (BES), que o retrata como a busca pelo prazer a partir da presença de estados cognitivos e emoções positivas, e evitamento de emoções negativas (Chénard-Poirier & Vallerand, 2021; Seligman, 2011).

Perspectivas teóricas conceituam o BEP de diferentes formas. Wissing e Van Eden (1997) propuseram um fator geral de BEP, que inclui satisfação com a vida, equilíbrio emocional, características pessoais, otimismo e percepção positiva em relação à vida, além de incluir o interesse e a motivação para engajar-se em diversas atividades, bem como o sentimento de suporte e pertencimento social.

Diener et al. (1985) compreendem o construto como um componente entre os processos afetivos, enquanto Goldberg e Hillier (1979) frisam a importância dos aspectos físicos e da boa saúde para qualidade de vida. Ryff e Singer (1998) descrevem que o sentimento de propósito de vida implica sobre o bem-estar do sujeito, o que pode promover um ótimo funcionamento. Ademais, processos individuais e sociais, como autoestima, domínio do meio e relacionamentos de qualidade também são propostos como aspectos significativos para obtenção de bem-estar psicológico (Ryff & Singer, 1996, 1998).

Já o BES é composto por aspectos cognitivos, como a satisfação com a vida, bem como aspectos afetivos, que incluem emoções positivas e negativas. Dessa forma, quando o sujeito reflete sobre sua vida, seja de forma geral ou sobre um domínio específico, ele se compara com os critérios que constitui como referência sobre o que é uma vida boa. Portanto, o BES dá maior enfoque aos valores, às emoções e às avaliações realizadas pelo próprio indivíduo. É possível inferir que o

BES é resultado do sentimento de progresso em relação a objetivos, engajamento e interesse por atividades que promovam prazer, sensação de domínio do meio, autoestima e estabelecimento de relações sociais positivas (Diener & Emmons, 1984; Diener et al., 1998).

Contudo, mesmo havendo diferentes propostas de operacionalizar o construto, as sobreposições não apresentam consenso sobre quais aspectos contribuem para que o sujeito possa funcionar de maneira otimizada e quais dimensões de funcionamento devem ser avaliadas (Chénard-Poirier et al., no prelo).

Ressalta-se a importância de considerar conceituações de bem-estar que adotem um amplo escopo e, desse modo, considerem as múltiplas dimensões que compõe o funcionamento humano (Vitterso, 2013). Nessa direção, Vallerand (2013) propôs o Funcionamento Ótimo na Sociedade, que compreende o bem-estar global e multidimensional.

Funcionamento Ótimo na Sociedade (Ofis)

O Funcionamento Ótimo na Sociedade, proposto por Vallerand (2013), tem como intuito investigar o bem-estar de forma multidimensional, ampliando a concepção acerca do construto e considerando os diversos setores psicossociais para além do que os modelos de bem-estar se propõem avaliar (Seligman, 2011; Vallerand, 2015).

O modelo engloba vários dos principais aspectos mencionados nos principais estudos de bem-estar – bem-estar psicológico, relacionamentos amorosos e não amorosos positivos, desempenho na principal área de atuação –, mas também apresenta especificidades, como o olhar sobre bem-estar físico/saúde física e contribuição para a comunidade e a sociedade de forma geral (Vallerand, 2013).

O bem-estar psicológico diz respeito a vivência de emoções positivas e ausência de emoções negativas, além da atribuição de sentido, propósito e direcionamento (Diener et al., 2010). Ademais, o desempenho é comumente empregado nas demais conceituações de bem-estar. A principal ocupação do sujeito retrata a atividade que recebe grande dedicação de tempo e energia e impacta a autoavaliação sobre ser capaz, produtivo e funcional (Vallerand et al., 2013).

Os humanos são seres sociais e, portanto, não funcionam sem o estabelecimento de relacionamentos. Ademais, é importante que além de sentir-se conectado com os outros, é fundamental que as relações estabelecidas contribuam para o crescimento individual, pois são alicerçadas em trocas satisfatórias, recompensadoras, calorosas e amorosas, e devem inspirar confiança e apoio (Diener et al., 2010; Ryff, 1989; Seligman, 2011; Vallerand et al., 2013).

Para avaliação desse aspecto e sua influência sobre o funcionamento ótimo, é necessário avaliar os diferentes tipos de relações. Desse modo, compreende-se que para um funcionamento ideal é preciso considerar relacionamentos não românticos e românticos, visto que os relacionamentos românticos são apontados como um dos principais contribuintes para obtenção de bem-estar (Diener et al., 2000; Vallerand et al., 2013).

Ao propor o Ofis, Vallerand (2013) avança ao inserir no modelo o bem-estar físico e a contribuição social, que são elementos que o autor destaca como fundamentais para compreensão e avaliação do bem-estar humano. O bem-estar físico é considerado como elemento central, visto que influencia diretamente o funcionamento pleno, pois há uma interação entre a saúde física e outros aspectos que compõem o Ofis, como o bem-estar psicológico (Vallerand, 2013).

Por fim, como elevados níveis de bem-estar psicológico e físico, percepção de desempenho e relacionamentos positivos configuram um funcionamento individual, é preciso considerar um último elemento, que reflete o nível de funcionamento em nível social, a contribuição para a comunidade ou a sociedade em geral, que corresponde à percepção de contribuição à sociedade a partir do principal campo de atuação, como o trabalho, o estudo ou qualquer outra atividade produtiva.

O Ofis abrange diversas áreas de funcionamento e contextos que circundam a vida das pessoas (Chénard-Poirier et al., no prelo; Diener et al., 2004). Assim, pessoas que experienciam níveis elevados de bem-estar psicológico, físico e relacional, bem como avaliam ter um bom desempenho em sua principal área de ocupação e percebem sua contribuição à sociedade, apresentam um funcionamento ótimo na sociedade (Vallerand, 2013).

A partir desses elementos, conclui-se que para que a pessoa apresente um funcionamento ótimo, é necessário que ele seja altamente funcional nos principais domínios que configuram o funcionamento humano, mesmo que em determinados momentos um aspecto possa estar em baixa em detrimento dos demais. Contudo, negligenciar uma área de funcionamento enquanto maximiza outras pode gerar prejuízos ao indivíduo (Chénard-Poirier et al., no prelo; Diener et al., 2010; Seligman, 2011).

Desse modo, a palavra ótimo configura esse sistema, que funciona em alto nível (Ford & Smith, 2007). Assim, entende-se que o Ofis se caracteriza como uma conceituação ampla, que abrange os principais elementos que compõe as principais esferas do funcionamento humano (Chénard-Poirier et al., 2021; Vallerand, 2013).

Escala de Funcionamento Ótimo da Sociedade (Ofiss)

Vale ressaltar a importância de instrumentos fundamentados a partir da psicologia positiva que possibilitem verificar o bem-estar a partir da avaliação de emoções positivas, relacionamentos positivos, sentimento de realização, engajamento e aspectos que são constituídos e compreendidos subjetivamente, variando de acordo com as experiências pessoais (Chénard-Poirier et al., 2021; Chénard-Poirier et al., no prelo; Vallerand, 2013).

Em consonância com a perspectiva difundida pela Organização Mundial da Saúde (OMS) (1948), que indica que a saúde não se restringe à ausência de doença e que diferentes domínios da vida influenciam um desenvolvimento saudável, Vallerand (2013) propõe o Ofis. Para mensuração do construto, Chénard-Poirier et al. (no prelo) propuseram a construção da Optimal Functioning in Society Scale (Ofiss), um instrumento de autorrelato composto por 23 itens organizados em seis dimensões: bem-estar psicológico, bem-estar físico, nível de desempenho na ocupação atual, qualidade das relações românticas, qualidade das relações não românticas e contribuição para a comunidade ou para a sociedade em geral.

Os itens do instrumento são respondidos por meio de uma escala tipo *Likert* que varia de 1 (discordo fortemente) a 7 (concordo fortemente). Exceto a dimensão bem-estar físico, que conta com uma chave de resposta de 11 pontos, que varia entre 0 (ruim) a 10 (excelente), visto que se buscou representar um contínuo com polos positivos e negativos, que são comumente empregados nas medidas de indicadores de saúde física. Na dimensão que representa a percepção sobre relacionamentos românticos, os respondentes podem referir-se a um relacionamento atual, e caso não estejam em um relacionamento, a qualidade de relacionamentos vivenciados anteriormente deve ser reportada (Chénard-Poirier et al., no prelo).

A amostra do estudo original foi composta por estudantes universitários e trabalhadores, e os resultados obtidos a partir de uma Análise Fatorial Exploratória (AFE) e de uma Análise Fatorial Confirmatória (AFC) indicaram estrutura interna formada por seis dimensões correlacionadas, correspondentes ao modelo teórico, todas com bons indicadores de precisão. Além disso, verificou-se uma invariância forte do modelo para diferentes grupos, em função de diferentes ocupações laborais, faixas etárias, sexo e estado civil, sugerindo a potencialidade do instrumento em avaliar de forma semelhante os grupos, ou seja, apresenta a mesma configuração fatorial, equivalência dos pesos dos itens em seus respectivos fatores e dos interceptos dos itens (Chénard-Poirier et al., no prelo; Vallerand & Bragoli-Barzan, 2019). Esses resultados são relevantes porque asseguram a realização de comparações de escores entre esses grupos.

No Brasil, a Ofiss foi adaptada por Peixoto et al. (no prelo) e teve suas evidências de validade estimadas a partir de uma amostra composta por 228 participantes, representantes da população geral, com idades entre 18 e 72 anos. A adaptação transcultural e a busca por evidências de validade de conteúdo demonstraram que a representação em relação ao Ofis adequa-se à população brasileira, corroborando o que foi postulado por Vallerand (2013) e Chénard-Poirier et al. (no prelo).

Ademais, uma AFE foi realizada e os resultados indicaram a adequação do modelo ao sugerir estrutura de seis fatores correlacionados na população brasileira, reproduzindo os resultados observados por Chénard-Poirier et al. (no prelo). Desse modo, o conjunto de informações reunidas demonstrou que os objetivos de adaptação da Ofiss para o contexto brasileiro e estimativas de evidências de validade com base no conteúdo e na estrutura interna foram alcançadas (AERA, APA & NCME, 2014).

Modelo Dualístico da Paixão (MDP)

As pesquisas conduzidas sobre a temática paixão partiram dos estudos da área da Filosofia e, em sequência, passaram a ser difundidas pela Psicologia. Os primeiros conceitos sobre a paixão pautavam-se no romantismo e em características emocionais. Dessa forma, três vertentes foram propostas ao longo do tempo: a paixão que acarretava a perda da razão e o descontrole, a paixão como algo positivo e, por fim, a perspectiva que diferenciava paixões boas e más (Vallerand, 2015; Vallerand, 2016; Vallerand et al., 2003).

A partir disso, Vallerand et al. (2003) propuseram uma nova conceitualização, definindo paixão como o impulsionamento para um objeto ou para uma atividade específica, tida como significativa, e a organização da vida do sujeito gira em torno disso. Como a paixão tem relação direta com aspectos motivacionais, é necessária certa predisposição para se aproximar do objeto, visto que o sujeito apaixonado investe energia e tempo para dedicar-se à sua execução.

Baseando-se nessa definição, Vallerand et al. (2003) propuseram o Modelo Dualístico da Paixão (MDP), que estabelece um esquema estrutural que busca identificar o que é a paixão, como ela se desenvolve, quais são os tipos de determinantes que a influenciam, quais são as consequências que a paixão pode gerar e de que maneira esses resultados acontecem.

Estabelece-se, então, como pressuposto, que a paixão é resultado da internalização de uma representação identitária entre o apaixonado e seu objeto de paixão, mas que isso pode ocorrer segundo duas formas distintas de relacionar-se com a atividade apaixonada, sendo elas Paixão Harmoniosa (PH) e Paixão Obsessiva (PO), as quais desencadearão diferentes desfechos.

A paixão harmoniosa é caracterizada pela experiência de livre-arbítrio do apaixonado, em que o objeto de paixão ocupa um importante espaço na identidade pessoal, mas não toma proporções exageradas que conflitem com outros aspectos da vida, estabelecendo, assim, desfechos positivos. A partir da paixão harmoniosa, o indivíduo relaciona-se de forma autônoma e flexível com a atividade específica, e a realização da atividade é voluntária devido à sua grande importância. Dessa forma, promove maiores níveis de satisfação com a vida (Vallerand, 2012; Vallerand et al., 2003; Vallerand, 2010).

Por sua vez, a paixão obsessiva é definida como uma internalização do objeto ou da atividade, originada a partir de pressões intrapessoais ou interpessoais, e o engajamento acontece com base na percepção de validação social, autoestima e até possibilidade de inserção em determinados grupos por meio da prática, promovendo, portanto, possíveis desfechos negativos.

Paixões obsessivas geralmente ocupam muito espaço na identidade do apaixonado e prejudicam a sua autonomia, causando conflitos com outras atividades da vida. Assim, há uma tendência de que os indivíduos experienciem uma série de contingências estressantes e sentimentos negativos em relação a si e ao ambiente (Houlfort et al., 2018). A motivação na paixão obsessiva é direcionada apenas para a prática da atividade e, desse modo, conflita com as demais tarefas e objetivos da vida (Vallerand et al., 2003; Vallerand & Bragoli-Barzan, 2019). Dessa forma, compreende-se que a paixão tem influência direta sobre a maneira como o sujeito internaliza, integra e organiza a atividade nos demais contextos que circundam sua vida (Vallerand, 2015; Vallerand, 2016; Vallerand et al., 2003).

Ressaltamos que a paixão explica o engajamento e a manutenção de atividades em longo prazo na vida dos sujeitos (Peixoto et al., 2019; Vallerand, 2012). Assim, a influência e os desfechos advindos do tipo de paixão desenvolvida pelo indivíduo vêm sendo estudados em diversos contextos, como o ambiente laboral (Donahue et al., 2012; Houlfort et al., 2015; Vallerand & Houlfort, 2019) e a manutenção da prática esportiva (Curran et al., 2013; Lafrenière et al., 2008; Vallerand et al., 2008), além dos benefícios advindos da PH sobre a saúde mental dos indivíduos e, consequentemente, a promoção de bem-estar (Carpentier et al., 2012; Peixoto et al., 2021; Vallerand, 2012).

Escala de Paixão (EP)

A fim de operacionalizar o MDP, Vallerand et al. (2003) propuseram a Escala de Paixão. O instrumento é composto por 12 itens, que são respondidos com base em uma chave de resposta tipo *Likert* de 7 pontos. A versão original apresentou evidências de validade baseadas na estrutura e na consistência interna (PH – α = 0,79; PO – α = 0,89). A disponibilidade de uma ferramenta de mensuração promoveu um aumento expressivo dos estudos sobre paixão a nível internacional (Vallerand e Rahimi, 2023).

Nas últimas duas décadas, mais de 200 pesquisas foram conduzidas a partir da EP. Para isso, a escala foi adaptada para várias línguas, a saber: árabe, espanhol, chinês, grego, português, português brasileiro, norueguês, russo e italiano. Vale citar que as pesquisas desenvolvidas para investigar as propriedades psicométricas das novas versões do instrumento indicaram índices de ajuste adequados e compatibilidade em relação à estrutura fatorial original, além de bons níveis de consistência interna, confiabilidade temporal e evidências de validade baseadas na relação com variáveis externas (Vallerand & Rahimi, 2023).

No Brasil, a EP foi adaptada por Peixoto et al. (2019), e o estudo contou com uma amostra composta por atletas brasileiros (n = 789). Como visto nos demais estudos realizados, os resultados corroboram a pesquisa da versão original, com os itens referentes ao fator PH e PO carregando nos respectivos fatores (com cargas fatoriais que variaram entre 0,42 e 0,74 no fator PH e 0,46 e 0,76 no fator PO), além de bons níveis de consistência interna (confiabilidade composta: PH = 0,81 e PO = 0,75). Tais resultados demonstram a potencialidade e a eficácia da EP em mensurar os tipos de paixão em diferentes populações.

Relações entre Funcionamento Ótimo na Sociedade e Paixão

Algumas atividades tornam-se características centrais da identidade do sujeito devido à importância que lhe é atribuída. De certa forma, a paixão sustenta o empenho e a persistência do sujeito numa determinada atividade, portanto, é base para sua motivação (Vallerand et al., 2003), e é uma emoção fundamental para que o indivíduo alcance altos níveis de realização (Vallerand, 2015). Isso se configura como aspecto central para a satisfação de necessidades psicológicas básicas que, consequentemente, promovem um funcionamento ideal (Ryan & Deci, 2001; Vallerand, 2015).

Baseando-se no MDP, a paixão pode assumir uma forma harmoniosa ou obsessiva. A PH corresponde à internalização flexível, enquanto a PO está relacionada a contingências, como aceitação social ou autoestima, e, desse modo, o sujeito é controlado pela atividade (Vallerand, 2003; Vallerand et al., 2008). Com isso, compreende-se que a PH deve viabilizar um funcionamento ideal e a PO, por sua vez, pode contribuir minimamente ou prejudicar o funcionamento ideal (Chénard-Poirier et al., no prelo).

Estudos anteriores demonstraram que a PH associou-se positivamente com o bem-estar psicológico (St-Louis et al., 2021), com a saúde física (Schellenberg et al., 2019) e com relacionamentos românticos e não românticos (Vallerand et al., 2008). Em contrapartida, a PO relacionou-se negativamente com tais variáveis. Ademais, a PH também se associou positivamente ao desempenho (Amarnani et al., 2020) e, conforme indica a literatura, ambos os tipos de paixão resultam em um envolvimento intenso com a atividade; porém pessoas que se relacionam obsessivamente com a atividade tendem a ter um engajamento compulsivo, o que possibilita um bom desempenho em curto prazo, mas que pode gerar prejuízos em longo prazo, como problemas de ordem física e mental (Curran et al., 2015; Vallerand & Houlfort, 2019; St-Louis et al., 2016; Vallerand, 2015).

Além disso, estudos demonstram a satisfação de necessidades como uma variável mediadora entre paixão e bem-estar. Chénard-Poirier et al. (no prelo) testaram em uma amostra de estudantes universitários se a paixão e as necessidades psicológicas básicas seriam variáveis preditoras do Ofis.

Destacamos que, de acordo com a Teoria das Necessidades Básicas, para que um determinado comportamento seja aderido pelo sujeito, é necessário que seja acompanhado da satisfação de três necessidades básicas: autonomia, competência e relacionamentos. A autonomia viabiliza a experimentação da autodeterminação e a regulação a partir de recursos internos. A necessidade de competência diz respeito à capacidade de confrontar situações desafiadoras e, dessa forma, aumentar o nível de autoestima e autoconfiança. Por fim, a necessidade de relacionamento reflete o desenvolvimento de vínculos emocionais, além da percepção de suporte. Essas necessidades psicológicas são fundamentais para compreender aspectos motivacionais e de bem-estar (Ryan & Deci, 2000; Sheldon & Hilpert, 2012; Sheldon et al., 2004).

Em consonância com o MDP, os resultados indicaram que se envolver harmoniosamente com os estudos possibilita um caminho de funcionamento ótimo por meio da satisfação das necessidades psicológicas. Em contrapartida, relacionar-se obsessivamente pode ter impacto pequeno, mas negativo, no funcionamento baseado na associação negativa com a satisfação das necessidades (Chénard-Poirier et al., no prelo).

Portanto, os resultados indicaram que a PH viabiliza o funcionamento ótimo dos estudantes por meio da satisfação dessas necessidades, enquanto a PO apresentou impacto negativo sobre a satisfação das necessidades e, consequentemente, prejudicando a experiência de bem-estar em diferentes níveis.

Resultados semelhantes foram encontrados anteriormente. A PH foi associada positivamente à satisfação de necessidades psicológicas básicas, que, por sua vez, relacionou-se positivamente com os indicadores de funcionamento adaptativo; já a PO associou-se negativamente às variáveis (Curran et al., 2013; Houlfort et al., 2015).

Considerações finais

É notável o crescente investimento em pesquisas que ampliem e se proponham a compreender novas variáveis que contribuam para o desenvolvimento saudável das pessoas em diversas áreas. Este capítulo teve como objetivos principais apresentar o bem-estar a partir de uma perspectiva multidimensional, conceituada como Funcionamento Ótimo na Sociedade, bem como o Modelo Dualístico da Paixão e algumas possibilidades de avaliá-los no contexto brasileiro. Destacamos, portanto, os construtos apresentados como importantes aspectos a serem considerados para elaboração de intervenções, de maneira sistematizada, para auxiliar no fomento da relação harmoniosa com a atividade em questão, visto que se associa a desfechos positivos, como o funcionamento ótimo, que, em curto e longo prazos traz benefícios às pessoas e à sociedade de modo geral.

Vale ressaltar que apresentação desses modelos não é alheia às preocupações históricas (Diener, 2009) e atuais (Ryff, 2022) da psicologia positiva com a proliferação de modelos teóricos sem sustentação empírica e instrumentos de medida que não apresentem evidências de validade. Nesse sentido, entende-se que o Modelo Dualístico da Paixão tem apresentado grande contribuição à Psicologia Positiva, em especial por apresentar muitas evidências dos benefícios do estabelecimento de uma relação harmoniosa com uma atividade de interesse.

Ressaltamos, aqui, a premiação recebida pelo Professor Robert J. Vallerand da APA William James Award no ano de 2017, pela publicação do livro *The psychology of passion: on the Dualistic Model of Passion*. Esse prêmio é oferecido a obras com destacado poder de contribuição às pesquisas e às práticas profissionais em psicologia. Em relação ao Ofis, resultados de pesquisas mais recentes realizadas internacionalmente (Chénard-Poirier et al., no prelo) e nacionalmente (Peixoto et al., no prelo) têm demonstrados evidências empíricas da potencialidade do modelo em trazer contribuições adicionais à compreensão do bem-estar.

Em relação à agenda de pesquisa e desafios futuros dos modelos apresentados, encontram-se aqueles apresentados por Ryff (2022) sobre características amostrais e contextos em que as pesquisas são comumente realizadas com amostras homogêneas e com características sociodemográficas que os colocam em posição privilegiadas na sociedade. Nesse sentido, esforços devem ser realizados pelos pesquisadores para acessarem grupos minoritários/multiculturais e socioeconomicamente desfavorecidos, pois esses investimentos possibilitarão maior conhecimento das associações entre fatores sociodemográficos, bem-estar e os tipos de engajamento em atividades de interesse.

Indicação de leitura

Chénard-Poirier, L. A., Vallerand, R. J., Verner-Filion, J., Houlfort, N., Forest, J., & Rinfret, N. (no prelo). Optimal functioning in society: a conceptualization, a measure, and a look at determinants. *Journal of Happiness Studies*.

Chénard-Poirier, L. A., & Vallerand, R. J. (2021). Le fonctionnement optimal en société: une analyse Multidimensionnelle du Bien-Être. In C. Tarquinio, & C. Martin-Krumm (eds.). *Grand manuel de la psychologie positive* (pp. 31-48). De Boeck.

Vallerand, R. J. (2013). Passion and optimal functioning in society: a eudaimonic perspective. In A. S. Waterman (ed.). *The best within us: positive psychology perspectives on eudaimonia* (p. 183-206). American Psychological Association. https://doi.org/10.1037/14092-010

Vallerand, R. J. (2015). *The psychology of passion: on the Dualistic Model of Passion*. Oxford University Press.

Referências

American Educational Research Association, American Psychological Association, & the National Council on Measurement in Education (2014). *Standards for Educational & Psychological Testing*. Author.

Amarnani, R. K., Lajom, J. A. L., Restubog, S. L. D., & Capezio, A. (2020). Consumed by obsession: career adaptability resources and the performance consequences of obsessive passion and harmonious passion for work. *Human relations*, 73(6), 811-836. https://doi.org/10.1177/0018726719844812

Calvetti, P. Ü., Muller, M. C., & Nunes, M. L. T. (2007). Psicologia da saúde e psicologia positiva: perspectivas e desafios. *Psicologia: Ciência e Profissão*, 27, 706-717. https://doi.org/10.1590/S1414-98932007000400011

Carpentier, J., Mageau, G. A., & Vallerand, R. J. (2012). Ruminations and flow: Why do people with a more harmonious passion experience higher well-being? *Journal of Happiness Studies*, 13(3), 501-518. https://doi.org/10.1007/s10902-011-9276-4

Chénard-Poirier, L. A., Vallerand, R. J., Verner-Filion, J., Houlfort, N., Forest, J., & Rinfret, N. (no prelo). Optimal functioning in society: a conceptualization, a measure, and a look at determinants. *Journal of Happiness Studies*.

Chénard-Poirier, L. A., & Vallerand, R.J. (2021). Le fonctionnement optimal en société: une analyse multidimensionnelle du Bien-Être. In C. Tarquinio, & C. Martin-Krumm (eds.). *Grand manuel de la psychologie positive* (pp. 31-48). De Boeck.

Curran, T., Appleton, P. R., Hill, A. P., & Hall, H. K. (2013). The mediating role of psychological need satisfaction in relationships between types of passion for sport and athlete burnout. *Journal of Sports Sciences*, 31(6), 597-606. https://doi.org/10.1080/02640414.2012.742956

Curran, T., Hill, A. P., Appleton, P. R., Vallerand, R. J., & Standage, M. (2015). The psychology of passion: a meta-analytical review of a decade of research on intrapersonal outcomes. *Motivation and Emotion*, 39(5), 631-655. https://doi.org/10.1007/s11031-015-9503-0

Diener, E. (2009). Positive psychology: past, present, and future. In C. R. Snyder, & S. J. Lopez (eds.). *Oxford handbook of positive psychology* (pp. 7-11). Oxford: Oxford University Press.

Diener, E., Emmons, R. A., Larsen, R. J., & Griffin, S. (1985). The satisfaction with life scale. *Journal of personality assessment*, 49(1), 71-75. https://doi.org/10.1207/s15327752jpa4901_13

Diener, E., & Emmons, R. A. (1984). The independence of positive and negative affect. *Journal of Personality and Social Psychology*, 47(5), 1.105-1.117. https://doi.org/10.1037/0022-3514.47.5.1105

Diener, E., Gohm, C. L., Suh, E., & Oishi, S. (2000). Similarity of the relations between marital status and subjective well-being across cultures. *Journal of Cross-Cultural Psychology*, 31(4), 419-436. https://doi.org/10.1177/0022022100031004001

Diener, E., Sapyta, J. J., & Suh, E. (1998). Subjective well-being is essential to well-being. *Psychologica Inquiry*, 9(1), 33-37. https://doi.org/10.1207/s15327965pli0901_3

Diener, E., Scollon, C. N., & Lucas, R. E. (2009). The evolving concept of subjective well-being: the multifaceted nature of happiness. In E. Diener (ed.). Assessing well-being: the collected works of Ed Diener (pp. 67-100). Springer Science + Business Media. https://doi.org/10.1007/978-90-481-2354-4_4

Diener, E., W., Harter, J., & Arora, R. (2010). Wealth and happiness across the world: material prosperity predicts life evaluation, whereas psychosocial prosperity predicts positive feeling. *Journal of personality and social psychology*, 99(1), 52-61. https://doi.org/10.1037/a0018066

Donahue, E. G., Forest, J., Vallerand, R. J., Lemyre, P. N., Crevier-Braud, L., & Bergeron, É. (2012). Passion for work and emotional exhaustion: The mediating role of rumination and recovery. *Applied Psychology: Health and Well-Being*, 4(3), 341-368. https://doi.org/10.1111/j.1758-0854.2012.01078.x

Ford, M. E., & Smith, P. R. (2007). Thriving with social purpose: an integrative approach to the development of optimal human functioning. *Educational Psychologist*, 42(3), 153-171. https://doi.org/10.1080/00461520701416280

Goldberg, D. P., & Hillier, Y. F. (1979). A scaled version of the General Health Questionnaire. *Psychological Medicine*, 9, 139-145. https://doi.org/10.1017/S0033291700021644

Houlfort, N., Fernet, C., Vallerand, R. J., Laframboise, A., Guay, F., & Koestner, R. (2015). The role of passion for work and need satisfaction in psychological adjustment to retirement. *Journal of Vocational Behavior*, 88, 84-94. https://doi.org/10.1016/j.jvb.2015.02.005

Lafrenière, M. A. K., Jowett, S., Vallerand, R. J., Donahue, E. G., & Lorimer, R. (2008). Passion in sport: on the quality of the coach-athlete relationship. *Journal of Sport and Exercise Psychology*, 30(5), 541-560. https://doi.org/10.1123/jsep.30.5.541

Peixoto, E. M., Nakano, T. D. C., Castillo, R. A., Oliveira, L. P., & Balbinotti, M. A. A. (2019). Passion scale: psychometric properties and factorial invariance via exploratory structural equation modeling (ESEM). *Paideia*, 29. https://doi.org/10.1590/1982-4327e2911

Peixoto, E. M., Oliveira, K. S., Romano, A. R., Campos, C. R., Chénard-Poirier, L. A., & Vallerand, R. J. (no prelo). Optimal Functioning in Society Scale (Ofiss): adaptação transcultural e propriedades psicométricas.

Peixoto, E. M., Pallini, A. C., Vallerand, R. J., Rahimi, S., & Silva, M. V. (2021). The role of passion for studies on academic procrastination and mental health during the Covid-19 pandemic. *Social Psychology of education*, 24(3), 877-893. https://doi.org/ 10.1007/s11218-021-09636-9

Ryan, R. M., & Deci, E. L. (2000). The darker and brighter sides of human existence: basic psychological needs as a unifying concept. *Psychological Inquiry*, 11(4), 319-338. https://doi.org/10.1207/S15327965PLI1104_03

Ryan, R. M., & Deci, E. L. (2001). On happiness and human potentials: a review of research on hedonic and eudaimonic well-being. *Annual review of psychology*, 52, 141-166. https://doi.org/10.1146/annurev.psych.52.1.141

Ryff, C. D. (1989). Happiness is everything, or is it? Explorations on the meaning of psychological well-being. *Journal of Personality and Social Psychology*, 57(6), 1.069-1.081. https://doi.org/10.1037/0022-3514.57.6.1069

Ryff, C. D. (2022). Positive psychology: looking back and looking forward. *Frontiers in Psychology*, 13(840062). https://doi.org/10.3389/fpsyg.2022.840062

Ryff, C. D., & Singer, B. (1996). Psychological well-being: meaning, measurement, and implications for psychotherapy research. *Psychotherapy and Psychosomatics*, 65, 14-23. https://doi.org/10.1159/000289026

Ryff, C. D., & Singer, B. (1998). The contours of positive human health. *Psychological Inquiry*, 9(1), 1-28. https://doi.org/10.1207/s15327965pli0901_1

Schellenberg, B. J., Verner-Filion, J., Gaudreau, P., Bailis, D. S., Lafrenière, M. A. K., & Vallerand, R. J. (2019). Testing the dualistic model of passion using a novel quadripartite approach: a look at physical and psychological well-being. *Journal of Personality*, 87(2), 163-180. https://doi.org/10.1111/jopy.12378

Seligman, M. E. P. (2011). *Florescer*. Objetiva.

Seligman, M. E. P., & Csikszentmihalyi, M. (2014). Positive psychology: an introduction. In *Flow and the foundations of positive psychology*. Springer. https://doi.org/10.1007/978-94-017-9088-8_18

Sheldon, K. M., & Hilpert, J. C. (2012). The balanced measure of psychological needs (BMPN) scale: an alternative domain general measure of need satisfaction. *Motivation and Emotion*, 36(4), 439-451. https://doi.org/10.1007/s11031-012-9279-4

Sheldon, K. M., Ryan, R. M, Deci, E. L., &, Kasser, T. (2004). The independent effects of goal contents and motives on well-being: it's both what you pursue and why you pursue it. *Pers Soc Psychol Bull*, 30(4), 475-486. https://doi.org/10.1177/01461672032618

St-Louis, A. C., Rapaport, M., Chénard Poirier, L., Vallerand, R. J., & Dandeneau, S. (2021). On emotion regulation strategies and well-being: The role of passion. *Journal of Happiness Studies*, 22(4), 1.791-1.818. https://doi.org/ 10.1007/s10902-020-00296-8

Vallerand, R. J. (2010). On passion for life activities: the dualistic model of passion. *Advances in experimental social psychology*, 42, 97-193. https://doi.org/10.1016/S0065-2601(10)42003-1

Vallerand, R. J. (2012). The role of passion in sustainable psychological well-being. *Psychology of Well-Being: theory, Research and Practice*, 2(1), 1-21. https://doi.org/10.1186/2211-1522-2-1

Vallerand, R. J. (2013). Passion and optimal functioning in society: a eudaimonic perspective. In A. S. Waterman (ed.). *The best within us: Positive psychology perspectives on eudaimonia* (pp. 183-206). American Psychological Association. https://doi.org/10.1037/14092-010

Vallerand, R. J. (2015). *The psychology of passion: a dualistic model*. Oxford University Press.

Vallerand, R. J. (2016). The dualistic model of passion: theory, research, and implications for the field of education. In Liu, W., Wang, J., Ryan, R. (eds.). *Building Autonomous Learners* (pp. 31-58). Springer. https://doi.org/10.1007/978-981-287-630-0_3

Vallerand, R. J., & Bragoli-Barzan, L. (2019). Passion et Bien-être: Une Analyse Multidimensionnelle du Fonctionnement Optimal en Société. In C. Martin-Krumm, & C. Tarquinio (eds.). *Champs d'application et d'implication de la psychologie positive* (pp. 19-41). Dunod.

Vallerand, R. J., & Houlfort, N. (eds.). (2019). *Passion for work: theory, research, and applications*. Oxford University Press.

Vallerand, R. J., Mageau, G. A., Elliot, A. J., Dumais, A., Demers, M. A., & Rousseau, F. (2008). Passion and performance attainment in sport. *Psychology of Sport and Exercise*, 9(3), 373-392. https://doi.org/10.1016/j.psychsport.2007.05.003

Vallerand, R. J., Mageau, G. A., Ratelle, C., Léonard, M., Blanchard, C., Koestner, R., Gagné, M., & Marsolais, J. (2003). Les passions de l'âme: on obsessive and harmonious passion. *Journal of Personality and Social Psychology*, 85(4), 756-767. https://doi.org/10.1037/0022-3514.85.4.756

Vallerand R. J., & Rahimi, S. (2023). On the psychometric properties of the passion scale. In W. R. Ruch, A. B. Bakker, L. Tay, & F. Gander (eds.). *Psychological assessment in positive psychology* (pp. 248-272). Hogrefe.

Vitterso, J. (2013). *Functional well-being: happiness as feelings, evaluations, and functioning*. Oxford Handbooks Online. https://doi.org/10.1093/oxfordhb/9780199557257.013.0017

World Health Organization (1948). *Constitution of the World Health Organization*.

Wissing, M. P., & Van Eeden, C. (1997). *Psychological well-being: a fortigenic conceptualization and empirical clarification*. Paper presented at the Third Annual Congress of the Psychological Society of South Africa (pp. 10-12).

Motivos para viver e sentido de vida

Makilim Nunes Baptista
Ana Celi Pallini
Marcela Hipólito de Souza

Highlights
1. As razões que são importantes para viver e que dão sentido à vida podem ser os principais norteadores de intervenções em prevenção e manutenção de bem-estar e saúde mental.
2. Os motivos para viver e o sentido de vida podem ser considerados fatores de proteção no enfrentamento de situações adversas.
3. A saúde mental é favorecida quando os motivos que as pessoas têm para viver estão presentes de forma frequente na vida.

Introdução

Quando pensamos em psicologia, várias ramificações podem ser delineadas como áreas e contextos de atuação, entre elas a psicologia clínica, a escolar/educacional, a do trabalho/organizacional, a jurídica, a do esporte e a do trânsito. A psicologia clínica e a psicologia da saúde podem ser consideradas áreas de grande valia e que vêm desenvolvendo teorias e técnicas de fundamental importância para a psicologia como um todo, principalmente na compreensão do funcionamento psicológico.

Nesse contexto, a avaliação psicológica (AP) auxilia os profissionais na compreensão dos processos de adoecimento e em como o ser humano mantém-se saudável (Baptista & Borges, 2017; Capitão & Baptista, 2015). Daí também a ênfase, nas últimas décadas, da psicologia positiva, uma área que vem sendo considerada como fundamental por focar nas qualidades e nas virtudes do ser humano (Seligman & Csikszentmihalyi, 2000).

Avaliação de construtos emergentes: motivos para viver e sentido de vida

Antes de irmos para aspectos mais teóricos, vale a pena algumas indagações e reflexões. Se alguém lhe perguntasse o que você considera mais importante para viver e/ou o que dá sentido para a sua vida, qual seria sua resposta? Essa pergunta seria fácil ou difícil de responder? Será que existe uma resposta que seja uma verdade universal e absoluta do que é mais importante para viver que se aplique a todas as pessoas?

Neste capítulo exploraremos essa temática, que é recente no Brasil e tem sido parte do estudo de alguns pesquisadores da área de saúde mental e avaliação psicológica. Esperamos que este conteúdo não seja meramente informativo, apesar de trazer dados científicos de pesquisas, mas também te ajude a refletir sobre a sua própria vida.

Motivos para viver

Poucas vezes na vida as pessoas param para pensar o que tem mais valor em suas vidas. Quando indagações sobre o que é importante para viver surgem, a tendência é uma resposta mais automatizada e não uma reflexão profunda e real sobre a própria existência, valores e prioridades.

A sociedade impõe alguns padrões de importâncias para as coisas que, muitas vezes, tentam ser generalizados para todas as pessoas, como se houvesse aspectos e uma ordem certa de valorização de tudo. Isso não é uma verdade. Os motivos que cada um tem para viver podem ser muito diversificados, inclusive em grupos étnicos diferentes (Bakhiyi et al., 2016; Walker et al., 2010). No entanto, a depender da cultura, da história e das vivências grupais, pode haver um compartilhamento de aspectos comuns que são amplamente valorizados por grupos, sejam eles no nível macro – como as sociedades e culturas de cada país – quanto micro, de um sistema familiar para outro, por exemplo.

Também é importante pensar no quanto o ser humano é mutável e isso deve ser aplicado para entender diversos aspectos, inclusive os motivos para viver. Isso porque algumas coisas podem ser muito importantes para as pessoas em uma fase da vida e deixar de ter tanto peso e significado em outras (Hupkens et al., 2018). Pensemos, por exemplo, na saúde, enquanto o corpo está funcionando bem. A maioria das pessoas tende a pensar ou a se preocupar um pouco menos com ele, mas quando esse corpo "falha", quando se está enfermo ou acometido por uma doença, o foco volta-se a ele e à recuperação da saúde, tornando-se algo importante (Botega, 2000).

A religião é outro exemplo disso. Há pessoas que se identificam muito com alguns conceitos e ensinamentos e que encontram sentido em algumas práticas dogmáticas durante anos e anos. No entanto, em algum momento tais práticas e ensinamentos podem se tornar confusos e contraditórios a sua experiência de vida e perdem o sentido, de forma que as pessoas deixam de pensar daquela forma e encontrem sentido em outra religião ou filosofia de vida. Ademais, os motivos que se têm para viver e aquilo que dá sentido à vida também não precisam ser os mesmos por toda a existência, eles podem ir mudando de forma que façam sentido na experimentação da realidade de cada um (Marston, 2010).

O conceito de motivos para viver (ou razões para viver) surgiu na literatura a partir dos estudos de Marsha M. Linehan e seus colaboradores, que visavam investigar as razões que as pessoas tinham para permanecerem vivas quando estavam pensando em se matar. Esses estudos possibilitaram o desenvolvimento do Reasons for Living Inventory (RLI) (Linehan, et al., 1983), um instrumento de avaliação das razões para viver. Entretanto, é notável tanto na teoria quanto no instrumento proposto por eles, um caráter mais negativo e associado a medos de julgamentos dos outros e da morte, e preocupações com pessoas que ficariam vivas caso elas viessem a tirar a própria vida.

O conceito de motivos para viver que visamos explorar neste capítulo é um pouco mais amplo, não estando relacionado apenas ao suicídio, apesar de esses motivos mostrarem-se como aspectos protetivos ao pensamento, à tentativa e à morte por suicídio.

No Brasil, o conceito de motivos para viver passou a ser explorado de uma perspectiva diferente, antes de tudo, como um indicador de saúde. Esse conceito e essa perspectiva foram abordados por Pallini (2020) que, mediante pesquisa sobre os motivos que as pessoas tinham para viver, inicialmente identificou oito categorias de motivos comuns na realidade brasileira. Esses motivos foram: suporte familiar, suporte social, espiritualidade/religiosidade, perspectiva e planos para o futuro, amor-próprio e a vida, realização profissional, saúde e aproveitamento da vida.

Mais tarde, essas categorias resultaram num instrumento de avaliação denominado Escala Brasileira de Motivos para Viver (Bemviver). Nesse instrumento, seis dessas categorias mantiveram-se como fatores, com exceção apenas das categorias amor-próprio e a vida, e perspectivas e planos para o futuro. No entanto, em termos de configuração do instrumento, vários aspectos relacionados a essas temáticas foram abordados, além de ter surgido um novo fator denominado de contato social.

Para melhor compreensão do significado das categorias iniciais encontradas, daremos um panorama mais geral de cada uma, para entendermos o que os brasileiros (ou pelo menos uma amostra) consideram como central para viver.

A categoria de suporte familiar está ligada à necessidade e à importância de se receber apoio e afeto, e de ter a presença dos familiares na vida. Em termos de significado, essa categoria aproxima-se muito da de suporte social, que fala das mesmas necessidades, mas direcionadas a pessoas externas ao núcleo familiar, geralmente amigos.

Na categoria religiosidade/espiritualidade há uma ênfase à transcendência, busca de sentido e propósito de vida, mas, principalmente, na ligação com Deus e a importância de partilhar de uma religião ou grupo religioso, o que culturalmente é muito presente no Brasil.

Em perspectivas e planos para o futuro havia grande valorização e presença da vontade de conquistar propósitos, sonhos e planos ligados ao futuro e do quanto isso impulsionava a busca por objetivos, que se aproxima um pouco da categoria de realização profissional, na qual a necessidade de ter carreira, estabilidade financeira e trabalho ficou evidente.

Na categoria de amor-próprio e a vida surgiram aspectos voltados à apreciação e ao gosto pela vida, bem como à autoestima, ou seja, a importância de estar bem consigo mesmo. Já em relação à saúde, a ênfase foi dada ao se estar bem, principalmente fisicamente, para executar tarefas do cotidiano. Por fim, na categoria de aproveitamento da vida, foram contemplados aspectos que conceitualmente estão ligados à satisfação com a vida, envolvendo a importância dos momentos de lazer, felicidade e bem-estar (Pallini, 2020).

De forma geral, os motivos para viver estão ligados a aspectos mais práticos e presentes no dia a dia das pessoas. Referem-se a tudo que faz a vida valer a pena e/ou que são importantes a ponto de fazer com que as pessoas queiram continuar vivendo mesmo diante de situações difíceis. Esses motivos, como já explicitado, podem variar em detrimento de diversos aspectos.

Uma pesquisa realizada por Baptista e Pallini (2021), por exemplo, mostrou que pacientes clínicos passando por alguma experiência de doença, limitação ou questão relacionada à saúde tendiam a dar mais valor aos aspectos de saúde e espiritualidade, enquanto os universitários tinham maior ênfase a aspectos ligados a relações/vínculos sociais e realização profissional.

No entanto, não houve diferenças entre os grupos em relação à importância do suporte familiar e do aproveitamento da vida, vistos como importantes por ambos. Isso pode indicar que além de variarem de pessoa para pessoa, em relação a aspectos culturais, eles também podem mudar no próprio ciclo da vida, no qual, a depender da fase em que estamos, nossas prioridades também mudam.

Antes de trazer mais estudos nessa temática que demonstram a importância e a aplicabilidade dela nos contextos de saúde, existe outro conceito na literatura que tem proximidade com os motivos para viver, denominado de sentido de vida. Os motivos para viver e o sentido de vida são, antes de tudo, aspectos saudáveis e protetivos em geral. De alguma forma, ambos os conceitos abordam tudo aquilo que as pessoas consideram importante na vida, que trazem alguma segurança, esperança e alento no dia a dia, e também diante de situações difíceis. Porém os motivos para viver centram-se em aspectos mais práticos e cotidianos, e o sentido de vida, por vezes, caminha para um senso também de transcendência, de uma busca por um propósito maior.

Sentido de vida

Interessante considerar o modo como cada pessoa atribui sentido à própria vida. Steger (2018) retrata desde as questões mais abstratas (p. ex., crença ou não crença das pessoas na religião), aos níveis mais específicos, tais como soluções que podemos encontrar diante das adversidades da vida. Dessa forma, duas pessoas podem perceber níveis similares de sentido, embora suas fontes de significado sejam diferentes, ou seja, pessoas que reconhecem maior significado no trabalho árduo, tentando alcançar objetivos e perseguindo o sucesso, enquanto para outras, pessoas da família, amizade ou serem voluntárias são fontes de maior significado.

Vários estudos também têm considerado os achados de Viktor Frankl ao investigar o tema sentido de vida (Kim et al., 2022; Steger et al., 2006). Em particular, o autor seminal do tema não nos apresenta uma definição do que seja o sentido de vida, mas evidencia que se trata de uma experiência psicológica que não se repete de pessoa para pessoa nem de um momento para o outro; não é o sentido da vida em geral, mas o sentido específico da vida de uma pessoa em um determinado momento (Frankl, 1963).

Ao longo dos anos foram propostos abordagens e trabalhos empíricos relativos ao construto psicológico sentido de vida (Reker & Wong, 1988; Steger et al., 2006). Com isso foi necessário um refinamento conceitual do próprio construto, uma vez que houve uma urgência para sintetizar as várias abordagens que foram surgindo. Recentemente, Martela e Steger (2016) propuseram uma primeira proposta teórica, considerando os componentes avaliativo, cognitivo e motivacional, respectivamente: (1) significado, que representa um senso de valor inerente à vida – ter uma vida que vale a pena ser vivida; (2) coerência, que denota um senso de compreensibilidade – é a vida da pessoa fazendo sentido; (3) propósito, que indica um senso de objetivos centrais e direção na vida.

Martela e Steger (2022) destacam que outros pesquisadores já haviam observado essa tridimensionalidade do sentido de vida, que envolve a importância que o indivíduo vê em sua vida, atribui sentido e acredita que ela tem um propósito mais amplo. Ainda, os autores forneceram evidências empíricas da Escala Tridimensional de Sentido de Vida (3DM), por meio de análise da estrutura fatorial (AFE e AFC), propriedades psicométricas e validade experimental. Mais particularmente, os resultados das análises de regressão demonstraram, por exemplo, que razões para viver como variável dependente foi consideravelmente relacionada apenas a significado, mas não com propósito ou coerência. Por fim, os autores notaram que as três dimensões são inter-relacionadas, porém não são interdependentes.

Outro estudo mostrou que o sofrimento (p. ex., qualquer tipo de dor psicológica) impacta no sentido de vida e no bem-estar (Edwards & Van Tongeren, 2020). Os autores reuniram evidências de que o sofrimento atual estava relacionado a menor sentido de vida e satisfação com a vida. No entanto, na medida em que os indivíduos encontraram sentido em meio ao seu sofrimento, relataram maior bem-estar.

Ao refletirem sobre a situação do momento, houve uma tendência menor a ver um propósito e atribuir sentido ao seu sofrimento do que refletir sobre um sofrimento passado. No entanto, o oposto ocorreu com o significado – esse componente tem funções distintas e pode operar de forma diferente dependendo do contexto. Outro resultado desse estudo destacou que o sentido de vida é um mediador entre o sofrimento do momento e o bem-estar.

Nesse ponto, cabe destacar que o sentido de vida é um importante indicador associado ao bem-estar e à saúde (Steger et al., 2006). Estudo recente (Steger, 2018) retratou que a maioria dos indivíduos que têm níveis elevados de sentido pode experimentar melhores interações sociais com outras pessoas, bem como uma vida mais longa e saudável. Além disso, a construção de relacionamentos significativos pode favorecer o desenvolvimento de mecanismos de enfrentamento adaptativos para lidar com o sofrimento (Menzies et al., 2019).

Outras pesquisas também produziram evidências significativas indicando que o sentido de vida parece atuar como fator protetor em relação às respostas relacionadas ao estresse, uma vez que indivíduos com níveis mais altos de sentido de vida experimentam menos estresse (Fusar-Poli et al., 2019; Miao et al., 2017). Por exemplo, estudo combinando dados diários com longitudinais, coletados todos os dias por 21 dias consecutivos, examinou se o significado diário da vida dos indivíduos previa o uso de técnicas de enfrentamento proativas e se essa relação era mediada por afeto positivo.

Os resultados indicaram que o significado diário da vida foi um preditor positivo de afeto positivo diário e a taxa de mudança no sentido diário da vida previu mudanças no enfrentamento proativo ao longo do estudo, e que essa relação foi mediada pela mudança no afeto positivo. Esses achados sugerem que o sentido pode desempenhar um papel importante no enfrentamento do estresse da vida futura (Miao et al., 2017).

Como observado, o sentido de vida parece minimizar os efeitos do estresse e ampliar as estratégias de enfrentamento em indivíduos sem transtornos mentais, considerando que o sentido pode contribuir como um estado de bem-estar ao permitir que os indivíduos lidem com o estresse do dia a dia (Fusar-Poli et al., 2019). Também, o sentido associa-se à melhor saúde mental em amostras clínicas, por exemplo.

O estudo longitudinal conduzido por Disabato et al. (2017) verificou que níveis mais altos de características psicológicas, como gratidão e sentido de vida, previram diminuições na depressão ao longo de três e seis meses. Além disso, os eventos positivos de vida mediaram os efeitos da gratidão e sentido de vida na depressão, em três meses, mas não em seis meses. Os autores também observaram que os efeitos da mediação não diferiram entre indivíduos com os níveis iniciais baixos ou altos de depressão. Assim, parece importante que os indivíduos com depressão envolvam-se em eventos positivos de vida.

Ainda nesse contexto, o papel do sentido de vida na saúde mental tem fornecido uma síntese da literatura referente às aplicações clínicas e terapêuticas. A revisão integrativa da literatura de 32 estudos de Glaw et al. (2017) revelou que os relacionamentos, em especial com a família, são citados como importantes fontes de sentido de vida das pessoas em diversas culturas e vários grupos etários. Esses resultados têm aplicações clínicas ao auxiliar os pacientes na compreensão de suas crenças sobre o sentido de vida, contribuindo para menores índices de psicopatologias e maiores níveis de satisfação com a vida, afeto positivo, melhor enfrentamento, mais significado na vida, entre outros.

Em uma metanálise, Vos e Vitali (2018) analisaram os efeitos das terapias centradas no sentido (MCTs) na melhoria da qualidade de vida e na redução do estresse psicológico. Ao todo foram cerca de 52.220 citações, que incluíram 60 ensaios (amostra total $N = 3.713$), dos quais 26 eram ensaios clínicos randomizados ($N = 1.975$), 15 ensaios clínicos não randomizados ($N = 709$) e 19 ensaios não randomizados e não controlados com medidas pré/pós ($N = 1.029$).

Como os efeitos variaram entre os estudos, as análises concentraram-se apenas em estudos controlados: as MCTs tiveram grande efeito em comparação a grupos de controle, tanto imediatos quanto no acompanhamento, na qualidade de vida e no estresse psicológico. Os efeitos imediatos foram maiores para a qualidade de vida geral do que para o sentido de vida, esperança e otimismo, autoeficácia e bem-estar social. A homogeneidade desses resultados foi validada pela falta de significância dos moderadores e pelas formas alternativas de seleção dos estudos. Análises de metarregressão mostraram que aumentos no sentido de vida previam diminuição no estresse psicológico.

Esses resultados de revisão e estudo meta-analítico mostram a evolução do rigor científico e a consistência nos resultados das pesquisas em MCT, ao menos se considerarmos os últimos 20 anos (Vos & Vitali, 2018). Até então, os terapeutas afastavam-se da ideia de padronização e/ou da pesquisa sistemática, justificando a impossibilidade em captar a totalidade da experiência subjetiva do indivíduo (Vos, 2016). No entanto, obter reconhecimento dos pares e apoio financeiro para os estudos impactou no aumento do número de pesquisas empíricas (Vos et al., 2015). Assim, observamos que evidências encontradas na literatura apoiam aplicações clínicas e terapêuticas sobre o sentido, temática abordada no próximo subtítulo.

Pesquisas: construtos relacionados aos motivos para viver e sentido de vida

Após a conceituação e o desenvolvimento de razões (ou motivos) para viver e sentido de vida, vários pesquisadores começaram a vislumbrar aplicações na pesquisa e na prática clínica, na ânsia de compreender a importância de se avaliar e aplicar esses conceitos na vida do ser humano.

Estudos relacionados à natureza subjetiva da existência, tais como presente nos dois construtos, são fundamentais para a compreensão de intervenções capazes de minimizar os efeitos do estresse, desenvolvimento de transtornos mentais e modificação nas estratégias de enfrentamento dos indivíduos (Flynn, 2021). Assim, este tópico tem como objetivo apresentar algumas aplicações, bem como pesquisas que levaram em consideração as razões para viver e o sentido de vida (ou significado da vida) e as relações com outros construtos e práticas do psicólogo na clínica e em pesquisa.

Em uma breve busca no Google acadêmico é possível averiguar que ambos os conceitos são largamente pesquisados e associados a diversos construtos (p. ex., desesperança, bem-estar), grupos (p. ex., doentes crônicos, veteranos de guerra, orientação sexual), contextos (p. ex., serviços de saúde), transtornos mentais (p. ex., depressão, ansiedade), faixas etárias (p. ex. idosos, adolescentes) e fenômenos diversos (p. ex., suicídio), principalmente como fatores de proteção na saúde mental e na dor psicológica. Ainda, é possível encontrar revisões sistemáticas específicas sobre os motivos para viver e o sentido de vida, mesmo que mais raramente (Costanza et al., 2019; Flynn, 2021).

Não obstante – e em alguns momentos –, as razões para viver e o sentido de vida podem ser mensurados de maneira conjunta, tais como fatores de proteção e/ou moderadores para o suicídio e a sensação de aprisionamento que geralmente toma conta das pessoas com ideação e tentativas de suicídio, sendo que a correlação entre as duas medidas pode girar em torno de 0,4 (Moscardini et al., 2021).

De maneira geral, as razões ou motivos para viver acabaram sendo utilizados mais proeminentemente em pesquisas que avaliavam temáticas relacionadas ao suicídio. Por exemplo, Bakhiyi et al. (2016), ao realizarem uma revisão sistemática de 39 estudos publicados até 2015, encontraram que as razões para viver são protetivas contra ideação e tentativas de suicídio, especificamente as objeções morais ao suicídio e a sobrevivência e as estratégias de enfrentamento, sendo correlacionadas a outros fatores de resiliência.

As objeções morais estão ligadas a fatores religiosos, como: "Só Deus ter o direito de terminar uma vida", ou a religião não permitir ou desaprovar o suicídio, ou até mesmo o medo de "ir para o inferno". Já a sobrevivência e as estratégias de enfrentamento referem-se às habilidades de lidar com situações difíceis na vida. As razões para viver também interagiram com alguns transtornos mentais (p. ex., transtornos depressivos e ansiosos, abuso de álcool) e de personalidade (p. ex., personalidades *borderline* e depressiva), sendo que os autores apontam que a inclusão de medidas de razões para viver pode ser bastante útil para avaliar o comportamento suicida na prática clínica.

Outro estudo realizado com 1.200 estudantes canadenses demonstrou a importância de uma das dimensões das razões para viver, especificamente a força da fé na religião como um fator protetivo. No entanto, outras variáveis também foram consideradas importantes em um modelo multivariado de regressão, tais como menores níveis de traumas infantis, sintomas de depressão e ansiedade (Rieger et al., 2015).

Ainda, é possível avaliar diferenças importantes de razões para viver em grupos com diferentes orientações sexuais, sexo e idade. Em relação à orientação sexual, as razões para viver parecem ser menores em homossexuais quando comparados a heterossexuais, mesmo não sendo encontrados estudos com amostras representativas (Hamilton, 2001; Hirsch & Ellis, 1998).

Parece que a faixa etária e o sexo também podem estar associados à ênfase em determinados fatores específicos dos motivos para viver. Sendo assim, McLaren (2011) avaliou uma amostra comunitária adulta de quase mil pessoas e detectou que as mulheres pontuaram mais alto no total das razões para viver, bem como as preocupações relacionadas a crianças (p. ex., filhos) e o medo do suicídio. Em relação ao aumento da idade, também se associou ao aumento dos totais das razões, bem como as responsabilidades para com a família e as objeções morais. A combinação de idade e sexo interagiu relacionando-se com a responsabilidade para com a família, medo do suicídio e desaprovação social.

Ainda, os motivos para viver vêm sendo estudados em relação à depressão. Interessante notar que no estudo de fatores de risco associados aos transtornos mentais, bem como ao comportamento suicida, os fatores protetivos vêm sendo menos enfatizados, podendo ser tão importantes quanto os fatores de risco. Até mesmo em estudos longitudinais é observado que pessoas com depressão, mas com mais razões para viver, têm menores índices de tentativas de suicídio depois de dois anos de acompanhamento, especificamente nas mulheres, demonstrando ser um fator de proteção (Lizardi et al., 2007).

A relação entre o sentido de vida e construtos como depressão, ansiedade, estresse, desesperança, bem-estar subjetivo, estilo de enfrentamento e suicídio também tem sido objeto de investigação de inúmeros estudos (Jin et al., 2016; Kelso et al., 2020; Li et al., 2021; Souza & Noronha, 2021). Jin et al. (2016) exploraram a relação entre o sentido de vida e o bem-estar subjetivo, sendo que, nesse estudo, o sentido de vida foi significativa e moderadamente correlacionado ao bem-estar subjetivo. Ainda nesse contexto, uma metanálise (Li et al., 2021) investigou a relação entre presença de sentido (p. ex., o quanto as pessoas experimentam o sentido) e busca de sentido (p. ex., intensidade com que buscam o sentido), mostrando uma associação robusta entre presença de sentido e maior bem-estar subjetivo.

Outro estudo de metanálise (Lew et al., 2019) indicou que os principais fatores de risco para o suicídio dos alunos universitários foram depressão, ansiedade, estresse e desesperança, enquanto para o bem-estar subjetivo, estilos de enfrentamento foram fatores de risco menores e, em especial, a presença de sentido de vida teve um efeito positivo na prevenção do suicídio e atuou como fator de proteção.

Outro estudo de revisão sistemática (Constanza et al., 2019) considerou o sentido de vida como fator de proteção para a saúde mental ao analisar o comportamento suicida. Os autores perceberam que ao distinguirem as duas dimensões do sentido de vida, a presença de sentido teve um impacto protetor, enquanto a busca de sentido foi menos consistente e orientada para um impacto não protetor.

Em linhas gerais, o sentido de vida está relacionado à saúde, à qualidade de vida e à percepção de se ter uma "vida boa" (Hupkens et al., 2018), mais especificamente, a saúde, a conexão consigo mesmo e com os outros (convivência). Além disso, as fontes de sentido variam de acordo com a idade e a cultura; por exemplo, os relacionamentos podem ser considerados como a principal fonte de sentido de vida na vida adulta.

Por fim, pensar o sentido da vida em uma orientação positiva aplicada à saúde implica se concentrar em fatores de proteção, em detrimento ao foco em fatores de risco, uma vez que o sentido de vida parece favorecer comportamentos de saúde mais positivos como possibilidade de alcançar saúde de modo mais pleno.

Considerações finais

Considerar os aspectos saudáveis foi um avanço na história da psicologia e tem sido hoje uma importante estratégia, tanto para pensar e propor intervenções preventivas de manutenção da saúde e do bem-estar quanto de minimizar os efeitos e as probabilidades de doença e sofrimento psíquico.

Nessa linha, os motivos para viver e sentido de vida tornam-se temas atuais e centrais que contemplam a amplitude e a complexidade do ser humano já que, partindo do que é considerado crucial na vivência das pessoas, permite potencializar os aspectos saudáveis.

No entanto, ainda são necessários mais estudos e propostas ligados a essa temática, principalmente no Brasil, onde esses temas ainda permanecem restritos ao ambiente acadêmico e pouco aplicados a programas e políticas públicas de saúde e de intervenções, mesmo com sua importância sendo evidenciada.

Dito isso, se em termos de conhecimento avançamos um pouco nessas temáticas, ainda estamos longe de estruturar ações que as apliquem na prática, o que pode ser uma indicação a estudos futuros, principalmente se pensarmos que ambos os construtos foram evidenciados como fatores protetivos diante de situações adversas e até mesmo do suicídio. Um dado que se tem, por exemplo, é que o número de suicídios aumenta anualmente no Brasil e nenhuma política pública de prevenção realmente eficaz encontra-se estabelecida e propagada e continuada. Se temos conhecimento de que o foco nos motivos para viver e no sentido de vida pode minimizar esses riscos, talvez a elaboração de programas preventivos que partam daí possam ser operacionalizados.

Por último, vamos retomar algumas questões? Você já parou, antes desta leitura, para pensar em seus motivos e sentido de vida? Quais são os seus motivos para viver e seu sentido de vida exatamente agora? Você percebeu mudanças no decorrer do seu ciclo de vida em relação a esses construtos? No que o sentido de vida e os motivos para viver te ajudam no seu dia a dia?

Referências

Bakhiyi, C. L., Calati, R., Guillaume, S., & Courtet, P. (2016). Do reasons for living protect against suicidal thoughts and behaviors? A systematic review of the literature. *Journal of Psychiatric Research*, 77, 92-108. https://doi.org/10.1016/j.jpsychires.2016.02.019

Baptista, M. N., & Borges, L. (2017). Processo de avaliação no contexto da saúde. In R. Gorayeb, M. C. Miyazaki, M. Teodoro. *PROPSICO Programa de atualização em psicologia clínica e da saúde* (pp. 141-168). Artmed Panamericana.

Baptista, M. N., & Pallini, A. C. (2021). Escala Brasileira de Motivos para Viver (BEMVIVER): construção e validade de conteúdo. *Psicologia, Saúde & Doenças*, 22(1), 100-115. https://www.researchgate.net/profile/Ana-Pallini/publication/352381584_Escala_brasileira_de_motivos_para_viver_bemviver_construcao_e_validade_de_conteudo/links/60c8ab63458515dcee8fb150/Escala-brasileira-de-motivos-para-viver-bemviver-construcao-e-validade-de-conteudo.pdf

Botega, N. J. (2000). *Prática psiquiátrica no hospital geral: interconsulta e emergência*. Artmed.

Capitão, C. G., & Baptista, M. N. (2015). Avaliação psicológica da saúde: um campo em construção. In M. N. Baptista & R. R. Dias (orgs.). *Psicologia hospitalar: teoria, aplicações e casos clínicos* (pp. 1-16). Guanabara Koogan.

Costanza, A., Prelati, M., & Pompili, M. (2019). The meaning in life in suicidal patients: the presence and the search for constructs. A systematic review. *Medicina*, 55(8), 465. https://doi.org/10.3390/medicina55080465

Costanza, A., Baertschi, M., Richard-Lepouriel, H., Weber, K., Pompili, M., & Canuto, A. (2020). The presence and the search constructs of meaning in life in suicidal patients attending a psychiatric emergency Department. *Front Psychiatry*, *28*(11), 327. https://doi.org/ 10.3389/fpsyt.2020.00327

Disabato, D. J., Kashdan, T. B., Short, J. L., & Jarden, A. (2017). What predicts positive life events that influence the course of depression? A longitudinal examination of gratitude and meaning in life. *Cognitive Therapy and Research*, *41*(3), 444-458. https://doi.org/10.1007/s10608-016-9785-x

Edwards, M. E., & Van Tongeren, D. R. (2020). Meaning mediates the association between suffering and well-being. *The Journal of Positive Psychology*, *15*(6), 722-733. https://doi.org/10.1080/17439760.2019.1651890

Flynn, E. (2021). *The impact of meaning in life and reasons for living on suicidal behaviour in young adults: a systematic review*. Research Square. https://doi.org/10.21203/rs.3.rs-1047562/v1.

Frankl, V. E. (1963). *Man's search for meaning: an introduction to logotherapy*. Washington Square Press.

Fusar-Poli, P., Salazar de Pablo, G., De Micheli, A., Nieman, D. H., Correll, C. U., Kessing, L. V., Pfennig, A., Bechdolf, A., Borgwardt, S., Arango, C., & van Amelsvoort, T. (2020). What is good mental health? A scoping review. *European Neuropsychopharmacology*, *31*, 33-46. https://doi.org/10.1016/j.euroneuro.2019.12.105

Glaw, X., Kable, A., Hazelton, M., & Inder, K. J. (2017). Meaning in life and meaning of life in mental health care: an integrative literature review. *Issues in Mental Health Nursing*, *38*, 243-252. https://doi:10.1080/01612840.2016.1253804

Hamilton, S. V. (2001). *Affectional orientation, sex roles, and reasons for living*. East Tennessee State University.

Hirsch, J. K., & Ellis, J. B. (1998). Reasons for living in homosexual and heterosexual young adults. *Archives of Suicide Research*, *4*, 243-248. https://doi.org/10.1023/A:1009696608895

Hupkens, S., Machielse, A., Goumans, M., & Derkx, P. (2018). Meaning in life of older persons: an integrative literature review. *Nursing Ethics*, *25*(8), 973-991. https://doi.org/10.1177/0969733016680122

Jin, Y., He, M., & Li, J. (2016). The relationship between meaning in life and subjective well-being in China: a meta-analysis. *Advances in Psychological Science*, *24*(12). https://doi.org/10.3724/SP.J.1042.2016.01854

Kelso, K. C., Kashdan, T. B., Imamoğlu, A., & Ashraf, A. (2020). Meaning in life buffers the impact of experiential avoidance on anxiety. *Journal of Contextual Behavioral Science*, *16*, 192-198. https://doi.org/10.1016/j.jcbs.2020.04.009

Kim, J., Holte, P., Toge, F., Shanahan, C., Li, Z., Zhang, H. ..., & Hicks, J. A. (2022). Experiential appreciation as a pathway to meaning in life. *Nature Human Behaviour*, *6*(5), 677-690. https://doi.org/10.1038/s41562-021-01283-6

Lew, B., Huen, J., Yu, P., Yuan, L., Wang, D. F., Ping, F. ..., & Jia, C. X. (2019). Associations between depression, anxiety, stress, hopelessness, subjective well-being, coping styles and suicide in chinese university students. *PloS one*, *14*(7). https://doi.org/10.1371/journal.pone.0217372

Li, J. B., Dou, K., & Liang, Y. (2021). The relationship between presence of meaning, search for meaning, and subjective well-being: a three-level meta-analysis based on the meaning in life questionnaire. *Journal of Happiness Studies*, *22*(1), 467-489. https://doi.org/10.1007/s10902-020-00230-y

Linehan, M. M., Goodstein, J. L., Nielsen, S. L., & Chiles, J. A. (1983). Reasons for staying alive when you are thinking of killing yourself: the reasons for living inventory. *Journal of Consulting and Clinical Psychology*, *51*(2), 276-286. https://doi.org/10.1037/0022-006X.51.2.276

Lizardi, D., Currier, D., Galfalvy, H., Sher, L., Burke, A., Mann, J., & Oquendo, M. (2007). Perceived reasons for living at index hospitalization and future suicide attempt. *Journal of Nervous and Mental Disorders*, *195*(5), 451-5. https://doi.org/10.1097/NMD.0b013e3180522661

Marston, J. (2010) Meaning in life: a spiritual matter – Projected Changes Post-Retirement for Baby Boomers. *Journal of Religion, Spirituality & Aging*, *22*(4), 329-342. https://doi.org/10.1080/15528030.2010.503738

Martela, F., & Steger, M. F. (2016). The three meanings of meaning in life: distinguishing coherence, purpose, and significance. *The Journal of Positive Psychology, 11*(5), 531-545. https://doi.org/10.1080/17439760.2015.1137623

Martela, F., & Steger, M. F. (2022). The role of significance relative to the other dimensions of meaning in life – an examination utilizing the three dimensional meaning in life scale (3DM). *The Journal of Positive Psychology*, 1-21. https://doi.org/10.1080/17439760.2022.2070528

McLaren, S. (2011). Age, gender, and reasons for living among Australian adults. *Suicide Life Threatening Behavavior, 41*(6), 650-60. https://doi.org/10.1111/j.1943-278X.2011.00061.x

Menzies, R. E., Sharpe, L., & Dar-Nimrod, I. (2019). The relationship between death anxiety and severity of mental illnesses. *British Journal of Clinical Psychology, 58*(4), 452-467. https://doi.org/10.1111/bjc.12229

Miao, M., Zheng, L., & Gan, Y. (2017). O significado na vida promove o enfrentamento proativo via afeto positivo: um estudo diário. *Journal of Happiness Studies, 18* (6), 1.683-1.696. https://doi:10.1007/s10902-016-9791-4

Moscardini, E. H., Oakey-Frost, D. N., Robinson, A., Powers, J., Aboussouan, A. B., Rasmussen, S. ..., & Tucker, R. P. (2021). Entrapment and suicidal ideation: the protective roles of presence of life meaning and reasons for living. *Suicide and Life-Threatening Behavior, 52*(1), 14-23. https://doi.org/10.1111/sltb.12767

Pallini, A. C. (2020). *Escala Brasileira de Motivos para Viver (BEMVIVER): construção e estudos psicométricos* [Dissertação de Mestrado]. Programa de Pós-Graduação, Universidade São Francisco, Campinas. https://www.researchgate.net/publication/341215161_ESCALA_BRASILEIRA_DE_MOTIVOS_PARA_VIVER_BEMVIVER_CONSTRUCAO_E_ESTUDOS_PSICOMETRICOS_-_Dissertacao_de_Mestrado

Reker, G. T., & Wong, P. T. P. (1988). Aging as an individual process: toward a theory of personal meaning. In J. E. Birren, & V. L. Bengtson (eds.). *Emergent theories of aging* (pp. 214-246). Springer Publishing Company.

Rieger, S. J., Peter, T., & Roberts, L. W. (2015). 'Give me a reason to live!' Examining reasons for living across levels of suicidality. *Journal of Religion Health, 54*, 2.005-2.019. https://doi.org/10.1007/s10943-014-9893-4

Seligman, M., & Csikszentmihalyi, M. (2000). Positive psychology: an introduction. *American Psychologist, 55*(1), 5-14. https://doi.org/10.1037/0003-066X.55.1.5

Souza, M. H., Noronha, A. P. P. (2021). Relações entre bem-estar subjetivo e sentido de vida em estudantes universitários. *Revista E-Psi, 10*(1), 80-95. https://revistaepsi.com/artigo/2021-ano10-volume1-artigo5/

Steger, M. F. (2018). Meaning and well-being. In E. Diener, S. Oishi, & L. Tay (eds.). *Handbook of well-being*. DEF Publishers. https://doi.org/nobascholar.com

Steger, M. F., Frazier, P., Oishi, S., & Kaler, M. (2006). The meaning in life questionnaire: Assessing the presence of and search for meaning in life. *Journal of Counseling Psychology, 53*(1), 80-93. https://doi:10.1037/0022-0167.53.1.80

Vos, J. (2016). Working with meaning in life in mental health care: a systematic literature review of the practices and effectiveness of meaning-centred therapies. *Clinical Perspectives on Meaning*, 59-87. https://doi:10.1007/978-3-319-41397-6_4

Vos, J., Cooper, M., Correia, E., & Craig, M. (2015). Existential therapies: a review of their scientific foundations and efficacy. *Existential Analysis, 26*(1), 49-69. https://search.ebscohost.com/login.aspx?direct=true&db=psyh&AN=2015-05162-004&site=ehost-live

Vos, J., & Vitali, D. (2018). The effects of psychological meaning-centered therapies on quality of life and psychological stress: a metaanalysis. *Palliative and Supportive Care*, 1-25. https://doi:10.1017/s1478951517000931

Walker, R. L., Alabi, D., Roberts, J., & Obasi, E. M. (2010). Ethnic group differences in reasons for living and the moderating role of cultural worldview. *Cultural Diversity and Ethnic Minority Psychology, 16*(3), 372-378. https://doi.org/10.1037/a0019720

Altas habilidades ou superdotação no contexto da psicologia positiva

Tatiana de Cassia Nakano

Highlights

1. As altas habilidades ou superdotação envolvem um desempenho elevado em qualquer área do desenvolvimento, não se limitando à inteligência acima da média.
2. Estudantes que apresentam esse quadro são foco da educação especial, tendo direito a atendimento educacional especializado previsto nas políticas públicas.
3. O psicólogo pode, além da avaliação, trabalhar junto ao indivíduo, à família, a demais profissionais e à escola visando ao desenvolvimento integral dos superdotados.

Altas habilidades ou superdotação: compreensões e cenário atual

O fenômeno das altas habilidades ou superdotação (AH/SD) ainda se mostra pouco explorado na psicologia, apesar da sua relevância. Diante dessa constatação, o presente texto busca explicitar o conceito, sua importância e a relação com a psicologia positiva, ressaltando a atuação do psicólogo nessa temática. O texto foca na importância do reconhecimento da existência de pessoas que se destacam em alguma área e que se sobressaem em diferentes contextos, dentro de uma perspectiva multidimensional.

Apesar de fazerem parte da chamada educação especial, juntamente aos alunos com deficiências e transtornos globais do desenvolvimento (Brasil, 2012), é comum que esses indivíduos recebam pouca ou nenhuma atenção, muitas vezes passando despercebidos na escola sem que suas potencialidades, talentos, aptidões e habilidades diferenciadas fossem descobertos (Souza et al., 2020).

Segundo a Organização Mundial da Saúde (OMS), cerca de 3 a 5% da população apresenta superdotação (Pérez, 2012). No entanto, devido a problemas relacionados, principalmente, à identificação, o Brasil tem somente 24.132 alunos do ensino básico brasileiro identificados, ou seja, cerca de 0,05% segundo o Censo Escolar (Instituto Nacional de Estudos e Pesquisas Educacionais Anísio Teixeira, 2020). A discrepância entre os números do Censo e a estimativa tem indicado dificuldades na identificação desses indivíduos, seu registro no censo escolar e, consequentemente, o diagnóstico e o oferecimento de atendimento adequado para essa população (Nakano & Campos, 2019).

A legislação brasileira define as pessoas com altas habilidades ou superdotação como aquelas que apresentam potencial elevado quando comparadas aos seus pares, em uma ou mais áreas do conhecimento humano, sejam elas criatividade, liderança, psicomotora, artística, intelectual ou acadêmica, geralmente com grande envolvimento em tarefas de seu interesse (Brasil, 2012).

Os sinais podem ser os mais diferentes entre os indivíduos e indicam a existência de uma ampla gama de potencial e de talentos, relacionados não somente a um alto desempenho nas áreas acadêmica e cognitiva, mas, também, nas esferas criativas, sociais, artísticas, físicas, musicais, psicomotoras e tecnológicas (Almeida et al., 2013), diferindo em termos de níveis e intensidade.

Dada a diversidade de áreas em que o potencial superior pode se manifestar, esse público-alvo apresenta uma variedade de características e caráter heterogêneo (Costa et al., 2022), com amplos perfis de interesses e capacidades, estando alguns deles identificados, no Quadro 1 a seguir.

Além da diversidade de perfis que dificultam a compreensão adequada do fenômeno, no Brasil, quando se aborda a questão da educação especial, normalmente o foco ainda recai sobre as deficiências e os transtornos, não havendo, na maior parte das vezes, iniciativas voltadas ao aluno superdotado (Nakano, 2019).

A mesma situação é percebida nos focos das pesquisas que envolvem os superdotados, marcados pela intensa presença de investigação de aspectos que podem se mostrar prejudicados nessa população. Como exemplos podemos citar problemas emocionais e comportamentais (Andrade et al., 2021), vulnerabilidades (Virgolim, 2021), dificuldades relacionadas às habilidades sociais (Oliveira et al., 2021), queixas escolares (Cunha & Rondini, 2020), entre outros aspectos.

Por outro lado, é importante ressaltar a presença de estudos voltados ao questionamento des-

Quadro 1
Principais tipos de superdotação segundo a literatura científica

Tipo	Habilidade que se encontra acima da média	Características
Superdotação intelectual	Capacidade cognitiva geral	Apresenta inteligência fluida e cristalizada bem desenvolvida, memória de curto e longo prazos, flexibilidade e fluência de pensamento, capacidade de pensamento abstrato e associações, rapidez e independência de pensamento, alta capacidade de resolver e lidar com problemas, conhecimentos adiantados para a idade e precocidade em alguma área.
Superdotação acadêmica ou escolar	Inteligência	Altos níveis de desempenho escolar, boa memória, atenção, facilidade no processamento de informações complexas, facilidade de aprendizagem, gosto e motivação por disciplinas acadêmicas de seu interesse, alta capacidade de produção acadêmica.
Superdotação produtivo-criativa	Criatividade	Envolve capacidades artísticas e qualquer capacidade que busca como resultado uma produção ou expressão artística, alto nível de criatividade, pensamento divergente, resolução de problemas de forma diferente, originalidade, curiosidade, imaginação, desenvolvimento de novas ideias.
Superdotação social	Liderança	Uso eficaz das habilidades sociais, empatia, adaptabilidade social, capacidade de liderança, sensibilidade interpessoal, atitude cooperativa, alta sociabilidade, capacidade de resolver conflitos, alto poder de persuasão e de influência no grupo.
Superdotação psicomotora	Psicomotricidade	Facilidade de expressão por meio de movimentos corporais, uso de objetos ou do corpo na solução de problemas ou construção de produtos, habilidades e interesses psicomotores, velocidade, agilidade nos movimentos, força, coordenação motora, resistência e controle.

Nota: Chagas (2007), Freitas et al. (2017) e Mettrau e Reis (2007)

sa visão patologizante do fenômeno (Rondini et al., 2020), assim como o relato de propostas focadas na manutenção da saúde mental e da qualidade de vida dos superdotados (Barbosa et al., 2022). Esforços voltados à necessidade de se atentar para a busca do desenvolvimento, da satisfação e da realização pessoal, com base na valorização das potencialidades desses indivíduos, visam à superação da invisibilidade a que esses indivíduos são expostos (Navega, 2019).

AH/SD e psicologia positiva: explorando as relações

Dentro do contexto apresentado, importantes ações podem ser conduzidas pelo psicólogo dado o caráter positivo desse fenômeno, visualizado como um potencial a ser explorado e desenvolvido. Nesse sentido, a superdotação pode ser interpretada como um construto que se enquadra na psicologia positiva, visto que se busca a compreensão dos fatores e processos que, dentro do fenômeno, podem promover desenvolvimento social, emocional, acadêmico e psicológico sadio (Irueste et al., 2018).

A identificação dos superdotados ampara-se em uma visão positiva que vai além, buscando a valorização e o fortalecimento das qualidades positivas e dos recursos pessoais. O conhecimento das áreas em que se encontram elevadas pode atuar como um fator protetivo em relação a algum possível desajustamento, bem como auxiliar em processos relacionados à construção de um autoconceito positivo, no estabelecimento de valores, na melhoria da motivação, na autoestima e na estabilidade emocional (Chagas-Ferreira, 2014).

Entre algumas das características que descrevem os indivíduos que apresentam AH/SD, diversos construtos da psicologia positiva podem ser identificados, como mais resiliência, criatividade, motivação, empatia e liderança (Virgolim, 2021). Estudantes superdotados que recebem atendimento adequado geralmente apresentam altos níveis de bem-estar, habilidades sociais bem desenvolvidas, forças de caráter fortalecidas (empatia, compaixão, otimismo), facilidade em entender as emoções de outras pessoas e controlar as suas próprias, além de resiliência (Pfeiffer, 2018). Altruísmo, persistência, empatia e autoconceito positivo também são relatados na revisão de literatura, de modo que tais construtos, contemplados pela psicologia positiva, têm se mostrado um diferencial na vida dos superdotados (Zaia et al., 2020), assumindo papel importante na qualidade de vida desses indivíduos.

Especialmente na psicologia, as AH/SD têm se mostrado uma área cujo estudo é essencial visto que tal fenômeno abrange diferentes construtos psicológicos que estão envolvidos na sua compreensão. O conhecimento das necessidades diferenciadas que esses indivíduos apresentam auxilia no desenvolvimento de suas potencialidades em seu nível máximo (Nogueira & Fleith, 2021), podendo ajudar na criação de um ambiente que ofereça desafios compatíveis com suas potencialidades, além de oportunidades adequadas. Tais condições favorecem seu desenvolvimento saudável (Souza et al., 2020).

Por outro lado, quando os potenciais não são identificados é bastante comum que o indivíduo seja exposto a diversas situações que podem desencadear vulnerabilidade. Caso suas potencialidades sejam mascaradas, o surgimento de desordens emocionais, dificuldades sociais e de aprendizagem pode ser favorecido ou desencadeado (Foley-Nicpon & Candler, 2018). Decorrente dessas dificuldades, uma visão negativa do superdotado pode se fazer presente.

Assim, a identificação desses indivíduos busca evitar o aumento dos fatores de risco tais como ansiedade, depressão, perfeccionismo negativo, problemas de conduta e dificuldades de relacionamento com os pares, usualmente relatados na literatura científica (Chagas-Ferreira & Sousa, 2018), especialmente se considerarmos que as demandas de cuidado mostram-se mais intensas nessa população específica (Irueste et al., 2018). Há, ainda, outros aspectos que, na falta de suporte adequado (Souza et al., 2020), podem surgir, como desempenho acadêmico inferior, falta de interesse nos estudos, problemas de aprendizagem e de adaptação.

Avaliação psicológica das AH/SD

Nesse contexto, a avaliação psicológica pode ser utilizada para identificar os indivíduos que apresentam algum tipo de habilidade acima da média (ou mais de um tipo), confirmar a presença da superdotação, identificar as áreas em que o potencial elevado se faz presente e conhecer o perfil psicológico do indivíduo, incluindo pontos fortes, aptidões e talentos (Almeida et al., 2016).

A avaliação psicológica também pode assumir um caráter preventivo, na tentativa de fomentar oportunidades de desenvolvimento sadio, por meio de orientação a pais e professores, sobre como aproveitar os potenciais da criança, valorizar as diferenças, incentivar a autoestima e dar sugestões sobre como adequar os ambientes para as necessidades específicas dos superdotados.

Para que o processo de identificação abarque todas essas esferas, a literatura tem recomendado a realização de um processo amplo, que deve ocorrer o mais precocemente possível e que considere informações provenientes de distintas medidas psicométricas (testes) em conjunto com outros recursos.

De forma mais comum, a avaliação das AH/SD divide-se em três fases. A primeira, chamada de rastreio, *screening* ou triagem, comumente envolve o reconhecimento da presença de indicadores de AH/SD pelos pais, pares e professores. Tal procedimento baseia-se na grande quantidade de evidências presentes na literatura, as quais demonstraram a importância da família, de colegas e de professores no reconhecimento dos diferentes domínios da superdotação (Miller & Cohen, 2012).

O processo envolve o uso de instrumentos de aplicação rápida e coletiva, tais como escalas e questionários, em todos os indivíduos com sinais indicadores de superdotação (Nakano, 2021), baseando-se na hipótese de que essas características comportamentais os diferem de seus pares em relação aos seus aspectos cognitivos, físicos, socioemocionais e pessoais, e que podem ser identificadas, por exemplo, pelos seus professores. Geralmente, envolvem a avaliação da presença de comportamentos que são "típicos" de estudantes que apresentam AH/SD, fornecendo informações importantes sobre o nível de desenvolvimento do indivíduo que está sendo avaliado (Hertzog et al., 2018).

As triagens são consideradas uma importante ferramenta auxiliar na identificação dos estudantes superdotados, visto que elas oferecem oportunidades de observar os estudantes em uma grande variedade de contextos e domínios (Kaufman et al., 2012). Permitem, ainda, a avaliação de uma grande variedade de habilidades além da inteligência, podendo ser utilizadas como ferramentas complementares, com o objetivo de aumentar a validade do processo de identificação

(Gray, 2007). Outras vantagens envolvem também a possibilidade de se ter uma visão integral do sujeito por meio de variadas fontes de informações, baixo custo e redução do tempo que normalmente é requerido em um processo completo de avaliação (Nakano, 2021).

Entretanto, deve ser salientado o fato de que as escalas não têm como objetivo substituir os demais procedimentos de identificação, devendo ser utilizadas como um primeiro filtro daqueles alunos que possivelmente apresentam potencial elevado em alguma área, de modo que aqueles que são indicados pelos professores são encaminhados para uma avaliação mais completa.

Também é importante ressaltar que essa etapa deve ser direcionada ao maior número possível de alunos, a fim de evitar falsos negativos (alunos que deveriam ser identificados e não são) e a possibilidade de excluir muitos indivíduos, notadamente aqueles com menor nível socioeconômico, provenientes de minorias étnicas e culturais ou, ainda, aqueles que apresentam baixo rendimento acadêmico (Miranda et al., 2013).

No momento, o Brasil conta com duas escalas aprovadas pelo Sistema de Avaliação dos Testes Psicológicos (Satepsi). A primeira, intitulada Triagem de Indicadores de Altas Habilidades/Superdotação (Nakano, 2021), é composta por 42 itens, que avaliam cinco áreas em que a superdotação pode se manifestar: capacidade intelectual geral, habilidades acadêmicas específicas, talento artístico, criatividade e liderança. A escala é respondida pelo professor na avaliação de alunos do Ensino Fundamental e apresenta pontos de coorte que indicam que os indicadores do aluno avaliado aproximam-se daqueles comportamentos apresentados pelos indivíduos identificados. Importante ressaltar que seu uso não é restrito aos psicólogos.

A segunda, Escala de Identificação das Características de Altas Habilidades/Superdotação (Zaia & Nakano, 2022), é composta por 38 itens, que avaliam características socioemocionais e características cognitivas, sendo um instrumento de autorrelato. Pode ser aplicada em crianças e adolescentes com idades entre 9 e 15 anos e tem seu uso restrito aos psicólogos.

A segunda fase do processo de AP constitui-se em uma etapa de avaliação mais aprofundada, usualmente conduzida junto aos casos que se mostraram promissores na fase anterior, de triagem, e envolve um processo mais rigoroso de cada caso individualmente. Em geral, ela é realizada por um psicólogo, que poderá fazer uso de testes psicológicos para avaliar as áreas específicas em que o alto potencial existe. Essa fase pode confirmar ou não a superdotação, bem como identificar em qual área ela se manifesta (Nakano & Campos, 2019).

Nessa segunda etapa, o emprego de baterias complexas é recomendado, de modo a garantir que alguns dos principais construtos sejam incorporados ao processo. Entre eles, de forma mais comum, podemos citar pensamento divergente, nível intelectual, autoconceito, aptidões e criatividade, que podem ser complementados por meio do uso de questionários de interesses, escalas de ajustamento social e emocional, assim como entrevistas e instrumentos para avaliação da personalidade (Mettrau & Reis, 2007). Utilizadas em conjunto com as citadas na primeira etapa, essas informações podem auxiliar na decisão acerca da presença de critérios indicativos de alta habilidade ou superdotação.

Usualmente, a alta habilidade costuma ser identificada quando há um desempenho compatível com um resultado padronizado igual ou maior a 115 (um desvio-padrão acima da média) em qualquer teste psicológico, sendo a superdotação identificada na presença de um resultado padronizado igual ou superior a 130 (dois desvios-padrões acima da média) (Nakano & Campos, 2019). Entretanto, esse critério não é consensual. Diante dessa situação e considerando-se que o limiar para a classificação de superdotados é variável, muitos autores aconselham não definir pontos de coorte muito altos para não excluir alguns alunos potencialmente superdotados (os falsos negativos) (Heller, 2004). Isso pode ser mais frequente entre crianças de origens socioeconômicas desfavorecidas, normalmente com menos habilidades acadêmicas e de linguagem, fato que acaba prejudicando seu desempenho nos testes.

Além disso, chama a atenção o fato de que, apesar da definição mais atual de alta habilidade ou superdotação englobar diferentes áreas em que o potencial elevado pode se manifestar, uma ênfase no aspecto intelectual/cognitivo ainda se mantém. Nesse sentido, é comum que a prática de seleção de alunos para programas especiais de atendimento seja conduzida com base apenas na avaliação do nível de inteligência ou de desempenho acadêmico. Parte dessa situação pode ser compreendida perante a ausência de instrumentais que avaliem as demais áreas, tais como música, liderança, esportes, entre outras habilidades (Mendonça et al., 2015). Nesses casos, recomenda-se que a avaliação de indicadores por meio de observações do comportamento ou ainda avaliações externas, envolvendo indicação de pais e professores.

É importante ressaltar que a identificação baseada em um resultado de um único instrumento pode não representar o desempenho de diferentes habilidades e a real capacidade de um indivíduo (Sabatella, 2008). Consequentemente, é recomendada a utilização de critérios mais amplos e flexíveis, visto que o objetivo da identificação deve ser muito mais o de inclusão do que de exclusão.

Assim, nos casos em que o diagnóstico for confirmado, uma terceira fase mostra-se essencial e consiste no estabelecimento de medidas educativas para aproveitamento da capacidade em destaque no indivíduo (Nakano & Campos, 2019), bem como o acompanhamento da evolução do aluno, de modo a verificar a adequação das medidas oferecidas e, se necessário, a realização de ajustes. É nessa etapa que a atuação do psicólogo amplia-se, indo além do seu papel na avaliação.

Tal profissional pode atuar, principalmente, junto a três públicos específicos: o próprio indivíduo, pais/responsáveis e o professor. Junto ao superdotado, o psicólogo pode trabalhar o acompanhamento psicológico, o desenvolvimento e a ampliação de recursos pessoais e potencialidades, o autoconhecimento, a orientação profissional, além de identificar necessidades especiais e fomentar reflexões sobre as dificuldades e dúvidas a respeito do que é ser superdotado. O trabalho também pode assumir um caráter preventivo, buscando a prevenção de problemas de aprendizagem, baixo rendimento e surgimento de problemas emocionais e sociais.

Em relação à família, pode oferecer acompanhamento, orientação, suporte para conhecer as características do indivíduo e para lidar com as expectativas, reforçar a interação com os demais profissionais que atendem o caso, instruir na criação de ambientes propícios ao desenvolvimento do potencial, além de orientar sobre os direitos do indivíduo.

Por fim, em relação ao professor, o psicólogo pode fazer o acompanhamento do atendimento educacional especializado, fornecendo orientações e esclarecimentos, ensinando ações referentes à indicação de alunos com sinais indicadores de AH/SD, oferecer suporte na seleção de recursos didáticos que atendam às necessidades específicas, bem como avaliar a eficácia das práticas educacionais oferecidas na escola regular.

Principais dificuldades enfrentadas pelos psicólogos

Apesar dessa amplitude de possibilidades de atuação da psicologia no contexto das AH/SD, na prática é comum o relato de psicólogos que, quando solicitados a realizarem alguma avaliação, usualmente compreendem seu papel de forma restrita à aplicação de testes psicológicos. Uma série de dificuldades, apontadas por Virgolim e Konkiewitz (2014), envolve a falta de treinamento especializado dos profissionais, limitada ou inexistente oferta de cursos de graduação e pós-graduação específicos para a área, bem como uma carência de informação sobre essa população, fazendo-se notar a presença tímida ou a ausência de conteúdos sobre AH/SD nos currículos desses cursos (Moreira & Lima, 2012). Parte dessa situação pode ser compreendida perante o número limitado de referências específicas para a atuação do psicólogo na educação especial tanto nas Diretrizes Curriculares Nacionais em Psicologia (Nakano, 2019) quanto nas grades curriculares (Nakano, 2020).

Consequentemente, muitas vezes, esse profissional completa sua formação sem ter tido a oportunidade de conhecer as especificidades do fenômeno, considerando-se despreparado para lidar com esse quadro na prática profissional que irá desempenhar (Virgolim, 2012). O desconhecimento acerca de seus indicadores, dos procedimentos a serem adotados diante de um caso suspeito e das necessidades educativas especiais dessa população atuam como limitações nos processos de identificação e avaliação.

Outro ponto importante refere-se à ausência de medidas válidas e específicas para esse público (Barbosa et al., 2012), porque a maior parte dos testes psicológicos utilizados no processo de identificação das altas habilidades ou superdotação foi construída e validada para uso na população em geral e, por tal motivo, podem não se mostrar eficazes em capturar altos níveis de habilidades presentes nesses indivíduos e, muito menos, suas singularidades (Almeida et al., 2016). Tal situação favorece o surgimento de questionamentos sobre a sua eficácia, bem como desconfianças quanto à possibilidade de erros não podem ser descartadas.

Segundo Almeida et al. (2016), é muito comum que indivíduos que têm tal quadro alcancem pontuações que vão além dos limites dos instrumentos, atingindo o chamado "efeito teto", ou seja, o limiar máximo de pontuação que os testes apresentam em suas tabelas normativas, elaboradas para a população "normal" (Heller, 2004). Somente tal fato já justifica a necessidade de que os instrumentos sejam adaptados ou desenvolvidos para essa população específica, além da recomendação da utilização conjunta de critérios qualitativos (Zaia & Nakano, 2020). Faltam, principalmente, medidas que avaliem domínios como o psicomotor e o socioemocional, que tendem a ser menos enfatizados nos testes padronizados.

Nesse sentido, duas frentes de investigação devem ser incentivadas. A primeira envolve o desenvolvimento de estudos visando à investigação de evidências de validade para essa população específica, dos instrumentais já existentes para avaliação da população em geral. Esse tipo de pesquisa não tem sido frequente, sendo mais comum encontrar, ao revisar a literatura científica, estudos que fazem uso de testes psicológicos na avaliação de algum construto isolado que compõe as AH/SD, seja para a identificação ou para a compreensão de comportamentos, mas não com o objetivo de investigar as qualidades psicométricas dos instrumentos para uso nessa população.

A segunda medida importante envolve o desenvolvimento de novos instrumentais, específicos e mais completos, podendo-se citar, por exemplo, baterias que contemplem vários dos construtos envolvidos no fenômeno. Duas baterias com esse propósito encontram-se em processo de desenvolvimento. A Bateria de Avaliação das Altas Habilidades/Superdotação (BAAH/SD) (Nakano et al., 2016), composta por quatro subtestes de avaliação da inteligência (raciocínio verbal, abstrato, numérico e prático) e dois subtestes de avaliação da criatividade (verbal e figural). A segunda bateria, intitulada Bateria de Avaliação Intelectual e Criativa (Milian & Wechsler, 2018), tem duas versões, uma para crianças (Baici) e outra para adultos (Baica). Ambas se encontram em fase de condução de estudos voltados à investigação das suas qualidades psicométricas.

Considerações finais

No contexto das altas habilidades ou superdotação, o que se pode verificar é que a identificação deve ser vista como um processo contínuo, envolvendo um conjunto de habilidades que emergem e desenvolvem-se à medida que a criança amadurece. Deve, preferencialmente, apontar os pontos fortes, as aptidões e os talentos de cada criança, em detrimento de suas fraquezas e incapacidades, como tradicionalmente tem sido feito nos procedimentos avaliativos presentes nas escolas regulares (Virgolim, 1997), indo ao encontro das bases da psicologia positiva.

Faz-se importante, dentro dessa temática, valorizar um processo de avaliação e intervenção diversificado, que abarque tanto o âmbito cognitivo, social e emocional desses indivíduos, além das condições relacionadas ao ambiente (família, escola e amigos), para que suas singularidades sejam contextualizadas, dentro de uma proposta que vise ao desenvolvimento integral das suas potencialidades. É nesse contexto que as bases da psicologia positiva podem ser encontradas.

Indicações de leitura

Faveri, F. B. M., & Heinzle, M. R. S. (2019). Altas habilidades/superdotação: políticas visíveis na educação dos invisíveis. *Revista Educação Especial*, 32, 1-23. http://doi.org/10.5902/1984686X39198

Nakano, T. C., & Campos, C. (2019). Avaliação psicológica das altas habilidades/superdotação: problemas e desafios. In C. R. Campos, & T. C. Nakano (orgs.). *Avaliação psicológica direcionada a populações específicas*: técnicas, métodos e estratégias (vol. II, pp. 99-128). Vetor.

Pedro, K. M., Ogeda, C. M. M., & Chacon, M. C. M. (2017). Verdadeiro ou falso? Uma análise dos mitos que permeiam a temática das altas habilidades/superdotação. *Revista Educação e Emancipação*, 10(3), 111-129. http://doi.org/10.18764/2358-4319.v10n3p111-129

Virgolim, A. M. R., & Konkiewitz, E. C. (2014). *Altas habilidades/superdotação, inteligência e criatividade*. Papirus.

Referências

Almeida, L. S., Araújo, A. M., Sainz-Gómez, M., & Prieto, M. D. (2016). Challenges in the identification of giftedness: issues related to psychological assessment. *Anales de Psicología*, 32(3), 621-627. https://dx.doi.org/10.6018/analesps.32.3.259311

Almeida, L. S., Fleith, D. S., Oliveira, E. P. (2013). *Sobredotação: respostas educativas*. Associação para o desenvolvimento da investigação em Psicologia da educação e Minhografe – Artes Gráficas.

Andrade, E. D., Bernardes, J. W., Lisboa, C. M. S., & Marin, A. H. (2021). Práticas educativas parentais e problemas emocionais/comportamentais em adolescentes com altas habilidades/superdotação intelectivas. *Psicologia: Ciência e Profissão, 41*, e203883. https://doi.org/10.1590/1982-3703003203883

Barbosa, A. C. B., Capellini, V. L. M. F., & Bolsoni-Silva, A. T. (2022). Um olhar para as altas habilidades/superdotação e habilidades sociais na saúde mental e melhora da qualidade de vida. *Latin American Journal of Business Management, 13*(1), 55-62. https://lajbm.com.br/index.php/journal/article/view/694

Barbosa, A. J. G., Schelini, P. W., & Almeida, L. C. (2012). Medidas de dotação e talento: produção científica em Psicologia (2006-2011). In E. Boruchovitch, A. A. A. Santos, & E. Nascimento (eds.). *Avaliação psicológica nos contextos educativo e psicossocial* (pp. 33-52). Casa do Psicólogo.

Brasil. Secretaria de Educação Especial (2012). *Políticas públicas para alta habilidade/superdotação*. Ministério da Educação.

Chagas, J. F. (2007). Conceituação e fatores individuais, familiares e culturais relacionados às altas habilidades. In D. S. Fleith, & E. M. L. S. Alencar (orgs.). *Desenvolvimento de talentos e altas habilidades: orientação a pais e professores* (pp.15-24). Artmed.

Chagas-Ferreira, J. F. (2014). As características socioemocionais do indivíduo talentoso e a importância do desenvolvimento de habilidades sociais. In A. M. R. Virgolim (ed.). *Altas habilidades/superdotação, inteligência e criatividade: uma visão multidisciplinar* (pp. 283-308). Papirus.

Chagas-Ferreira, J. F., & Sousa, R. A. R. (2018). O desenvolvimento socioemocional de superdotados: descrevendo singularidades e identificando possibilidades de atendimento. In F. H. R. Piske, T. Stoltz, C. Costa-Lobo, A. Rocha, & E. Vásquez-Justo (eds.). *Educação de superdotados e talentosos: emoção e criatividade* (pp. 127-138). Juruá.

Costa, M. M., Bianchi, A. S., & Santos, M. M. O. (2022). Características de crianças com altas habilidades/superdotação: uma revisão sistemática. *Revista Educação Especial, 28*, e0121, 71-88. http://doi.org/10.1590/1980-54702022v28e0121

Cunha, V. A. B., & Rondini, C. A. (2020). Queixas apresentadas por estudantes com altas habilidades/superdotação: relato materno. *Psicologia Escolar e Educacional, 24*. http://dx.doi.org/10.1590/2175-35392020216840

Foley-Nicpon, M., & Candler, M. M. (2018). Psychological interventions for twice exceptional youth. In S. I. Pfeiffer (ed.). *Handbook of giftedness in children* (pp. 545-558). Springer. https://doi.org/10.1037/0000038-035

Freitas, M. F. R. L., Schelini, P. W., & Pérez, E. R. (2017). Escala de identificação de dotação e talento: estrutura e consistência internas. *Psico-USF, 22*(3), 473-484. http://doi.org/10.1590/1413-82712017220308

Gray, R. G. (2007). *Reliability and validity of the UNIT – Gifted Screening Scale* [Tese de doutorado]. University of Tennessee. https://trace.tennessee.edu/cgi/viewcontent.cgi?referer=https://www.google.com/&httpsredir=1&article=5923&context=utk_graddiss

Heller, K. A. (2004). Identification of gifted and talented students. *Psychology Science, 46*(3), 302-323. https://psycnet.apa.org/record/2005-05211-002

Hertzog, N. B., Mun, R. U., Duruz, B., & Holliday, A. A. (2018). Identification of strengths and talents in young children. In S. I. Pfeiffer (ed.). *APA handbook of giftedness and talent* (pp. 3.018-3.16). American Psychological Association.

Instituto Nacional de Estudos e Pesquisas Educacionais Anísio Teixeira (2020). *Censo escolar: educação especial*. Brasília: MEC. http://portal.inep.gov.br/web/guest/resultados-e-resumos

Irueste, P., Saco, A., & Nicolás, F. (2018). Dificultades socioemocionales reportadas por los padres y madres de niños y niñas dotados y talentosos, consultantes del servicio de neuropsicología, área infantil, em Córdoba, Argentina. In F. H. R. Piske, T. Stoltz, C. Costa-Lobo, A. Rocha, & E. Vásquez-Justo (eds.). *Educação de superdotados e talentosos: emoção e criatividade* (pp. 75- 88). Juruá.

Kaufman, J. C., Plucker, J. A., & Russell, C. M. (2012). Identifying and assessing creativity as a component of giftedness. *Journal of Psychoeducational Assessment*, 30(1), 60-73. http://doi8.org/10.1177/0734282911428196

Mendonça, L. D., Mencia, G. F. M., & Capellini, V. L. M. F. (2015). Programas de enriquecimento escolar para alunos com altas habilidades ou superdotação: análise de publicações brasileiras. *Revista Educação Especial*, 28(53), 721-734. https://doi.org/10.5902/1984686X15274

Mettrau, M. B., & Reis, H. M. M. S. (2007). Políticas públicas: altas habilidades/superdotação e a literatura especializada no contexto da educação especial/inclusiva. *Ensaio: Avaliação em Políticas Públicas*, 15(57), 489-510. https://doi.org/10.1590/S0104-40362007000400003

Milian, Q. G., & Wechsler, S. M. (2018). Avaliação integrada de inteligência e criatividade. *Revista de Psicología (PUCP)*, 36(2), 525-548. https://dx.doi.org/10.18800/psico.201802.005

Miller, E. M., & Cohen, L. M. (2012). Engendering talent in others: expanding domains of giftedness and creativity. *Roeper Review*, 34, 104-113. http://doi.org/10.1080/02783193.2012.660684

Miranda, L. M., Araújo, A. M., & Almeida, L. S. (2013). Identification of gifted students by teachers: reliability and validity of the cognitive abilities and learning scale. *Revista de Investigación y Divulgación em Psicologia y Logopedia*, 3(2), 14-18. http://repositorium.sdum.uminho.pt/bitstream/1822/28191/1/Identification%20of%20gifted%20students%20by%20teachers.pdf

Moreira, L. C., & Lima, D. M. M. P. (2012). Interface entre os NAAH/S e universidade: um caminho para a inclusão de alunos com altas habilidades/superdotação. In L. C. Moreira, & T. Stoltz (eds.). *Altas habilidades/superdotação, talento, dotação e educação* (pp. 143-154). Juruá.

Nakano, T. C. (2019). Diretrizes Curriculares Nacionais em Psicologia: análise da formação para atuação na educação especial. *Revista Examen*, 3(3), 11-37. https://examen.emnuvens.com.br/rev/article/view/47

Nakano, T. C. (2020). Grade curricular dos cursos de graduação em Psicologia: análise da formação para educação especial. *Psicologia Escolar e Educacional*, 24. http://doi.org/10.1590/2175-35392020213743

Nakano, T. C. (2021). *Triagem de indicadores de altas habilidades/superdotação: manual técnico*. Vetor.

Nakano, T. C., & Campos. C. (2019). Avaliação psicológica das altas habilidades/superdotação: problemas e desafios. In C. R. Campos, & T. C. Nakano (orgs.). *Avaliação psicológica direcionada a populações específicas: técnicas, métodos e estratégias* (vol. II, pp. 99-128). Vetor.

Nakano, T. C., Primi, R., Ribeiro, W. J., & Almeida, L. S. (2016). Multidimensional assessment of giftedness: criterion validity of Battery of Intelligence and Creativity measures in predicting arts and academic talents. *Anales de Psicología*, 32(3), 628-637. https://dx.doi.org/10.6018/analesps.32.3.259391

Navega, F. C. F. (2019). Altas habilidades e superdotação: da invisibilidade ao atendimento educacional especializado (AEE). *Revista Eletrônica da FACP*, 7(16), 63-71. http://revista.facp.com.br/index.php/reFACP/article/view/72

Nogueira, M., & Fleith, D. S. (2021). Relação e tre inteligência, criatividade, personalidade e superdotação no contexto escolar. *Psicologia: Ciência e Profissão*, 41, e219130, 1-16. http://doi.org/10.1590/1982-3703003219130

Oliveira, A. P., Capellini, V. L. M. F., Rodrigues, O. M. P. R., Bolsoni-Silva, S. T. (2021). Habilidades sociais e problemas de comportamento de crianças com altas habilidades/superdotação. *Psicologia: Ciência e Profissão*, 41, e219590. https://doi.org/10.1590/1982-3703003219590

Pérez, S. G. P. B. (2012). E que nome daremos à criança? Em L. C. Moreira & T. Stoltz (orgs.). *Altas habilidades/superdotação, talento, dotação e educação* (pp. 45-62). Juruá.

Pfeiffer, S. I. (2018). Understanding success and psychological well-being of gifted kids and adolescents: focusing on strengths of the heart. *Estudos de Psicologia*, 35(3), 259-263. https://doi.org/10.1590/1982-02752018000300004

Rondini, C. A., Martins, B. A., & Incau, C. (2020). A superdotação invisível e a patologização de comportamentos desviantes da norma. *Revista Cocar*, *14*(30), 1-22. https://periodicos.uepa.br/index.php/cocar/article/view/3652

Sabatella, M. L. P. (2008). *Talento e superdotação: problema ou solução?* (2. ed., atualizada e ampliada). Ibpex.

Souza, J. B., Oliveira, J. F., Alcantara, J. D. B., Martins, A. L. C. F., Ferreira, A. P. C., & Veras, V. C. S. (2020). Contextualizando as potencialidades das pessoas com altas habilidades/superdotação. *Revista Psicologia & Saberes*, *9*(15), 16-38. https://revistas.cesmac.edu.br/psicologia/article/view/1156

Virgolim, A. M. (1997). O indivíduo superdotado: história, concepção e identificação. *Psicologia: Teoria e Pesquisa*, *13*(1), 173-83. https://pesquisa.bvsalud.org/portal/resource/pt/lil-210240

Virgolim, A. M. R. (2012). A educação de alunos com altas habilidades/superdotação em uma perspectiva inclusiva. In L. C. Moreira, & T. Stoltz (orgs.). *Altas habilidades/superdotação, talento, dotação e educação* (pp. 95-112). Juruá.

Virgolim, A. (2021). As vulnerabilidades das altas habilidades e superdotação: questões sociocognitivas e afetivas. *Educar em Revista*, *37*, e81543, 1-20. http://doi.org/10.1590/0104-4060.81543

Virgolim, A. M. R., & Konkiewitz, E. C. (2014). *Altas habilidades/superdotação, inteligência e criatividade*. Papirus.

Zaia, P., & Nakano, T. C. (2020). Escala de Identificação das Altas Habilidades/Superdotação: evidências de validade de critério. *Revista Iberoamericana de Diagnóstico y Evaluación Psicológica*, *55*(2), 31-41. http://doi.org/10.21865/RIDEP55.2.03

Zaia, P., & Nakano, T. C. (2022). *Escala de Identificação das Características de Altas Habilidades/Superdotação*: manual técnico. Vetor.

Zaia, P., Campos, C. R., Oliveira, K. S., & Nakano, T. C. (2020). Dupla-excepcionalidade e altas habilidades/superdotação sob olhar da psicologia positiva. *Psicologia, Saúde & Doenças*, *22*(1), 62-75. http://doi.org/10.15309/psd220107

Avaliação em *mindfulness* e aplicações do construto:
práticas, intervenções e pesquisas

Caroline Tozzi Reppold
Prisla Ücker Calvetti
Vanessa Kaiser
Marcela Cesa

Highlights

1. *Mindfulness* designa "a qualidade ou estado de estar consciente ou atento (*aware*) a alguma coisa" (Oxford Dictionary).
2. A ciência psicológica incorpora a ideia de *mindfulness* em estudos como um construto psicológico e em técnicas de intervenção.
3. O Programa de Redução do Estresse baseado em Mindfulness (Mindfulness-Based Stress Reduction Program [MBSR]), de John Kabat-Zinn, foi pioneiro.
4. *Mindfulness* apresenta-se como fator transdiagnóstico de inúmeras intervenções em contextos clínicos e da saúde.
5. Avaliar o construto de *mindfulness* auxilia no monitoramento de intervenções psicológicas como moderador de melhora clínica para diversos desfechos.

O conceito de *mindfulness* tem sido amplamente divulgado nos últimos tempos como uma prática em prol da saúde mental e da diminuição do estresse. No contexto de isolamento social instituído pelos riscos associados à pandemia de Covid-19 era comum ver as pessoas, nas redes sociais, recorrendo a práticas de atenção plena (Antonova et al., 2021) como um recurso para enfrentar as adversidades decorrentes da ansiedade que a condição pandêmica impôs.

O traço de *mindfulness* auxilia em menos *distress* psicológico (Dillard & Meier, 2021). De fato, já há alguns anos, práticas de *mindfulness* têm sido incorporadas pela psicologia como técnicas clínicas que envolvem ferramentas meditativas. Porém, mesmo no contexto científico da psicologia, *mindfulness* pode representar diferentes entendimentos, visto que também pode se referir a um construto psicológico que define uma habilidade específica, relacionada a características positivas do desenvolvimento humano.

O objetivo deste capítulo é apresentar as duas perspectivas sob as quais o conceito de *mindfulness* pode ser compreendido, identificando definições do termo e contextos em que ele se aplica. Inicialmente, serão discutidas as características do conceito no contexto da prática meditativa, considerando seu uso como técnicas clínicas em psicologia (Seção 1.1). Na sequência, o conceito de *mindfulness* será apresentado na perspectiva de um construto psicológico, descrevendo definições operacionais das habilidades de *mindfulness* e formas de avaliá-las em contexto científico (Seção 1.2).

A segunda seção do capítulo destina-se a apresentar modelos de terapia baseadas em práticas de *mindfulness*, conhecidos como Mindfulness Based Therapys (MBTs). Especificamente, buscamos ilustrar aplicações clínicas dessas práticas sob o modelo das MBTs e discutir os resultados obtidos com o uso das técnicas de intervenção clínica. Por fim, foram relacionados os estudos sobre *mindfulness* ao escopo das pesquisas em psicologia positiva.

Compreendendo *mindfulness* e seus contextos

Etimologicamente, o conceito de *mindfulness* designa "a qualidade ou estado de estar consciente ou atento (*aware*) de alguma coisa" (Oxford Dictionary). Essa definição semântica do conceito é base para compreender as duas formas como a ciência psicológica incorpora a ideia de *mindfulness* em seus estudos: como prática meditativa e como um construto psicológico.

Mindfulness no contexto das práticas meditativas

No contexto das práticas meditativas, *mindfulness* remete à tradição budista, sendo um termo utilizado para traduzir o conceito de *sati*, uma palavra da língua Pali que originalmente representa a ideia de não esquecer ou de estar continuamente atento e consciente à própria mente. Mestres da tradição budista, como Allan Wallace e Lama Padma Santen, indicam que *mindfulness* pode ser compreendido como o estado virtuoso da mente a ser alcançado pelos praticantes budistas por meio da meditação.

De acordo com eles, a prática da meditação pode conduzir os indivíduos a uma qualidade mental que se caracteriza por um equilíbrio entre uma condição de atenção plena e uma lúcida compreensão do "objeto" da meditação (p. ex., o próprio padrão mental). Sendo assim, *mindfulness* refere-se a uma busca constante por um estado mental de atenção plena, preconizada por diferentes escolas budistas, tal como a Theravada, a Mahayanna e a Vajrayanna.

A ideia de *mindfulness* é considerada a base e o intento das práticas de meditação de diversas tradições budistas (p. ex., Shamatha, Vipassana, Mahamudra, Dzoghen, Zazen, entre outras), ainda que cada escola budista possa trazer variações à forma como as práticas de *mindfulness* são empregadas (Reppold & Menezes, 2016).

Embora seja uma técnica milenar na tradição oriental, a meditação *mindfulness* ganhou espaço no contexto ocidental a partir da década de 1980, sobretudo pelas possibilidades de impacto que têm sobre a saúde. Um dos principais responsáveis por essa difusão foi Jon Kabat-Zinn, médico, cientista e praticante do zen-budismo que, em 1979, criou e implementou o primeiro Programa de Atenção Plena no Ocidente, especificamente na Escola de Medicina da Universidade de Massachussets/EUA.

Destinado a pacientes com dor crônica e quadros de estresse que comprovadamente não obtinham sucesso em tratamentos terapêuticos convencionais, o programa de Kabat-Zinn (1982) ganhou visibilidade por utilizar práticas meditativas como ferramentas de tratamento complementar de saúde.

Ph.D. em Biologia Molecular desde 1971, Kabat-Zinn apresentou diversas evidências empíricas que demonstravam os efeitos dos programas de redução do estresse baseados na atenção plena (MBSR) sobre o cérebro (no processamento das emoções) e sobre o sistema imunológico em pacientes com diferentes quadros diagnósticos (p. ex., mulheres com câncer de mama, homens com câncer de próstata, pacientes submetidos a transplante de medula óssea) (Kabat-Zinn, 2020).

Na difusão de suas propostas terapêuticas, Kabat-Zinn sempre manteve estreita relação entre suas raízes religiosas e aspirações científicas. Foi, por exemplo, membro fundador do Consortium of Academic Health Centers for Integrative Medicine (uma rede de cientistas das principais escolas médicas dos Estados Unidos envolvidas na divulgação da Medicina Integrativa) e, até 2015, conselheiro do Mind and Life Institute (grupo que organiza diálogos entre o Dalai Lama e pesquisadores ocidentais sobre a natureza da mente).

No final do século passado, o precursor Programa de Redução do Estresse Baseado em *Mindfulness* (Mindfulness-Based Stress Reduction Program [MBSR]), elaborado por Kabat-Zinn (1982), foi base para a proposição subsequente de diversas modalidades de Intervenções Baseadas em *Mindfulness* (Mindfulness-Based Interventions [MBIs]). Essas intervenções tinham em comum o fato de incluírem, em seus protocolos, adaptações de práticas meditativas e outros preceitos e exercícios budistas. Todavia, à medida que essas práticas foram incorporadas a contextos laicos de pesquisa e atenção à saúde, foram também se distanciando da tradição budista.

Assim, atualmente, as práticas de *mindfulness* passaram a ser incorporadas por abordagens "puramente psicológicas" (Chiesa & Malinowski, 2011; Xu et al., 2022), como estratégias terapêuticas de saúde implementadas em contextos diversos e por meio de protocolos com diferentes características (duração, abordagem, objetivo, desfecho e outras).

Mindfulness como um construto psicológico

Embora o conceito de *mindfulness* seja mais conhecido pela sua aplicação enquanto uma prática vinculada à meditação, na ciência psicológica ocidental o termo tem sido utilizado também para definir uma capacidade (ou prontidão) mental de perceber novas coisas no ambiente e diferenciá-las. Isso deve-se, sobretudo, aos estudos de Ellen Langer (2020), uma professora do Departamento de Psicologia da Universidade de Harvard/EUA.

Langer (2020) dedicou parte inicial de sua carreira como cientista para explicar o fenômeno por ela denominado de *mindlessness*, uma forma de levar a vida como se fosse guiado por um "piloto-automático", motivada pela confiança em hábitos arraigados por pensamentos preestabelecidos (às vezes ainda na infância) e por formas estreitas e retrógradas de compreender o mundo e interagir.

De acordo com Langer (2020), o que leva uma pessoa a apresentar um padrão *mindlessness* são os automatismos determinados por rotinas rígidas e reações habituais irrefletidas, o compromisso cognitivo precoce (termo que designa um compromisso do indivíduo com informações previamente adquiridas e nunca mais colocadas à prova), o fato de o sujeito seguir regras sem questioná-las e/ou o fato de se comparar a outras pessoas de modo automático e descontextualizado.

Por consequência, o *mindlessness* promove nos indivíduos uma visão estreita sobre si e sobre o mundo, limitando-os em suas possibilidades de agir a partir de regras rígidas, obsoletas e estereotipadas. Muitas vezes, isso leva as pessoas a situações de obediência irracional, falta de crítica, escolhas irrefletidas, avaliações injustas, frustração e mal-estar.

Em contraposição, a definição de *mindfulness* proposta por Langer (Langer, 2016; Langer & Moldoveanu, 2000) refere-se a um padrão mental de processamento da informação que faz com que os indivíduos facilmente percebam e identifiquem detalhes potencialmente novos de uma informação/situação. Trata-se de um estado mental flexível, engajado no presente, que envolve atividades mentais de classificação e categorização de experiências. Nesse sentido, *mindfulness* estaria relacionado a maior liberdade para intuição e criatividade.

No entanto, é preciso destacar que o modelo proposto por Langer nada tem a ver com as práticas de meditação, ainda que se refira a uma qualidade mental ou que envolva maior consciência do momento presente. Na perspectiva de Langer, *mindfulness* é um processo cognitivo, que pode ser treinado voluntariamente por meio de exercícios mentais que envolvam percepção e raciocínio.

Por fim, considerando-se ainda *mindfulness* como um construto psicológico, é preciso destacar que existe outra forma de compreender e avaliar esse conceito, que pode ou não envolver práticas meditativas. Nesse caso, diferentes autores têm proposto definir *mindfulness* como uma caraterística psicológica (uma habilidade mental, disposicional, ou um conjunto de habilidades afetivas, comportamentais e cognitivas específicas) que a meditação visa desenvolver, mas que pode estar presente, em maior ou menor grau nos indivíduos, como traços ou disposições, independentemente da experiência com meditação e/ou práticas afins.

Alguns dos estudos feitos nessa perspectiva buscam avaliar, por exemplo, o quanto práticas meditativas ou outras técnicas psicológicas aumentam os escores de *mindfulness* em seus participantes e o quanto esses resultados relacionam-se a desfechos positivos na área da saúde e na promoção do bem-estar (Eberth & Sedlmeier, 2012; Fjorback et al., 2011; Iyer, 2022; Xu et al., 2022).

Muitos estudos que abordam *mindfulness* como uma característica psicológica divergem na definição do conceito por considerarem aspectos diferentes do construto em sua definição e, por conseguinte, na forma de avaliá-lo. A Mindful Attention Awareness Scale (Maas), por exemplo, é um instrumento que mede a tendência de uma pessoa a estar atenta e consciente das experiências do momento presente no seu cotidiano; o Freiburg Mindfulness Inventory (FMI) avalia a capacidade de observação do momento presente sem julgamento e abertura a experiências negativas.

Por sua vez, o Kentucky Inventory of Mindfulness Skills (Kims) mede a tendência de uma pessoa a manifestar as habilidades de *mindfulness* na vida diária (independentemente da experiência com meditação) por meio de quatro fatores/habilidades, a saber: observar, descrever, agir com consciência e aceitar sem julgamento. Já o Five-Facet Mindfulness Questionnaire (FFMQ) considera o construto a partir de cinco facetas: observar (notar e prestar atenção a estímulos internos e externos, como sensações, emoções, cognições, cheiros, sons e outros); descrever (capacidade de nomear as experiências observadas com palavras); agir com consciência (prestar atenção às atividades do momento presente, em contraste à ideia de piloto-automático); não julgamento das experiências internas (não adotar uma postura avaliativa dos pensamentos e emoções); não reagir às experiências internas (permitir que pensamentos e sentimentos apareçam e desapareçam, sem fixar-se neles ou sem ser influenciado ou conduzido por eles) (Reppold & Menezes, 2016).

Mindfulness: processos e práticas baseadas em evidências

É a partir da criação do MBSR (Mindfulness-Based Stress Reduction Program), que a meditação *mindfulness* e o seu conceito ganham força na psicologia (Kabat-Zinn, 2003, 2020). Uma característica fundamental do *mindfulness* é que, por meio da prática, o indivíduo busca modificar a forma com que se relaciona com a própria mente sem que, para isso, precise recorrer a processos reflexivos ou engajar-se na elaboração do conteúdo das experiências mentais.

Desse modo, ao contrário de muitas abordagens psicoterapêuticas, as intervenções que se baseiam na prática de *mindfulness* (ou que incorporam elementos conceituais e vivenciais de *mindfulness*) não têm a intenção de que os conteúdos mentais e as experiências sejam confrontados ou reinterpretados.

Atualmente, considera-se que as aplicações de *mindfulness* são variadas em relação à duração, formato e até mesmo à técnica propriamente dita, sendo o termo Intervenções Baseadas em Mindfulness (MBIs) considerado "guarda-chuva" por abranger as diversas práticas voltadas a desenvolver as habilidades de *mindfulness* (Chiesa & Malinowski, 2011). Grande parte dos programas baseados no conceito deriva da proposta original do MBSR porque, além de ser o primeiro programa proposto, ele acumulou uma base robusta de evidências científicas na melhoria dos resultados emocionais em indivíduos com problemas crônicos de saúde física (Kabat-Zinn, 2003, 2020).

Outros programas baseados em *mindfulness*, que serão apresentados a seguir, também já têm amplas evidências científicas em melhorias na saúde física e mental dos participantes, demonstrando cada vez mais eficácia e custo-benefício, sobretudo nos casos de humor deprimido. Esses programas oferecem a milhões de pessoas opções sobre formas de recuperar-se e permanecer bem em longo prazo (Loucks et al., 2022). Em estudo comparado à acupuntura, *mindfulness* permanece com bons resultados *no follow-up* (João et al., 2022).

Assim como ocorre com o MBSR, atualmente, o Mindfulness-Based Cognitive Therapy (MBCT) também tem sido utilizado para outras condições psiquiátricas, além da depressão recorrente (Chiesa & Serretti, 2011). Ambos os programas incorporam uma série de práticas formais de atenção plena como um método-chave para treinar o controle da atenção, bem como as dimensões atitudinais não julgadoras da atenção plena (Crane et al., 2017). Apesar de algumas diferenças de duração e formato de intervenção, MBSR e MBCT são bastante semelhantes em termos de práticas (utilizando, p. ex., o escaneamento corporal, práticas diárias de *mindfulness* e meditações em posição sentada e em movimento).

O MBSR tem duração de oito semanas, com encontros semanais de aproximadamente duas horas e meia, que envolvem uma combinação de exercícios. A prática pode incluir meditação sentada e silenciosa da respiração (*breath meditation*), escaneamento corporal, movimentos de ioga e a meditação caminhando. Os exercícios compreendem o treino de manter-se plenamente atento e presente (*mindful*) durante a realização de tarefas cotidianas. O programa inclui, ainda, psicoeducação sobre estresse e *mindfulness*, bem como discussões em grupo ao final de cada encontro. Embora seja um programa de duração determinada, os participantes são fortemente incentivados a manter suas práticas na vida cotidiana (Kabat-Zinn, 1982, 2003).

Já o Programa de Manejo da Dor e da Doença Baseado em *Mindfulness* (Mindfulness-Based Pain and Illness Management [MBPM]) (Cusens et al., 2010), também conhecido como *breathworks*, utiliza muitos conceitos centrais de MBSR e MBCT, tendo como uma das principais diferenças a utilização de meditações mais curtas, com maior ênfase aos aspectos ligados à dor e às doenças físicas. Além disso, os conceitos de sofrimento primário e secundário foram incluídos, bem como um programa (uma orientação) passo a passo. Isso auxilia as pessoas a identificar suas limitações e estabelecer metas realistas para atividades que irão reduzir a dor, permitindo um aumento gradual do controle emocional e da realização de atividades que venham a melhorar o funcionamento físico (Mehan & Morris, 2018).

Em revisão sistemática sobre a intervenção *mindfulness* voltada para dor crônica, observam-se evidências de que essa prática auxilia na melhora clínica da dor, da depressão e da qualidade de vida (Hilton et al., 2017). Na revisão de escopo de La Porta e Calvetti (2022), os achados destacam as práticas de *mindfulness* para a melhora da regulação emocional e para o tratamento de diversos tipos de dor crônica.

Ainda no contexto de aplicação clínica, foram também desenvolvidas outras abordagens psicoterápicas que incorporam elementos de *mindfulness*, no intuito de que os pacientes desenvolvam essa habilidade. São elas: Terapia Comportamental Dialética (Dialectical Behavior Therapy [DBT]), proposta por Linehan (1993), Terapia de Aceitação e Compromisso (Acceptance and Commitment Therapy [ACT]), proposta por Hayes et al. (1999) e Terapia Focada na Compaixão [TFC], de Paul Gilbert (2015). A DBT foi originalmente delineada para ser aplicada a pacientes com Transtorno de Personalidade Borderline e, por isso, tem como objetivo a mudança de padrões comportamentais e o desenvolvimento da regulação emocional. Na ACT, o foco da terapia é trabalhar a aceitação, partindo da premissa de que essa experiência possibilita maior flexibilidade psicológica.

Tanto na DBT como na ACT, *mindfulness* é uma das habilidades psicológicas que as terapias buscam desenvolver nos pacientes, tanto de forma conceitual quanto por meio de exercícios adaptados das terapias cognitivas. Portanto, ao contrário dos programas baseados em *mindfulness*, essas terapias não incluem práticas formais de meditação. Uma vez que se caracterizam como terapias cognitivas (da terceira onda), preocupam-se em trabalhar as experiências de forma conceitual, bem como em modificar o conteúdo dessas experiências (Chiesa & Malinowski, 2011).

Entre as aplicações terapêuticas de *mindfulness*, destacam-se programas baseados em *mindfulness*, tais como: Mindfulness-Based Stress Reduction Program (MBSR), Mindfuness-Based Cognitive Therapy (MBCT), Mindfulness-Based Relapse Prevention (MBRP) e Mindfulness-Based Pain and Illness Management (MBPM). Dentre as intervenções que incorporam técnicas de *mindfulness*, há as mais comuns: Dialectical Behavioral Therapy (DBT), Acceptance and

Commitment Therapy (ACT) e Terapia Focada na Compaixão (TFC).

Em todas as aplicações, *mindfulness* demanda trabalhar a consciência de experiências internas de cognições, emoções e comportamentos (impulsos) e novas maneiras de se relacionar com elas. Outra característica em comum é a observação não crítica e a bondade, assim como a perspectiva desfusionada. Ainda entre os aspectos de destaque, menos reatividade aos estressores, menos preocupação e menos ruminação, mais autocompaixão e comportamentos mais consistente com valores. Nessa linha, os resultados apontam para melhora da saúde mental, redução da suscetibilidade a psicopatologias e melhor enfrentamento do estresse e da dor (Baer, 2020).

Diversos estudos de revisões sistemáticas indicam haver benefícios no uso de técnicas de *mindfulness* em contextos clínicos e da saúde. Para além das anteriormente citadas, citamos os desfechos encontrados na aplicação de técnicas de *mindfulness* para redução do estresse em indivíduos sem doenças crônicas (Khoury et al., 2015; Vibe et al., 2017), para diminuição do "comer emocional" e para perda de peso (Katterman et al., 2014) e para redução do estresse de cuidadores de pacientes com demência (Liu et al., 2018).

Aplicações de *mindfulness* nos processos da psicologia positiva

A aplicação da psicologia positiva em contextos clínicos e da saúde tem sido difundida internacionalmente há duas décadas. No Brasil, essa aplicação ocorre desde meados dos anos 2000 (Calvetti et al., 2007). Nesse contexto, olhar para os fatores de proteção aplicados ao processo saúde-doença (da promoção em saúde à reabilitação) inclui o fortalecimento das potencialidades e é nessa perspectiva que as práticas de *mindfulness* se inserem.

Em revisão sistemática sobre o estado da arte da psicologia positiva brasileira, Reppold et al. (2015) apresentam os estudos com principais construtos e intervenções, bem como os desafios desse movimento no âmbito nacional. No entanto, nesse artigo e em estudo posterior (Reppold et al., 2019), as autoras destacam que a psicologia positiva não é uma panaceia, sendo imprescindível a busca de evidências empíricas que fundamentem e direcionem as práticas interventivas.

No campo da psicoterapia positiva, conforme Rashid & Seligman (2019), esta auxilia as pessoas a reconhecerem suas potencialidades e a prevenir transtornos mentais ou agravos de quadros clínicos. Foca no estar consciente no tempo presente, apesar dos afetos negativos, para além dos positivos. Nessa perspectiva, a psicoterapia positiva inclui a avaliação de processos/construtos típicos do interesse da psicologia positiva, como: gratidão, perdão, esperança, otimismo, altruísmo e *mindfulness* (considerado como construto e como técnica).

Intervenções em PP compreendem que *mindfulness* pode ser incorporado nas sessões de psicoterapia, na forma de práticas cotidianas de relaxamento, de respiração e de momento atento. De acordo com Bernard (2019), a psicoeducação nas intervenções voltadas para *mindfulness* auxilia a pessoa a compreender o seu processo terapêutico, facilitando a prática na vida cotidiana.

Mindfulness também está presente nos componentes do conceito de autocompaixão, que é relacionado à capacidade de canalizar a si o mesmo tipo de cuidado, de bondade e de compaixão ofertados às pessoas queridas que estão em sofrimento. No conjunto de seus componentes, a autocompaixão compreende um estado mental positivo, que protege os indivíduos das consequências negativas do autojulgamento, da autocrítica, do isolamento e de sentimentos depressivos. Resulta em perdoar falhas, inadequações e sofrimentos, pois entende-se que são fenômenos naturais do ser humano (Neff & Germer, 2019).

A autocompaixão tem três componentes diante do sofrimento: autobondade x autocrítica; humanidade compartilhada x isolamento; *mindfulness* x sobreidentificação (Neff & Germer, 2019). A prática do treino da autocompaixão inclui o componente de *mindfulness* em suas técnicas. Assim, como consequência da não ampliação do sofrimento, pode-se reduzir sintomas de depressão e ansiedade aumentando o bem-estar (Adler & Seligman, 2016; Bożek et al., 2020).

De acordo com esses achados, o treinamento em *mindfulness* aumenta a experiência diária de afeto positivo e que pode ser um mediador importante do efeito da MBCT nos sintomas depressivos e no risco de recaídas. Especificamente, a experiência plena de situações difíceis pode evitar o desencadeamento de ruminação, sendo capaz de descentralizar os sintomas com pensamentos de autocompaixão.

Na clínica pode-se constatar que práticas de *mindfulness* facilitam a recuperação do estresse e da dor e aumentar o afeto positivo e o reconhecimento dos valores e comportamentos nessa direção. Contudo, a integração de processos de *mindfulness* em diversas práticas e desfechos de saúde promove uma melhor saúde mental em diferentes contextos, para além da perspectiva clínica, à medida que envolve promoção de bem-estar.

Considerações finais

Neste capítulo discutimos o conceito de *mindfulness* sob diferentes perspectivas e formas de aplicação. Além disso, o texto apresentou diferentes modelos de terapia baseadas em práticas de *mindfulness*, conhecidos como Mindfulness Based Therapys (MBTs), ilustrando aplicações clínicas das práticas e comentando resultados relacionados a diferentes desfechos de saúde. Por fim, o tema central do capítulo foi tratado no escopo dos estudos da psicologia positiva, apresentando-se evidências empíricas que apoiam a associação das práticas de *mindfulness* com um melhor funcionamento psicológico.

Os dados apresentados evidenciam que as práticas baseadas em *mindfulness* aplicam-se a diversos desfechos clínicos, havendo programas específicos conforme as caraterísticas das psicopatologias a serem foco da intervenção e das características clínicas dos pacientes. Nesse sentido, *mindfulness* apresenta-se como fator transdiagnóstico de inúmeras intervenções em contextos da saúde.

No entanto, o avanço da área passa pela consideração de que as práticas baseadas em *mindfulness* não são uma panaceia nem mesmo são indicadas a todos os pacientes de forma indeterminada. Assim, embora o campo seja muito promissor, de acordo com evidências já coletadas, novos estudos são necessários para demonstrar em que circunstâncias os programas são mais efetivos e eficazes no contexto nacional, sobretudo considerando o panorama de saúde mental e bem-estar dos brasileiros na atualidade.

Referências

Adler, A., & Seligman, M. E. P. (2016). Using well-being for public policy: theory, measurement, and recommendations. *International Journal of Wellbeing, 6*(1), 1-35. https://doi.org/10.5502/ijw.v6i1.429

Antonova, E., Schlosser, K., Pandey, R., & Kumari, V. (2021). Coping with COVID-19: mindfulness-based approaches for mitigating mental health crisis. *Frontiers in Psychiatry, 12*, 563417. https://doi.org/10.3389/fpsyt.2021.563417

Baer, R. (2020). Prática de *mindfulness*. In S. C. Hayes, & S. G. Hofmann. *Terapia cognitivo-comportamental baseada em processos: ciência e competências clínicas* (pp. 307-317). Artmed.

Bernard, R. (2019). Mindfulness. In M. R. Carvalho, L. E. N Mallagris, & B. P. Rangé. *Psicoeducação em terapia cognitivo-comportamental* (pp. 342-350). Sinopsys.

Bożek, A., Nowak, P. F., & Blukacz, M. (2020). The relationship between spirituality, health-related behavior, and psychological well-being. *Frontiers in Psychology, 11*, 1997. https://doi.org/10.3389/fpsyg.2020.01997

Calvetti, P. Ü., Müller, M., & Nunes, M. L. (2007). Psicologia da saúde e psicologia positiva: perspectivas e desafios. *Psicologia: Ciência e Profissão, 27*(4), 706-717. https://doi.org/10.1590/S1414-98932007000400011

Chiesa, A., & Malinowski, P. (2011). Mindfulness-based approaches: are they all the same? *Journal of Clinical Psychology, 67*(4), 404-424. https://doi.org/10.1002/jclp.20776

Chiesa, A., & Serretti, A. (2011). Mindfulness based cognitive therapy for psychiatric disorders: a systematic review and meta-analysis. *Psychiatry Research, 187*(3), 441-453. https://doi.org/10.1016/j.psychres.2010.08.011

Crane, R. S., Brewer, J., Feldman, C., Kabat-Zinn, J., Santorelli, S., Williams, J. M., & Kuyken, W. (2017). What defines mindfulness-based programs? The warp and the weft. *Psychological medicine, 47*(6), 990-999. https://doi.org/10.1017/S0033291716003317

Dillard, A. J., & Meier, B. P. (2021). Trait mindfulness is negatively associated with distress related to COVID-19. *Personality and Individual Differences, 179*, 110955. https://doi.org/10.1016/j.paid.2021.110955

Eberth J., & Sedlmeier, P. (2012). The effects of mindfulness meditation: a meta-analysis. *Mindfulness, 3*(3), 174-189. https://doi.org/10.1007/s12671-012-0101-x

Fjorback, L. O., Arendt, M., Ornbøl, E., Fink, P., & Walach, H. (2011). Mindfulness-based stress reduction and mindfulness-based cognitive therapy: A systematic review of randomized controlled trials. *Acta Psychiatrica Scandinavica, 124*(2), 102-119. https://doi.org/10.1111/j.1600-0447.2011.01704.x

Gilbert, P. (2015). Affiliative and prosocial motives and emotions in mental health. *Dialogues in Clinical Neuroscience, 17*(4), 381-389. https://doi.org/10.31887/DCNS.2015.17.4/pgilbert

Hilton, L., Hempel, S., Ewing, B. A., Apaydin, E., Xenakis, L., Newberry, S., Colaiaco, B., Maher, A. R., Shanman, R. M., Sorbero, M. E., & Maglione, M. A. (2017). Mindfulness meditation for chronic pain: systematic review and meta-analysis. *Annals of Behavioral Medicine, 51*(2), 199-213. https://doi.org/10.1007/s12160-016-9844-2

Iyer, S. (2022). Mindfulness-based Interventions: can they improve self-care and psychological well-being. *Indian Journal of Critical Care Medicine, 26*(4), 407-408. https://doi.org/10.5005/jp-journals-10071-24194

João, M. V. M., Demarzo, M. M. P., Yamamura, Y., Oliveira, D. R., Salvo, V., Ramos, C. C. F., & Oliveira, F. C. (2022). Comparative effects of abbreviated mindfulness or acupuncture protocols in healthy people: a non-randomized feasibility study with one-month follow-up. *Research, Society and Development, 11*(8), e34611830748. https://doi.org/10.33448/rsd-v11i8.30748

Kabat-Zinn, J. (1982). An outpatient program in behavioral medicine for chronic pain patients based on the practice of mindfulness meditation: theoretical considerations and preliminary results. *General Hospital Psychiatry, 4*(1), 33-47. https://doi.org/10.1016/0163-8343(82)90026-3

Kabat-Zinn, J. (2003). Mindfulness-based interventions in context: past, present, and future. *Clinical Psychology: Science and Practice, 10*(2), 144-156. https://doi.org/10.1093/clipsy.bpg016

Kabat-Zinn, J. (2020). Moments of silence. *Mindfulness, 11*, 2.445-2.446. https://doi.org/10.1007/s12671-020-01427-1

Katterman, S. N., Kleinman, B. M., Hood, M. M., Nackers, L. M., & Corsica, J. A. (2014). Mindfulness meditation as an intervention for binge eating, emotional eating, and weight loss: a systematic review. *Eating behaviors, 15*(2), 197-204. https://doi.org/10.1016/j.eatbeh.2014.01.005

Khoury, B., Sharma, M., Rush, S. E., & Fournier, C. (2015). Mindfulness-based stress reduction for healthy individuals: a meta-analysis. *Journal of Psychosomatic Research, 78*(6), 519-528. https://doi.org/10.1016/j.jpsychores.2015.03.009

Langer, E. J. (2016). *The power of mindful learning*. Hachette UK.

Langer, E. J. (2020). *Mindfulness*. Grup Editorial Litera.

Langer, E. J., & Moldoveanu, M. (2000). The construct of mindfulness. *Journal of Social Issues, 56*(1), 1-9. https://doi.org/10.1111/0022-4537.00148

La Porta, L. G., & Calvetti, P. Ü. (2022). Terapia cognitivo-comportamental e regulação emocional para tratamento da dor crônica em ensaios clínicos randomizados: revisão de escopo. *Revista Brasileira de Terapias Cognitivas, 18*(1), 94-103. https://doi.org/10.5935/1808-5687.20220009

Linehan, M. M. (1993). *Cognitive-behavioral treatment of borderline personality disorder*. Guilford Press.

Liu, Z., Sun, Y. Y., & Zhong, B. L. (2018). Mindfulness-based stress reduction for family carers of people with dementia. *The Cochrane Database of Systematic Reviews, 8*(8), CD012791. https://doi.org/10.1002/14651858.CD012791.pub2

Loucks, E. B., Crane, R. S., Sanghvi, M. A., Montero-Marin, J., Proulx, J., Brewer, J. A., & Kuyken, W. (2022). Mindfulness-based programs: why, when, and how to adapt? *Global Advances in Health and Medicine, 11*, 21649561211068805. https://doi.org/10.1177/21649561211068805

Mehan, S., & Morris, J. (2018). A literature review of breathworks and mindfulness intervention. *British Journal of Healthcare Management, 24*(5), 235-241. https://doi.org/10.12968/bjhc.2018.24.5.235

Neff, K., & Germer, C. (2019). *Manual de mindfulness e autocompaixão: um guia para construir forças internas e prosperar na arte de ser seu melhor amigo*. Artmed.

Rashid, T., & Seligman, M. (2019). *Psicoterapia positiva: manual do terapeuta*. Artmed.

Reppold, C. T., D'Azevedo, L. S., Tocchetto, B. S., Diaz, G. B., Kato, S. K., & Hutz, C. S. (2019). Avanços da psicologia positiva no Brasil. *Psicologia para América Latina, 32*, 133-141. http://pepsic.bvsalud.org/scielo.php?script=sci_arttext&pid=S1870-350X2019000200005&lng=pt&tlng=pt

Reppold, C. T., Gurgel, L. G., & Schiavon, C. C. (2015). Research in positive psychology: a systematic literature review. *Psico-USF, 20*(2), 275-285. https://doi.org/10.1590/1413-82712015200208

Reppold, C. T., & Menezes, C. (2016). Mindfulness. In C. S. Hutz (org.). *Avaliação em psicologia positiva: técnicas e medidas* (pp. 45-74). Cetepp.

Reppold, C. T., Zanini, D. S., Campos, D. C., Faria, M. R. G. V., & Tocchetto, B. S. (2019). Felicidade como produto: um olhar crítico sobre a ciência da psicologia positiva. *Avaliação Psicológica, 18*(4), 333-342. https://dx.doi.org/10.15689/ap.2019.1804.18777.01

Vibe, M., Bjørndal, A., Fattah, S., Dyrdal, G. M., Halland, E., & Tanner-Smith, E. (2017). Mindfulness-based stress reduction (MBSR) for improving health, quality of life and social functioning in adults: a systematic review and meta-analysis. *Campbell Systematic Reviews, 13*(1), 1-264. https://doi.org/10.4073/csr.2017.11

Xu, J., Jo, H., Noorbhai, L., Patel, A., & Li, A. (2022). Virtual mindfulness interventions to promote well-being in adults: a mixed-methods systematic review. *Journal of Affective Disorders, 300*, 571-585. https://doi.org/10.1016/j.jad.2022.01.027

Avaliação e aplicação da psicologia positiva em intervenções comportamentais e cognitivo-comportamentais

Maycoln Teodoro
Angélica Milena Barros Bernal
Renata Saldanha-Silva

Highlights

1. A psicologia positiva vinculou-se aos modelos cognitivo-comportamentais em busca de maior cientificidade de seus conceitos.
2. Um dos principais benefícios trazidos pela abordagem é o foco nos aspectos saudáveis e positivos da psicologia humana.
3. Embora não se proponha, necessariamente, a substituir os modelos cognitivos e comportamentais, tem funcionado como um complemento importante a esses modelos, na medida em que se propõe a promover mudanças no próprio jeito de ser dos indivíduos, para além apenas da redução de sintomas.
4. O objetivo da psicologia positiva é o florescimento humano, que envolve tanto aspectos subjetivos quanto objetivos do bem-estar.
5. O bem-estar, por sua vez, é um construto multidimensional que envolve tanto emoções positivas quanto engajamento, sentido na vida, relações positivas e realizações.
6. Um modelo de psicoterapia cognitivo-comportamental que vise ao bem-estar, além da redução de sintomas, tenderá a alcançar resultados mais duradouros e consistentes.

A psicologia positiva trouxe para o campo da saúde mental, e em especial da psicologia clínica, a necessidade de ampliação do conceito de saúde mental para abarcar, além do manejo de sintomas psiquiátricos, construtos relacionados ao bem-estar e à felicidade. As constatações de que a eliminação de sintomas não traria, necessariamente, aumento de bem-estar, apontaram para a necessidade de buscar novas estratégias de potencialização dos aspectos saudáveis e positivos dos indivíduos, como forma de prevenção a recaídas, bem como de mudança de perspectiva para a compreensão do sofrimento e do bem-estar (Hayes & Hoffman, 2020).

Tais mudanças de perspectiva, iniciadas dentro das abordagens humanistas e existenciais, trouxeram para o campo das terapias cognitivas e comportamentais o desafio de modificar seus protocolos terapêuticos. Assim, seria necessário substituir um modelo de intervenção focado em protocolos específicos para tratar diagnósticos específicos (e, por isso, muito focado no tratamento de sintomas), para um modelo mais amplo, transdiagnóstico e concentrado nos processos de mudança. Esses novos protocolos passaram a ter como referência, de maneira geral, a identificação e a potencialização de forças e valores pessoais (Hayes & Hoffman, 2020).

Pensar a saúde mental sob uma ótica mais positiva vem causando mudanças nas formulações teóricas da psicologia, inclusive em teorias clínicas que historicamente focaram nos aspectos psicopatológicos. Tomaremos como exemplo a terapia cognitiva tradicional, formulada por Aaron Beck na década de 1960. Nesse modelo, pensamento, comportamento e emoções interagem entre si, influenciando a maneira como o sujeito processa as informações dos eventos diários. Isso significa que o modo como as pessoas interpretam as situações determina seus sentimentos e comportamentos mais do que a situação em si (Beck, 1967). Mais especificamente, o modelo cognitivo desenvolvido por Beck postula a existência de três estruturas mentais interligadas, responsáveis pela interpretação e pela resposta a eventos rotineiros, chamadas de crenças centrais, crenças intermediárias (ou crenças-regra) e pensamentos automáticos.

As crenças centrais são ideias rígidas e generalizadas (geralmente sobre si, sobre o mundo e as pessoas, ou sobre o futuro – a chamada tríade cognitiva) que o indivíduo desenvolve desde a infância e que representam entendimentos profundos e verdades inquestionáveis que regem a maneira como cada indivíduo sente e se comporta no mundo. Sendo assim, o foco da terapia cognitiva tradicional é na flexibilização das crenças consideradas desadaptativas ou disfuncionais, por meio da psicoeducação e da reestruturação cognitiva, partindo-se do pressuposto de que mudanças na cognição levariam a mudanças emocionais (melhora do humor, p. ex.) e comportamentais (como mais busca de recompensas sociais).

A identificação dos padrões desadaptativos de pensamento, emoções e comportamentos ocorre por meio da conceituação clínica, que serve como um modelo teórico de funcionamento do paciente. Nesse modelo, o quadro de conceituação clínica é focado nas crenças e nos pensamentos desadaptativos, compreendendo-os como a base para o sofrimento e para a psicopatologia.

Dessa forma, a avaliação psicológica predominante na terapia cognitiva envolve o levantamento de sintomas e crenças desadaptativas, com uso de entrevista, descoberta guiada ou de escalas clínicas para avaliação do nível de gravidade de determinado padrão psicopatológico, como é o caso das escalas Beck, utilizadas em casos de depressão ou ansiedade.

A conceituação clínica auxilia o terapeuta na definição, junto ao paciente, dos focos da terapia, que envolvem redução de sintomas e flexibilização de crenças. O caso clínico apresentado no Quadro 1 exemplifica o modelo cognitivo.

O modelo clássico da TCC trouxe resultados bastante satisfatórios e em curto período para diversos transtornos mentais[1]. Entretanto, os ganhos alcançados com protocolos de TCC, de maneira geral, não modificaram os níveis de bem-estar, ou os modificaram muito pouco, o que mantém esses pacientes ainda em maior risco de reincidência de psicopatologias do que aqueles que nunca apresentaram sintomas (Lorimer et al., 2021). Tais resultados apontaram para a necessidade de uma revisão dos modelos de TCC, a fim de considerar diferenças individuais que poderiam potencializar os efeitos das psicoterapias cognitivo-comportamentais.

Recentemente, Beck e colaboradores (2021) apresentaram a Terapia Cognitiva orientada para a Recuperação (CT-R), cujo foco principal consiste em acessar e energizar o modo adaptativo,

---

1. Para mais informações sobre os protocolos de TCC e suas evidências, consultar: https://div12.org/psychological-treatments/

por meio do mapeamento de crenças positivas do paciente. Nessa nova abordagem, baseada em autores clássicos, como Maslow, e na psicologia positiva, o objetivo é recuperar interesses, capacidades, habilidades e resiliências do indivíduo.

Desse modo, a saúde mental passa a implicar um estado emocional positivo e um modo de pensar compassivo sobre si mesmo e sobre os outros. Além disso, envolve construir expectativas de um futuro positivo, desenvolver um modo adaptativo de enxergar a realidade, além de dispor de recursos para afrontar os infortúnios. E, ainda mais importante, busca auxiliar no desenvolvimento do paciente como ser humano.

Essa nova perspectiva pode ser observada no Quadro 2, retomando o caso de Bernardo, já apresentado anteriormente. Vejam que os aspectos avaliados são os positivos, em contraposição aos sintomas e crenças negativas descritas no Quadro 1.

Pelo Quadro 2, percebe-se que a avaliação dos comportamentos e crenças do paciente na CT-R permeiam os momentos positivos da sua vida, que despertaram cognições positivas. Essas passam a ser o foco da avaliação e conceituação do caso. Essa mudança de visão permite muito mais do que o enfoque baseado exclusivamente no déficit (Díaz et al., 2007).

Quadro 1
Exemplo de caso clínico com conceituação inicial

Caso Bernardo
Bernardo tem 25 anos e procurou psicoterapia por estar se sentindo sem energia, com alterações de sono. Relata problemas de relacionamento com a namorada e de adaptação ao trabalho (é engenheiro civil e trabalha numa grande empreiteira). Os sintomas começaram no último ano e não foi possível identificar um precipitante claro. Parece ter piorado no último mês, tendo culminado com uma tentativa de suicídio na última semana. O psiquiatra receitou um antidepressivo e um regulador de humor e sugeriu psicoterapia.
O terapeuta solicitou a Bernardo que fizesse um **Registro de Pensamentos Diários (RPD)**, a fim de identificar seus padrões mais frequentes de pensamentos, emoções e comportamentos. Os registros mais frequentes nas primeiras semanas envolveram discussões com a namorada e com os colegas de trabalho. Seguem alguns exemplos:
Situação 1: *minha namorada pediu que eu colocasse o lixo pra fora (já era a terceira vez que ela me lembrava).* ***O que pensei:*** *"ela me trata como criança, não me respeita"; "deve me achar um fraco"; "sou um estorvo mesmo".* ***O que senti:*** *vergonha, culpa, raiva.* ***O que fiz:*** *chorei, tomei um remédio e fui dormir.*
Situação 2: *minha chefe criticou um projeto que eu fiz, disse que estava pouco claro.* ***O que pensei:*** *"ela me acha um bosta"; "não faço nada direito"; "não tenho futuro neste trabalho"; "ela foi gentil, mas no fundo me odeia".* ***O que senti:*** *vergonha, tristeza, ansiedade.* ***O que fiz:*** *chorei escondido e inventei uma desculpa pra ir embora mais cedo.*
As situações relatadas, juntamente à aplicação das escalas Beck, que indicaram nível moderado de depressão, ajudaram o terapeuta a identificar que Bernardo parece ter **crenças centrais** distorcidas e negativas sobre ele mesmo (sou incompetente), sobre o mundo e as pessoas (as pessoas são falsas ou desrespeitosas) e sobre o futuro (as coisas só tendem a piorar). Além disso, foi possível perceber que, diante de situações desconfortáveis, que ativam crenças, Bernardo tende a comportamentos (que chamamos também de estratégias compensatórias) de evitação ou de esquiva (tomar remédios calmantes, dormir ou sair do ambiente para não pensar no problema, ou mesmo considerar morrer como uma solução). Tais padrões indicam **crenças-regra** do tipo: "devo evitar situações desconfortáveis", ou "se eu não pensar sobre coisas ruins, então não vou sofrer". Toda essa formulação, focada nos padrões prejudiciais de Bernardo, facilitam a definição, junto ao paciente, de **focos para a terapia**, tais como: reduzir a evitação, aumentar a frequência de comportamentos com potencial reforçador, reestruturação cognitiva para flexibilizar as crenças desadaptativas.

Quadro 2
Exemplo de caso clínico para o mapa da recuperação (caso Bernardo)

Acessando e energizando o modo adaptativo	
Interesses e formas de agir	*Crenças durante o modo adaptativo*
Campeonato de luta.	Suposição: eu sou um bom desportista.
Brincando com os sobrinhos.	Suposição: as crianças gostam de mim.
Aspirações	
Objetivos	*Significado de atingir o objetivo.*
Retomar os treinos.	Capacidade.
Passar mais tempo com as crianças.	Sentir-se querido.
Desafios	
Comportamentos atuais	*Crenças subjacentes aos desafios*
Posso me sentir sem energia.	As pessoas podem não ter sentido a minha falta.
Isolamento.	Tenho pouco valor.
Ação positiva e empoderamento	
Estratégias atuais e intervenções.	*Crenças/aspirações/significados/desafios visados.*
Conversar com antigos colegas de luta.	Eu consigo fazer as tarefas.
Passar mais tempo com a família.	As pessoas me querem por perto.

Segundo os conceitos tradicionais, a saúde mental positiva era compreendida no âmbito da prevenção dos transtornos e da promoção da saúde, e pouco no tratamento e reabilitação. No modelo atual, pelo contrário, uma conceituação positiva da saúde é percebida como transversal a todos os momentos da intervenção.

Essa visão já tinha sido proposta anteriormente. Maddux et al. (2009), por exemplo, apontavam que o diagnóstico, a conceituação do caso clínico e a abordagem em uma perspectiva cognitivo-comportamental deve contemplar três níveis de complexidade que interatuam sinergicamente: um primeiro nível que aponta a melhoria sintomática, um segundo nível preventivo e um terceiro que aponta a autoatualização do paciente que, na perspectiva de Maslow, representaria a satisfação das necessidades mais elevadas, aquelas que estão relacionadas ao sentido da vida.

Em sintonia com essas necessidades, a Psicologia Positiva (PP) foca-se nas fortalezas e ao que permite às pessoas lograrem uma vida plena (Park et al., 2013). Cabe dizer que a PP não ignora o fato de que doenças, transtornos mentais e sofrimento humano devem ser foco de intervenção em psicoterapia. Entretanto, pressupõe que identificar e utilizar virtudes e qualidades pessoais pode ser uma maneira eficaz de abordar a saúde mental e criar estratégias de manejo de demandas psicológicas. Cabe dizer que o modelo da Psicologia Positiva tem a prevenção e a potencialização como objetivos fundamentais, e já vem apresentando evidências interessantes em estudos clínicos (Carr et al., 2021).

De acordo com Seligman e Csikszentmihalyi (2014), a Psicologia Positiva tem três níveis de pesquisa científica, sendo (a) o nível subjetivo, que se refere à percepção de valor nas experiências de vida, no passado (bem-estar subjetivo e satisfação com a vida), no presente (felicidade e *flow*) e no futuro (otimismo e esperança). No nível (b), individual, são incorporados os traços positivos enquanto características e funcionamento da pessoa, incluindo traços que permitam a construção de relações interpessoais satisfatórias (forças de caráter, talentos, interesses, valores). Por fim, o nível (c), grupal, pretende explorar as virtudes que fazem do indivíduo um cidadão melhor, explorando responsabilidade, altruísmo, tolerância, amizade entre outras.

Peterson e Park (2009) dizem que a PP proporciona um esquema integral para descrever e compreender em que consiste a "boa vida" e, além dos três níveis citados anteriormente, acrescentam mais um, relacionado às chamadas "instituições positivas" (família, escola, comunidades etc.), que teriam como função oferecer oportunidades para a construção de sentido na vida. Os quatro níveis estão relacionados entre si, de modo que as instituições positivas possibilitam o desenvolvimento de relações positivas que, ao mesmo tempo, promovem o surgimento de traços positivos e facilitam as experiências subjetivas positivas.

Após algumas reformulações, Seligman (2011) definiu a PP como uma teoria do bem-estar, que envolve uma avaliação subjetiva sobre a situação do indivíduo no mundo. O construto "bem-estar" é composto por cinco elementos inter-relacionados, a saber: emoção positiva (sensação subjetiva de felicidade e satisfação com a vida), engajamento (sensação subjetiva de foco e envolvimento em determinada tarefa), sentido (investimento em algo percebido como superior ao "eu"), realização (busca de sucesso e vitórias por si mesmo, sem que tragam, necessariamente, sentido, engajamento ou emoções positivas) e relações positivas (sigla Perma, pelas iniciais em inglês: *positive emotion*, *engagement*, *positive relationships*, *meaning*, *accomplishments*).

O principal objetivo da PP é gerar o florescimento humano, um construto multidimensional que integra a presença de emoções positivas (bem-estar hedônico) com altos níveis de funcionamento psicológico (bem-estar eudamônico). No bem-estar hedônico, o que se busca é a satisfação global com a vida e a vivência de mais emoções positivas do que negativas. Entretanto, para se ter uma vida plena é preciso vivenciar, também, o bem-estar eudaimônico, que inclui senso de significado e propósito na vida.

Assim, o florescimento envolve, como características essenciais, a presença de emoções positivas, engajamento e sentido/propósito. Além disso, abrange uma combinação de pelo menos três características adicionais, que são: autoestima, otimismo, resiliência, vitalidade, autodeterminação e relacionamentos positivos (Seligman, 2011).

Embora a definição de cada um dos elementos do florescimento fuja ao escopo deste capítulo, é importante considerar que são passíveis de operacionalização e utilização em testes e roteiros de entrevista, bem como de maximização em psicoterapia. Utilizaremos o caso Bernardo para ilustrar como isso poderia acontecer.

Avaliação e intervenção

Partindo do conceito de florescimento, é importante considerar, além dos sintomas e padrões desadaptativos de Bernardo, os elementos essenciais e adicionais para o florescimento, a fim de construirmos um plano de intervenção completo. Dessa forma, é importante levantar aspectos pessoais, familiares, sociais e religiosos que auxiliem na definição de propósitos e na criação de uma perspectiva mais saudável de futuro. No exemplo, percebemos que Bernardo apresentou mudanças importantes de comportamento e formas de compreender o mundo, e por isso o tratamento iniciou-se com uma busca por características e padrões comportamentais que poderiam auxiliar em seu florescimento.

Bernardo está com dificuldades para perceber emoções positivas, está pouco motivado (o que pode associar-se à desesperança comum a casos de depressão) e não tem clareza acerca de seus propósitos. Por outro lado, apesar das dificuldades atuais, ele consegue lembrar-se de ter sido, antes da depressão, uma pessoa bem-humorada e confiável, capaz de estabelecer relações afetivas saudáveis. Ainda, conseguia perceber-se como responsável e competente em seu trabalho, e seus amigos e familiares definiam-no como "cheio de vida". Esses elementos podem ser avaliados por uma série de testes e escalas, bem como por meio de entrevistas e outras estratégias clínicas que visem tanto levantar elementos para o florescimento quanto auxiliar no autoconhecimento do paciente.

Entre os focos de avaliação comuns nas terapias cognitivas, podemos citar medidas de todos os elementos essenciais e adicionais do florescimento, além de medidas de forças e virtudes pessoais que poderiam ser úteis para o levantamento de habilidades e propósitos de vida. O Apêndice deste capítulo apresenta um resumo das principais medidas utilizadas no Brasil para esse propósito.

Além de escalas e testes psicológicos, é importante considerar o uso de entrevistas e estratégias clínicas, tais como o registro diário de emoções positivas e negativas, levantamento de valores, estudo sobre pontos fortes e atividades prazerosas ao longo da vida; qualidade das relações interpessoais, história de resiliência e estilos de enfrentamento, entre outras.

O Quadro 3 apresenta um complemento ao quadro de conceituação clínica do caso Bernardo, com acréscimo de forças, virtudes, focos para o engajamento, valores e propósitos[2].

Nesse sentido, podemos afirmar que existe hoje uma convergência entre a Psicologia Positiva e os modelos mais atuais dentro das terapias cognitivas. Conceitos como bem-estar e felicidade passaram a fazer parte dos construtos teóricos e da avaliação psicológica em diversos modelos cognitivos. No entanto, essa convergência fica ainda mais clara quando analisamos as chamadas terapias cognitivas de terceira geração, termo proposto por Steven Hayes ao perceber o surgimento do grande número de terapias difíceis de incluir na classificação existente de terapias de primeira e segunda gerações. Tais modelos, também chamados de modelos focados em processos, têm como finalidade a identificação e intervenção em processos de mudança, e não no trabalho com diagnósticos específicos (Hayes et al., 1991).

Além da ACT, podemos citar a Terapia Comportamental Dialética (Linehan, 1993) e a Psicoterapia Analítico-Funcional (Kohlenberg & Tsai, 1991) entre outras. A diferença é que ao invés de lutar para gerar mudanças nos pensamentos e sentimentos desconfortáveis, as novas intervenções focam no cultivo de uma atitude de aceitação sem julgamentos em relação a todas as

---

2. Questionários e descrições das características-chave da PP podem ser encontrados em: https://www.authentichappiness.sas.upenn.edu/

Alguns dos questionários, como o levantamento de forças e virtudes, podem ser realizados em português

Quadro 3
Conceituação clínica envolvendo conceitos da psicologia positiva

Caso Bernardo – conceituação clínica reformulada

Crenças centrais (algumas levantadas posteriormente em psicoterapia): "sou incompetente"; "sou incapaz"; "sou ruim"; as pessoas são ruins/impacientes.

Crenças-regra: "devo evitar desconforto"; "se eu não expressar vulnerabilidade, então as pessoas não vão me atacar".

Estratégias compensatórias: evitação experiencial, frieza (evita compartilhar emoções).

Forças e virtudes: integridade (tendência a se comportar de forma honesta, genuína e autêntica); humildade (tendência a ser modesto e a não se importar tanto com reconhecimento); autocontrole (foco na disciplina e no seguimento de metas, com bom autocontrole de impulsos) e justiça (padrão comportamental tolerante, que não permite que sentimentos pessoais influencie nas decisões sobre os outros).

Propósito/sentido: no questionário "abordagens à felicidade", respondido em inglês, o paciente apresentou escores equilibrados em sentido da vida e engajamento (em torno de 3,5 em uma escala de 1 a 5), mas apresentou resultado muito inferior em gratificação/prazer. No roteiro de valores pessoais (adaptado de Harris, 2009; Roemer & Orsillo, 2010), cuja descrição será apresentada no Apêndice A, os domínios considerados mais importantes foram: trabalho, socialização e relacionamento íntimo. Os valores e metas relacionados a cada um envolveram:

– Trabalho:

• Valores – ser mais colaborativo e desenvolver novas habilidades.

• Metas – criar hábito de elogiar e agradecer aos colegas e superiores pelo suporte; fazer um curso de atualização; oferecer-se para alguma atividade nova e desafiadora.

– Socialização:

• Valores – aumentar o tempo de qualidade com amigos e voltar a praticar luta.

• Metas – convidar pelo menos dois amigos quinzenalmente para um *happy hour*; aceitar convites para atividades de lazer com os amigos (pelo menos uma vez a cada três convites); matricular-se na academia e comparecer mesmo que sem vontade.

– Relacionamento íntimo:

• Valores: aumentar tempo de qualidade e reduzir conflitos.

• Metas: participar de um programa de treinamento de habilidades sociais conjugais; propor de lerem um livro juntos; fazer uma viagem de férias todos os anos e duas pequenas viagens de descanso; começar a planejar uma vida conjunta (na mesma casa).

Florescimento: o questionário PERMA™ Meter, também em inglês, apresentou resultados acima da média em sentido e engajamento, resultados na média em relações positivas e resultados inferiores em realizações e emoções positivas. Outros aspectos levantados (por entrevista) indicaram autoestima e vitalidade rebaixadas.

Focos da terapia: com base em toda a avaliação realizada, os focos incluíram tanto as crenças e estratégias compensatórias, com vistas à redução de sintomas, quanto o fortalecimento dos aspectos que geram florescimento e, como consequência, podem prevenir recaídas.

Principais métodos e técnicas utilizados: o processo de intervenção teve início após a avaliação, com psicoeducação sobre a depressão e o modelo cognitivo, com foco na identificação de pensamentos e comportamentos frequentes e que possam contribuir para a manutenção dos sintomas. Na sequência, iniciou-se a ativação comportamental, que envolveu auxiliar Bernardo na identificação de atividades de vida diária que poderia gerar algum bem-estar, ainda que transitório. O paciente foi encorajado a iniciar por atividades que poderiam ser fáceis de realizar e que pudessem ser classificadas como prazerosas, motivadoras (não são necessariamente prazerosas, mas facilitam o engajamento), ou relacionadas com suas forças, virtudes e/ou valores. As atividades prazerosas teriam maior peso, já que estavam em baixa no momento. Ao longo das sessões de psicoterapia, cada avanço era classificado de acordo com o quanto traria mais prazer, senso de integridade e de sentido na vida, engajamento e melhora da autoestima. As estratégias compensatórias, como a esquiva de situações desconfortáveis, foram sendo questionadas e modificadas à medida que o paciente percebia o quanto cada uma delas afastavam-no do que era realmente importante. Por exemplo, ao pensar em iniciar um plano de morar com a namorada, tendia a esquivar-se da decisão por considerar desconfortável o processo de mudança. Aos poucos, entretanto, percebeu que esse seria um passo importante para o alcance do valor no domínio da intimidade, por isso optou por se expor gradualmente a essa mudança. Outras técnicas comportamentais (treino de habilidades sociais conjugais), cognitivas (questionamento socrático, psicoeducação, checagem de evidências) e da PP (diário de gratidão, uma atitude gentil, portfólio das emoções positivas e das relações positivas (Seligman, 2011) foram sendo aplicadas, à medida que o paciente abria-se a cada mudança (as intervenções que foram modificadas ou criadas serão descritas no Apêndice B). Ao final do processo, Bernardo percebeu que estava não apenas livre da depressão, mas que era uma pessoa mais otimista, segura e focada em seus valores e objetivos.

experiências humanas a fim de aumentar o bem-estar psicológico.

A inclusão de protocolos de *mindfulness*, ou atenção plena, nos tratamentos em terapias cognitivas, cresce com o advento das propostas terapêuticas de terceira geração. O termo inglês *mindfulness*, provém da palavra *sati*, que procede da linguagem antiga Pali, usada há mais de 5.000 anos. Traduz-se como vigilância, atenção e ato de lembrar.

Em psicologia, *mindfulness* é definido como um estado mental que implica direcionar intencionalmente a atenção a um objeto (chamado âncora atencional; p. ex., a respiração) enquanto se observam os pensamentos, as emoções e as sensações corporais, notando como surgem momento a momento (Vago & Silbersweig, 2012). De acordo com Jon Kabat-Zinn (2003), *mindfulness* corresponde à consciência que emerge ao levar voluntariamente a atenção ao momento presente, com abertura e amabilidade, aceitando tudo que estiver acontecendo tal e como é.

Os programas de treinamento em *mindfulness* visam auxiliar os indivíduos à medida que treinam a atenção para focarem-se no "aqui e agora", a reduzir padrões de pensamento repetitivos, tais como ruminações (focados no passado) ou preocupações (focados no futuro). Tais padrões tenderiam a aumentar os riscos de desenvolvimento de transtornos emocionais, como depressão e ansiedade. Além disso, os protocolos de *mindfulness* tendem a propiciar o desenvolvimento da autoeficácia e autonomia, fundamentais dentro de um modelo salutogênico, especialmente no campo das habilidades pessoais (Iwasaki & Fry, 2016).

O senso de autoeficácia inclui o conjunto de percepções e crenças pessoais sobre as próprias capacidades de executar ações para atingir um desempenho em determinada área ou situação. Sua função é reguladora do comportamento e atua como mediadora entre aspectos cognitivos, emocionais e motivacionais. Na perspectiva de Bihari e Mullan (2014), a prática de *mindfulness* tem efeito na autonomia num sentido social, dado que está orientada a melhorar as relações entre as pessoas por meio do cultivo de uma atitude consciente e empática.

A Psicologia Positiva tem integrado as práticas de *mindfulness* como parte das técnicas potenciadoras do florescimento humano (Cebolla et al., 2017). Os treinamentos em *mindfulness* têm sido relacionados com um aumento moderado nos níveis de bem-estar psicológico relacionado a variáveis como afeto positivo (Schroevers & Brandsma, 2010), maior satisfação em relacionamentos (Barnes et al., 2007) e maior esperança (Sears & Kraus, 2009).

A avaliação do *mindfulness* tem sido realizada por diversos instrumentos como a Escala de Consciência e Atenção Mindfulness (MAAS) (Brown & Ryan, 2003), o Inventário Freiburg de Mindfulness (FMI) (Walach et al., 2006) e a Escala Filadélfia de Mindfulness (PHLMS) (Cardaciotto et al., 2008). Mais detalhes podem ser encontrados no trabalho de Reppold e Menezes (2016).

Este capítulo mostrou as aproximações existentes entre diferentes modelos das terapias cognitivas e psicologia positiva. A partir dessa convergência foram sendo incluídas novas tarefas, estratégias de avaliação e instrumentos no processo de avaliação clínica da TCC. Alguns desses instrumentos são importantes tanto para acompanhar o desenvolvimento positivo do paciente na clínica psicológica quanto para avaliar seus aspectos positivos.

Referências

Barnes, S., Brown, K. W., Krusemark, E., Campbell, W. K., & Rogge, R. D. (2007). The role of *mind fulness* in romantic relationship satisfaction and responses to relationship stress. *Journal of Marital and Family Therapy*, 33(4), 482-500. https://doi.org/10.1111/j.1752-0606.2007.00033.x

Beck, A. T. (1967). *Depression*. s.e.

Beck, A. T., Grant, P., Inverso, E., Brinen, A., & Perivoliotis, D. (2021). *CT-R – Terapia cognitiva orientada para a recuperação: de transtornos mentais desafiadores*. Artmed.

Bihari, J. L. N., & Mullan, E. G. (2014). Relating mindfully: a qualitative exploration of changes in relationships through *mindfulness*-based cognitive therapy. *Mindfulness*, 5(1), 46-59. https://doi.org/10.1007/s12671-012-0146-x

Brown, K. W., & Ryan, R. M. (2003). The benefits of being present: Mindfulness and its role in psychological well-being. *Journal of Personality and Social Psychology*, 84(4), 822-848). https://doi.org/10.1037/0022-3514.84.4.822

Cardaciotto, L., Herbert, J. D., Forman, E. M., Moitra, E., & Farrow, V. (2008). The assessment of present-moment awareness and acceptance: The Philadelphia Mindfulness Scale. *Assessment*, 15(2), 204-223. https://doi.org/10.1177/1073191107311467

Carr, A., Cullen, K., Keeney, C., Canning, C., Mooney, O., Chinseallaigh, E., & O'Dowd, A. (2021). Effectiveness of positive psychology interventions: a systematic review and meta-analysis. *The Journal of Positive Psychology*, 16(6), 749-769. https://doi.org/10.1080/17439760.2020.1818807

Cebolla, A., Enrique, A., Alvear, D., Soler, J., & García-Campayo, J. (2017). Psicología positiva contemplativa: integrando *mindfulness* en la psicología positiva. *Papeles Del Psicólogo*, 38(1), 12-18. https://doi.org/10.23923/pap.psicol2017.2816

Díaz, D., Blanco, A., Horcajo, J., & Valle, C. (2007). La aplicación del modelo del estado completo de salud al estudio de la depresión. *Psicothema*, 286-294. https://www.psicothema.com/pdf/3362.pdf

Fredrickson, B. L. (2010). *Positivity: groundbreaking research to release your inner optimist and thrive*. Oxford University Press.

Garland, E. L., Gaylord, S. A., & Fredrickson, B. L. (2011). Positive reappraisal mediates the stress-reductive effects of *mindfulness*: an upward spiral process. *Mindfulness*, 2(1), 59-67. https://doi.org/10.1007/s12671-011-0043-8

Harris, R. (2009). ACT made simple: an easy-to-read primer on acceptance and commitment therapy. In *Workbook* (1. ed.). New Harbinger Publications, Inc. papers2://publication/uuid/464225D2-A6DA-4034-ACFB-179650B573C3

Hayes, S. C., McCurry, S. M., Afari, N., & Wilson, K. (1991). Acceptance and commitment therapy (ACT). *A therapy manual for the treatment of emotional avoidance*.

Hayes, S. C., & Hoffman, S. (2020). *Terapia cognitivo-comportamental baseada em processos: ciência e competências clínicas* (1. ed.). Artmed.

Iwasaki, S., & Fry, M. D. (2016). Female adolescent soccer players' perceived motivational climate, goal orientations, and mindful engagement. *Psychology of Sport and Exercise*, 27, 222-231. https://doi.org/10.1016/j.psychsport.2016.09.002

Kabat-Zinn, J. (2003). *Mindfulness*-based interventions in context: past, present, and future. *Clinical Psychology: Science and Practice*, 10(2), 144-156. https://doi.org/10.1093/clipsy.bpg016

Kohlenberg, R. J., & Tsai, M. (1991). *Functional analytic psychotherapy: creating intense and curative therapeutic relationships*. Springer.

Linehan M. M. (1993). Dialectical behavior therapy for treatment of borderline personality disorder: implications for the treatment of substance abuse. *NIDA research monograph*, 137, 201-216. https://pubmed.ncbi.nlm.nih.gov/8289922/

Lorimer, B., Kellett, S., Nye, A., & Delgadillo, J. (2021). Predictors of relapse and recurrence following cognitive behavioural therapy for anxiety-related disorders: a systematic review. *Cognitive Behaviour Therapy*, 50(1), 1-18. https://doi.org/10.1080/16506073.2020.1812709

Maddux, R. E., Riso, L. P., Klein, D. N., Markowitz, J. C., Rothbaum, B. O., Arnow, B. A., Manber, R., Blalock, J. A., Keitner, G. I., & Thase, M. E. (2009). Select comorbid personality disorders and the treatment of chronic depression with nefazodone, targeted psychotherapy, or their combination. *Journal of Affective Disorders*, *117*(3), 174-179. https://doi.org/10.1016/j.jad.2009.01.010

Park, N., Peterson, C., & Sun, J. K. (2013). La psicología positiva: Investigación y aplicaciones. *Terapia Psicológica*, *31*(1), 11-19. http://dx.doi.org/10.4067/S0718-48082013000100002

Peterson, C., & Park, N. (2009). Classifying and measuring strengths of character. In S. J. Lopez & C. R. Snyder (orgs.). *Oxford handbook of positive psychology* (pp. 25-33). Oxford University Press.

Reppold, C. T., & Menezes, C. B. (2016). *Mindfulness*. In C. S. Hutz. (org.). *Avaliação em psicologia positiva: técnicas e medidas* (pp. 45-74). Hogrefe.

Roemer, L., & Orsillo, S. M. (2010). *A prática da terapia cognitivo-comportamental baseada em mindfulness e aceitação*. Artmed.

Schroevers, M. J., & Brandsma, R. (2010). Is learning *mindfulness* associated with improved affect after *mindfulness*-based cognitive therapy? *British Journal of Psychology*, *101*(1), 95-107. https://doi.org/10.1348/000712609X424195

Sears, S., & Kraus, S. (2009). I think therefore I om: cognitive distortions and coping style as mediators for the effects of *mindfulness* meditation on anxiety, positive and negative affect, and hope. *Journal of Clinical Psychology*, *65*(6), 561-573. https://doi.org/10.1002/jclp.20543

Seligman, M. E. P. (2011). *Flourish: the new positive psychology and the search for well-being*. Free Press.

Seligman, M. E. P., & Csikszentmihalyi, M. (2014). Positive psychology: an introduction. In *Flow and the foundations of positive psychology* (pp. 279-298). Springer. https://doi.org/10.1007/978-94-017-9088-8_18

Vago, D. R., & Silbersweig, D. A. (2012). Self-awareness, self-regulation, and self-transcendence (S-ART): a framework for understanding the neurobiological mechanisms of *mindfulness*. *Frontiers in human neuroscience*, *6*, 296. https://doi.org/10.3389/fnhum.2012.00296

Walach, H., Buchheld, N., Buttenmüller, V., Kleinknecht, N., & Schmidt, S. (2006). Measuring *mindfulness* – The Freiburg *Mindfulness* Inventory (FMI). *Personality and Individual Differences*, *40*(8), 1.543-1.555. https://doi.org/10.1016/j.paid.2005.11.025.

Apêndice A – Passo a passo para o levantamento de valores e metas

(adaptado de Harris [2009])

1. Escolha **entre um e três** domínios da vida que sejam de alta prioridade para mudança:

   a. Trabalho.

   b. Saúde.

   c. Educação.

   d. Socialização.

   e. Parentalidade.

   f. Parceira(o) íntima(o).

   g. Família.

   h. Espiritualidade.

   i. Comunidade.

   j. Meio ambiente.

   k. Lazer.

   l. Crescimento pessoal.

   m. Outros.

2. Escolha o que gostaria que mudasse em cada um dos domínios escolhidos para lhe aproximar de seus propósitos, que devem ser:

   a. Específicos – informar exatamente como pretende aproximar-se do que é importante no domínio escolhido. Por exemplo, no domínio do trabalho, você pode ter como valor: elevado *status* ocupacional, um bom salário, a possibilidade de ajudar pessoas ou satisfação com a realização das atividades laborais. É preciso escolher um de cada vez!

   b. Significativos – o valor deve ser guiado pelos domínios importantes para o indivíduo, não por convenções, para agradar alguém etc.

   c. Adaptativos – o valor de trazer como consequência a sensação de maior bem-estar e de estar vivendo mais perto de seus propósitos.

   d. Realistas – é preciso que a mudança dependa principalmente do paciente e que seja passível de execução. Por exemplo, melhorar meu relacionamento com minha esposa pode ser pouco realista, já que parte da qualidade da relação depende, também, dela.

3. Para cada mudança, crie metas específicas:

   a. Em curto prazo – se o objetivo é ter mais satisfação no trabalho, uma meta em curto prazo pode ser propor um dia de jogos entre colegas, ou criar um projeto para as horas vagas, ou, ainda, estudar seu perfil para verificar se não seria o caso de mudar de trabalho.

   b. Em médio prazo – fazer um curso de pós-graduação, por exemplo.

   c. Em longo prazo – construir um projeto de carreira para os próximos 10 ou 20 anos.

Apêndice B – Estratégias de intervenção

1 Diário de gratidão (adaptado de Seligman, 2011)

Orientações: escrever, a cada dia, pelo menos uma experiência positiva (escolher um horário à noite para fazer isso). Não é necessário detalhar, apenas dar um nome ao que aconteceu. Caso no dia em questão você não se lembre de nada positivo, é hora de produzir: elogie genuinamente uma pessoa, envie mensagem de gratidão a alguém que já te fez bem, veja um vídeo sobre como fazer algo que você sempre quis aprender, brinque com seu animal de estimação, faça uma gentileza. A ideia é sempre ter algo de positivo a relatar.

Quadro 1

Neste dia eu:	Descrever	Semana: 1 a 7 de setembro de 2022						
		SEG	TER	QUA	QUI	SEX	SÁB
Aprendi algo novo							
Ensinei algo que sabia a alguém							
Agradeci							
Elogiei							
Fui elogiado							
Senti orgulho							
Fiquei feliz							
Me diverti							
Discuti temas importantes							
Ajudei							
Recebi ajuda							
Outro							

Nota: adaptado de Seligman (2011)

2 Portfólio das emoções e relações positivas (adaptado de Fredrickson, 2010; Garland et al., 2011)

As práticas consistem em criar um portfólio que ajude o paciente a gerar emoções positivas e a preservar relações positivas em momentos difíceis. Não se trata aqui de ignorar os aspectos negativos das emoções e das relações, mas de ampliar a perspectiva para que abarque, também, aspectos positivos.

No portfólio das emoções positivas, o paciente é convidado a levantar as emoções positivas que mais gosta de sentir, que o movem, tais como:

1. Alegria.
2. Divertimento.
3. Orgulho.
4. Inspiração.
5. Serenidade.

6. Gratidão.
7. Curiosidade.
8. Esperança.
9. Admiração.
10. Amor.

Cada uma dessas emoções pode ser ativada por comportamentos diferentes, e o próprio paciente pode identificar suas maneiras de ativar cada uma. Por exemplo, inspiração pode ser alcançada lendo ou vendo um filme sobre pessoas inspiradoras; esperança pode ser ativada vendo feitos admiráveis e que podem mudar o mundo, e assim por diante. O paciente pode, então, comprar um caderno e ir descrevendo o que o levou a sentir cada emoção, seja de forma espontânea, seja propositalmente.

Com o tempo, pode ser possível recorrer a esse portfólio em momentos em que o sujeito queira sentir emoções positivas. Por exemplo, uma paciente com Transtorno de Ansiedade Generalizada construiu o portfólio para mudar o viés de atenção para aspectos positivos das experiências. Ela percebeu, por exemplo, que ler biografias de pessoas que ela admirava a deixava inspirada. Em um momento de crise, quando o hospital onde trabalhava estava em péssimas condições, e em plena pandemia de Covid-19, ela relatou ter voltado ao portfólio e ter se lembrado disso. Procurou, então, por histórias de médicos e enfermeiros admiráveis que vivenciaram momentos parecidos. Isso a encheu de esperança e motivação para seguir, ainda que o trabalho tenha continuado difícil.

A proposta para as relações é bem semelhante e envolve criar uma espécie de memorial das pessoas amadas, indicando ali todas as experiências positivas já vividas juntos ou juntas. Também é possível guardar ali cartas, fotografias, bilhetes de viagens, além de ser possível registrar momentos de gentileza recebida. Em momentos difíceis para a relação, ou de solidão, pode ser interessante voltar a esse portfólio e contrapor as informações ali com as dificuldades que se está vivendo. Ainda que o portfólio não desfaça possíveis desentendimentos ou traições, pode auxiliar na tomada de perspectiva.

Bernardo, o caso relatado neste capítulo, utilizou-se do portfólio para inserir lembranças positivas com a mãe, com quem sempre teve uma relação difícil. Embora a relação permaneça tendo suas dificuldades (ele tem uma mãe excessivamente crítica e controladora), é possível para Bernardo assumir uma perspectiva diferente. Por exemplo, em um final de semana na casa da mãe, ela criticou a ele e aos filhos por comerem excessivamente – o que ela considera falta de educação –, e Bernardo foi capaz de defender os filhos e impor um limite à mãe (informando, assertivamente, que ela não podia falar assim com ele e com os filhos, e que se não se desculpasse eles iriam embora).

Por outro lado, passado o momento de estresse e o pedido de desculpas da mãe, Bernardo retornou ao portfólio (que ele tem disponível em seu *tablet*), e lembrou-se de um dia em que a mãe o defendeu diante dos professores da escola, quando sofreu uma injustiça. Ele foi capaz de expressar gratidão por isso e de reduzir a tensão do dia, sem ter se sentido passivo ou na desvantagem. Isso o fez sentir vivendo de acordo com seus princípios e valores.

Bem-estar psicológico: avaliação e prática clínica

Mariana Silveira Stinieski
Monique Cristielle Silva da Silva
Wagner de Lara Machado

Highlights

1. O bem-estar psicológico associa-se à promoção de saúde e a um melhor *status* funcional ao longo do desenvolvimento.

2. Bem-estar como ponto de equilíbrio entre os recursos disponíveis ao indivíduo e os desafios que enfrenta ao longo da vida.

3. A Terapia de Bem-estar (TBE), quando associada a outras terapias, apresenta resultados ainda mais positivos.

4. A TBE é uma abordagem breve, acessível, que pode ser realizada por meio de práticas pessoais, comunicação e discussão em grupo.

5. A promoção do bem-estar pode resultar em diminuição da angústia, adaptação e melhorias no sofrimento emocional (especificamente depressão e ansiedade).

Relação entre psicologia humanista e psicologia positiva

A Psicologia Positiva surge nos anos 2000, agregando pesquisadores e profissionais de diferentes vertentes da psicologia interessados no estudo e na prática dos componentes humanos relacionados ao bem-estar e às características positivas, seja em nível individual ou coletivo (Seligman & Csikszentmihalyi, 2000). A proposta do movimento era contrastar a ênfase dada na psicologia, especialmente a partir do pós-guerra, no diagnóstico e na reabilitação de transtornos mentais.

O marco de lançamento da psicologia positiva foi a publicação, em 2000, do número especial no periódico *American Psychologist*, que reuniu autores de diferentes abordagens em textos focados no funcionamento ótimo e na excelência humana (Seligman & Csikszentmihalyi, 2000). Entre eles destaca-se o trabalho de Ryan e Deci (2000), que apresentou a estrutura e a prática da Teoria da Autodeterminação, teoria motivacional que resgata autores humanistas, especialmente Maslow e Rogers.

Essa relação entre psicologia positiva e psicologia humanista aparece no próprio artigo dos fundadores da psicologia positiva, Martin Seligman e Mihaly Csikszentmihalyi (2000). Nesse artigo, os autores reconhecem o pioneirismo da psicologia humanista em tratar de temas referentes ao desenvolvimento positivo e funcionamento ótimo do indivíduo. Esse aspecto fica evidente no artigo escrito por Sutich (1961) para a primeira edição do *Journal of Humanistic Psychology*, no qual ele elenca os temas que caracterizam a "terceira força" da psicologia (diferenciando-se do behaviorismo e da psicanálise):

> The Journal of Humanistic Psychology is being founded by a group of psychologists and professional men and women from other fields who are interested in those human capacities and potentialities that have no systematic place either in positivistic or behavioristic theory or in classical psychoanalytic theory, e.g., creativity, love, self, growth, organism, basic need-gratification, self-actualization, higher values, ego-transcendence, objectivity, autonomy, identity, responsibility, psychological health etc. [...] (Sutich, 1961, p. 8).

De fato, a psicologia positiva alicerça-se em estudos pioneiros de pesquisadores da psicologia humanista. Um exemplo disso é o tópico do bem-estar. A experiência subjetiva do bem-estar foi sistematizada em dois importantes estudos de Marie Jahoda (1958) e Geral Gurin et al. (1960). No primeiro, Jahoda desenhou os contornos do fenômeno que denominou *positive mental health* (saúde mental positiva), i.e., as características que compõem a saúde mental além da mera ausência de transtornos mentais. Após uma extensa revisão da literatura sobre psicologia clínica, do desenvolvimento, social e da saúde, Jahoda elencou seis grandes características desse estado: autopercepção eficiente, autoestima e autoaceitação, controle sobre o comportamento, percepção realista do mundo, relacionamentos positivos e, por fim, autodeterminação e produtividade (Jahoda, 1958). Já o trabalho de Gurin e colaboradores focou na experiência da satisfação em domínios de vida, consolidando a perspectiva subjetiva (em primeira pessoa) nos estudos da área (Gurin et al., 1960).

Posteriormente, Carol Ryff (1989), estudiosa do desenvolvimento humano, revisa e amplia o modelo de Jahoda sobre o bem-estar psicológico. Foram incluídos no conceito importantes processos descritos por proeminentes pesquisadores da psicologia humanista, como Carl Rogers, Abraham Maslow, e Viktor Frankl. O construto do bem-estar psicológico é composto, então, por seis dimensões características do funcionamento ótimo de desenvolvimento pleno das potencialidades humanas: autoestima e aceitação de sua personalidade, considerando aspectos positivos e negativos (autoaceitação); nutrir relacionamentos próximos, acolhedores e satisfatórios com outras pessoas significativas (relações positivas com outros); autodeterminação e avaliação de experiências por meio de critérios pessoais (autonomia); manejar o ambiente de modo a satisfazer necessidades e valores pessoais (domínio do ambiente); construir um senso de propósito e sentido na vida (propósito na vida); perceber um crescimento pessoal contínuo ao longo do seu desenvolvimento (crescimento pessoal) (Ryff, 1989).

Muitos estudos acessaram posteriormente a validade do construto do bem-estar psicológico por meio de sua relação com variáveis sociodemográficas, biológicas e psicológicas (Machado & Bandeira, 2012; Ryff & Singer, 2008). Os estudos demonstram que o bem-estar psicológico relaciona-se a diversos processos de promoção de saúde e a um melhor *status* funcional ao longo do desenvolvimento. O modelo influenciou, inclusive, a criação de escalas psicométricas para avaliação do bem-estar psicológico em intervenções e modelos clínicos, como a Terapia do Bem-estar (Fava, 1996), que serão descritos nas seções a seguir.

Avaliação do bem-estar psicológico

A primeira versão da Escala de Bem-estar Psicológico (Ebep) contou com um conjunto inicial de 80 itens para cada uma das seis dimensões do construto. Após a avaliação de juízes, esse número foi reduzido a 32 itens por dimensão. Os critérios aplicados foram de que os itens fossem compostos por sentenças positivas e negativas, adequados para ambos os sexos e aplicáveis a adultos de qualquer faixa etária. A escala de resposta escolhida foi do tipo *Likert* de 6 pontos, variando de "discordo totalmente" a "concordo totalmente".

Após análises de correlação item-total e análises fatoriais, foram mantidos 20 itens por dimensão do construto, com equilíbrio entre itens positivos e negativos. As seis subescalas demonstraram adequados índices de fidedignidade, apresentando medidas de *alpha* de Cronbach entre 0,86 e 0,93, e coeficientes de estabilidade temporal (teste-reteste, $N = 117$) entre 0,81 e 0,88 (Ryff, 1989).

Diferentes versões, mais curtas, foram desenvolvidas especialmente para o contexto de pesquisas de levantamento (*survey*), como a versão de 84 itens (14 por dimensão do BEP) de Ryff e Essex (1992) e a versão supercurta de 18 itens, desenvolvida por Ryff e Keyes (1995). Estudos de validação do instrumento nas duas versões reduzidas seguiram-se em países da Europa e alguns asiáticos, como China e Coreia do Sul.

No Brasil, a Ebep foi adaptada e validada por Machado et al. (2013), em estudo com uma amostra de estudantes universitários. Por meio de análises de correlação item-total e análises fatoriais confirmatórias, a versão de 84 itens foi reduzida a 36 itens, sendo seis para cada dimensão do Ebep. O modelo de seis fatores oblíquos apresentou melhor ajuste (CFI/NNFI = 0,95; RMSEA = 0,06) quando comparado aos modelos de um fator e de seis fatores ortogonais. As subescalas apresentaram índices adequados de fidedignidade por meio do Ômega de McDonald, variando entre 0,70 e 0,84. A Ebep encontra-se anexa no artigo de Machado e colaboradores (2013), constando as instruções de levantamento e termos de autorização de uso.

Outra forma ainda pouco explorada na avaliação do BEP é por meio de narrativas autobiográficas (Bauer et al., 2005), nas quais são investigadas estratégias de manutenção/promoção do bem-estar frente a eventos de vida e etapas de transição no desenvolvimento. Essa estratégia poderia ser de grande valor para fins clínicos, pois tem o potencial de auxiliar pacientes e terapeutas a identificar estratégias bem-sucedidas, além do nível do bem-estar dos pacientes por meio de escalas psicométricas.

Terapia de Bem-estar (TBE)

Na década de 1990, vários pesquisadores que trabalhavam em abordagens psicoterapêuticas para prevenção de recaídas na depressão foram confrontados com as limitações que as estratégias cognitivo-comportamentais e a psicoterapia interpessoal acarretavam. Mais desafiador que acarretar uma melhora aos clientes era mantê-los bem devido à recuperação incompleta e à presença de sintomas residuais com evolução desfavorável (Fava, 1996). A partir disso, começou a ser percebido que o caminho para a recuperação estava não apenas em aliviar o negativo, mas também em criar o positivo (Fava, 1996; Jahoda, 1958).

O conceito de bem-estar pode ser definido a partir de duas tradições. A tradição hedônica enfatiza a felicidade e a satisfação como objetivos essenciais da vida, e a aquisição desses elementos é indicativo de bem-estar positivo (Diener, 1984; Kahneman et al., 1999). Por outro lado, a tradição eudaimônica concentra-se no funcionamento psicológico positivo e no desenvolvimento do potencial individual como medida para o bem-estar (Ryff, 1989). Para mesclar as duas tradições, uma definição proposta por Dodge et al. (2012) afirma que o equilíbrio e a homeostase são as características primordiais do bem-estar. Especificamente, definem o bem-estar como o ponto de equilíbrio entre os recursos disponíveis ao indivíduo e os desafios que ele enfrenta ao longo da vida. A partir dessa base clínica foram desenvolvidas abordagens técnicas inovadoras nos campos cognitivo e comportamental.

Houve o surgimento da Terapia Cognitiva Baseada em Mindfulness (MBCT), um tratamento psicológico em grupo integrativo, com duração de oito semanas, desenvolvido para reduzir a recaída em indivíduos que se recuperaram da depressão maior unipolar, mediante a redução do estresse baseada na atenção plena (Segal et al., 2002), e da Terapia de Aceitação e Compromisso (ACT), abordagem funcional contextual de intervenção, baseada na Teoria dos Quadros Relacionais, que vê o sofrimento humano como originário da inflexibilidade psicológica promovida pela esquiva experiencial e fusão cognitiva (Hayes et al., 2010). Essa é apresentada como "uma abordagem que segue um modelo de saúde e não de doença" (Hayes et al., 1999, p. 79).

No entanto surge uma terceira abordagem, que partiu das atuais intervenções psicoterapêuticas: Terapia de Bem-estar (TBE) (Fava et al., 1998; Fava, 2016). A TBE ou Well-Being Therapy (WBT), que foi manualizada em 2016 por Giovanni Fava, é uma estratégia psicoterapêutica, em curto prazo, que enfatiza a auto-observação de instâncias de bem-estar com o uso de um diário estruturado, tarefas de casa e interação entre pacientes e terapeutas (Fava, 2016).

Na TBE, os pacientes são encorajados a identificar episódios de bem-estar e a colocá-los em um contexto situacional. Eles são solicitados a relatar em um diário estruturado as circunstâncias que cercam seus episódios de bem-estar, classificados em uma escala de 0 a 100, sendo 0 ausência de bem-estar e 100 o bem-estar mais intenso que poderia ser experimentado (Fava, 2016). Tal busca envolve também experiências ótimas. Essas são caracterizadas pela percepção de altos desafios ambientais e domínio ambiental, concentração profunda, envolvimento, prazer, controle da situação, *feedback* claro sobre o curso da atividade e motivação intrínseca (Csikszentmihalyi & Csikszentmihalyi, 1988).

Uma vez que as instâncias de bem-estar são devidamente reconhecidas, o paciente é encorajado a identificar pensamentos e crenças que levam à interrupção prematura do bem-estar (interrupção de pensamentos automáticos), conforme prescrito na terapia cognitiva (Beck et al., 1979). O terapeuta também pode reforçar e encorajar atividades que provavelmente eliciem bem-estar e experiências ótimas. Esse reforço pode resultar em atribuições de tarefas graduais (Beck et al., 1979), com referência especial à exposição a situações temidas ou desafiadoras, que o paciente provavelmente evitará. Enfatiza-se o enfrentamento do desafio que as experiências ótimas podem acarretar, pois é por meio desse desafio que o crescimento e o aprimoramento de si mesmo podem ocorrer (Fava, 2016).

O acompanhamento do curso dos episódios de bem-estar permite ao terapeuta identificar deficiências específicas ou níveis excessivos nas dimensões de bem-estar de acordo com os modelos conceituais de Jahoda (1958) e Ryff (1989). O paciente torna-se, assim, capaz de identificar prontamente momentos de bem-estar, estar ciente de interrupções nos sentimentos de bem-estar (pensamentos e/ou comportamentos interferentes), aplicar técnicas cognitivo-comportamentais para lidar com essas interrupções e buscar experiências ideais.

O gatilho para a auto-observação e o consequente trabalho cognitivo-comportamental é, no entanto, diferente, baseando-se no bem-estar e não na angústia. Por exemplo, um paciente pode vivenciar um momento positivo ("Fiz um bom trabalho"), que é interrompido por pensamentos e/ou comportamentos ("O que fiz é inútil porque há muitas coisas que não consigo fazer") (Guidi & Fava, 2021).

Ao contrário de muitas outras estratégias psicoterapêuticas, a TBE não foi concebida como uma cura para transtornos mentais, mas como uma ferramenta terapêutica a ser incorporada a um plano terapêutico. Como indicação geral, é difícil aplicar a TBE como tratamento de primeira linha de um transtorno psiquiátrico agudo. Pode ser mais adequada para tratamentos de segunda ou terceira linhas (Guidi & Fava, 2021). As inovações técnicas e conceituais decorrentes da abordagem TBE podem ter implicações potenciais para lidar com vários problemas clínicos, como prevenção de recaída, modulação do humor, resistência ao tratamento, comportamento suicida, descontinuação de uso de substâncias, melhora nos desfechos médicos e promoção de mudança no estilo de vida (Guidi & Fava, 2021). Originalmente concebida para uso clínico em pacientes com depressão clínica, ensaios clínicos randomizados sugeriram que a TBE também é aplicável em ambientes não clínicos (Guidi & Fava, 2021).

Fava (2016) descreve três estágios como o núcleo da TBE. Primeiro, os clientes monitoram o estado de seu bem-estar psicológico com a ajuda de um diário (Estágio 1). Em segundo lugar, os clientes identificam pensamentos, crenças e comportamentos automáticos que normalmente levam a uma interrupção em seu bem-estar (Estágio 2). Para auxiliar nesse processo, o praticante observa o que contribui para o bem-estar de seus clientes para que também possam identificar pensamentos automáticos. Terceiro, o praticante usa técnicas de reestruturação cognitiva para orientar seus clientes em direção a um nível ideal de bem-estar psicológico, com o objetivo de reter essa mentalidade positiva entre os desafios da vida (Estágio 3).

Frequentemente, muitas dessas técnicas são adaptadas da Terapia Cognitivo-comportamental (TCC), como o estabelecimento de metas ou modificação do pensamento. No entanto, em alguns casos, também pode ser benéfico para os clientes serem expostos a cenários que eles temem e/ou são desafiados por, para construir sua confiança enquanto os introduzem em tarefas cada vez mais desafiadoras.

Finalmente, é importante que os clientes entendam que o objetivo do bem-estar positivo não é necessariamente felicidade, mas um estado de funcionamento equilibrado. Fava (2016) explicou que o funcionamento equilibrado inclui características positivas como gratidão e autonomia; porém ele observou que esses fatores estão em um *continuum* que é determinado pela situação e pelas atitudes psicológicas atuais de um indivíduo.

Fava (2016) recomenda de 8 a 16 sessões, cada uma com duração de 45 minutos a uma hora. Essa recomendação, no entanto, foi para pacientes clínicos que sofrem de transtorno mental. A aplicação não clínica, principalmente quando combinada com outras técnicas como a TCC, pode reduzir significativamente o número de sessões necessárias (Fava, 2016). Importante

Figura 1

Estágios da Well-Being Therapy

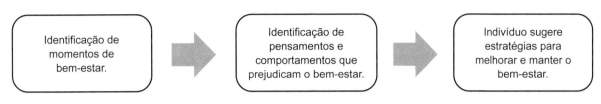

Nota: figura adaptada de Bailey & David (2020)

ressaltar que, ao trabalhar com qualquer cliente, o número e a duração das sessões serão determinados pela pessoa e pela situação.

Estudos empíricos – Terapia de Bem-estar (TBE)

Os resultados da Terapia de Bem-estar (TBE) podem ser observados em diferentes populações e contextos, utilizando comparações e/ou associações psicoterapêuticas, entre outros aspectos. Dentro disso, verifica-se a validação da Well-Being Therapy com pacientes com Transtorno de Estresse Pós-Traumático (Tept), com pacientes pós-síndromes coronárias agudas (SCA) e com estudantes de medicina com desajuste e sofrimento emocional.

No estudo de Radstaak et al. (2020) foram comparados o tratamento usual e a Terapia de Bem-estar (TBE) como terapias para reabilitação para pacientes com Transtorno de Estresse Pós-traumático (Tept), com 64 indivíduos randomizados que realizavam tratamento em um centro de psicotrauma. O objetivo da pesquisa era aumentar o nível de bem-estar psicológico dos participantes por meio da Terapia de Bem-estar (TBE), nos domínios propósito de vida, domínio ambiental, crescimento pessoal, autonomia, autoaceitação e relacionamentos positivos. A terapia foi adaptada para seis sessões e com tarefas para serem realizadas em casa, durante um período de três meses.

Em relação aos resultados, apesar de a TBE não apresentar mais eficácia do que o tratamento usual no aumento de bem-estar ou crescimento pós-traumático (CPT) para diminuir os sintomas de Tept, o estudo forneceu evidências preliminares de que a TBE pode trazer benefícios para os indivíduos com baixos níveis de bem-estar a lidar com traumas e facilitar o crescimento pós-traumático (CPT) em resposta a eventos traumáticos. Isso porque a TBE aumenta os recursos ambientais que facilitam o crescimento pós-traumático (CPT), como os sentimentos de domínio e pertencimento. Para isso, são necessários novos estudos com outro tamanho amostral, medidas de acompanhamento após o término da terapia e em períodos, pois os efeitos do crescimento pós-traumático aumentam após decorrido um período de tempo. Outro ponto trazido pelos autores é que a TBE pode apresentar mais eficácia para indivíduos com Tept com baixos níveis de bem-estar e indivíduos com sintomas graves de Tept, além de benefícios para pacientes com Tept e sintomas depressivos comórbidos, já que a TBE foi desenvolvida inicialmente para pacientes com diagnósticos de depressão.

Já o ensaio clínico randomizado de Rafanelli et al. (2020) apresentou resultados significativos na melhora dos sintomas depressivos e biomarcadores em pacientes com Síndromes Coronárias Agudas (SCA), quando comparados os resultados da combinação sequencial de TCC e TBE com o manejo clínico. O estudo foi realizado com 100 pacientes internados em duas instituições hospitalares na Itália devido a infarto agudo do miocárdio ou angina instável, com diagnóstico de depressão ou distimia.

Os pacientes foram randomizados em dois grupos, com 50 participantes cada, e o objetivo foi avaliar a eficácia da combinação sequencial de Terapia Cognitivo-comportamental (TCC) e Terapia de Bem-estar (TBE), em comparação com o manejo clínico, em termos de sintomas depressivos, sofrimento psicológico, bem-estar e eventos cardiovasculares, biomarcadores e mortalidade (desfechos secundários), tanto após o tratamento como até 30 meses de seguimento.

A avaliação dos sintomas depressivos foi realizada após a saída dos pacientes da internação para diminuir o estresse ligado à hospitalização e ao impacto da doença aguda. A combinação das terapias foi comparada ao manejo clínico, com elementos distintos da psicoterapia e não ao tratamento usual como em outros estudos.

O manejo clínico apresentou melhora significativa nos sintomas afetivos para o tratamento de pacientes pós-SCA, mas estratégias psicoterapêuticas específicas demonstram mais benefícios. Isso porque a estratégia psicoterapêutica sequencial TCC/TBE pode contemplar diferentes aspectos, como a TCC voltada para superação de obstáculos em relação ao estilo de vida, como adesão à medicação, exercícios físicos, reeducação alimentar, entre outros. Já a TBE valoriza o estilo de vida saudável e os benefícios terapêuticos da medicação, diminuindo o foco dos efeitos colaterais do tratamento farmacológico.

No estudo com calouros de medicina com desajuste ou sofrimento emocional, Xu et al. (2019), foi realizado um ensaio clínico randomizado com dois grupos, um com a Terapia de Bem-estar (TBE) e outro na condição de controle. O objetivo do estudo foi comparar os efeitos do tratamento entre os dois grupos. Foram realizados pré e pós-testes e acompanhamento de três meses, e o treinamento foi avaliado em termos de mudanças correlacionadas ao bem-estar psicológico dos alunos, adaptação e indicadores negativos comuns de sofrimento mental, como depressão e ansiedade.

Foram 50 alunos no grupo TBE e 51 no grupo controle, e como critérios de inclusão foram: ser calouro de medicina, sem experiência de intervenção psicológica e não participar de nenhuma outra intervenção psicológica no período do treinamento. Os resultados foram significativos para depressão e bem-estar dos calouros após os três meses da intervenção, comparando os grupos. Nas primeiras cinco semanas verificou-se melhora no bem-estar psicológico e adaptação nos alunos do grupo de TBE, que foram aumentando ao longo dos quatro meses, imediatamente no pós-teste e no acompanhamento de três meses. Os resultados foram associados entre bem-estar e capacidade de enfrentamento e resiliência, o que pode desempenhar em um mecanismo protetivo para prevenção de estresses crônicos e agudos. O grupo intervenção também relatou maior alívio na depressão do pré-teste para o pós-teste e esse alívio manteve-se no acompanhamento de três meses.

A partir dos resultados significativos, os autores compreendem que a TBE é uma abordagem breve, acessível, que pode ser realizada por meio de práticas pessoais, comunicação e discussão em grupo, e é uma ferramenta importante para prevenção de indivíduos jovens e não clínicos que se apresentam como uma população de risco para transtornos emocionais. Isto é, a promoção do bem-estar pode resultar em diminuição da angústia, adaptação e melhorias no sofrimento emocional (especificamente depressão e ansiedade) e vice-versa.

Considerações finais

A Well-Being Therapy (WBT) ou Terapia de Bem-Estar (TBE) é uma abordagem breve, acessível, que pode ser realizada individualmente ou de forma coletiva. Está relacionada ao bem-estar e aos aspectos positivos das características humanas, diferenciando-se de outras terapias que, até então, estavam voltadas mais para recuperação e alívio dos sintomas negativos. Seu surgimento vem para ser incorporado a planos terapêuticos, para tratamentos de segunda ou terceira linhas. Também apresenta aplicabilidade em diferentes ambientes, em que a maioria das terapias está mais inclinada para ambientes clínicos.

Conforme estudos empíricos, há evidências positivas de sua aplicabilidade tanto individual quanto em grupos, como em pacientes com sintomas depressivos, para indivíduos com baixos níveis de bem-estar associados a eventos traumáticos e para estudantes de medicina com sintomas depressivos e baixo nível de bem-estar. Também se verificou que a TBE, quando associada a outras terapias, apresenta resultados ainda mais positivos.

Indicação de leitura

Fava, G. A. (2016). Well-being therapy. Treatment manual and clinical applications. Karger.

Guidi, J., & Fava, G. A. (2021). Conceptual and clinical innovations of well-being therapy. *International Journal of Cognitive Therapy*, *14*(1), 196-208. https://doi.org/10.1007/s41811-021-00101-1

Ryff, C. D. (1989). Happiness is everything, or is it? Explorations on the meaning of psychological well-being. *Journal of Personality and Social Psychology*, *57*(6), 1.069-1.081. https://doi.org/10.1037/0022-3514.57.6.1069

Referências

Bailey A. T., & David P. S. (2020): Well-being therapy: an approach to increase athlete well-being and performance. *Journal of Sport Psychology in Action*, *12*(1), 1-10. https://doi.org/10.1080/21520704.2020.1750516

Bauer, J. J., McAdams, C. P., & Sakaedua, A. R. (2005). Interpreting the good life: growth memories in the lives of mature, happy people. *Journal of Personality and Social Psychology*, *88*, 203-217. htttps://doi.org/ 10.1037/0022-3514.88.1.203

Beck, A. T., Rush, A. J., Shaw, B. F., & Emery, G. (1979). *Cognitive therapy of depression*. Guilford.

Csikszentmihalyi, M., & Csikszentmihalyi, I. S. (1988). *Optimal experience: psychological studies of flow in consciousness*. Cambridge University Press.

Diener, E. (1984). Subjective well-being. *Psychological Bulletin*, *95*(3), 542-575. https://doi.org/10.1037/0033-2909.95.3.542

Dodge, R., Daly, A. P., Huyton, J., & Sanders, L. D. (2012). The challenge of defining wellbeing. *International Journal of Wellbeing*, *2*(3), 222-235. https://doi.org/10.5502/ijw.v2i3.4

Fava, G. A., Rafanelli, C., Cazzaro, M., Conti, S., & Grandi, S. (1998). Well-being therapy: a novel psychotherapeutic approach for residual symptoms of affective disorders. *Psychological Medicine*, *28*, 475-480. https://doi.org/10.1017/s0033291797006363

Fava, G. A. (1996). The concept of recovery in affective disorders. *Psychotherapy and Psychosomatics*, 65, 2-13. https://doi.org/10.1159/000289025

Fava, G. A. (2016). Well-being therapy. Treatment manual and clinical applications. Karger.

Guidi, J., & Fava, G. A. (2021). Conceptual and clinical innovations of well-being therapy. *International Journal of Cognitive Therapy*, 14(1), 196-208. https://doi.org/10.1007/s41811-021-00101-1

Gurin, G., Veroff, J., & Feld, S. (1960). *Americans view their mental health*. Basic Books.

Hayes, S. C., Wilson, K. G., & Strosahl, K. D. (1999). *Acceptance and commitment therapy: an experiential approach to behavior change*. The Guilford Press.

Hayes, S. C., Strosahl, K. D., Bunting, K., Twohig, M., & Wilson, K. G. (2010). What is acceptance and commitment therapy? In S. C. Hayes, & K. D. Strosah (orgs.). *A practical guide to acceptance and commitment therapy* (pp. 1-29). Springer.

Jahoda, M. (1958). *Current concepts of positive mental health*. Basic Books

Kahneman, D., Diener, E., & Schwarz, N. (1999). Well-being: foundations of hedonic psychology. Russell Sage Foundation Press.

Machado, W. L., & Bandeira, D. R. (2012). Bem-estar psicológico: definição, avaliação e principais correlatos. *Estudos de Psicologia*, 29(4), 587-595. https://doi.org/10.1590/S0103-166X2012000400013

Machado, W. L., Bandeira, D. R., & Pawlowski, J. (2013). Validação da Psychological Well-being Scale em uma amostra de estudantes universitários. *Avaliação Psicológica*, 12(2), 263-272. http://pepsic.bvsalud.org/scielo.php?script=sci_arttext&pid=S1677-04712013000200017

Radstaak, M., Hüning, L., & Bohlmeijer, E. (2020). Well-being therapy for posttraumatic stress disorder symptoms: a randomized controlled trial. *Journal of Traumatic Stress*, 33(5), 813-823. https://doi.org/.1002/jts.22500

Rafanelli, C., Gostoli, S., Buzzichelli, S., Guidi, J., Sirri, L., Gallo, P., Marzola, S., Bergerone, S., De Ferrari, G. M., Roncuzzi, R., Di Pasquale, G., Abbate- Daga, G., & Fava, G. A. (2020). Sequential combination of cognitive-behavioral treatment and well-being therapy in depressed patients with acute coronary syndromes: a randomized controlled trial (TREATED-ACS Study). *Psychotherapy and Psychosomatics*, 89(6), 345-356. https://doi.org/10.1159/000510006

Ryan, R. M., & Deci, E. L. (2000). Self-determination theory and the facilitation of intrinsic motivation, social development, and well-being. *American Psychologist*, 55(1), 68-78. https://doi.org/10.1037/0003-066X.55.1.68

Ryff, C. D., & Essex, M. J. (1992). The interpretation of life experience and well-being: the sample case of relocation. *Psychology and Aging*, 7(4), 507-517. https://doi.org/10.1037/0882-7974.7.4.507

Ryff, C. D., & Keyes, C. L. (1995). The Structure of psychological well-being revisited. *Journal of Personality and Social Psychology*, 69(4), 719-727. https://doi.org/10.1037/0022-3514.69.4.719

Ryff, C. D. (1989). Happiness is everything, or is it? Explorations on the meaning of psychological well-being. *Journal of Personality and Social Psychology*, 57(6), 1.069-1.081. https://doi.org/10.1037/0022-3514.57.6.1069

Ryff, C. D., & Singer B. H. (2008). Know thyself and become what you are: a eudaimonic approach to psychological well-being. *Journal of Happiness Studies*, 9(1), 13-39. https://doi.org/10.1007/s10902-006-9019-0

Segal, Z. V., Teasdale, J. D., Williams, J. M., & Gemar, M. C. (2002). The mindfulness-based cognitive therapy adherence scale: Inter-rater reliability, adherence to protocol and treatment distinctiveness. *Clinical Psychology & Psychotherapy*, 9(2), 131-138. https://doi.org/10.1002/cpp.320

Seligman, M. E. P., & Csikszentmihalyi, M. (2000). Positive psychology: an introduction. *American Psychologist*, 55(1), 5-14. https://doi.org/10.1037/0003-066X.55.1.5

Sutich, A. J. (1961). Introduction. *Journal of Humanistic Psychology*, 1(1), vii-ix. https://doi.org/10.1177/002216786100100101

Xu, Y.Y., Wu, T., Yu, Y.J., & Li, M. (2019). A randomized controlled trial of well-being therapy to promote adaptation and alleviate emotional distress among medical freshmen. *BMC Medical Education*, 19(182), 1-10. https://doi.org/10.1186/s12909-019-1616-9

Avaliação e aplicação da psicologia positiva na prevenção e na promoção de saúde

Cyntia Mendes de Oliveira
Helen Bedinoto Durgante
Laís Santos-Vitti

Highlights

1. "As intervenções em psicologia positiva não são inócuas e, quando descontextualizadas, podem trazer malefícios à saúde" (Reppold et al., 2019, p. 337).

2. "A pesquisa é fundamental para a evolução do conhecimento. Porém, é imprescindível o uso de instrumentos com evidências de validade" (Hutz, 2016).

3. "Os grandes avanços na prevenção vieram principalmente da construção de uma ciência voltada à promoção sistemática das competências dos indivíduos" (Seligman, 1998).

Como a psicologia positiva pode contribuir para a prevenção e a promoção de saúde em diferentes locus? As intervenções baseadas na psicologia positiva devem ser estruturadas somente com atividades positivas? Quais instrumentos estão disponíveis para avaliar aspectos positivos antes e após as intervenções para a prevenção e para a promoção de saúde?

Este capítulo tem como objetivo responder a essas perguntas ao apresentar a relevância do campo da psicologia positiva para a prevenção e para a promoção de saúde, instrumentos de avaliação disponíveis que podem ser utilizados na avaliação de programas que têm como objetivos a prevenção e a promoção de saúde, bem como trazer exemplos de intervenções nesse contexto.

A promoção de saúde e a psicologia positiva têm similaridades e estão muito relacionadas pela compreensão a respeito da saúde, foco no florescimento, busca e identificação de valores e alcance de objetivos. Além disso, relacionamentos positivos, engajamento e satisfação de necessidades fundamentais contribuem tanto para a saúde como para a felicidade (Bull, 2008).

No cenário internacional, observa-se que as intervenções em psicologia positiva em atenção primária estão voltadas predominantemente para o contexto da educação, com amostras que incluem estudantes ou público de jovens adultos. Os resultados vão desde melhoras em sintomas de depressão, ansiedade e estresse, até ganhos significativos de incremento em bem-estar subjetivo, bem-estar psicológico, com efeitos preservados em estudos de seguimento em longo prazo (Bolier et al., 2013; Carr et al., 2020; Hendriks et al., 2019; Sin & Lyubomirsky, 2009).

No Brasil, algumas propostas interventivas em contextos variados como instituições de ensino, hospitais ou em centros de saúde/comunitários já estão sendo desenvolvidas, implementadas e avaliadas para diferentes populações. Portanto, serão feitas referências a alguns programas de intervenção em psicologia positiva com inserção em diferentes campos de atuação em contexto nacional.

Prevenção e promoção de saúde na psicologia positiva

As Intervenções de Psicologia Positiva (PPIs) visam à promoção de emoções, comportamentos e pensamentos positivos e de bem-estar ao longo da vida (Bolier et al., 2013; Sin & Lyubomirsky, 2009). Adicionalmente, para caracterizar as intervenções como positivas, os meios pelos quais se chegam a esses resultados devem ser derivados da psicologia positiva e almejar incrementar o bem-estar de forma geral.

Além dessa definição tradicional, há uma compreensão mais recente de que as PPIs também incluem métodos de tratamento, programas ou atividades que têm o objetivo de diminuir ou prevenir transtornos ou déficits (Owens & Waters, 2020). A partir desse entendimento, Owens e Waters (2020) propuseram um sistema de classificação que organiza as intervenções com base em dois elementos: a) resultados esperados ou foco da intervenção e b) processos e conteúdos das intervenções.

As intervenções em psicologia positiva que têm como foco a prevenção e a promoção de saúde incluem processo e conteúdo positivos em sua estrutura e têm como objetivo construir fatores de proteção para a saúde. As intervenções com o objetivo de promoção de saúde buscam aumentar o bem-estar ou obter desfechos positivos.

No campo da prevenção primária, as intervenções têm foco em evitar déficits ou transtornos ao buscar contornar o desenvolvimento do problema antes que ele apareça. Há também as intervenções que têm um foco dual e visam diminuir desfechos negativos e, ao mesmo tempo, melhorar resultados positivos (Owens & Waters, 2020).

É importante notar que, apesar do nome, as PPIs não são estruturadas apenas com atividades ou exercícios positivos; elas têm uma abordagem integrada e equilibrada. Exemplo disso são abordagens empregadas na psicoterapia positiva, que visam à atenção em prevenções secundária e terciária. Como movimento recente na clínica psicológica, a psicoterapia positiva representa esforço para o manejo terapêutico de casos clínicos com base nas perspectivas da psicologia positiva, para aliviar o estresse sintomático e as psicopatologias sem minimizar o sofrimento psíquico, por meio da valorização do bem-estar e da identificação e/ou desenvolvimento de forças como alavancas para a cura (Rashid & Seligman, 2019).

Os esforços de prevenção e promoção de saúde na infância têm como objetivo melhorar a qualidade de vida das crianças. Esse é um período propício para isso, pois é uma fase de maior aquisição de competências e a promoção de aspectos positivos tende a ser mais eficaz. A estimulação de variáveis positivas no início da primeira infância contribui para um melhor funcionamento adaptativo na pré-escola, expressão de comportamentos direcionados à aprendizagem, empatia, comportamento pró-social e aumento no bem-estar (Shoshani & Slone, 2017).

As PPIs também são efetivas em diminuir déficits ou sintomas psicológicos, como a depressão, em crianças e adolescentes, e esse achado foi reportado em alguns estudos na revisão de Owens e Waters (2020). Além disso, as PPIs com foco dual, tanto em aspectos de remediação quanto de promoção, podem ser efetivamente aplicadas com crianças e adolescentes no contexto educacional e clínico.

Estudos recentes apontam para a efetividade das intervenções positivas no desenvolvimento e no bem-estar de crianças e adolescentes nos contextos escolar e clínico (Mendes de Oliveira et al., 2022; Owens & Waters, 2020). Algumas intervenções delineadas no contexto brasileiro com adolescentes e adultos serão apresentadas neste capítulo após a seção seguinte.

Instrumentos disponíveis no Brasil para avaliação de IPPs

A psicologia positiva começou a se desenvolver efetivamente a partir do trabalho de Seligman e Csikszentmihalyi no ano de 2000. No Brasil, as primeiras pesquisas surgiram na década de 1990, associadas ao Laboratório de Mensuração da Universidade Federal do Rio Grande do Sul (UFRGS). Ao longo de 22 anos houve um progresso extraordinário da área tanto no cenário internacional quanto no nacional. Nesse contexto, a pesquisa e o uso de medidas e técnicas com boas evidências de validade foram e são fundamentais para o crescimento e o fortalecimento da psicologia positiva para a aplicação na prática profissional e o surgimento de ações de prevenção e promoção de saúde efetivas.

Pesquisadores têm se esforçado, especialmente no campo da avaliação psicológica, para produzir instrumentos com evidências de validade que possam ser utilizados como métodos confiáveis em diferentes contextos. No entanto, apesar de todos os esforços despendidos, é necessário investir continuamente no desenvolvimento e na validação de instrumentos e técnicas de avaliação, a fim de potencializar as qualidades humanas com foco na prevenção e na promoção de saúde mental em crianças, adolescentes, adultos e idosos.

Sem instrumentos, técnicas e medidas de avaliação não é possível avançar efetivamente na produção e na aplicação do conhecimento. Por fim, tendo em vista a proposta deste capítulo, a seguir buscamos reunir exemplos de instrumentos disponíveis associados aos principais construtos estudados na psicologia positiva, que apresentam evidências de validade satisfatórias e, portanto, podem ser utilizados por pesquisadores e profissionais da área.

Escala de Autoestima de Rosenberg. Foi desenvolvida por Rosenberg em 1989, adaptada e validada para o Brasil por Hutz, em 2000, e revalidada por Hutz e Zanon no ano de 2011. Ela é composta por dez itens relacionados a sentimentos de autoestima e autoaceitação associados à avaliação da autoestima global. As opções de resposta estão dispostas em uma escala tipo *Likert* de 4 pontos (concordo totalmente, concordo, discordo e discordo totalmente). A partir de uma amostra de 1.151 estudantes e 498 adultos, constatou-se a estrutura unidimensional da escala, semelhante ao encontrado em estudos anteriores, e consistência interna considerada satisfatória, avaliada por meio do alfa de Cronbach ($\alpha = 0,90$) (Hutz et al., 2014). Foram desenvolvidas tabelas normativas para interpretar os escores brutos obtidos e os percentis correspondentes, tendo em vista diferenças encontradas, além do sexo biológico dos respondentes, também em relação à idade e aos níveis de autoestima (somente visto no grupo de estudantes universitários de 16 a 19 anos). Para consultar as referidas tabelas normativas, recomenda-se a leitura do capítulo de Hutz et al. (2014).

Escala de Satisfação de Vida (EVS). A EVS foi desenvolvida originalmente por Diener e colaboradores e adaptada e validada para amostras de adolescentes e adultos por Zanon et al.

(2013). Trata-se de um instrumento de cinco itens de autorrelato, que avaliam o nível de satisfação das condições gerais de vida. As opções de resposta estão dispostas em uma escala tipo *Likert* de 7 pontos (de 1 a 7), variando de "discordo plenamente" até "concordo plenamente". Para identificar o nível de satisfação com a vida, devemos somar as pontuações obtidas nos cinco itens da escala. Os escores brutos devem ser interpretados de acordo com a tabela normativa adequada, sendo que quanto mais alto o percentil equivalente maior o nível de satisfação com a vida. Sobre as propriedades psicométricas da EVS, constatou-se estrutura unidimensional da escala e consistência interna adequada ($\alpha = 0,86$) (Zanon et al., 2013).

Escala Multidimensional de Satisfação de Vida para Crianças – versão breve (EMSVC). É uma escala de autorrelato criada para o contexto brasileiro por Giacomoni e Hutz em 2008 e revisada recentemente por Oliveira et al. (2019). A versão breve é composta por 32 itens, os quais devem ser avaliados pelas crianças quanto ao grau de concordância com o seu conteúdo, em uma escala *Likert* de 5 pontos: (1) nem um pouco, (2) um pouco, (3) mais ou menos, (4) bastante e (5) muitíssimo. O estudo de revisão dessa medida contou com a participação de 1.181 crianças de 7 a 13 anos de idade, residentes no Rio Grande do Sul. Os resultados demonstraram a presença de uma dimensão geral (satisfação de vida total) composta por cinco dimensões específicas, a saber: (1) escola, (2) *self*, (3) *self* comparado, (4) amizade e (5) família. Foram identificados valores adequados de consistência interna. Constataram-se diferenças significativas entre o nível de satisfação da vida e as variáveis sexo biológico e ano escolar, o que viabilizou a criação de normas percentílicas por sexo e ano escolar para uso clínico e de pesquisa. A escala completa, assim como as normas de levantamento e de aplicação, pode ser acessada no site do Núcleo de Estudos em Psicologia Positiva (Nepp) da Universidade Federal do Rio Grande do Sul (UFRGS) (http://ufrgs.br/nepp).

Positive and Negative Affect Schedule (Panas). Desenvolvida em 1994 por Watson e Clark e adaptada para o público brasileiro por Giacomoni e Hutz em 1997. A Panas é uma escala mundialmente utilizada para avaliar afetos, composta por 20 itens que qualificam os afetos negativos (AN) e os afetos positivos (AP). O instrumento é respondido por meio de uma escala *Likert* em que os participantes assinalam o quanto se identificam com os sentimentos e as emoções representados pelos adjetivos. Sobre as propriedades psicométricas da Panas, confirmou-se a presença de dois fatores (AN e AP) (Nunes et al., 2019), e os valores de consistência interna variaram de 0,87 para AN e 0,88 para AP, sendo considerados adequados.

Escala de Afetos (EA). Essa escala foi criada para avaliar afetos em adultos brasileiros e é composta por 20 sentenças, sendo 10 referentes aos afetos positivos e 10 aos afetos negativos. As opções de resposta são apresentadas em uma escala *Likert* de 5 pontos. Assim, as pontuações totais variam de 1 a 50 pontos para cada uma das dimensões, sendo que quanto maior a pontuação maior o nível do afeto avaliado. O estudo de validação da EA contou com a participação de 853 universitários do sul do Brasil, com média etária de 21 anos. Os resultados das análises realizadas demonstraram a presença de dois fatores, AP e AN. Foram encontrados valores de consistência interna de 0,83 para AP e 0,77 para AN. Sobre evidências de validade baseadas na relação com variáveis externas, foram constatadas correlações positivas de AP com satisfação de vida, esperança, otimismo e autoestima. Por sua vez, os ANs apresentaram correlações negativas com as variáveis descritas anteriormente. Concluiu-se que a EA apresentou evidências de validade de construto e propriedades psicométricas adequadas (Zanon et al., 2013).

Escala de Afeto Positivo e Negativo para Crianças (EAPN-C). É uma escala construída no Brasil, com base na Panas e em outros instrumentos para avaliação de afetos positivos e negativos. Ela contém 34 itens, que devem ser respondidos por crianças de 7 a 12 anos, em uma escala *Likert* de 5 pontos (Giacomoni & Hutz, 2006). Os itens são divididos igualmente em subescalas de afeto positivo e negativo, que se referem ao componente afetivo do bem-estar subjetivo. As análises fatoriais realizadas no estudo de validação da EAPN-C confirmaram a estrutura fatorial bidimensional da escala, composta por AP e AN. Sobre evidências de validade baseadas na relação com variáveis externas, foram observadas correlações positivas e significativas entre AP, autoestima, satisfação de vida global, e negativas entre AP, depressão, ansiedade-traço e ansiedade-estado. Foram identificadas correlações negativas entre AN, autoestima e satisfação de vida, e positivas entre AN, depressão, ansiedade-traço e ansiedade-estado. Por fim, a consistência interna da escala foi considerada adequada, sendo os valores de alfa de Cronbach de 0,88 para AP e de 0,84 para AN.

Escala de Afetos Positivos e Negativos para Adolescentes (EAPN-A). A EAPN-A é uma versão adaptada da Escala de Afetos Positivos e Negativos para Crianças (EAPN-C). O seu estudo de validação contou com a participação de 425 adolescentes (14 a 19 anos), estudantes de escolas públicas e privadas do município de Santa Maria/RS. A versão final do instrumento é composta por 28 adjetivos, sendo 14 referentes a afetos positivos e 14 a afetos negativos. As opções de resposta têm formato de escala *Likert* de 5 pontos, a saber: "nem um pouco", "um pouco", "mais ou menos", "bastante" e "muitíssimo". As análises realizadas demonstraram solução bifatorial da escala e consistência interna satisfatória, coeficiente de alfa de Cronbach de 0,88 para AP e também para AN. Foram produzidas normas regionais para a interpretação dos escores de afetos dos adolescentes em relação ao sexo biológico dos participantes (Segabinazi et al., 2012).

Teste de Orientação para a Vida – Revisado (LOT-R). É uma escala que avalia o otimismo disposicional em adultos. Ela é composta por dez itens: três que avaliam o otimismo, três o pessimismo e quatro itens-neutros, cujos escores não são contabilizados. As opções de resposta são formadas por uma escala *Likert* de 5 pontos, em que as pessoas concordam ou discordam das sentenças apresentadas. Dois estudos foram realizados para validar a LOT-R para o português brasileiro, um com amostra de adultos universitários ($n = 844$) do Rio Grande do Sul (RS) e o outro com adolescentes do Ensino Médio ($n = 440$) também do RS (Bastianello & Pacico, 2014). Os resultados confirmaram a presença de um fator, sugerindo que otimismo e pessimismo fazem parte de um mesmo *continuum*. Os valores de consistência interna foram adequados, sendo 0,80 para a amostra de adultos e 0,76 para a amostra de adolescentes. Não foram encontradas diferenças nas médias de otimismo entre os sexos masculino e feminino, tanto entre os adultos quanto entre os adolescentes. Assim, para interpretar os escores brutos em percentis, sugere-se a utilização das normas adequadas ao grupo etário independentemente do sexo do participante. Para mais informações sobre as tabelas de normas ver Bastianello e Pacico (2014).

Teste de Orientação de Vida para jovens (Youth Life Orientation Test [YLOT]). É a versão para avaliação do otimismo em crianças e adolescentes de 8 a 16 anos e está disponível no estudo de validação da escala em Mendes de Oliveira et al. (2021). O instrumento é composto por 12 itens de autorrelato, sendo seis pessimistas e seis otimistas. A escala de resposta contém 4 pontos e a criança ou adolescente indica se concorda ou discorda de cada um deles. A escala foi adaptada para o português brasileiro e contou com uma amostra de 976 crianças e adolescentes. Os resultados do estudo indicaram que o instrumento tem propriedades psicométricas adequadas para o uso, inclusive com crianças entre 5 e 7 anos de idade. Na versão para crianças menores, os itens devem ser lidos para a criança, que responde apontando sua resposta em uma escala pictórica.

Escala de Florescimento (Perma-Profiler). É um instrumento adaptado e validado para o Brasil por de Carvalho et al. (2021), que tem como objetivo mensurar o modelo de florescimento de Martin Seligman, considerando as cinco dimensões do Perma: emoções positivas (*positive emotions*), engajamento (*engagement*), relacionamentos (*relationships*), sentido (*meaning*) e realização (*accomplishment*). O instrumento é composto por 23 itens, três itens para cada componente do Perma, três itens para saúde física (6, 12, 18), três itens para emoções negativas, um item para solidão (11), e um item para acessar felicidade em geral (23). Cada item é respondido por meio de uma escala de 11 pontos, ancorado em diferentes extremos (nunca – sempre; terrível – excelente; nada – completamente), dependendo do item ao qual se refere. A versão adaptada da escala apresentou evidências de validade satisfatórias com base no conteúdo, estrutura interna e relações com outras variáveis.

Possibilidades de intervenção para prevenção e promoção de saúde na psicologia positiva

Antes de apresentar as intervenções já delineadas em contexto brasileiro, considera-se importante discutir a seguinte fala: "As intervenções em Psicologia Positiva não são inócuas e, quando descontextualizadas, podem trazer malefícios à saúde" (Reppold et al., 2019, p. 337). Ou seja, não é porque é "positiva" que será positivo para todos.

Nesse estudo citado, as autoras discutem a importância de realizar intervenções contextualizadas, considerar condições individuais, históricas e sociais, e citam estudos em que as intervenções não obtiveram o resultado esperado. Por exemplo, um estudo recente reiterou a importância da relevância contextual na determinação do sucesso das PPIs ao replicar as intervenções de um estudo de Martin Seligman e ter encontrado somente parte dos resultados semelhantes com adolescentes indianos (Khanna & Singh, 2019). Além disso, os autores não encontraram redução nos escores dos sintomas depressivos. As atividades que envolvem autorreflexão e escrita, como as atividades nomeadas "Você no seu melhor" e "Três coisas boas" não tiveram impacto significativo nas variáveis de desfecho positivo. Nesse contexto, pode ser benéfico incluir atividades com foco dual, conforme apontado por Owens e Waters (2020), e estender o escopo das intervenções com crianças e adolescentes para além das escolas e dar oportunidade para que se envolvam em atividades que os interessam (Khanna & Singh, 2019).

Dito isso, reitera-se a importância da avaliação de determinantes de melhor desfecho das intervenções, com análise da necessidade da intervenção antes de sua aplicação (avaliação de demanda), adequação dos componentes da intervenção ao contexto cultural e público-alvo, estudos de viabilidade da implementação, piloto com amostra de referência, de eficácia com delineamento quase-experimental (no mínimo), de efetividade em contexto não controlado e protocolo estruturado para replicações, para, somente nesse ponto, partir para ampla disseminação da intervenção (American Psychological Association, 2021).

A seguir serão apresentadas intervenções delineadas no contexto brasileiro para prevenção e promoção de saúde na psicologia positiva em diferentes locus e níveis de atenção em saúde, que cumprem com critérios empíricos de boas práticas em pesquisas de implementação.

Intervenções para prevenção ou promoção de saúde e potencialização de recursos

No Brasil, a primeira IPP desenvolvida, implementada e avaliada, com foco nas forças valores e autocuidado/prudência, otimismo, empatia, gratidão, perdão e significado de vida e trabalho, em formato grupal, presencial e sessões de duas horas de duração, resultou em um protocolo manualizado. O manual de implementação presencial do Programa Vem Ser foi publicado para a promoção de saúde de aposentados saudáveis ou com transtornos de saúde (Durgante & Dell'Aglio, 2019a).

O Programa Vem Ser, em sua versão original, foi implementado presencialmente em contexto de saúde em uma universidade federal do sul do Brasil, avaliado empiricamente (avaliação de resultados e de processo) desde o ano de 2016, passando por estudo de viabilidade em caráter piloto (Durgante et al., 2019) e ensaio de eficácia (Durgante & Dell'Aglio, 2019b) para mais de uma centena de aposentados da população geral da região metropolitana de Porto Alegre/RS/Brasil.

Resultados estatísticos, a partir de escalas de autorrelato com avaliação pré- e pós-testes, indicaram melhoras em médias de satisfação com a vida, resiliência, sintomas de estresse percebido, depressão e ansiedade no grupo interventivo, além de efeitos de interação para melhorias no otimismo, empatia, sintomas de depressão e ansiedade no grupo experimental quando comparado ao grupo controle (lista de espera sem intervenção). Os efeitos e os impactos em satisfação com a vida, sintomas de depressão e ansiedade mantiveram-se três meses após o término do programa em estudo de seguimento (Durgante et al., 2020).

Devido à pandemia de Covid-19, o Programa Vem Ser foi adaptado para ser implementado em formato on-line, com atividades síncronas grupais para a promoção de saúde de profissionais das áreas de saúde, de educação e de assistência, podendo esses serem ativos em contexto laboral ou aposentados (Durgante & Dell'Aglio, 2022).

Entre as atividades estavam dinâmicas individuais e grupais, videodebates, técnicas de relaxamento com visualização e imagística e tarefas de casa. Foram conduzidos estudo de viabilidade/piloto na versão on-line ($N = 20$) e ensaio de eficácia ($N = 104$) (artigos submetidos para publicação). Os resultados obtidos apresentaram efeitos preservados àqueles obtidos na versão presencial, imediatamente após o programa.

A versão on-line do programa também foi manualizada (Durgante & Dell'Aglio, 2020) para replicação por diferentes profissionais devidamente capacitados com o programa ($N = 71$), dos quais nove replicaram grupos para participantes de sete estados do Brasil (RS, MG, SP, RJ, CE, PE, GO) e uma participante brasileira residente em Bruxelas, Bélgica. Atualmente, a versão presencial do programa passa por ensaios de viabilidade e piloto para adaptação/ajustes para usuários de serviços de saúde pública, tendo sido conduzidos grupos em uma Unidade Básica de Saúde (UBS) do interior do Rio Grande do Sul para aposentados e em um Serviço-escola de Psicologia para pacientes com diagnóstico clínico de transtorno de humor e/ou de ansiedade.

Outro exemplo de intervenção com base na psicologia positiva para promoção de saúde e prevenção primária, que cumpre critérios empíricos de qualidade metodológica tanto no desenvolvimento quanto na implementação e avaliação de desfechos, é o Programa Cuida, com enfoque em práticas educativas positivas para educadores sociais de instituições de acolhimento (Wendt & Dell'Aglio, 2021).

A estrutura do programa compreende oito sessões semanais, presenciais, em torno de duas horas de duração cada, e trabalha autorregulação emocional, comunicação assertiva, estratégias de resolução de conflitos e autocuidado/prudência. O programa passou por estudo de viabilidade ($N = 12$) e de avaliação de resultados e de processo de implementação ($N = 47$). A partir de medidas de autorrelato com avaliação pré- e pós-intervenção, foi possível identificar mudanças positivas em práticas educativas dos educadores sociais quanto às estratégias de comunicação e de resolução de conflitos. Também houve tendência de aumento nos escores de regulação emocional dos participantes.

Os autores sugerem a relevância desse modelo de intervenção, a ser aperfeiçoado em estudos futuros, para subsidiar a elaboração de novas propostas interventivas, com base na psicologia positiva em contextos de acolhimento institucional, para auxiliar equipes gestoras na qualificação de seus profissionais.

Já em contexto escolar, a intervenção #NoBullying, preventiva em nível primário e/ou secundário, é um programa anti*bullying* aplicado a adolescentes dos anos finais do Ensino Fundamental da rede pública do sul do Brasil. Em formato grupal com oito encontros semanais, tem como base: psicologia positiva, método experiencial e metodologias participativas, e inclui atividades para familiares dos participantes e para crianças de outras turmas da escola. As temáticas trabalhadas contemplam clima escolar, empatia e respeito às diferenças, rede de apoio, engajamento escolar, protagonismo juvenil e avaliação das aprendizagens positivas.

O programa passou para estudo de viabilidade (Fernandes & Dell'Aglio, 2021) e ensaio quase-experimental de eficácia ($N = 69$), apresentando resultados quantitativos, a partir de escalas de autorrelato, de melhoras na percepção de *bullying*, qualidade de vida e apoio social dos participantes, e de melhor percepção do *bullying* em relação aos controles. Qualitativamente, a partir de dados de observadores e do moderador de grupo, foi possível identificar melhora no engajamento e no empoderamento individual e coletivo como agentes protetivos junto aos pares no contexto da escola. Os resultados problematizam o potencial de esse modelo de intervenção contribuir para a prevenção do *bullying* escolar em consonância com legislações vigentes no Brasil.

Intervenções positivas podem reduzir pensamentos e comportamentos disfuncionais, além de promover aspectos do sentido de vida em adolescentes (Zanini et al., 2018). Nesse sentido, outra intervenção positiva para promoção de saúde e prevenção de violências interpessoais e autorrelatadas em adolescentes teve como objetivo promover saúde, qualidade de vida e prevenção de futuros comportamentos disfuncionais.

O programa foi delineado para trabalhar temáticas de autoconhecimento, interação grupal, autoestima, otimismo, promoção de competências socioemocionais, habilidades sociais, prevenção de situações de risco e estratégias de *coping* (Gonçalves et al., 2021). A metodologia de trabalho incluiu 15 oficinas grupais com duração de 40 minutos e a avaliação de resultados da intervenção foi feita com base na aplicação do Questionário de Sentido de Vida (QSV) antes do início da intervenção e depois da finalização, e coleta de dados qualitativos.

Houve a comparação de resultados dos indivíduos que participaram do processo completo ($N = 8$). Foi encontrado leve acréscimo nos níveis de sentido de vida dos adolescentes participantes, tendo por base o quantitativo alcançado a partir das médias das respostas no QSV. Os resultados não foram estatisticamente significativos, o que não significa que não foram clinicamente relevantes, segundo as autoras. Após a realização das oficinas, foi realizada uma análise dos relatos verbais dos participantes e foram percebidas mudanças em comportamentos disfuncionais dos adolescentes, propiciando a aquisição de novas habilidades sociais.

Ainda em contexto escolar, uma intervenção em formato on-line focalizou o *bullying* como variável-guia para trabalhos com professores na prevenção (nível primário) e enfrentamento (nível secundário) do *bullying* escolar (Rocha et al., 2022). Embora não descreva em sua concepção teórica pressupostos da psicologia positiva, o programa, com seis sessões semanais em grupo em formato multicomponente e metodologia experiencial, inclui psicoeducação, dinâmicas, técnicas de relaxamento, tarefas de casa e temáticas como gerenciamento positivo de conflitos, empatia, comunicação assertiva, autocontrole emocional, autocuidado/prudência e enfoque da condução das sessões direcionado para o desenvolvimento de variáveis-forças em prol de melhor saúde dos professores para o enfrentamento do *bullying* escolar.

Os resultados de viabilidade do programa, mediante medidas de autorrelato dos participantes e de dados qualitativos do moderador de grupo, apontam viabilidade da proposta e importância de intervenções no fortalecimento de professores, além da necessidade de prevenção e estabelecimento de relações positivas no ambiente escolar.

Outro programa de educação positiva para professores foi inicialmente proposto para ser realizado no formato on-line com o objetivo de ensinar e promover os componentes do modelo de bem-estar de Seligman (2018). O modelo Perma é composto por cinco elementos, descritos como: *positive emotion* (emoção positiva), *engagement* (engajamento), *relationships* (relacionamentos), *meaning* (significado), *achievement* (realização).

A proposta desse programa é que os professores aprendam sobre a temática, vivenciem cada elemento por meio das intervenções realizadas para que, em seguida, possam aplicar com os seus alunos. Esse programa engloba seis encontros, em torno de duas horas cada, divididos entre discussões teóricas e oficinas práticas. No primeiro encontro é feita uma introdução à educação positiva e ao modelo Perma. Em seguida, um componente do modelo é trabalhado em cada encontro (Oliveira, 2021). O programa passou por estudo de viabilidade ($N = 7$). Os resultados apontam para sua viabilidade com base em medidas de autorrelato dos participantes, observações de duas alunas de graduação e da moderadora do grupo.

Em contexto hospitalar do Sistema Único de Saúde (SUS), nesse caso envolvendo prevenção em nível terciário, outra proposta de intervenção positiva foi desenvolvida, implementada e avaliada em caráter piloto para familiares de crianças hospitalizadas com condições agudas de saúde ($N = 30$). Em encontro único com duração média de duas horas, o objetivo foi melhorar estratégias de enfrentamento no contexto de hospitalização, bem-estar subjetivo, sintomas de estresse, ansiedade e depressão.

Pelas análises estatísticas de medidas de autorrelato, com avaliação pré- e pós-testes, os resultados obtidos em caráter piloto demonstraram superioridade da intervenção quando conduzida em formato grupal *versus* individual, com melhoras em níveis de afetos positivos e enfrentamento com foco no problema (Silva & Giacomoni, 2020).

Considerações finais

Percebe-se similaridade na estrutura dessas intervenções na medida em que adotam caráter multicomponente para trabalhar diferentes forças objetivando ganhos em saúde. Também é possível detectar amadurecimento e refinamento das intervenções em psicologia positiva em contexto nacional, no sentido metodológico das intervenções, uma vez que algumas já atentam para critérios sugeridos como boas práticas em pesquisas de implementação com intervenções em saúde. Isso pressupõe avaliações longitudinais com as intervenções, tanto no processo de desenvolvimento e ajustes necessários (análise de demanda, estudo de viabilidade e estudo-piloto) quanto nas avaliações de processo e de resultados para populações e contextos específicos (estudos de eficácia e de efetividade das intervenções).

Contudo, os dificultadores permanecem na trajetória de pesquisas de implementação no Brasil, sobretudo quanto ao financiamento e à (des)valorização de pesquisas na ciência psicológica. Isso impõe barreiras para a condução, por exemplo, de estudos de seguimento com as intervenções para detecção dos efeitos em longo prazo, o que permanece como lacuna na literatura nacional.

Também se percebe, apesar dos avanços obtidos, que a maioria das intervenções ainda apresenta caráter de estudo de viabilidade ou estudo-piloto, além da dificuldade de incluir grupos de comparação, seja controle (lista de espera sem intervenção), seja placebo, seja outras modalidades interventivas para comparação de efeitos, ainda mais no que diz respeito à jovem área da Psicologia Positiva, que continua sendo confundida ou associada a pseudociências e julgada em seu potencial de auxílio na prevenção (em todos os níveis) e na promoção da saúde pública.

Indicação de leitura

Hutz, C. S. (org.) (2014). *Avaliação em psicologia positiva*. Artmed.

Hutz, C. S. (org.) (2016). *Avaliação em psicologia: técnicas e medidas*. São Paulo: Hogrefe.

Hutz, C. S., & Reppold, C. T. (eds.) (2018). *Intervenções em psicologia positiva aplicadas à saúde*. Leader.

Reppold, C. T., & Hutz, C. S. (2021). *Intervenções em psicologia positiva no contexto escolar e educacional*. Vetor.

Referências

American Psychological Association (2021). *Professional practice guidelines for evidence-based psychological practice in health care*. https://www.apa.org/about/policy/evidence-based-psychological-practice-health-care.pdf

Bastianello, M. R., Pacico, J. C., & Hutz, C. S. (2014). Optimism, self-esteem and personality: adaptation and validation of the brazilian version of the Revised Life Orientation Test (LOT-R). *Psico-USF*, 19, 523-531. https://doi.org/10.1590/1413-827120140190030

Bolier, L., Haverman, M., Westerhof, G. J., Riper, H., Smit, F., & Bohlmeijer, E. (2013). Positive psychology interventions: a meta-analysis of randomized controlled studies. *BMC Public Health*, 13(1). https://doi.org/10.1186/1471-2458-13-119

Bull, T. (2008). Hunting happiness or promoting health? Why positive psychology deserves a place in health promotion. *Promotion & Education*, 15(3), 34-35. https://doi.org/10.1177/1025382308095656

Carr, A., Cullen, K., Keeney, C., Canning, C., Mooney, O., Chinseallaigh, E., & O'Dowd, A. (2020). Effectiveness of positive psychology interventions: a systematic review and meta-analysis. *The Journal of Positive Psychology*, 16(6), 749-769. https://doi.org/10.1080/17439760.2020.1818807

De Carvalho, T. F., de Aquino, S. D., & Natividade, J. C. (2021). Flourishing in the brazilian context: evidence of the validity of the PERMA-profiler scale. *Current Psychology*, 1-13. https://doi.org/10.1007/s12144-021-01587-w

Durgante, H. B., & Dell'Aglio, D. D. (2022). Adaptation for online implementation of a positive psychology intervention for health promotion. *Ciências Psicológicas*, 16(2). https://doi.org/10.22235/cp.v16i2.2250

Durgante, H. B., & Dell'Aglio, D. D. (2020). *Manual de implementação online do Programa Vem Ser. Psicologia positiva para a promoção de saúde*. Gráfica da Universidade Federal do Rio Grande do Sul.

Durgante, H., & Dell'Aglio, D. D. (2019a). *Programa Vem Ser: psicologia positiva para promoção de saúde de aposentados. Manual de implementação*. Gráfica da Universidade Federal do Rio Grande do Sul.

Durgante, H., & Dell'Aglio, D. D. (2019b). Multicomponent positive psychology intervention for health promotion of Brazilian retirees: a quasi-experimental study. *Psicologia: Reflexão e Crítica*, 32, 6. https://doi.org/10.1186/s41155-019-0119-2

Durgante, H., Naveire, C., & Dell'Aglio, D. D. (2019). Psicologia positiva para promoção de saúde em aposentados: estudo de viabilidade. *Avances en Psicología Latinoamericana*, 37(2), 269-281. https://doi.org/10.12804/revistas.urosario.edu.co/apl/a.6375

Durgante, H. B., Tomasi, L. M. B., Pedroso de Lima, M. M., & Dell'Aglio, D. D. (2020). Long-term effects and impact of a positive psychology intervention for Brazilian retirees. *Current Psychology*, 41(3), 1.504-1.515. https://doi.org/10.1007/s12144-020-00683-7

Fernandes, G., & Dell'Aglio, D. D. (2021). Intervenção antibullying no contexto escolar: estudo de viabilidade. *Research, Society and Development*, 10(8), e57910817626. https://doi.org/10.33448/rsd-v10i8.17626

Giacomoni, C. H., & Hutz, C. S. (1997). A mensuração do bem-estar subjetivo: escala de afeto positivo e negativo e escala de satisfação de vida [Resumos]. In Sociedade Interamericana de Psicologia (org.). *Anais XXVI Congresso Interamericano de Psicologia* (p. 313). SIP.

Giacomoni, C. H., & Hutz, C. S. (2006). Escala de afeto positivo e negativo para crianças: Estudos de construção e validação. *Psicologia Escolar e Educacional*, 10(2), 235-245. https://doi.org/10.1590/S1413-85572006000200007

Gonçalves, I. A. C., Alves, J., de Faria, H. R., de Faria, M. R. G. V., Zanini, D. S., & Campos, D. C. (2021). Promoção do sentido de vida como fator autoprotetivo em adolescentes: uma abordagem da psicologia positiva. *Psicologia em Processo*, 1(1), 57-65. http://www.

psiemprocesso.periodikos.com.br/article/6091a81ca953950cda0aad62/pdf/psiemprocesso-1-1-57.pdf

Hendriks, T., Schotanus-Dijkstra, M., Hassankhan, A., de Jong, J., & Bohlmeijer, E. (2019). The efficacy of multi-component positive psychology interventions: a systematic review and meta-analysis of randomized controlled trials. *Journal of Happiness Studies*, *21*(1), 357-390. https://doi.org/10.1007/s10902-019-00082-1

Hutz, C. S. (org.) (2014). *Avaliação em psicologia positiva*. Artmed.

Hutz, C. S. (org.) (2016). *Avaliação em psicologia: técnicas e medidas*. Hogrefe.

Hutz, C. S., Zanon, C., & Vazquez, A. C. (2014). Escala de Autoestima de Rosenberg [Rosenberg Self-Esteem Scale]. In C. S. Hutz (org.). *Avaliação em psicologia positiva* (pp. 85- 94). Artmed.

Khanna, P., & Singh, K. (2019). Do all positive psychology exercises work for everyone? Replication of Seligman et al.'s (2005) interventions among adolescents. *Psychological Studies*, *64*(1), 1-10. https://doi.org/10.1007/s12646-019-00477-3

Mendes de Oliveira, C., Santos Almeida, C. R., & Hofheinz Giacomoni, C. (2022). School-based positive psychology interventions that promote well-being in children: a systematic review. *Child Indicators Research*, *15*, 1.583-1.600. https://doi.org/10.1007/s12187-022-09935-3

Mendes de Oliveira, C., Zanon, C., de Moraes Bandeira, C., Heath, P. J., & Hofheinz Giacomoni, C. (2021). Evaluating optimism in children and adolescents: adaptation, factor structure, convergent validity, and invariance of the brazilian version of the Youth Life Orientation Test (YLOT). *Psychological Assessment*, *34*(1), e1-e14. http://dx.doi.org/10.1037/pas0001090

Nunes, L. Y. O., Lemos, D. C. L., Júnior, R. D. C. R., Behar, C. B., & Santos, P. P. P. (2019). Análisis psicométrico de la PANAS en Brasil. *Ciências Psicológicas*, *13*(1), 45-55. https://doi.org/10.22235/cp.v13i1.1808

Oliveira, C. M. (2021). Educação positiva: desenvolvimento, implementação e avaliação de um programa de formação e intervenção online para professores. [Tese de doutorado] Universidade Federal do Rio Grande do Sul, Porto Alegre. https://www.lume.ufrgs.br/handle/10183/229858

Oliveira, C. M., Mendonça-Filho, E. J., Marasca, A. R., Bandeira, D. R., & Giacomoni, C. H. (2019). Escala Multidimensional de Satisfação de Vida para Crianças: revisão e normas. *Avaliação Psicológica*, *18*(1), 31-40. https://doi.org/10.15689/ap.2019.1801.15492.04

Owens, R. L., & Waters, L. (2020). What does positive psychology tell us about early intervention and prevention with children and adolescents? A review of positive psychological interventions with young people. *The Journal of Positive Psychology*, *15*(5), 588-597. https://doi.org/10.1080/17439760.2020.1789706

Rashid, T., & Seligman, M. (2019). *Psicoterapia positiva. manual do terapeuta*. Artmed.

Reppold, T. C., Tocchetto, B. S., Zanini, D. S., Campos, D. C., & Faria, M. R. G. V. (2019). Felicidade como produto: um olhar crítico sobre a ciência da psicologia positiva. *Avaliação Psicológica*, *18*(4). http://dx.doi.org/10.15689/ap.2019.1804.18777.01

Rocha, C. S., Durgante, H.B., & Dell'Aglio, D.D. (2022). Intervenção online com professores para prevenção e enfrentamento do bullying escolar. *Educação em Foco*, *25*(45), 420-443. https://doi.org/10.36704/eef.v25i45.5825

Segabinazi, J. D., Zortea, M., Zanon, C., Bandeira, D. R., Giacomoni, C. H., & Hutz, C. S. (2012). Escala de afetos positivos e negativos para adolescentes: adaptação, normatização e evidências de validade. *Avaliação Psicológica*, *11*(1), 1-12. https://www.redalyc.org/articulo.oa?id=335027499002

Seligman, M. (1998). Building human strength: psychology's forgotten mission. *Monitor: American Psychological Association*, *29*(1), 2-3. https://www.sagepub.com/sites/default/files/upm-binaries/11232_Chapter_1.pdf

Seligman, M. (2018). PERMA and the building blocks of well-being. *The journal of positive psychology*, *13*(4), 333-335. https://doi.org/10.1080/17439760.2018.1437466

Shoshani, A., & Slone, M. (2017). Positive education for young children: effects of a positive psychology intervention for preschool children on subjective well-being and learning behaviors. *Frontiers in Psychology, 8*, 18-66. https://doi.org/10.3389/fpsyg.2017.01866

Silva, D. G., & Giacomoni, C. H. (2020). Positive psychology intervention for families of hospitalized children. *Paideia, 30,* e3036. https://doi.org/10.1590/1982-4327e3036

Sin, N. L., & Lyubomirsky, S. (2009). Enhancing well-being and alleviating depressive symptoms with positive psychology interventions: a practice-friendly meta-analysis. *Journal of Clinical Psychology, 65*(5), 467-487. https://doi.org/10.1002/jclp.20593

Wendt, B., & Dell'Aglio, D. D. (2021). Programa em práticas educativas positivas para educadores sociais de instituições de acolhimento: estudo de viabilidade. *Research, Society and Development, 10*(9), e527 10918412. https://doi.org/10.33448/rsd-v10i9.18412

Zanini, D. S., Campos, D. C., Faria, M. R. G. V., & Peixoto, E. M. (2018). Prevenção de violência por meio de intervenções positivas. In C. S. Hutz, & C. T. Reppold (eds.). *Intervenções em psicologia positiva aplicadas à saúde* (pp. 201-236). Leader.

Zanon, C., Bastianello, M. R., Pacico, J. C., & Hutz, C. S. (2013). Desenvolvimento e validação de uma escala de afetos positivos e negativos. *Psico-UsF, 18,* 193-201. https://doi.org/10.1590/S1413-82712013000200003

Avaliação e aplicação da psicologia positiva em atenção secundária

Margareth Regina Gomes Veríssimo de Faria
Kátya Alexandrina Matos Barreto Motta
Iorhana Almeida Fernandes
Daniela Sacramento Zanini

Highlights

1. A avaliação psicológica em Psicologia Positiva sempre é fundamentada no conhecimento científico.
2. A avaliação em Psicologia Positiva busca conhecer o melhor do indivíduo.
3. A avaliação psicológica em Psicologia Positiva é um processo estruturado de investigação de fenômenos psicológicos saudáveis.
4. Avaliar o desenvolvimento dos aspectos saudáveis do indivíduo é fundamental.

Perguntas que serão respondidas pelo capítulo

A Avaliação Psicológica (AP) vem crescendo no Brasil nas últimas décadas. As pesquisas para a construção e adaptação de instrumentos para a população brasileira e a elaboração de diretrizes orientativas para o trabalho de avaliação psicológica ampliaram a atuação na área e, consequentemente, a demanda por conhecimento, qualificação e interesse profissional. A AP contribui de forma efetiva para a produção do conhecimento, sistematização de construtos, teorias e avaliação deles por medidas confiáveis e precisas (Primi, 2010).

Partindo disso, este capítulo busca responder às seguintes perguntas: Como proceder em casos de ideação suicida e tentativas de suicídio na adolescência? Como a aplicação da psicologia positiva, por meio de intervenções grupais, pode contribuir para a saúde mental de adolescentes que apresentam comportamentos de tentativa de suicídio e/ou ideação suicida? Quais as contribuições da psicologia positiva para a saúde mental em grupos fechados de adolescentes?

Para alcançar essas respostas, buscamos contextualizar a AP como ponto de intersecção com a psicologia positiva, contribuindo para a construção e a realização de estudos que avaliam a eficácia de intervenções em psicologia positiva na atenção secundária em saúde.

Avaliação psicológica positiva na atenção secundária

Nos últimos anos, as publicações sobre avaliação em psicologia positiva vêm aumentando. Scorsolini-Comin e Santos (2010) realizaram uma revisão sistemática das publicações em psicologia positiva no contexto brasileiro entre 1970 e 2008. Os autores incluíram seis estudos, compreendendo a adaptação de medidas norte-americanas, uma escala brasileira e a investigação de modelos de intervenção. Cinco anos depois, em 2015, outra revisão sistemática foi realizada para mapear instrumentos para avaliação em psicologia positiva e incluiu 49 publicações nacionais que abordavam os temas relacionados à psicologia positiva como qualidade de vida, resiliência, *coping* e bem-estar (Pires et al., 2015).

Atualmente são inúmeras publicações sobre avaliação em psicologia positiva. Em 2016, no II Congresso de Psicologia Positiva, Cláudio Simon Hutz lança o livro *Avaliação em psicologia positiva: técnicas e medidas*, no qual ele apresenta diversos instrumentos com as respectivas normas de interpretação dos escores para uso dos instrumentos em avaliação (Hutz, 2016).

Hoje, no Sistema de Avaliação de Testes Psicológicos (Satepsi), entre testes privativos e não privativos do psicólogo, constam 11 instrumentos que avaliam construtos positivos, tais como qualidade de vida, criatividade, altas habilidades, resiliência e habilidades sociais. Essas publicações, juntamente ao desenvolvimento e à adaptação de instrumentos, permitiram aos profissionais da psicologia complementar suas avaliações em diversos contextos, sobre potenciais humanos, habilidades e construtos positivos preservados.

A avaliação em psicologia positiva tem como objetivo identificar os aspectos saudáveis do indivíduo (Hutz, 2016), descrevendo as características potenciais e as habilidades preservadas tanto em situações cotidianas como em contextos adversos. Tal enfoque promove uma desmistificação do processo de avaliação, tradicionalmente utilizado para o diagnóstico de prejuízos cognitivos, personalidade e déficits comportamentais. Os aspectos saudáveis avaliados contribuem como forma de prevenção em saúde (atenção primária em saúde) e como guia para a intervenção dos aspectos já adoecidos ou disfuncionais (atenção secundária em saúde).

Influenciado por teorias humanistas, um novo modelo de avaliação em psicologia chamado de avaliação terapêutica, propõe um processo que prioriza uma relação colaborativa que, além da avaliação, inclui uma intervenção psicológica em um modelo semiestruturado, permitindo que as mudanças no cliente aconteçam enquanto é avaliado (Villemor-Amaral & Resende, 2018).

Esse modelo apresenta semelhanças com o que se faz nas intervenções em psicologia positiva na atenção secundária, em que se incluem um processo avaliativo de algumas variáveis a partir de instrumentos de autorrelato, que ajudam a identificar aspectos importantes para o autoconhecimento do indivíduo ao mesmo tempo em que promove mudanças em diferentes dimensões.

A psicologia positiva possui muitos instrumentos de avaliação desenvolvidos, validados, normatizados, prontos para uso profissional em diferentes contextos. Portanto, outro desafio tem sido avaliar os efeitos das intervenções em psicologia positiva (Hutz, 2016). A avaliação das intervenções positivas na saúde dos indivíduos tem sido positiva, mas ressaltamos a importância do planejamento dessas intervenções, que considerem as particularidades envolvidas em cada situação, pois não existe uma intervenção única para todos os indivíduos e contextos (Zanini et al., 2021).

Intervenções em psicologia positiva em atenção secundária

Embora a psicologia positiva tenha o enfoque voltado para a promoção de saúde, uma das características das intervenções em psicologia positiva é a possibilidade de sua aplicação nos três níveis de atenção em saúde. Ao que concerne este capítulo, no contexto da atenção secundária, as intervenções em psicologia positiva têm como objetivo favorecer o desenvolvimento e a promoção dos elementos saudáveis e positivos por meio do desenvolvimento do potencial humano e do bem-estar, diminuindo as chances de adoecimento e o efeito das adversidades na vida do indivíduo (Zanini et al., 2021).

Dados de Faria (2015) sobre violência autodirigida e interpessoal apontam que 70% dos estudantes de 12 a 18 anos vivenciaram pelo menos um tipo de violência, 20% vivenciaram mais de quatro tipos de violência diferentes, 7% já pensaram em suicídio e 14% já haviam tentado suicídio. A partir dessas informações, Zanini et al. (2018) realizaram intervenções psicológicas positivas com adolescentes vítimas de violência da mesma população que apresentavam altos níveis de vitimização, revitimização e polivitimização.

Os resultados das intervenções, com três grupos de 15 adolescentes de diferentes escolas de Goiânia, demonstraram que os participantes tiveram o aumento de comportamentos de empatia, melhora na autoestima, presença de emoções positivas e maior eficácia para lidar com as situações de violências. O estudo confirma que as intervenções em psicologia positiva contribuem para reduzir os malefícios dessa população em situação de vulnerabilidade social (Zanini et al., 2018). Os autores relatam os efeitos positivos das intervenções com base no relato dos participantes e seus cuidadores, embora não tenham sido encontrados resultados estatisticamente significantes nas variáveis de saúde, avaliadas antes e depois dos oito encontros.

Para evitar perder dados importantes sobre o processo de cada participante é fundamental avaliar mudanças comportamentais e emocionais utilizando-se de instrumentos semiestruturados ou outras técnicas que permitem a reflexão e a identificação de dados subjetivos. Tudo isso reforça a ideia de que todo o processo deve ser avaliado continuamente para seu aperfeiçoamento e correção de falhas (Zanini et al., 2018). Destacamos que na avaliação dos resultados das intervenções em nível secundário, além da diminuição dos sintomas é necessário o aumento de emoções positivas, do engajamento e do propósito de vida (Seligman & Csikszentmihalyi, 2000).

Nos estudos que avaliam a eficácia das intervenções, os autores preocupam-se com a seleção dos instrumentos mais adequados para o objetivo do estudo, com a avaliação da satisfação dos participantes e a eficiência da estratégia de intervenção utilizada (Proudfoot et al., 2011). Sobretudo, ressalta-se a importância da forma de analisar os dados obtidos das intervenções. As análises devem ir para além da comparação das diferenças de médias, pois comparar dados quantitativos pode resultar em uma incompletude avaliativa e também na dificuldade de identificar efeitos adversos das intervenções (Parcks, 2014).

Corroborando o estudo de Zanini et al. (2018), os estudos de Silva e Dell'Aglio (2018) e Mancilha e Colvero (2017) mostram que o bem-estar na adolescência facilita o processo de transição nesse período de intensas transformações, resultando em maior prazer em vivenciar as situações cotidianas e o relacionamento com seus pares. Assim, entende-se que a promoção da saúde contribui para o aumento da satisfação dos jovens consigo e com sua vida.

As intervenções com adolescentes devem enfatizar a convivência familiar e escolar, assim como as amizades e sua subjetividade, com o intuito de melhorar a qualidade dessas relações, que impactam na vida dos jovens. Para minimizar o risco é necessária a existência de suportes sociais, que são de valor significativo para os adolescentes (Seligman & Csikszentmihalyi, 2000; Mancilha & Colvero, 2017).

Apresentaremos agora uma pesquisa que teve como objetivo principal verificar a efetividade das intervenções psicoeducativas em psicologia positiva realizadas com adolescentes em situação de vulnerabilidade social de uma escola pública localizada em Goiânia. Trata-se de um estudo quali-quantitativo de coorte, descritivo e correlacional, com ensaio clínico randomizado controlado.

Foram realizados dois grupos, sendo eles: Grupo Participante das intervenções (GP) e Grupo Controle (GC), que responderam às mesmas escalas antes e depois de finalizarem o estudo. O desenvolvimento do estudo ocorreu por etapas. Após três meses da finalização das intervenções foi realizado o *follow-up* com os dois grupos. Esse estudo foi aprovado pelo Comitê de Ética da Universidade Católica de Goiás (CAAE: 01259018.9.0000.0037 e número do Parecer: 3.154.969) e todos os cuidados éticos foram tomados.

Participaram 56 adolescentes no GP e 45 no GC, cursando o 7º, o 8º ou o 9º ano do Ensino Fundamental e a 1ª série do Ensino Médio, do turno vespertino, sendo a idade mínima de 11 anos e máxima de 17 anos. Todos os adolescentes do GP relataram ter vivenciado episódios de violência intrapessoal com presença de comportamento de suicídio/autoextermínio e/ou ideação suicida.

Os coordenadores pedagógicos do turno vespertino identificaram os adolescentes com anotações em suas fichas de situações de violência intra e interpessoal e/ou com dificuldade de adaptação escolar e foram convidados a participar do primeiro encontro. O encontro do grupo GP ocorria em um dia fixo da semana, embora os horários fossem flexíveis para diminuir o prejuízo dos alunos em seu desempenho acadêmico durante o semestre letivo. Os participantes do GC não receberam nenhuma intervenção durante o período de análise.

Os alunos do GP foram organizados em quatro grupos, divididos pela coordenadora pedagógica da escola, e são aqui denominados de G1, G2, G3 e G4, conforme descrito na Tabela 1. O grupo G1 foi conduzido por um trio de alunas pesquisadoras e os grupos G2, G3 e G4 foram cocoordenados por uma dupla de alunas de graduação da iniciação científica.

As intervenções foram realizadas na escola, acontecendo em um espaço reservado e amplo, com cadeiras para garantir o *setting* terapêutico, sendo disponibilizados o auditório e a sala de apoio da biblioteca. Para registro das observações dos comportamentos, cada aluna pesquisadora tinha um diário de campo.

Foram aplicados os seguintes instrumentos: Escala de Afetos Positivos e Negativos para Adolescentes (Segabinazi et al., 2012), Coping Response Inventory (CRI-Y) (Zanini & Borsa, 2015), Escala de Apoio Social construída para o Medical Outcomes Study (MOS) (Griep et al., 2005), Escala de Ansiedade, Depressão e Estresse (Dass-21) (Martins et al., 2019), Escala de Impulsividade, Autoagressão e Ideação Suicida (QIAIS-A) (Peixoto et al., 2019); Escala de Autoeficácia (Campos et al., 2016); Escala de Autoestima de Rosenberg (Sbicigo, Bandeira & Dell'Aglio, 2010), Escala de Sentido de Vida (QSV) (Portugal, Crespo & Pires 2017), Escala de Otimismo (Laranjeira, 2008).

A intervenção psicoeducativa foi conduzida em dez encontros, acontecidos uma vez por semana. Cada sessão durou 90 minutos e foi coordenada por alunas da iniciação científica de graduação em psicologia, supervisionadas e previamente treinadas por doutoras em psicologia. As intervenções foram organizadas no formato de grupo fechado, sendo permitido entrar novos participantes até o terceiro encontro.

Os encontros realizados com os adolescentes foram mediados por técnicas da psicologia positiva que favorecem a inter-relação e o desenvolvimento intra e interpessoal, além de fortalecerem a gratidão, a autoestima, a confiança em si, o foco nos aspectos positivos e a identificação de um propósito de vida. As pesquisadoras foram orientadas para estimular o vínculo de confiança entre todos os membros e coordenadoras, com o objetivo de favorecer o desenvolvimento das atividades. Foi elaborado um planejamento de cada sessão, identificando as técnicas que favoreciam o desenvolvimento desse programa (Motta & Munari, 2016).

As técnicas escolhidas possibilitaram o autoconhecimento, a integração, a gratidão, a gentileza e o acolhimento. As intervenções psicoeducativas basearam-se no laboratório vivencial, que promove um ambiente favorável à criação de um elo de confiança e respeito necessário para que o participante se expresse, revele como constrói e como organiza o seu mundo. O facilitador propicia um *setting* grupal, que acolhe a experiência de cada um. Tal experiência é apresentada de diferentes formas no espaço grupal, estimulando o participante a reexperienciar sua história, bem como autentica a fala de cada membro, legitimando-o como um ser de significado (Yalom & Leszaz, 2006, Motta & Munari, 2016).

Em cada encontro era aplicada uma atividade de acolhimento para integrar e vitalizar o grupo; em seguida, uma atividade intra ou intergrupal, e no fechamento da atividade eram enfatizados os potenciais e as habilidades dos adolescentes, para estimular e promover bem-estar. Como resultados, as análises estatísticas descritivas comparativas das escalas aplicadas no GP e no GC são apresentadas nas tabelas a seguir; apenas os resultados com significância estatística foram comentados aqui.

Na Tabela 1 podemos obseervar que as comparações entre o GC e o GP não foram significativas, e, no GC, as medidas das escalas de otimismo, autoestima, sentido de vida e autoeficácia diminuíram ou não se alteraram, porém sem significância. Para o GP, todas as médias apresentaram-se mais elevadas após a intervenção, no entanto não apresentaram um resultado estatisticamente significativo.

Na Tabela 2, os dados do GP mostram que a impulsividade não obteve significância nas médias após a intervenção (p = 0,52), e apesar de haver diminuição da média, essa diferença não foi significativa. No GC, a impulsividade aumentou entre a primeira e a segunda coleta de dados, sendo esse aumento significativo (p = 0,00). A autoagressão aumentou tanto no GP quanto no GC, sendo (p = 0,87) e (p = 0,43), respectivamente, mas sem diferenças significativas. Quanto à ideação suicida, os dados mostram que houve diminuição significativa depois da intervenção (p = 0,03) para o GP. No GC, a ideação manteve-se com as mesmas médias (p = 0,94).

Na Tabela 3, os dados apresentam que no GP houve uma melhora significativa relacionada à depressão (p = 0,00), entre a primeira aplicação, a realização das intervenções e a segunda coleta

Tabela 1
Comparativo antes e depois das escalas de otimismo, autoestima, sentido de vida e autoeficácia entre o GP e o GC

Fatores	Grupo Participante			Grupo Controle		
	Antes	Depois	p	Antes	Depois	p
	M (DP)	M (DP)		M (DP)	M (DP)	
Otimismo	3,22 (0,82)	3,28 (0,57)	0,73	3,51 (0,59)	3,43 (0,63)	0,28
Autoestima	2,63 (0,94)	3,02 (0,67)	0,07	3,26 (0,79)	3,21 (0,84)	0,63
Sentido da vida	4,22 (0,94)	4,29 (1,21)	0,85	4,30 (0,92)	4,30 (0,82)	0,78
Autoeficácia	2,99 (0,71)	3,20 (0,63)	0,24	3,08 (0,63)	3,04 (0,79)	0,57

Nota: M = média; DP = desvio padrão; p < 0,05

Tabela 2
Comparativo antes e depois da escala impulsividade, autoagressão e ideação suicida (QIAIS-A) entre o GP e o GC

Fatores	Grupo Participante			Grupo Controle		
	Antes	Depois	p	Antes	Depois	p
	M (DP)	M (DP)		M (DP)	M (DP)	
Impulsividade	1,30 (0,65)	1,22 (0,54)	0,52	1,00 (0,43)	1,19 (0,51)	0,00
Autoagressão	0,37 (0,42)	0,38 (0,48)	0,87	0,22 (0,42)	0,26 (0,47)	0,43
Ideação suicida	1,76 (0,93)	1,30 (0,98)	0,03	0,73 (0,89)	0,73 (0,86)	0,94

Nota: M = média; DP = desvio padrão; p < 0,05

Tabela 3
Comparativo antes e depois da escala de depressão, ansiedade e estresse entre o Grupo Participante e o Grupo Controle

FATORES	Grupo Participante			Grupo Controle		
	Antes	Depois	p	Antes	Depois	p
	M (DP)	M (DP)		M (DP)	M (DP)	
Depressão	1,67 (1,06)	1,12 (1,03)	0,00	1,03 (0,91)	0,90 (0,99)	0,29
Ansiedade	1,33 (0,99)	1,23 (1,06)	0,57	0,64 (0,63)	0,63 (0,79)	0,87
Estresse	1,51 (0,84)	1,30 (1,03)	0,27	0,96 (0,81)	1,05 (0,81)	0,48

Nota: M = média; DP = desvio padrão; p < 0,05

de dados ao final das oficinas. No GC, a depressão também diminuiu, mas a diminuição não foi significativa (p = 0,29). Tanto no GP quanto no GC, o fator ansiedade teve redução nas médias, embora não tenham sido significativas (p = 0,57 e p = 0,87). No GP, no fator estresse houve diminuição da média depois da realização das intervenções, mas não significativa (p = 0,27). No GC, o estresse aumentou da primeira para a segunda aplicação (p = 0,48).

Na Tabela 4, os valores das médias de apoio social não tiveram mudanças estatisticamente significativas da primeira coleta para a segunda em nenhum dos grupos participantes do estudo (GP e GC). Observa-se que as pontuações no GP das médias do fator apoio material diminuíram depois do estudo (p = 0,80). As médias do fator apoio informacional aumentaram (p = 0,30), a interação social manteve-se depois do estudo (p = 1,00) e o fator apoio afetivo aumentou depois da intervenção (p = 0,58).

No GC, as médias do fator apoio material aumentaram depois do estudo (p = 0,56) e no fator informacional elas diminuíram (p = 0,92). Nos fatores interação social e afetivo as médias diminuíram depois do estudo (p = 0,44) e (p = 0,75), respectivamente.

Tabela 4
Comparativo antes e depois da escala de apoio social entre o Grupo Participante e o Grupo Controle

Fatores	Grupo Participante			Grupo Controle		
	Antes	Depois	p	Antes	Depois	p
	M (DP)	M (DP)		M (DP)	M (DP)	
Material	3,40 (1,06)	3,31 (1,28)	0,80	3,26 (1,28)	3,36 (1,08)	0,56
Informacional	3,24 (1,31)	3,58 (1,16)	0,30	3,20 (1,25)	3,18 (1,42)	0,92
Interação social	3,51 (1,05)	3,51 (1,37)	1,00	3,70 (1,24)	3,55 (1,35)	0,44
Afetivo	3,44 (1,19)	3,60 (1,09)	0,58	3,77 (1,26)	3,72 (1,31)	0,75

Nota: M = média; DP = desvio padrão; p < 0,05

A Tabela 5 apresenta os dados da escala de *coping*, em que também não houve diferenças estatisticamente significativas entre a primeira e segunda aplicação, tanto no GP quanto no GC. No GP, nos fatores análise lógica, resolução de problema, busca de gratificação e descarga emocional, as médias subiram depois das oficinas psicoeducativas (p = 0,18), (p = 0,35), (p = 0,64), (p = 0,29), respectivamente. Nos fatores reavaliação positiva, busca de apoio, aceitação, resignação e evitação cognitiva, as médias aumentaram depois da intervenção, sendo (p = 0,85), (p = 0,81), (p = 0,56), (p = 0,68), respectivamente.

No GC, as médias aumentaram nos fatores análise lógica, busca de apoio, aceitação, resignação, busca de gratificação e descarga emocional, sendo (p = 0,90), (p = 0,44), (p = 0,74), (p = 0,30) e (p = 0,23), respectivamente. No GC, as médias diminuíram nos fatores reavaliação positiva, resolução de problema e evitação cognitiva, sendo (p = 0,35) e (p = 0,78), respectivamente. Não houve índice de significância p no comparativo antes e depois do estudo, tanto no GP como no GC.

A Tabela 6 apresenta os dados da escala dos afetos positivos e negativos, sendo que apenas o GP apresentou aumento nas médias de afeto positivo e diminuição do afeto negativo, de forma estatisticamente significativa, após a realização das intervenções. Os dados demonstram que as médias do afeto positivo antes da intervenção aumentaram, mostrando que o aumento do afeto positivo foi significativo (p = 0,00). Já as médias do afeto negativo diminuíram depois da intervenção (p = 0,04). Observa-se aumento dos afetos positivos e diminuição dos afetos negativos como valor p significativo. No GC, as médias do fator positivo diminuíram (p = 0,48) e as médias do fator negativo aumentaram (p = 0,44), mas sem significância estatística.

Tabela 5
Comparativo antes e depois da escala de coping do Grupo Participante e do Grupo Controle

Fatores	Grupo Participante			Grupo Controle		
	Antes	Depois	p	Antes	Depois	p
	M (DP)	M (DP)		M (DP)	M (DP)	
Análise lógica	2,46 0,85)	2,78 (0,96)	0,18	2,31 (0,82)	2,33 (1,00)	0,90
Reavaliação positiva	2,41 (0,67)	2,37 (0,89)	0,85	2,46 (0,84)	2,30 (0,69)	0,35
Busca apoio	2,30 (0,99)	2,22 (0,85)	0,81	1,80 (1,86)	1,99 (0,81)	0,44
Resolução problema	2,54 (0,99)	2,77 (1,09)	0,35	2,32 (0,90)	2,08 (0,93)	0,08
Aceitação, resignação	2,55 (0,80)	2,40 (0,97)	0,56	2,16 (0,77)	2,20 (0,90)	0,74
Busca gratificação	2,41 (0,92)	2,50 (0,74)	0,64	2,04 (0,87)	2,25 (0,96)	0,30
Evitação cognitiva	2,93 (0,75)	2,83 (,097)	0,68	2,35 (0,82)	2,31 (0,99)	0,78
Descarga emocional	2,32 (0,73)	2,60 (0,92)	0,29	2,45 (,089)	2,75 (0,97)	0,23

Nota: M = média; DP = desvio padrão; p < 0,05

Tabela 6
Comparativo antes e depois da escala dos afetos negativo e positivo entre o Grupo Participante e o Grupo Controle

Fatores	Grupo Participante			Grupo Controle		
	Antes	Depois	p	Antes	Depois	p
	M (DP)	M (DP)		M (DP)	M (DP)	
Positivo	2,50 (0,86)	3,08 (0,88)	0,00	2,23 (0,94)	3,20 (0,83)	0,48
Negativo	3,15 (0,81)	2,63 (0,95)	0,04	2,23 (0,87)	2,38 (0,97)	0,44

Nota: M = média; DP = desvio padrão; p < 0,05

Ao retomar o objetivo principal de avaliar a efetividade das intervenções psicoeducativas com adolescentes, os resultados do GP mostram significância para diminuição da ideação suicida e da depressão, como também foi efetiva para aumentar os afetos positivos e diminuir os afetos negativos. Em relação à impulsividade, ela não alterou no GP, mas no GC aumentou significativamente. Os estudos de Noronha et al. (2015) encontraram resultados semelhantes, demonstrando que a presença de afetos positivos favorece aos jovens terem uma percepção favorável de si mesmos, sendo capazes de realizar ações consideradas difíceis.

Os dados dessa pesquisa com grupos psicoeducativos sugerem a melhora do sentimento de depressão e de ideação suicida no GP, o que pode indicar uma boa expectativa em relação ao futuro, mas também de diminuir o sentimento de solidão e a dificuldade para lidar com as adversidades. Os estudos de Fortes e Kother (2017) corroboram esses resultados, mostrando que, para minimizar o risco de depressão, é necessária a existência de suportes sociais.

Quanto aos escores de estresse no GP, embora não tenham sido significativos, observou-se a diminuição das médias entre os participantes das oficinas. E os escores de otimismo, autoestima e autoeficácia no GP aumentaram, embora (p) não tenha sido significativo.

Os estudos de Fortes e Kother (2017) e Zanini et al. (2018) apontam como importante oferecer apoio social aos adolescentes, o que pode diminuir a percepção de desamparo e lhes possibilitar desenvolver novas competências, tais como resolutividade e um comportamento proativo em suas interações sociais para lidar com seu contexto social.

Os resultados da pesquisa também apresentam índices positivos de saúde e bem-estar dos adolescentes no GP, mostrando que as tecnologias de grupo aliadas à abordagem da psicologia positiva conseguem ser efetivas. Relatos dos adolescentes – por exemplo, "Consigo me perceber melhor, vejo outras coisas que não tinha visto" e "Estou feliz por estar no grupo e me perceber" – demonstram que os participantes conseguiram ampliar sua consciência sobre si mesmos. Fica perceptível na expressão e no compartilhamento das atividades que as oficinas promoveram reflexões positivas sobre o futuro e que durante as oficinas houve apoio mútuo, coesão grupal e vínculos de confiança.

Desse modo, esse estudo pode ter contribuído para que os participantes tivessem mais consciência de si e de sua capacidade de melhorar suas relações familiares, o que corrobora os estudos de Noronha et al. (2015) e Metsäpelto et al. (2017), que dizem que intervenções com adolescentes geram mudanças nos comportamentos externalizantes.

Durante os encontros, os participantes do GP relataram situações que demonstraram vulnerabilidade social, tais como dificuldade de interagir na escola com os colegas e professores, de ser incluído nos grupos, da falta de apoio social em casa, seja por abandono ou por conflitos sobre sua identidade sexual e/ou estilo de vida, de uso e abuso de álcool e outras drogas, de violência doméstica de ordens sexual, moral e psicológica, além da presença da violência autodirigida, como automutilação e tentativas de suicídio.

As intervenções da psicologia positiva utilizadas no fechamento das atividades focaram nas memórias positivas, na reflexão de suas histórias de vida e na ampliação das potencialidades dos participantes, adotando as mesmas estratégias de gratidão dos estudos de Cunha et al. (2018) e as estratégias de gentileza dos estudos de Zanini et al (2018). Os resultados dessa pesquisa corroboram com a presença de emoções positivas contribuindo para reduzir os fatores de risco e aumentar a capacidade dos participantes de serem protagonistas de sua vida.

Fica aqui uma reflexão sobre a necessidade de se criar mais programas que ofereçam apoio a esses jovens em contexto de exclusão social para que estabeleçam vínculos mais saudáveis tanto na família como na vida pessoal e na escola. É importante enfatizar que a escola deve ser um espaço que promova bem-estar e convivências saudáveis. Justifica-se essa indicação nas pesquisas de Benson et al. (2019) e Silva et al. (2019), mostrando que o ambiente escolar favorece o comportamento problemático dos adolescentes, pois eles confrontam as regras das figuras de autoridade que organizam e orientam desenvolvimento escolar. Os problemas são tanto intra como interpessoal e grupal. Os alunos que destoam, seja pela introspecção, pelo baixo rendimento ou por dificuldade de se expressar ou se relacionar, necessitam de programas como o da pesquisa, que favoreçam os participantes com estratégias de melhorias.

Cassoni et al. (2020) acrescenta ainda que o período de transição que começa na 5ª série, tende a ser vivenciado com muita insatisfação com a escola. Já os estudos de Silva et al. (2019) apresentam que 80% dos estudantes apoiam o contexto de *bullying*, o que leva os autores a sugerirem que as escolas precisam incentivar os jovens a combater o *bullying* possibilitando uma boa qualidade nas relações. Os jovens, quando satisfeitos consigo, com seus pares, familiares e escola, demonstram maior bem-estar subjetivo.

A limitação desse estudo é o resultado pouco significativo no comparativo das escalas antes e depois dele tanto no GP quanto no GC. Um dos fatores que pode ter contribuído é o relacionado com as medidas para se obter os resultados quantitativos, as quais requerem extensas escalas de investigação. Os adolescentes demonstraram fadiga, perda da motivação e da atenção no preenchimento das escalas. Em muitas delas, os participantes do estudo começaram dedicando-se, demonstrando seriedade no início e, depois, começavam a rabiscar, demonstrando impaciência e pouco compromisso com o estudo. As pesquisas de Zanini e Borsa (2015) e Metsäpelto et al. (2017) citam como problemas de comportamento externalizantes nos adolescentes as agitações, as provocações e os comportamentos opositores.

Considerações finais

A psicologia positiva tem como tema central o bem-estar, portanto busca promover saúde mental e qualidade de vida nas pessoas a partir de processos psicológicos positivos, incluindo intervenções positivas para desenvolvimento teórico e prático (Seligman, 2012).

As intervenções possibilitam um espaço terapêutico para que as técnicas possam ser processadas dentro da abordagem da psicologia positiva, criando momentos de bem-estar que fortalecem os adolescentes e lhes permitem pensar em estratégias de superação frente aos eventos estressores e às situações de risco vivenciadas.

Consideramos que, para otimizar ainda mais os resultados, é indicado ampliar a quantidade de encontros e envolver os familiares e os atores da escola na busca de melhorias na qualidade da convivência e do relacionamento dos adolescentes.

Indicação de leitura

Motta, K. A. M. B., Zanini, D. S., Faria, M. R. G. V. de, Campos, D. C. (2021). Psicologia positiva e tecnologia de grupo: intervenção com adolescentes em vulnerabilidade social no contexto educacional. In C. T. Reppold, & C. S. Hutz (orgs.). *Intervenções em psicologia positiva no contexto escolar e educacional* (cap. 15, pp. 291-310). Vetor.

Rashid, T., & Seligman, M. (2019). *Psicoterapia positiva*. Artmed.

Reppold, C. T., Zanini, D. S., Campos, D. C., Faria, M. R. G. V. de, & Tocchetto, B. S. (2019). Felicidade como produto: um olhar crítico sobre a ciência da psicologia positiva. *Avaliação Psicológica, 18*(4), 333-342. https://dx.doi.org/10.15689/ap.2019.1804.18777.01

Referências

Benson, N. F., Wechsler, Solange M, & Parker, B. (2019). Challenges for behavioral assessment in brazilian schools. *Estudos de Psicologia, 36,* e190010. https://doi.org/10.1590/1982-0275201936e190010

Campos, D. C., Faria, M. R. G. V., Zanini, D. S., & Peixoto, E. M. (2016). Desenvolvimento e evidências de validade de uma escala de autoeficácia para situações de vitimização. *Psico, 47*(3). http://dx.doi.org/10.15448/1980-8623.2016.3.23098

Cassoni, C., Marturano, E. M., Fontaine, A. M., & Leme, V. B. R. (2020). School context in the transition from the early years to the final years of elementary education. *Estudos de Psicologia, 37,* e190049. https://doi.org/10.1590/1982-0275202037e190049

Cunha, L. F., Pellanda, L. C., & Reppold, C. T. (2018). Intervenções em gratidão. In Hutz, C. S., & Reppold, C. T. (orgs.). *Intervenção em psicologia positiva aplicadas à saúde*. Leader.

Faria, M. R. G. V. de. (2015). *Polivitimização e revitimização em adolescentes: avaliação e consequências para a saúde mental*. [Tese de Doutorado]. Pontifícia Universidade Católica de Goiás, Goiânia, GO.

Fortes, I., & Kother, M. (2017). Automutilação na adolescência – rasuras na experiência de alteridade. *Psicogente, 20*(38), 353-367. http://doi.org/10.17081/psico.20.38.2556

Griep, R. H., Chor, D., Faerstein, E., Werneck, G. L., & Lopes, C. S. (2005). Validade de constructo de escala de apoio social do Medical Outcomes Study adaptada para o português no Estudo Pró-Saúde. *Cadernos de Saúde Pública, 21*(3), 703-714. https://doi.org/10.1590/S0102-311X2005000300004

Hutz, C. (2016). *Avaliação em psicologia positiva: técnicas e medidas*. Hogrefe.

Laranjeira, C. A. (2008). Tradução e validação portuguesa do revised life orientation test (LOT-R). *Universitas Psychologica, 7*(2), 469-476. http://pepsic.bvsalud.org/scielo.php?script=sci_arttext&pid=S1657-92672008000200013&lng=pt&tlng=pt

Mancilha, G. B., & Colvero, L. A. (2017). Vulnerabilidade social de adolescentes que permaneceram em tratamento em CAPSS-AD. *Adolesc Saúde, 14*(4), 41-47. http://www.adolescenciaesaude.com/detalhe_artigo.asp?id=682

Martins, B. G., Silva, W. R., Maroco, J., & Campos, J. A. D. B. (2019). Escala de Depressão, Ansiedade e Estresse: propriedades psicométricas e prevalência das afetividades. *Jornal Brasileiro de Psiquiatria, 68*(1), 32-41. Epub May 13, 2019. https://dx.doi.org/10.1590/0047-2085000000222

Metsäpelto, R. L., Taskinen, P., Kracke, B., Silinskas, G., Lerkkanen, M. K., Poikkeus, A.M., & Nurmi, J. E. (2017). Mudanças nos valores de desempenho da escola primária para a secundária, entre estudantes com e sem problemas de externalização. *Aprendizado e diferenças individuais, 58,* 75-82. http://dx.doi.org/10.1016/j.lindif.2017.08.002

Motta, A. M. B., & Munari, D. B. (2016). *As trilhas do trabalho de grupos: teorias e aplicabilidade*. CRV.

Noronha, A. P. P., Martins, D. F., Campos, R. R. F., & Mansão, C. S. M. (2015). Relações entre afetos positivos e negativos e os cinco fatores de personalidade. *Estudos de Psicologia, 20*(2), 92-101. https://doi.org/10.5935/1678-4669.20150011

Parks, A. C. (2014). A case for the advancement of the design and study of online positive psychological interventions. *The Journal of Positive Psychology*, 9(6), 502-508. https://doi.org/10.1080/17439760.2014.936969

Peixoto, E. M., Palma, B., Farias, I., Santana, N., Zanini, D., & Bueno, J. M. (2019). Questionário de impulsividade, autoagressão e ideação suicida para adolescentes (QIAIS-A): propriedades psicométricas. *Psicologia, Saúde & Doenças* 20(2), 272-285. https://dx.doi.org/10.15309/19psd200201

Pires, J. G., Nunes, M. F. O., & Nunes, C. H. S. da S. (2015). Instrumentos baseados em psicologia positiva no Brasil: uma revisão sistemática. *Psico-USF [online]*, 20(2), 287-295. doi.org/10.1590/1413-82712015200209

Portugal, M. V., Crespo, C., & Pires, R. (2017). *Versão portuguesa do questionário do sentido da vida: primeiros estudos psicométricos*. [Dissertação de mestrado] Repositório da Universidade de Lisboa, Comunidades & Coleção, Faculdade de Psicologia, Portugal.

Primi, R. (2010). Avaliação psicológica no Brasil: fundamentos, situação atual e direções para o futuro. *Psicologia: Teoria e Pesquisa [online]*, 26(spe), 25-35. doi.org/10.1590/S0102-37722010000500000

Proudfoot, J., Klein, B., Barak, A., Carlbring, P., Cuijpers, P., Lange, A., Ritterband, L., & Andersson, G. (2011). Establishing guidelines for executing and reporting internet intervention research. *Cognitive Behaviour Therapy*, 40(2), 82-97. https://doi.org/10.1080/16506073.2011.573807

Sbicigo, J. B., Bandeira, D. R., & Dell'Aglio, D. D. (2010). Escala de Autoestima de Rosenberg (EAR): validade fatorial e consistência interna. *Psico-USF*, 15(3), 395-403. https://doi.org/10.1590/S1413-82712010000300012

Scorsolini-Comin, F., & Santos, M. A. (2010). Psicologia positiva e os instrumentos de avaliação no contexto brasileiro. *Psicologia: Reflexão e Crítica*, 23(3), 440-448. 10.1590/S0102-79722010000300004

Segabinazi, J. D., Zortea, M., Zanon, C., Bandeira, D. R., Giacomoni, C. H., & Hutz, C. S. (2012). Escala de afetos positivos e negativos para adolescentes: adaptação, normatização e evidências de validade. *Avaliação Psicológica*, 11(1), 1-12. http://pepsic.bvsalud.org/scielo.php?script=sci_arttext&pid=S1677-04712012000100002&lng=pt&tlng=pt

Seligman, M. E. P. (2012) (Cristina Paixão Lopes Trad.). *Florescer (recurso eletrônico): uma nova compreensão sobre a natureza da felicidade e do bem-estar*. Objetiva.

Seligman, M. E. P., & Csikszentmihalyi, M. (2000). Psicologia positiva: uma introdução. *American Psychologist*, 55 (1), 5-14. https://doi.org/10.1037/0003-066X.55.1.5

Silva, D. G., & Dell'Aglio, D. D. (2018). Avaliação do bem-estar subjetivo em adolescentes: relações com sexo e faixa etária. *Análise Psicológica*, 36(2), 133-143. https://dx.doi.org/10.14417/ap.1218

Villemor-Amaral, A. E. de & Resende, A. C. (2018). Novo modelo de avaliação psicológica no brasil. *Psicologia: Ciência e Profissão [online]*, 38(spe), 122-132. doi.org/10.1590/1982-3703000208680

Yalom, I. D., & Leszcz, M. (2006). *Psicoterapia de grupo: teoria e prática*. Artes Médicas Sul.

Zanini, D. S., & Borsa, J. C. (2015). Avaliação e enfrentamento de problemas de crianças e adolescentes com diferentes níveis de externalização [Avaliação e enfrentamento de crianças e jovens com diferentes níveis de comportamento externalizante]. *Psico*, 46(2), 188-197. https://doi.org/10.15448/1980-8623.2015.2.18254

Zanini, D. S., Campos, D. C., Faria, M. R. G. V. de, & Peixoto, E. M. (2018). Prevenção de violência por meio de intervenções positivas. In C. S. Hutz, & C. T. Reppold (orgs.). *Intervenções em psicologia positiva na área da saúde* (Cap. 9, pp. 201-335). Leader.

Zanini, D., Pais-Ribeiro, J. L., & Fernandes, I. (2021). Psicologia positiva e saúde: desenvolvimento e intervenções. *Psicologia, Saúde & Doenças*, 22(1), 3-13. http://dx.doi.org/10.15309/21psd220102

Avaliação e aplicação da psicologia positiva em atenção terciária

Doralúcia Gil da Silva
Elisa Kern de Castro
Cláudia Hofheinz Giacomoni

Highlights

1. As intervenções em Psicologia Positiva aumentam a frequência de emoções positivas, o que pode ajudar na recuperação de doenças.
2. Emoções positivas têm efeito principal na saúde por meio do maior engajamento em comportamentos saudáveis e ativação de recursos psicológicos e sociais.
3. Deve haver um equilíbrio de vivências de emoções positivas e negativas para a saúde e o bem-estar.

Este capítulo tem por objetivo discutir as potencialidades da aplicação da Psicologia Positiva (PP) na atenção terciária em saúde, particularmente no hospital geral. Inicialmente, serão apresentadas as interlocuções da Psicologia Positiva no campo da saúde; posteriormente, serão discutidas as potencialidades da aplicação da PP na avaliação e na intervenção no hospital.

Psicologia positiva e saúde

A Organização Mundial de Saúde (OMS) (2020) define saúde como um estado completo de bem-estar físico, mental e social, e não apenas a ausência de doenças. Em contrapartida, os indicadores utilizados para avaliar os parâmetros de saúde da população em sua maioria dizem respeito a dados sobre as doenças, como mortalidade, morbidade, sobrevivência, taxa de prevalência e fatores de risco, e não versam sobre variáveis de saúde em si (OMS, 2020).

A Psicologia Positiva apresenta contribuições para o campo da saúde, uma vez que propõe uma mudança de foco dos processos de adoecimento para aqueles relacionados a aspectos de saúde. Trata-se de uma área de estudos teóricos, empíricos e de proposição e avaliação de intervenções referentes a construtos como bem-estar, qualidade de vida, otimismo, esperança, gratidão, emoções positivas, entre outros inúmeros exemplos relacionados à saúde positiva (Seligman, 2018).

O desenvolvimento da psicologia positiva pode ser compreendido a partir de três momentos, as chamadas três ondas da PP. A primeira onda, que iniciou o movimento, sofreu influência das perspectivas de bem-estar e plenitude da virada do século XXI, destacando os aspectos positivos, especialmente o florescimento e a felicidade, em detrimento da ênfase em psicopatologia.

Porém, como todo movimento científico, sofreu críticas. Uma delas apontou que não foi especificado que teorias e métodos são próprios para o desenvolvimento da PP, bem como pressupostos ontológicos, epistemológicos e éticos concernentes à "teoria positiva" (Lomas et al., 2020; Van Zyl & Rothmann, 2022). Outra questão diz respeito a diferentes termos a serem usados para denominar o mesmo fenômeno, o que poderia estar associado a lacunas da referida imprecisão teórica.

Assim, por consequência dessa limitação conceitual, a validade da mensuração dos construtos também foi alvo de críticas, principalmente considerando os vieses culturais a respeito dos conceitos (Lomas et al., 2020; Van Zyl & Rothmann, 2022). Bem-estar em uma cultura individualista, em contexto de desenvolvimento social e econômico, deve ter fatores com pesos diferentes dos de populações que vivem em países desenvolvidos e em culturas coletivistas, para citar apenas um exemplo de limitações de validade referente a vieses culturais.

A partir das apreciações direcionadas à PP, surge a segunda onda, que revisa os conceitos de bem-estar e chama atenção para a natureza dialética e integrada do negativo e do positivo. Lomas et al. (2020) destacam que a avaliação de fenômenos como positivos ou negativos deve ser contextualizada, uma vez que um mesmo evento pode assumir as duas valências conforme a situação.

Concomitantemente, um fato pode assumir as duas faces de maneira sobreposta, dinâmica e complementar. Por exemplo, quando há intercorrências durante uma gestação em que há necessidade de internação, apesar do medo e da tristeza que podem se manifestar diante de um potencial risco à gravidez, as mulheres também podem se sentir gratas e com otimismo para a continuidade da gestação quando percebem bom suporte da equipe de saúde. Da mesma forma pode acontecer com mães de crianças pequenas que apresentam quadros agudos de doenças respiratórias e precisam ser hospitalizadas e, apesar dos altos níveis de estresse e ansiedade, podem se sentir apoiadas e esperançosas quanto à recuperação dos filhos por receberem um atendimento adequado e disporem de suporte familiar, entre outros fatores positivos presentes que podem colaborar para esse balanço entre os reveses e os pontos de apoio.

A terceira onda, por sua vez, parte de novas críticas ao movimento, tais como a necessidade de desenvolver práticas, e que elas fossem voltadas para outros públicos além daqueles que já vinham sendo focados, como as populações escolarizadas. As críticas reiteram que o bem-estar não pode ser pensado como uma questão exclusivamente individual e que as intervenções da área devem considerar as conjunturas econômica, política e social e as demandas coletivas (Reppold et al., 2019).

A terceira onda, então, salienta o aspecto integrador das emoções negativas e positivas, pois, apesar das revisões da segunda onda, a integração e ampliação do escopo individual e autocentrado para as relações e conjuntura social estão em desenvolvimento e efetivamente entraram como uma pauta para os pesquisadores da área apenas mais recentemente (Fernandes et al., 2021; Reppold et al., 2019). Destacamos, também, a importância dos contextos culturais e da necessidade de estudos em populações minoritárias.

A partir do exposto, no que se refere às emoções positivas e negativas, cabem algumas considerações. Em situações de saúde-doença, as emoções negativas fazem parte da condição de enfermidade. É esperado que sejam manifestadas emoções como raiva, tristeza, medo, culpa, vergonha, entre outras, tendo em vista tratar-se de uma vivência penosa, considerada uma crise do ciclo vital (Kunzmann et al., 2019). Nessa perspectiva, as emoções negativas exerceriam um papel mediador e de auxílio ao restabelecimento diante dos percalços da doença, pois ajudariam no processamento de respostas, regulação e adaptação do organismo para a passagem (ou permanência) da condição.

As emoções têm um valor adaptativo frente às ameaças à espécie e podem ser compreendidas como tendências de ações em relação aos perigos (Friedrickson, 2001). A tristeza seria uma exceção, pois não haveria nenhum impulso em relação à ameaça, mas um sentimento que gera incitação a querer remover o mau acontecimento.

A PP tornou-se conhecida por buscar compreender o que torna as pessoas felizes, o que pode ter gerado uma valorização excessiva das emoções positivas e uma recusa à experimentação de tristeza, entendida como diametralmente oposta dentro de uma visão simplista e antagônica dos componentes "bons" e "ruins" (Reppold et al., 2019). Porém, conforme observado, com base na perspectiva da terceira onda, a tendência atual é uma compreensão ampliada, integrada e dialética da experiência subjetiva.

Nessa concepção, tomamos dois exemplos entre as cinco principais emoções negativas (tristeza, raiva, vergonha, culpa e medo) para elucidação. Lomas (2018) demonstra que a tristeza pode cumprir a função de proteção de algo doloroso, auxiliar no processamento cognitivo, melhorar a atenção às informações, promover reflexão, procurar ajuda e conforto diante da perda, sentimento de desamparo ou outro motivador que tenha despertado a emoção. A raiva, comum em situações de injustiça, ofensa ou ameaça, pode ser uma resposta adaptativa conforme as circunstâncias em que se apresenta. Em geral, a pessoa motivada pela raiva apresenta comportamentos ativos por acreditar ter recursos para a busca de reparação ou da eliminação à violação sofrida (Khan et al., 2019). Dessa forma, essas emoções mostram-se úteis e favoráveis no contexto do adoecimento, sendo essencial a vivência e a aceitação por parte de quem está passando pelo processo.

Em contrapartida, o sentimento exclusivo ou excessivo de emoções negativas, mesmo quando não há a presença de eventos estressores, pode ser adoecedor (Kunzmann et al., 2019; Seligman et al., 2015). Com efeito, na condição de doença é plausível e necessária a sua experimentação. No entanto, é importante notar que pode haver uma ênfase maior na percepção das emoções negativas em detrimento da possibilidade de, também, poder ocorrer a vivência das positivas.

Fredrickson (2001) discute alguns motivos para o foco nas emoções negativas em contraposição às positivas. Entre eles, a autora argumenta que as emoções negativas existem em maior número e são muito mais lembradas em comparação às emoções positivas. As emoções negativas têm diferentes componentes nas expressões faciais mais fáceis de serem identificadas. Para compreender essas diferenças de exteriorização das emoções negativas basta pensar em como se modifica a fisionomia das pessoas conforme expressam raiva, nojo, medo, tristeza.

Em compensação, quando alguém expressa emoções positivas, externamente o que se observa é a feição de sorriso, em maior ou menor intensidade, mas sem outras alterações na face que chamem a atenção. Além disso, as emoções negativas disparam diversas respostas autonômicas (sudorese, taquicardia, sensação de aperto no peito, sensação de enjoo), enquanto as positivas despertam um menor número de respostas fisiológicas, embora prazerosas, mas que podem ser menos intensas e, portanto, menos perceptíveis em comparação às reações de emoções negativas.

As emoções positivas são conceituadas como respostas frente à avaliação do significado pessoal de algum evento (Fredrickson, 2001). Diferentemente das negativas, que são tendências de ações físicas imediatas frente a perigos e que estreitam o repertório de comportamento, as positivas incitariam mudanças cognitivas, que mobilizariam comportamentos pró-ativos, pró-sociais e funcionais.

As principais emoções positivas são alegria, interesse, contentamento e amor, que desencadeiam alterações fisiológicas, mudanças na experiência subjetiva, na expressão facial e no processamento cognitivo. Os afetos são a avaliação dessas sensações, sendo o componente da experiência subjetiva.

Fredrickson (2001) defende que as emoções positivas têm a habilidade de ampliar repertórios de pensamento e de construir recursos pessoais, psicológicos e sociais duradouros, enquanto as emoções negativas podem funcionar como fator de risco para doenças cardiovasculares, por exemplo. Uma explicação para esse efeito prejudicial seria que a expressão persistente de emoção negativa, como a raiva, está relacionada a relacionamentos pobres, menores níveis de otimismo, ausência de sentido, elementos que podem propiciar um menor engajamento em hábitos de vida saudáveis, o que, por sua vez, está associado a mais chances para o adoecimento.

As emoções positivas podem ter papel de proteção (Fredrickson, 2001). Pressman et al. (2019) apresentam um modelo teórico que enfatiza o efeito principal das emoções positivas na saúde por meio do maior engajamento de comportamentos saudáveis e ativação de recursos psicológicos e sociais. Também destacam que os afetos positivos estão associados a melhor saúde física, evidenciada por bons resultados cardiovasculares, endócrinos e imunes, e resultados de melhor resposta a tratamentos e recuperação de efeitos fisiológicos negativos. Esse seria um dos motivos que justificariam as intervenções que aumentem a experimentação de emoções positivas.

Alertamos que não se trata de evitar ou reduzir ao máximo a vivência de afetos negativos, pois eles cumprem parte elementar no bem-estar, mas de buscar um nível ideal ao lado dos aspectos bons. Por outro lado, não se trata de defender a vivência exacerbada de emoções positivas. Inclusive, há evidências que apontam para os prejuízos da sua experimentação desmedida e descontextualizada (Reppold et al., 2019).

Dadas as ressalvas e as considerações apresentadas até aqui, discorreremos agora sobre os aspectos concernentes à saúde positiva e às emoções positivas. A saúde positiva procura ir além da definição de saúde proposta pela OMS, pois busca operacionalizar e medir os estados biológico, funcional e subjetivo da saúde, que são chamados de ativos em saúde (Seligman, 2008).

Os ativos em saúde são os fatores que produzem vida longa, menor morbidade, menores custos em saúde, melhores prognósticos quando ocorrem as doenças e maior qualidade de vida. Também estão relacionados à presença de emoções positivas, uma vida com propósito e engajamento, com menos doenças, maior capacidade de recuperação, maiores reservas fisiológicas e doenças crônicas não debilitantes (Seligman, 2018).

Entre apenas alguns exemplos dos ativos biológicos estão: resultados de testes cardíacos, resultados de exames de função pulmonar (espirometria, volume expiratório forçado), níveis de oxigenação e saturação arterial, resultados de raio x, hemoglobina glicada, níveis de colesterol HDL e LDL, funções renais e acuidade visual. Os subjetivos são estados psicológicos medidos por meio de instrumentos padronizados como otimismo, satisfação de vida, esperança, qualidade de vida, entre outros. Os funcionais, avaliados por intermédio de autorrelato, dizem respeito a conseguir realizar atividades significativas da vida diária, ter amigos e familiares próximos, relacionamentos amorosos, satisfação no trabalho, participação social e comunitária e outros critérios de funcionalidade.

Os ativos podem ser examinados como preditores, indicadores ou resultados de saúde positiva. Segundo Seligman (2008), o objetivo da saúde positiva seria buscar, empiricamente, os fatores que predizem longevidade, qualidade de vida, menores custos em saúde, saúde mental no envelhecimento e prognóstico de quando doenças poderão ocorrer.

Um grupo de pesquisadores conduziu estudos que tinham por objetivo identificar os ativos de saúde que levavam a uma vida mais longa e menor risco para doenças, e essas publicações estão reunidas no projeto Positive Health (www.positivehealthresearch.org). No banco de dados on-line, é possível encontrar os estudos organizados por tipo de ativos (biológicos, subjetivos e funcionais) e pelos resultados compilados por Seligman et al. (2015).

Para citar alguns exemplos, foi encontrado que pessoas com altos níveis de emoções negativas tinham maior chance de morrer prematuramente do que aquelas com baixos níveis. Além disso, participantes que reportaram maior satisfação de vida tendiam a ser mais otimistas, socialmente engajados e lidavam melhor com problemas de saúde. Assim como aqueles com altos níveis de otimismo tendiam a ter menores riscos para doenças cardiovasculares.

Psicologia Positiva na atenção terciária

No Brasil, o Sistema Único de Saúde (SUS) organiza-se em redes de atenção à saúde a partir de níveis de atenção e assistência, sendo esses a atenção primária, secundária e terciária (Brasil, 1990). A atenção terciária, nível de mais alta complexidade do sistema, realiza atendimentos especializados e procedimentos invasivos, fazendo uso de tecnologias de ponta, tais como exames, cirurgias, diálises, tratamentos oncológicos, transplantes, partos de alto risco, tratamento de doenças genéticas, entre outros.

Nesse nível estão os hospitais gerais, hospitais universitários, santas casas e os grandes centros de pesquisas subsidiados pelas esferas pública e privada ou na forma de parceria entre elas. Em geral, são locais que dispõem de aparato de alto custo, com leitos de Unidade de Terapia Intensiva e centros cirúrgicos especializados. A atenção terciária tem por objetivo realizar o tratamento, a recuperação e a reabilitação de doenças e agravos da saúde. Entre essas práticas estão ressonância magnética, tomografias, traumato-ortopedia, neurocirurgia, cirurgias reparadoras (mutilações, traumas, queimaduras graves), cirurgias bariátricas, cirurgias reprodutivas, quimioterapia, radioterapia, hemoterapia.

Nesse contexto de agravos de saúde, doenças que podem ameaçar a vida, tratamentos e procedimentos complexos e alto aparato tecnológico, a psicologia entra como um campo teórico, técnico e ético para fazer parte do cuidado em torno do adoecimento e da hospitalização (Simonetti, 2011). Trata-se de um cuidado sobre o processo saúde-doença, compreendido em sua dimensão biopsicossocial, direcionado a pensamentos, comportamentos, crenças, emoções e relações entre paciente, família, equipe e instituição de saúde, contextualizado social e culturalmente (Brasil, 1990). O adoecimento e a hospitalização podem representar intenso sofrimento para pacientes e familiares. Assim, cabe à equipe de saúde acolher, validar e aliviar as dores associadas a esse momento (Conselho Federal de Psicologia, 2019; Simonetti, 2011).

No hospital, a psicologia foi chamada para contribuir dentro do trabalho assistencial na perspectiva de aliviar o padecimento associado às enfermidades e à internação. Assim, pode parecer incongruente falar de potencialidades, emoções positivas e recursos em um cenário de doenças, infelicidades e mortes. Todavia, a Psicologia Positiva tem muito a contribuir nesse horizonte. Especialmente o movimento da terceira onda da PP, que acentua a integração das vivências humanas, em que a dor e o sofrimento ocorrem em concomitância e dialeticamente com a vitalidade e as forças. Outrossim, a PP tem mostrado evidências de que pode contribuir para incrementar a capacidade humana de uso de forças, virtudes, adaptação, crescimento pessoal e encontro de sentido em meio a experiências adversas.

Processos de avaliação em psicologia positiva na atenção terciária

A avaliação psicológica no contexto da atenção terciária é um tema complexo, uma vez que, no hospital, a pessoa doente pode ter limitações para responder a instrumentos psicológicos e realizar entrevistas, e o período da internação pode variar. Primeiramente, convém apontar que alguns procedimentos de avaliação estão atrelados aos de intervenção, especialmente no contexto da saúde, em que é exigido do profissional intervir de forma preventiva para antecipar possíveis problemas relacionados à doença e à hospitalização (Remor, 2019).

Um dos primeiros passos da avaliação envolve o planejamento e a abordagem inicial do paciente quanto à demanda solicitada. Nesse momento é importante identificar quais temas serão abordados e quais construtos são pertinentes de serem avaliados, considerando as características do adoecimento, o momento da internação e o perfil do paciente.

No modelo biopsicossocial, é importante ter informações relacionadas não apenas ao paciente, mas também à sua família e aos contextos social e cultural, que incluem também conhecer o sistema de saúde. Denota-se que o contato inicial com fins avaliativos já pode ser considerado como intervenção e ter algum poder terapêutico pelo fato de a pessoa ter um espaço seguro para falar sobre si, ser escutada empaticamente e receber acolhimento (Castro & Remor, 2018).

O uso de testes, instrumentos padronizados e questionários no ambiente hospitalar deve ser feito com cautela, uma vez que medidas genéricas para a população podem não ser adequadas para uso em populações clínicas, além de serem aplicadas em ambientes não ideais, como é o caso do hospital (Remor, 2019). Sintomas físicos que podem ser concebidos como ansiedade, por exemplo, podem ser mal-interpretados no caso de pessoas doentes. Além disso, se o protocolo de instrumentos é extenso, a pessoa sente dores, está cansada, ou há interrupções inerentes ao ambiente hospitalar, seus resultados podem se tornar inválidos.

De qualquer forma, tem-se usado medidas psicológicas no hospital, sempre tendo o cuidado de utilizar instrumentos validados e de interpretar com cautela seus resultados em função de cada caso. Isso deve ser feito considerando as propriedades psicométricas satisfatórias, as amostras para as quais foram validados e as questões referentes à padronização de aplicação.

A seguir, são apresentadas escalas padronizadas e validadas para o contexto brasileiro para avaliar emoções positivas. A Escala de Afetos Positivos e Negativos (Panas), validada com amostra de adultos de diferentes regiões do país, tem descritores de afetos com respostas que variam em escala de 0 a 5 (discordo totalmente a concordo totalmente). Os índices de consistência interna foram de 0,84 e o estudo demonstrou boas propriedades psicométricas (Pires et al., 2013). A Escala de Afetos Positivos e Negativos destinada para adultos contém 20 itens que descrevem afetos negativos e positivos com respostas em escala *Likert* de 5 pontos. Tem bons índices de consistência interna (0,83 e 0,77) e evidências de validade de construto (Zanon et al., 2013). Outra versão dessa escala, direcionada para adolescentes, é a Escala de Afetos Positivos e Negativos para Adolescentes (Eapa). Tem 32 itens com adjetivos descritores de estados afetivos subjetivos com respostas em escala *Likert* de 5 pontos. O instrumento apresenta bons índices de consistência interna (0,88) e evidências de validade de construto (Segabinazi et al., 2012).

Por outro lado, é importante levar em conta que instrumentos da psicologia positiva não foram feitos com pacientes ou familiares de pessoas hospitalizadas, o que configura uma limitação metodológica em termos de validade. Apesar disso, esse fato tomado isoladamente não invalida o uso dessas ferramentas se forem utilizadas de forma crítica. É necessário pensar que dentro do curso de um adoecimento em que podem ocorrer agravos e sintomas debilitantes, incapacitantes, realização de procedimentos invasivos, somado a condições de vida preexistentes, em um tempo maior ou menor de internação, os níveis basais de emoções positivas e negativas serão qualitativa e quantitativamente diferenciados em relação a pessoas sadias que não estão passando por essa vivência.

Sob esse ponto de vista, admite-se que a experimentação e o relato das emoções estarão influenciados pelo viés do contexto de doença. Portanto, a avaliação do psicólogo no que concerne à vivência das emoções positivas dentro dessa conjuntura deve ser feita de forma atenta e cautelosa.

Padecer de uma doença e hospitalização implica necessariamente em algum nível de sofrimento, tendo em vista que se trata de uma crise vital do desenvolvimento, na qual é esperada que decorram reações emocionais negativas. Conforme já discutido previamente, as emoções negativas têm papéis específicos e protetores nesse contexto e auxiliam no processo de restabelecimento diante da situação estressora. Tais reflexões seguem a proposta da terceira onda da psicologia, em que pese a necessária integração e vivência das emoções para o florescimento humano (Lomas et al., 2020). Contudo, o seguimento do adoecimento e hospitalização não significa que o sofrimento estará presente de forma absoluta e constante.

Algumas pessoas, mesmo experienciando doenças graves, que ameaçam a continuidade da vida, demonstram expressão de alegria, contentamento, amor, interesse, em momentos considerados difíceis pela equipe de saúde. Essa situação ilustra a potencialidade humana que está presente em todas as circunstâncias da vida. Ademais, nem sempre será viável ou pertinente utilizar um instrumento, pois a própria conjuntura pode não permitir (Remor, 2019). Por exemplo, em situações em que a intervenção necessita ser breve, não havendo tempo hábil para cumprir uma avaliação completa do paciente, como no primeiro atendimento em unidades de urgência e emergência, cujo contato objetiva o acolhimento e a promoção do vínculo da pessoa com a equipe e a instituição.

Outra situação pode ser o caso de uma internação recente seguida imediatamente da preparação para procedimento cirúrgico de urgência. Ou, ainda, uma transferência iminente para outra instituição para continuidade do tratamento, entre outras possibilidades em que o psicólogo é chamado às pressas para uma intervenção pontual. Por todos esses motivos, em alguns casos não caberá utilizar instrumentos. Assim, os processos de avaliação lançarão mão de outras ferramentas.

O uso de entrevistas é bem difundido, dentro das quais comumente se insere o exame do estado mental, um recurso empregado com relativa notoriedade e aceitação em psicologia hospitalar. Esse procedimento, realizado por meio de uma entrevista, mostra-se adequado e fornece resultados pertinentes para um parecer a respeito de diversas funções, entre as quais o aspecto do afeto, no qual entram as emoções positivas ou negativas (CFP, 2019).

Outro ponto a ser levado em consideração nos processos de avaliação em PP na atenção terciária diz respeito às contextualizações social e econômica. O estudo de Lyubomirsky et al. (2005) refere que aproximadamente 10% dos elementos que compõem o bem-estar dizem respeito às circunstâncias de vida, sendo os percentuais restantes divididos entre atividades intencionais e predisposição genética.

No entanto é necessário examinar as evidências que embasam as alegações sobre a capacidade das pessoas de aprimorarem seu bem-estar, uma vez que as condições objetivas em que vivem, especialmente em um país com grandes desigualdades sociais como o Brasil, preponderam nessa avaliação e provavelmente tenham um peso maior do que o estipulado pelo referido estudo (Brown & Rohrer, 2020). Portanto, não seria proporcional assumir que as circunstâncias de vida têm papel pouco relevante na avaliação do bem-estar quando critérios mínimos quanto aos condicionantes e determinantes da saúde não são atendidos, tais como moradia com estrutura física digna, acesso a saneamento básico, trabalho, renda, transporte e acesso a serviços de saúde (Brasil, 1990).

Por fim, o viés de resposta positiva, fenômeno relacionado tanto aos processos de avaliação como de intervenção, deve ser levado em consideração. Consiste na antecipação de possíveis efeitos benéficos propostos por uma atividade (Gander et al., 2022) e pode ser compreendido como uma resposta com tendência de desejabilidade social, demonstrando algo de simulação e ser apreendido nesse sentido dentro do atendimento.

O paciente pode responder o que imagina que o entrevistador gostaria de ouvir ou o que seria o "certo" a dizer em uma situação de fragilidade. Por exemplo, pode relatar estar bem em uma ocasião em que não necessariamente esteja, numa tentativa de agradar, não incomodar, ou mesmo pensando que ao dizer isso seu quadro de saúde poderá não ser considerado tão grave pelo profissional. Por outro lado, intervenções baseadas em Psicologia Positiva têm o potencial de eliciar pensamentos, sentimentos e comportamentos saudáveis, o que é benéfico para a saúde física das pessoas (Moskowitz et al., 2019) e justamente por esse potencial é proveitoso utilizá-las.

Intervenção em Psicologia Positiva no hospital

Primeiramente, é necessário dizer que uma Intervenção em Psicologia Positiva (IPP) tem por objetivo o aumento de bem-estar e o florescimento humano, com base em conhecimento científico. São técnicas breves e simples que podem ser autoadministradas ou administradas por profissional (Bolier et al., 2013; Carr et al., 2021; Gander et al., 2022).

Moskowitz et al. (2019) apontam os benefícios das IPPs em incrementar bem-estar, resiliência e qualidade de vida, e diminuir sintomas de ansiedade, estresse e depressão, com o objetivo de buscar uma vida plena em detrimento de uma perspectiva curativa. As autoras apresentam um modelo teórico que demonstra um caminho para a saúde positiva por meio das IPPs. O modelo explica que o engajamento nas atividades propostas pelas IPPs aumenta a frequência de afetos positivos. Esses, por sua vez, têm a capacidade de prover afastamento da vivência do estresse, reduzindo as reações emocionais negativas, propiciar o uso de estratégias de enfrentamento de problemas mais adaptativas e o fortalecimento de relações sociais. A redução de estresse prediz melhor funcionamento fisiológico e maior envolvimento em hábitos saudáveis, o que melhora o bem-estar físico e emocional.

O modelo considera o papel de moderadores como características individuais relacionadas ao tipo de estressor. Entre elas é possível citar que constituem vivências distintas ser portador de doença crônica, lidar com eventos agudos ou ser cuidador de familiar com doença grave. Também é importante elucubrar os níveis basais de bem-estar, afetos negativos e positivos, ansiedade e depressão, pois a combinação desses fatores resulta em diferentes efeitos. Aliado a isso, considerar as características sociodemográficas e os traços de personalidades como potencializadores ou atenuantes dentro do modelo. Por fim, atentar para a frequência, a dosagem e as modalidades das intervenções em psicologia positiva.

Cabe apontar que obter uma explicação mais abrangente a respeito do impacto das IPPs tanto na saúde física quanto na psicológica requer abordagens interdisciplinares com estudos básicos e experimentais sobre os afetos positivos e as intervenções, em que sejam observadas as diferentes populações em distintos contextos sociais e culturais.

Para concretizar um trabalho de IPP no contexto hospitalar é necessário conhecer os pressupostos básicos da PP, o que dizem as pesquisas a respeito dos fenômenos estudados, além dos conhecimentos básicos em psicologia da saúde (Castro & Remor, 2018). Considerando que grande parte dos construtos tem técnicas correlatas usadas para desenvolvê-los, é possível elencar quais podem ser úteis, ou não, conforme cada demanda a ser atendida.

Porém, cabe enfatizar aqui que o profissional pode desempenhar uma "psicologia hospitalar positiva" ao levar consigo o arcabouço teórico da PP aliado ao da psicologia da saúde, e este pautar a sua intervenção ao longo da prestação de cuidado psicológico. Então, não necessariamente o profissional precisa aplicar uma técnica específica, ele pode direcionar o seu olhar e a sua escuta, pautada pelo seu conhecimento na área, tendo em vista que essa é uma forma de primar pela utilidade clínica e de buscar validade ecológica das intervenções (APA, 2006).

Alguns processos de intervenção são intrínsecos aos de avaliação, como a escolha de construtos a serem trabalhados e o contato inicial com fins avaliativos já se configurar como intervenção pelo seu potencial terapêutico. Esse é o momento introdutório, em que o profissional apresenta-se ao usuário, realiza seu acolhimento, escuta suas demandas, explica o objetivo do atendimento e faz uma primeira interação.

Essa oportunidade pode, de antemão, fornecer respostas em relação ao que será trabalhado com aquela pessoa, a partir de sua fala, sua história de vida conhecida (ou o que o sujeito revelar dela), sua receptividade (ou não) para a assistência psicológica, seus afetos e sua conduta demonstrados no momento. Evidentemente, algumas vezes são necessários mais alguns encontros para que seja possível estabelecer um plano de trabalho. No entanto, desde o princípio já é possível observar elementos que serão relevantes para se pensar o rumo da atividade com cada paciente.

Outro ponto a ser destacado sobre as intervenções, que também está ligado a planejamento e processos de avaliação, é a escolha dos programas a serem usados pautada nas evidências de resultado dos tratamentos. A psicologia baseada em evidências (Pbep) é uma abordagem em que a prática é fundamentada em resultados científicos, e a tomada de decisão quanto ao tratamento utilizado leva em conta a melhor evidência disponível, a experiência do profissional e as características da pessoa atendida (APA, 2006).

Quanto ao primeiro domínio citado, considera-se melhor evidência disponível os resultados de estudos de avaliações de intervenções que contenham dados sobre efetividade, eficácia e segurança. Além disso, as IPPs devem estar agregadas aos princípios das intervenções em psicologia da saúde, em especial no que concerne à necessidade de conhecimentos sólidos sobre as bases biológicas, sociais e psicológicas das doenças e a contribuição do comportamento para a saúde (Remor & Castro, 2018).

A aplicação da pesquisa na prática, bem como a inspiração de práticas inovadoras que precisam ser validadas empiricamente, em geral por meio da pesquisa translacional, não apenas ajudam na melhor prática baseada em evidência para o paciente, também servem para o desenvolvimento de políticas públicas em saúde. Dessa maneira, a escolha pelas intervenções em PP que prezam pela prática baseada em evidências é norteada por todas essas questões.

Ainda a respeito da escolha dos programas em PP, deve-se considerar que estudos de intervenções (Bolier et al., 2013; Carr et al., 2021) considerados como referência para a área foram conduzidos com participantes de países com elevado desenvolvimento socioeconômico, considerando critérios como Índice de Desenvolvimento Humano (IDH), Produto Interno Bruto (PIB) e renda *per capita* (europeus, estadunidenses), e com altos níveis de escolaridade.

Sendo assim, os resultados obtidos devem ser interpretados com cautela quando inseridos na realidade de países em desenvolvimento (Van Zyl & Rothmann, 2022), como o Brasil. Desse modo, evidencia-se a necessidade de pesquisas nacionais de avaliações de intervenções que produzam dados válidos, fidedignos e úteis para a diversidade da nossa população, em que sejam observadas as particularidades e processos inerentes a cada grupo social.

Para além das limitações dos estudos das IPPs, salientamos que as insuficiências das pesquisas por si sós não impedem o uso das intervenções. À semelhança do que foi dito em relação aos processos de avaliação e uso de instrumentos de psicologia positiva, do mesmo modo apontamos para um uso criterioso e, sobretudo, contextualizado, das técnicas disponíveis, tendo consciência de suas limitações e conclusões.

O próximo tópico a ser tratado sobre a escolha das IPPs é o processo de internação em si. Dentro desse processo, tem-se o tempo e o adoecimento. O tempo de internação prolongado é um fator que incrementa os níveis de estresse e ansiedade inerentes à situação, pois maior é o período de exposição às adversidades ocasionadas pelo adoecimento e pela ruptura do cotidiano gerada pela hospitalização (Simonetti, 2011).

As características de cada doença, o curso, os sintomas físicos, psicológicos, sociais e espirituais, podem ser permeados por agravantes ou atenuantes que irão interferir na escolha da intervenção. Além disso, para cada fase da doença deve ser pensado que tipo de prática é apropriada. Por exemplo, após a revelação de um diagnóstico de doença grave deve-se pensar que categoria de tema é congruente de ser trabalhada e qual a intervenção correspondente disponível. Da mesma forma, pensar qual é o conteúdo propício de ser abordado para contribuir com a adesão a um tratamento de uma doença crônica. Ou, ainda, elencar quais preceitos podem ser trabalhados para incentivar a adoção ou a mudança de hábitos saudáveis, ou para assentir em tomar vacinas. E em momentos difíceis como o óbito ou óbito iminente, examinar que conteúdos fazem sentido de serem abordados.

Quais construtos trabalhados pela PP podem ser úteis em cada exemplo elencado? E quais são as intervenções correlatas a cada um? Algumas respostas possíveis seriam autocompaixão, esperança, otimismo, autoeficácia e compaixão, respectivamente a cada exemplo citado. Porém, essas respostas apontam um sentido geral de possibilidade, uma vez que a escolha da intervenção deve ser necessariamente contextualizada. Esses são apenas alguns argumentos destinados aos profissionais que queiram dispor das intervenções em psicologia positiva na atenção terciária.

A literatura sobre intervenções que objetivam o aumento de emoções positivas (Bolier et al., 2013; Carr et al., 2021) mostra que as IPPs buscam o desenvolvimento de qualidades como gratidão, bem-estar e atenção plena, mas indiretamente também eliciam emoções positivas, pois os construtos estão correlacionados, sendo que na medida em que as primeiras aumentam, as emoções positivas também sofrem ampliação (Pires et al., 2013; Segabinazi et al., 2012).

Alguns exemplos de técnicas usadas nessas intervenções são: a técnica das três coisas boas, contar as bênçãos, saborear, visualização do seu melhor eu, escrita positiva, exercício das forças, cartas de gratidão, intervenções baseadas em *mindfullness*, entre outras. Todas elas têm evidências de eficácia e efetividade e suas referências originais, bem como descrições completas, podem ser encontradas nos estudos verificados pelas revisões sistemáticas (Bolier et al., 2013; Carr et al., 2021). Cabe ressaltar que as pesquisas originais das referidas intervenções foram feitas em países desenvolvidos, a maioria com amostras de adultos universitários não clínicos (Bolier et al., 2013).

Mais recentemente, os estudos feitos ao redor do mundo, incluindo países em desenvolvimento, têm englobado amostras clínicas e não clínicas, com adultos, em múltiplos contextos

(Carr et al., 2021). No cenário brasileiro, a produção tem sido teórica e empírica, estando o campo das intervenções em expansão (Fernandes et al., 2021). Assim, a seguir serão descritos três exemplos de técnicas com possibilidades de aplicação no contexto hospitalar. Retomamos, aqui, que os exercícios são simples e breves e muitos se assemelham em suas instruções.

O procedimento das três coisas boas (Seligman et al., 2015) consiste em dizer ao participante que pensamos sobre o que vai mal e não pensamos suficientemente sobre o que vai bem em nossas vidas. Às vezes faz sentido analisar os maus eventos para aprender com eles e evitá-los no futuro. No entanto, as pessoas tendem a passar mais tempo pensando no que está ruim do que em coisas que possam ajudar. Pior ainda, essa tendência em focar nos maus eventos pode deixar as pessoas mais vulneráveis para sintomas de ansiedade e depressão. Uma maneira de evitar que isso aconteça é desenvolver a habilidade de pensar sobre as coisas boas da vida. Por fim, solicita-se que a pessoa relembre o presente dia ou o dia anterior e elenque três coisas boas que ocorreram e diga o motivo de elas terem acontecido. A técnica de contar bênçãos tem uma instrução similar a ela (Seligman et al. 2005).

Esses dois exercícios podem ser usados com pacientes com doenças crônicas, que realizam constantes cuidados e reinternações devido a intercorrências clínicas. Em alguns momentos, devido à necessidade de procedimentos ou agravantes da doença, eles podem se sentir desmotivados ou revoltados quanto a persistir com os cuidados, sendo que essas técnicas podem ajudar a aliviar os maus sentimentos e prover uma perspectiva melhor sobre a situação (Bolier et al., 2013; Seligman, 2008; Seligman et al., 2015).

A visualização do melhor eu diz respeito a imaginar e falar sobre a melhor versão de si no futuro, considerando as áreas mais relevantes da vida, como saúde, trabalho, estudos, relacionamentos e atividades de lazer. Nesse caso, essa técnica pode ser incluída no atendimento psicológico com o objetivo de sensibilizar e motivar para a continuidade dos cuidados e das orientações da equipe de saúde durante a internação e o quanto essas informações podem impactar o restante dos âmbitos da vida da pessoa. Pode ser indicada para pacientes que passaram por algum adoecimento ou intervenção pontual, não têm agravo à saúde e perspectiva de recuperação rápida, como procedimentos cirúrgicos simples ou puérperas que estão em preparação para receber alta com bebês saudáveis.

Outro aspecto a ser discutido sobre as IPPs é um componente comumente presente dentro de protocolos de atendimento, que é a psicoeducação (Carr et al., 2021; Seligman, 2008). Muitos exercícios incluem um primeiro momento em que se realiza uma explicação didática sobre o que são as emoções positivas, quais as suas manifestações fisiológicas, comportamentais e cognitivas, as suas potencialidades e os seus efeitos benéficos à saúde.

Esse elemento de elucidação é fundamental para o prosseguimento da intervenção, pois situa e justifica a razão do desenrolar daquele procedimento para o participante. Além disso, a psicoeducação pode ser considerada uma prática dentro da educação em saúde que visa aprimorar conhecimentos e práticas relativas a comportamentos saudáveis, ferramenta que pode ser usada em diferentes esferas do campo da saúde, especialmente o da saúde coletiva (Brasil, 2006).

As práticas de educação em saúde envolvem interação entre os profissionais nos domínios da prevenção, da promoção e de tratamento, e a população que necessita construir conhecimento e expandir sua autonomia nos cuidados em saúde individuais e coletivos. A educação em saúde é uma diretriz proposta pelo Ministério da Saúde vista como um processo crítico que propõe ações transformadoras na realidade. Dessa maneira, as IPPs podem convergir com esse interesse. Posto que têm a psicoeducação como base, objetivam aumentar o bem-estar, têm indicadores de repercussões benéficas à saúde e compartilham das perspectivas participativa e criativa, o que contribui para a autonomia dos usuários.

Em contrapartida, apesar do potencial das IPPs, é oportuno que mais estudos possam descrever como, quando, por que e para quem as intervenções em psicologia positiva servem e trazem efeitos terapêuticos. É primordial lembrar que o benefício das emoções positivas para a saúde não é uma solução mágica e indiscriminada sobre bem-estar, sobretudo pelo fato de a literatura científica demonstrar que em algumas situações as IPPs podem ser contraindicadas ou mesmo estarem relacionadas a efeitos opostos aos desejados (Brown & Rohrer, 2020; Reppold et al., 2019).

Por exemplo, intervenções baseadas em *mindfulness* não são recomendadas em momentos de alta ansiedade, pois isso pode agravar o estado ansioso, ou com pessoas com quadros psicopatológicos, ou com alterações das funções mentais ou fisiológicas, pois podem causar ou agravar o desconforto (Cebolla et al., 2017). Outro exemplo é a observância quanto à utilização de técnicas que visam ao aumento de emoções positivas em pessoas com traços de personalidade salientes relacionados a impulsividade, reatividade e agressividade, pois podem eliciar comportamentos impulsivos e exposição a comportamentos de riscos (Herman et al., 2018).

Outra consideração diz respeito a assegurar que o princípio da integralidade seja contemplado no atendimento em saúde, de modo que o usuário seja compreendido e inserido em seu contexto social para, a partir daí, ser atendido em suas necessidades, o que está em consonância aos apontamentos da terceira onda da PP.

É importante retomar que a atenção terciária é o local de atendimento em que os agravos à saúde já estão instalados, e aliados a eles pode haver outros complicadores envolvidos, como situações de violação de direitos, de vulnerabilidade social, ou populações historicamente prejudicadas. Como exemplo estão as pessoas em situação de rua, pessoas privadas de liberdade, profissionais do sexo, mulheres e crianças vítimas de violências, povos indígenas, entre outras possibilidades. Nesse sentido, compete ao profissional perguntar-se qual o melhor direcionamento em termos de atendimento para essas pessoas e o que e se a psicologia positiva tem algo a oferecer a elas.

Tendo em vista apontamentos e cuidados concernentes à seleção das intervenções a serem usadas, ainda assim cumpre advertir que dificuldades podem ocorrer, seja devido a intercorrências clínicas do paciente, comorbidades, nível de motivação, entre outros fatores, assim como questões relacionadas ao profissional, tais como tempo de formação, experiência e características de personalidade. É importante que se mantenha a postura criteriosa e haja readequação dos processos de acordo com os resultados que vão sendo obtidos. Em vista disso, precisamente por essa característica de necessidade permanente de aprimoramento por parte do profissional, pode estar uma vantagem da utilização da perspectiva da Pbep.

Considerações finais

Podemos concluir que a PP, ao trabalhar as emoções positivas (e negativas) para a saúde, e as IPPs, no contexto da atenção terciária, podem contribuir para promover saúde nos pacientes. É relevante ponderar que deve haver um ótimo equilíbrio entre a experimentação de emoções positivas e negativas, uma vez que a experimentação excessiva e descontextualizada das primeiras pode ocasionar prejuízos. Ao mesmo tempo, as emoções negativas são esperadas e cumprem seu papel no curso do adoecimento. Ainda assim, as emoções positivas, por tenderem a ficar em segundo plano em um momento de doença, podem contribuir com os tratamentos de saúde dos pacientes.

Por isso faz sentido o emprego de intervenções planejadas que visem ao seu incremento, pois elas podem ajudar na recuperação. Cabe lembrar que as intervenções em PP são procedimentos simples, breves e de baixo custo, e que poderiam integrar os procedimentos de prestação de cuidado psicológico oferecidos na atenção terciária dentro do SUS, uma vez que o maior investimento envolvido seria a sensibilização para o tema e capacitação dos profissionais na área.

As discussões feitas neste capítulo não têm a pretensão de esgotar o tema, mas levantar possibilidades e promover o debate em torno dos conteúdos aqui desenvolvidos. É fundamental entender que as questões sobre a avaliação e a intervenção em PP no hospital discutidas buscam articulação e conciliação a outros conhecimentos e práticas já estabelecidas dentro da psicologia da saúde no contexto hospitalar.

Como limitações, apontamos que os instrumentos disponíveis para avaliação de emoções positivas não foram feitos com amostras de pacientes hospitalizados, o que denota certa reserva quanto às evidências de validade. Por outro lado, nem sempre é possível a avaliação feita pelo uso de instrumentos por uma série de razões, incluindo a impossibilidade devido a intercorrências e falta de local com privacidade, o que leva a devolutiva do profissional ser feita com base em dados de observação e entrevista, ferramentas válidas, úteis e essenciais à prática do psicólogo. No entanto, elas fornecem dados qualitativos que podem não servir ou serem de difícil transformação para a construção de indicadores numéricos. No caso do trabalho em hospital, isso pode ser uma lacuna, pois o monitoramento de dados da saúde da população, os processos de gestão dos serviços e as políticas públicas de saúde são baseados em indicadores quantitativos (APA, 2006; Brasil, 2006; OMS, 2020).

Portanto, vislumbra-se como desafio em médio e longo prazos a construção e a implementação de protocolos de avaliação e intervenção em psicologia positiva na atenção terciária que forneçam evidências de validade, efetividade e eficácia, adaptados à população brasileira que podem ser tomados como indicadores em saúde no âmbito dos cuidados psicológicos prestados a pacientes hospitalizados.

Um exemplo é o protocolo em psicologia positiva direcionado a familiares de crianças hospitalizadas com doenças agudas denominado Em Frente, que apresenta uma proposta de intervenção breve e tem evidências de efetividade (Silva & Giacomoni, 2020, 2021). Assim, mencionamos que a articulação do uso de protocolos embasados cientificamente junto ao atendimento integral e humanizado pode representar um avanço na qualificação do atendimento psicológico em atenção terciária.

Indicação de leitura

Castro, E. K., & Remor, E. (2018). *Bases teóricas da psicologia da saúde*. Appris.

Conselho Federal de Psicologia (2019). *Referências técnicas para atuação de psicólogas (os) nos serviços hospitalares do SUS*. Conselho Federal de Psicologia, Conselhos Regionais de Psicologia e Centro de Referência Técnica em Psicologia e Políticas Públicas. Brasília: Conselho Federal de Psicologia.

Silva, D. G., & Giacomoni, C. H. (2021). *Em Frente: intervenção em psicologia positiva para psicologia da saúde e hospitalar*. São Paulo: Hogrefe.

Referências

American Psychological Association (2006). Evidence-based practice in psychology: APA presidential task force on evidence-based practice. *American Psychologist*, 61(4), 271-285. https://doi.org/10.1037/0003-066X.61.4.271

Brasil (1990). Lei n. 8080, de 19 de setembro de 1990. Dispõe sobre as condições para a promoção, proteção e recuperação da saúde, a organização e o funcionamento dos serviços correspondentes, instituindo o Sistema Único de Saúde (SUS). Brasília: Ministério da Saúde.

Brasil (2006). Portaria n. 648, de 28 de março de 2006. Dispõe sobre a revisão de diretrizes e normas para a organização da Atenção Básica para o Programa da Saúde da Família (PSF) e o Programa de Agentes Comunitários de Saúde (PACS). Brasília: Ministério da Saúde.

Bolier, L., Haverman, M., Westerhof, G. J., Riper, H., Smit, F., & Bohlmeijer, E. (2013). Positive psychology interventions: a meta-analysis of randomized controlled studies. *BMC Public Health*, 13-119. https://doi.org/10.1186/1471-2458-13-119

Brown, N., & Rohrer, J. M. (2020). Easy as (happiness) pie? A critical evaluation of a popular model of determinants of well-being. *Journal of Happiness Studies*, 21, 1.285-1.301. https://doi.org/10.1007/s10902-019-00128-4

Carr, A., Cullen, K., Keeney, C., Canning, C., Mooney, O., Chinseallaigh, E., & O'Dowd, A. (2021). Effectiveness of positive psychology interventions: A systematic review and meta-analysis. *The Journal of Positive Psychology*, 16(6), 749-769. https://doi.org/10.1080/17439760.2020.1818807

Castro, E. K., & Remor, E. (2018). *Bases teóricas da psicologia da saúde*. Appris.

Cebolla, A., Demarzo, M., Martins, P., Soler, J., & Garcia-Campayo, J. (2017). Unwanted effects: is there a negative side of meditation? A multicentre survey. *Plos One*, 12(9), e0183137. https://doi.org/10.1371/journal.pone.0183137

Conselho Federal de Psicologia (2019). *Referências técnicas para atuação de psicólogas (os) nos serviços hospitalares do SUS*. Conselho Federal de Psicologia, Conselhos Regionais de Psicologia e Centro de Referência Técnica em Psicologia e Políticas Públicas (1. ed). Brasília: Conselho Federal de Psicologia

Fernandes, S. C. S., Pereira, A. M. F., Silva, A. R. F., Bittencourt, I. I., Freires, L. A., & Hutz, C. S. (2021). Psicologia positiva no Brasil: cenário atual e indicações futuras. *Revista Brasileira de Terapias Cognitivas*, 17(2), 125-134. http://dx.doi.org/10.5935/1808-5687.20210025

Fredrickson, B. L. (2001). The role of positive emotions in positive psychology. *American Psychologist*, 56(3), 218-226. https://www.ncbi.nlm.nih.gov/pmc/articles/PMC3122271

Gander, F., Proyer, R. T., & Ruch, W. (2022). Do beliefs in the malleability of well-being affect the efficacy of positive psychology interventions? Results of a randomized placebo-controlled trial. *Applied Psychology Health Wellbeing*, 1-16. https://doi.org/10.1111/aphw.12338

Herman, A. M., Critchley, H. D., & Duka, T. (2018). Risk-taking and impulsivity: the role of mood states and interoception. *Frontiers in Psychology*, 9, 1625. https://doi.org/10.3389/fpsyg.2018.01625

Khan, U., DePaoli, A., & Maimaran, M. (2019). The unique role of anger among negative emotions in goal-directed decision making. *Journal of the Association for Consumer Research*, 4(1), 65-76. http://dx.doi.org/10.1086/701028

Kunzmann, U., Schilling, O., Wrosch, C., Siebert, J. S., Katzorreck, M., Wahl, H. W., & Gerstorf, D. (2019).

Negative emotions and chronic physical illness: A lifespan developmental perspective. *Health Psychology, 38*(11), 949-959. https://doi.org/10.1037/hea0000767

Lomas, T. (2018). The quiet virtues of sadness: a selective theoretical and interpretative appreciation of its potential contribution to wellbeing. *New Ideas in Psychology, 49*, 18-26. https://doi.org/10.1016/j.newideapsych.2018.01.002

Lomas, T., Waters, L., Williams, P., Oades, L. G., & Kern, M. L. (2020). Third wave positive psychology: bBroadening towards complexity. *The Journal of Positive Psychology, 16*(5), 660-674. http://dx.doi.org/10.1080/17439760.2020.1805501

Lyubomirsky, S., Sheldon, K. M., & Schkade, D. (2005). Pursuing happiness: The architecture of sustainable change. *Review of General Psychology, 9*(2). https://doi.org/10.1037/1089-2680.9.2.111

Moskowitz, J. T., Addington, E. L., & Cheung, E. O. (2019). Positive psychology and health: well-being interventions in the context of illness. *General Hospital Psychiatry, 61*, 136-138. http://dx.doi.org/10.1016/j.genhosppsych.2019.11.001

Organização Mundial de Saúde (2020). *Indicadores de saúde: elementos conceituais e práticos*. Organização Panamericana de Saúde; Organização Mundial de Saúde. https://www3.paho.org/hq/index.php?option=com_content&view=article&id=14405:health-indicators-conceptual-and-operational-considerations&Itemid=0&lang=pt

Pires, P., Filgueiras, A., Ribas, R., & Santana, C. (2013). Positive and Negative Affect Schedule: psychometric properties for the brazilian portuguese version. *Spanish Journal of Psychology, 16*, e58, 1-9. https://doi.org/10.1017/sjp.2013.60

Pressman, S. D., Jenkins, B. N., & Moskowitz, J. T. (2019). Positive affect and health: what do we know and where next should we go? *Annual Review of Psychology, 70*, 627-650. https://doi.org/10.1146/annurev-psych-010418-102955

Remor, E. (2019) Avaliação psicológica em contextos da saúde e hospitalar. In E. Hutz, C., Bandeira, D., Trentini, C., Remor (orgs.). Avaliação psicológica nos contextos de saúde e hospitalar (pp. 13-27). Artmed.

Remor, E., & Castro, E. K. (2018). Integrando as bases teóricas na aplicação da Psicologia da Saúde. In E. K. Castro & E. Remor (orgs.). *Bases teóricas da psicologia da saúde* (pp. 231-246). Appris.

Reppold, C. T., Zanini, D. S., Campos, D. C., Faria, M. R. G. V., & Tochetto, B. S. (2019). Felicidade como produto: um olhar crítico sobre a ciência da psicologia positiva. *Avaliação Psicológica, 18*(4), 333-342. http://dx.doi.org/10.15689/ap.2019.1804.18777.01

Segabinazi, J. D., Zortea, M., Zanon, C., Bandeira, D. R., Giacomoni, C. H., & Hutz, C. S. (2012). Escala de afetos positivos e negativos para adolescentes: adaptação, normatização e evidências de validade. *Avaliação Psicológica, 11*(1), 1-12. http://pepsic.bvsalud.org/pdf/avp/v11n1/v11n1a02.pdf

Seligman, M. E. P. (2018). PERMA and the building blocks of well being. *Journal of Positive Psychology, 1*, 1-3. https://doi.org/10.1080/17439760.2018.1437466

Seligman, M. E. P. (2008). Positive health. *Applied Psychology: An International Review, 57*, 3-18. https://doi.org/10.1111/j.1464-0597.2008.00351.x

Seligman, M. E. P., Peterson, C., Barsky, A. J., Bohem, J. K., Kubzansky, L. D., Park, N., & Labarthe, D. (2015). *Positive health and health assets: Re-analysis of longitudinal datasets*. Robert Wood Johnson Foundation. University of Pensylvania. https://ppc.sas.upenn.edu/sites/default/files/positivehealthassetspub.pdf

Silva, D. G.; & Giacomoni, C. H. (2021). *Em frente: intervenção em psicologia positiva para psicologia da saúde e hospitalar* (80p.). Hogrefe.

Silva, D. G., & Giacomoni, C. H. (2020). Intervenção em psicologia positiva para familiares de crianças hospitalizadas. *Paideia, 30*, 1-8. https://doi.org/10.1590/1982-4327e3036

Simonetti, A. (2011). *Manual de psicologia hospitalar: o mapa da doença*. Casa do Psicólogo.

Van Zyl, L. E., & Rothmann, S. (2022). Grand challenges for positive psychology: future perspectives and opportunities. *Frontiers in Psychology, 13*, 1-7. http://dx.doi.org/10.3389/fpsyg.2022.833057

Zanon, C., Bastianello, M. R., Pacico, J. C., & Hutz, C. S. (2013). Desenvolvimento e validação de uma escala de afetos positivos e negativos. *Psico USF, 18*(2), 193-202. https://doi.org/10.1590/S1413-82712013000200003

Sobre os autores

Amanda de Almeida Alves – Graduada em Psicologia pela Universidade Federal do Triângulo Mineiro. Experiência na área de Psicologia, com ênfase em psicologia clínica infantil. Pós-graduanda em intervenção ABA para autismo e deficiência intelectual e acompanhante terapêutica (análise do comportamento aplicada ao transtorno do espectro autista).

Amanda Rizzieri Romano – Doutoranda em Psicologia pelo Programa de Pós-graduação Stricto Sensu da Universidade São Francisco, com ênfase em Avaliação Psicológica. Bolsista pela Coordenação de Aperfeiçoamento de Pessoal de Nível Superior (Capes). Psicóloga (CRP 06/167349) e mestre em Psicologia pela Universidade São Francisco. Tem conhecimentos voltados para as áreas de psicometria, avaliação psicológica, psicologia positiva e psicologia do esporte. Membro do Núcleo de Estudos e Pesquisa em Psicologia do Esporte e do Exercício (NuEPPEE) da Universidade de São Francisco (USF). Membro da comissão editorial da revista *Psico-USF*.

Ana Celi Pallini – Doutoranda e mestre em Psicologia pelo Programa de Pós-graduação Stricto Sensu em Psicologia da Universidade São Francisco com ênfase em Avaliação Psicológica em contextos de Saúde Mental. Docente em Psicologia na Universidade São Francisco (USF). Bolsista pela Coordenação de Aperfeiçoamento de Pessoal de Nível Superior (Capes). Membra do Laboratório de Avaliação Psicológica em Saúde Mental (LAPSaM III). Tem graduação em Psicologia pela USF (2018). Desenvolve pesquisas com temáticas sobre saúde mental (suicídio, motivos para viver, depressão, suporte social, autorregulação emocional), avaliação psicológica e psicometria.

Ana Cristina Resende – Pós-doutoranda em Psicologia Médica pela Unifesp. Doutora em Psicologia Clínica pela PUC-RS. Estágio de doutorado pela California School of Professional Psychology (AIU), em San Diego, Califórnia. Mestre em Psicologia e psicóloga pela PUC Goiás. Atualmente é professora adjunta da Graduação e Pós-graduação Stricto Sensu, diretora do Instituto Panamericano de Avaliação Psicológica (Ipap), coordenadora dos cursos de Pós-graduação em Avaliação Psicológica no Brasil do IPOG e professora da Pós-graduação em Perícia Psicológica nesse mesmo instituto. Foi presidente da Associação Brasileira de Rorschach e Métodos Projetivos (ASBRo) (2018-2022), coordenadora do GT de Métodos Projetivos da Associação Nacional de Pesquisa e Pós-graduação em Psicologia (Anpepp) (2019-2021), membro da Comissão Consultiva em Avaliação Psicológica (CCAP) do CFP (2017-2022). Tem conduzido pesquisas no Brasil de normatização, validação e fidedignidade do Rorschach Performance Assessment System (R-PAS), Zulliger SC e Z-PAS, Pfister, publicado livros, artigos e capítulos de livros, e supervisionado trabalhos de mestrado, doutorado, graduação e iniciação científica na área de fundamentos e medidas da psicologia. Atua, principalmente, nos seguintes temas: avaliação psicológica clínica, perícia forense, orientação profissional.

Ana Paula Ozório Cavallaro – Pedagoga. Mestre e doutoranda em Psicologia pelo Programa de Pós-graduação Stricto Sensu em Psicologia da Universidade São Francisco. Bolsista Capes.

Ana Paula Porto Noronha – É psicóloga, mestre e doutora em Psicologia pela Pontifícia Universidade Católica de Campinas. Docente do Programa de Pós-graduação Stricto Sensu em Psicologia da Universidade São Francisco. Coordenadora do Laboratório de Avaliação de Características Positivas (@labcpositivas). Bolsista produtividade em Pesquisa do CNPq – 1A.

Angélica Milena Barros Bernal – Psicóloga com mestrado em Educação e Desenvolvimento Humano pela Universidade de Manizales (Colômbia), em 2006. Instrutora certificada em *Mindfulness* pelo Instituto Mente Aberta (Unifesp) (2016) e instrutora certificada no CCT (Compassion Cultivation Training) pelo Compassion Institute (USA) e Nirakara (Espanha) em 2020. Doutoranda em Psicologia: Cognição e Comportamento pela UFMG.

Carolina Rosa Campos – Psicóloga. Mestre e doutora em Psicologia pela Pontifícia Universidade Católica de Campinas. Especialista em Educação e Tecnologia pela Universidade Federal de São Carlos. Pós-doutorada em Psicologia pela Universidade São Francisco. Professora do Departamento de Psicologia e do Programa de Pós-graduação em Psicologia da Universidade Federal do Triângulo Mineiro. Membro do GT Avaliação Psicológica em Psicologia Positiva e Criatividade na Anpepp.

Caroline Tozzi Reppold – Psicóloga. Mestre, doutora e pós-doutora em Psicologia pela Universidade Federal do Rio Grande do Sul (UFRGS). Pós-doutora em Avaliação Psicológica pela Universidade São Francisco e pós-doutora em Ciências da Educação pela Universidade do Minho/Portugal. Especialista em Avaliação Psicológica pelo Conselho Federal de Psicologia. Professora associada IV da Universidade Federal de Ciências da Saúde de Porto Alegre (UFCSPA). Coordenadora do Laboratório de Pesquisa em Avaliação Psicológica da UFCSPA. Membro do Conselho Deliberativo do Instituto Brasileiro de Avaliação Psicológica (Ibap) e da Associação Brasileira de Psicologia Positiva (ABP+). Vice-coordenadora do GT Avaliação em Psicologia Positiva e Criatividade da Associação Nacional de Pesquisa e Pós-graduação em Psicologia (Anpepp). Bolsista produtividade em Pesquisa do CNPq. Atualmente, desenvolve pesquisas na área de Fundamentos e Medidas em Psicologia, relacionadas à construção e à busca de evidências de validade de instrumentos de avaliação psicológica e neuropsicológica e à psicologia positiva.

Cláudia Hofheinz Giacomoni – Graduada em Psicologia pela Pontifícia Universidade Católica do Rio Grande do Sul (PUCRS). Mestre e doutora em Psicologia pela Universidade Federal do Rio Grande do Sul. Professora do Departamento de Psicologia do Desenvolvimento e da Personalidade e do Programa de Pós-graduação em Psicologia da Universidade Federal do Rio Grande do Sul. Coordenadora do Núcleo de Estudos em Psicologia Positiva (Nepp) da UFRGS. Atualmente é presidente da Associação Brasileira de Psicologia Positiva (ABP+).

Cristian Zanon – Graduado em Psicologia pela Universidade Federal de Santa Maria (2006). Mestre (2009), doutor (2011) e pós-doutor (2011) em Psicologia pela Universidade Federal do Rio Grande do Sul. Fez estágio de doutoramento sanduíche na University of Massachusetts Amherst (2010-2011) na área de Psicometria, sob orientação do Dr. Ronald Hambleton. Tem experiência e desenvolve pesquisas na área da Psicologia, com ênfase em psicometria, psicologia positiva e personalidade (Big Five). Atualmente é professor de Métodos Quantitativos no Programa de Pós-graduação em Psicologia da Universidade Federal do Rio Grande do Sul.

Cyntia Mendes de Oliveira – Psicóloga. Mestra e doutora em Psicologia (UFRGS). Professora adjunta do Departamento de Psicologia e do Programa de Pós-graduação em Psicologia da Universidade Federal do Delta do Parnaíba (UFDPar). Membro do GT Avaliação em Psicologia Positiva e Criatividade da Anpepp.

Daniela Sacramento Zanini – Graduada em Psicologia pela Pontifícia Universidade Católica de Goiás (1998). Doutora em Psicologia Clínica e da Saúde (2003) e Pós-doutora pela Universidad de Barcelona-Espanha (2008) e Universidade do Porto-Portugal (2020). Atualmente é professora adjunta II da Pontifícia Universidade Católica de Goiás na Graduação e Pós-graduação em Psicologia (mestrado e doutorado). Membro da Comissão de Assessoria de Pesquisa (Coap) da Pró-Reitoria de Pesquisa (prope). Coordenadora do Grupo de Pesquisa em Avaliação e Intervenção em Saúde (Gpais). Atua também como psicóloga clínica e da saúde. É membro da Comissão Consultiva de Avaliação Psicológica (CCAP) do Satepsi. Consultora *ad hoc* do CNPq e de fundações estaduais de amparo à pesquisa. Membro de corpo editorial e parecerista *ad hoc* de revistas nacionais e internacionais. Membro do grupo de trabalho Avaliação Psicológica em Psicologia Positiva e Criatividade na Anpepp. Tem experiência na área de Psicologia, com ênfase em avaliação psicológica e tratamento e prevenção psicológica, atuando principalmente com os seguintes temas: avaliação psicológica, psicologia positiva, fatores de risco e proteção à saúde e resiliência.

Doralúcia Gil da Silva – Graduada em Psicologia pela Universidade Federal do Rio Grande do Sul (UFRGS), Especialista em Avaliação Psicológica (UFRGS). Mestre e doutora em Psicologia pelo Programa de Pós-graduação em Psicologia da UFRGS. Atualmente atua como psicóloga hospitalar no Hospital Escola da Universidade Federal de Pelotas (HE/UFPEL), é membro do Núcleo de Estudos em Psicologia Positiva (Nepp) da UFRGS e da Associação Brasileira de Psicologia Positiva (ABP+).

Elisa Kern de Castro – Graduada em Psicologia pela Pontifícia Universidade Católica do Rio Grande do Sul (PUCRS). Mestre em Psicologia do Desenvolvimento pela Universidade Federal do Rio Grande do Sul (UFRGS). Doutora em Psicologia Clínica e da Saúde pela Universidade Autônoma de Madri (UAM), na Espanha. Estágio pós-doutoral na Universidade de Salamanca (Usal), na Espanha. Atualmente é professora na Graduação em Psicologia e mestrado em Psicologia Clínica e da Saúde da Cooperativa de Ensino Superior Egas Moniz (Portugal). Também atua como psicóloga clínica e psicoterapeuta em Lisboa (Portugal).

Evandro Morais Peixoto – Docente do Programa de Pós-graduação Stricto Sensu em Psicologia da Universidade São Francisco (USF). Doutor em Psicologia como Profissão e Ciência pela Pontifícia Universidade Católica de Campinas com estágio doutoral PDSE desenvolvido na Université du Québec à Trois-Rivières, Canadá. Estágio pós-doutoral em Psicologia desenvolvido na USF. Membro do GT Avaliação Psicológica em Psicologia Positiva e Criatividade na Anpepp. Conselheiro do XIX Plenário do Conselho Federal de Psicologia (gestão 2022-2025). Coordenador da Comissão Consultiva em Avaliação Psicológica CFP. Bolsista produtividade em Pesquisa Nível 2 do CNPq. Coordenador do Núcleo de Estudos e Pesquisa em Psicologia do Esporte e do Exercício (NuEPPEE) da USF.

Gabriela Bertoletti Diaz Itimura – Psicóloga. Mestre em Psicologia e Saúde pela UFCSPA. Doutoranda em Ciências da Reabilitação pela UFCSPA. Membro do Laboratório de Pesquisa em Avaliação Psicológica da UFCSPA.

Helen Bedinoto Durgante – Psicóloga. Mestra e doutora em Psicologia (UFRGS). Professora adjunta no Departamento de Psicologia da Universidade Federal de Pelotas (Ufpel).

Iorhana Almeida Fernandes – Psicóloga. Mestre e doutoranda em Psicologia da Pontifícia Universidade Católica de Goiás (PUC-GO). Especialista em Neuropsicologia (UniCambury-GO). Membro do Grupo de Pesquisa em Avaliação e Intervenção Psicológica em Saúde (Gpais) do CNPq, coordenado pela Profª-Drª. Daniela Zanini. Representante discente na Anpepp (biênio 2023-2024. Associada e pesquisadora júnior do Instituto Brasileiro de Avaliação Psicológica (Ibap).

Jéssica Vargas da Luz – Psicóloga formada pela Universidade Federal do Rio Grande do Sul (2022). Atualmente é mestranda do Programa de Pós-graduação em Psicologia da Universidade Federal do Rio Grande do Sul. Formação em andamento em Terapia do Esquema pela Artmed360.

Karina da Silva Oliveira – Psicóloga. Mestre e doutora em Psicologia pela Pontifícia Universidade Católica de Campinas. Especialista em Neurologia aplicada à Neuropsicologia Infantil pela Universidade Estadual de Campinas. Pós-doutora em Psicologia pela Universidade São Francisco. Professora do Departamento de Psicologia e do Programa de Pós-graduação em Psicologia: Cognição e Comportamento da Universidade Federal de Minas Gerais.

Kátya Alexandrina Matos Barreto Motta – Pós-doutora em Psicologia pela PUC-GO. Doutora em Ciência da Saúde pela UFG. Mestre em Psicologia pela PUC-GO. Graduada em Licenciatura e em Psicologia pela PUC-GO. Especialista em Saúde Mental. Formação em coordenação de grupo pela Sobrap. Professora Assistente da PUC-GO. Atuação em processos de grupos terapêuticos e em projetos de intervenção de saúde com adolescentes em vulnerabilidade social. Professora assistente da PUC Goiás, em Goiânia, na Escola de Ciências Sociais e da Saúde, Curso de Psicologia.

Laís Santos-Vitti – Psicóloga. Mestre em Psicologia Social pela Universidade Federal de Sergipe (UFS). Doutoranda do Programa de Pós-graduação em Psicologia da Pontifícia Universidade Católica de Campinas (PUCCamp). Doutoranda do Programa de Pós-graduação em Psicologia da Pontifícia Universidade Católica de Campinas (PUCCamp).

Lucila Moraes Cardoso – Pós-doutora, doutora, mestre e graduada em Psicologia pela Universidade São Francisco. Atualmente é professora adjunta do curso de Psicologia e do Programa de Pós-graduação em Educação da Universidade Estadual do Ceará (Uece) e no Programa de Pós-graduação em Psicologia da Universidade Federal do Ceará (UFC). Coordena o Laboratório de Estudos e Práticas em Avaliação Psicológica (Leapsi) da Uece desde 2013. É membro do GT Uso dos Métodos Projetivos de Avaliação Psicológica da Associação Nacional de Pesquisa e Pós-graduação em Psicologia (Anpepp) desde 2012. Foi membro da diretoria da Associação Brasileira de Rorschach e Outros Métodos Projetivos (ASBRo) de 2014 até 2022 e está na Comissão Consultiva de Avaliação Psicológica (CCAP) do Conselho Federal de Psicologia (CFP) desde 2017. É bolsista de produtividade em pesquisa do CNPq – Nível 2, com experiência na área de Psicologia, estudando principalmente métodos projetivos, avaliação psicológica infantil e avaliação terapêutica.

Makilim Nunes Baptista – Mestre em Psicologia pela Pontifícia Universidade Católica de Campinas (1997). Doutor pelo Departamento de Psiquiatria e Psicologia Médica da Universidade Federal de São Paulo (2001). Tem experiência clínica de mais de 25 anos em atendimento em psicoterapia cognitiva-comportamental. Atualmente é docente do Programa de Pós-graduação Stricto-Sensu em Psicologia da Universidade São Francisco, Campinas; bolsista produtividade pelo CNPq; coordenador do Laboratório de Avaliação Psicológica em Saúde Mental (LapsamIII) do Programa de Pós-graduação Stricto Sensu em Psicologia da Universidade São Francisco. Foi presidente do Instituto Brasileiro de Avaliação Psicológica (Ibap) (2019-2021); membro do Grupo de Trabalho de Família da União Latino-americana de Entidades de Psicologia (Ulapsi); membro del Red Mundial Suicidólogos.

Marcela Cesa – Psicóloga. Mestranda em Psicologia e Saúde pela Universidade Federal de Ciências da Saúde de Porto Alegre (UFCSPA), com bolsa Capes. Membro do Laboratório de Pesquisa em Avaliação Psicológica da UFCSPA.

Marcela Hipólito de Souza – Graduada em Psicologia pela Universidade Paulista (2006). Mestra e doutoranda em Psicologia no Programa de Pós-graduação Stricto Sensu em Psicologia da Universidade São Francisco, Campinas. Bolsista Capes. Atua na linha de pesquisa: Avaliação Psicológica em Contexto de Trabalho e Carreira. Atualmente é docente externa na Faculdade de Administração e Artes de Limeira. Tem experiência como instrutora de *mindfulness*, psicologia organizacional com ênfase em gestão de pessoas, atuando nas temáticas: comportamento humano nas organizações; grupos e equipes; gestão de carreiras; educação empreendedora; qualidade de vida nas organizações, psicologia positiva e atenção plena (*mindfulness*).

Margareth Regina Gomes Veríssimo de Faria – Graduada em Psicologia (2004). Mestre (2007) e doutora (2015) em Psicologia pela Pontifícia Universidade Católica de Goiás. Pós-doutora em Psicologia pela USP de Ribeirão Preto (2017). Especialista em Neuropsicologia com ênfase em Reabilitação Cognitiva (2021). Pós-graduanda da 1ª turma de Psicologia e Psicoterapia On-line da PUCRS. Pesquisadora e professora colaboradora da Graduação e Pós-graduação Scricto Sensu em Psicologia na PUC-Goiás. Psicóloga clínica e supervisora clínica em TCC e psicologia positiva. Faz parte do GT06 – Avaliação em Psicologia Positiva e Criatividade da Anpepp. Professora assistente da PUC-Goiás, em Goiânia, Curso de Psicologia.

Marlos Andrade de Lima – Psicólogo formado pela Universidade Federal do Paraná (2016). Mestre em Psicologia na linha de pesquisa Avaliação e Reabilitação Neuropsicológica (2019) pela mesma instituição. Doutorando do Programa de Pós-graduação em Psicologia da Universidade Federal do Rio Grande do Sul.

Mariana Silveira Stinieski – Psicóloga. Mestra em Psicologia pela PUCRS com bolsa Capes e colaboradora do grupo Avaliação em Bem-estar e Saúde Mental (Abes). Psicóloga clínica, docente e psicóloga nas faculdades Sogipa e Famercosul, e docente na UNIFG.

Maycoln Teodoro – Professor associado do Programa de Pós-graduação em Psicologia: Cognição e Comportamento da Universidade Federal de Minas Gerais (UFMG). Doutor pela Albert-Ludwigs-Universität Freiburg. Membro da diretoria da Sociedade Brasileira de Psicologia e bolsista produtividade 1D do CNPq.

Monique Cristielle Silva da Silva – Psicóloga. Mestranda em Psicologia pela PUCRS, no grupo Avaliação em Bem-Estar e Saúde Mental (Abes). Pós-graduanda Lato Sensu em Terapias Cognitivas e Comportamentais na Wainer Psicologia.

Prisla Ücker Calvetti – Psicóloga. Mestre e doutora em Psicologia na área de Concentração Psicologia Clínica pela PUCRS. Pós-doutora pelo Programa de Pós-graduação em Medicina: Ciências Médicas pela UFRGS, no Laboratório de Dor & Neuromodulação do Hospital de Clínicas de Porto Alegre. Pesquisadora pós-doc no Laboratório de Pesquisa em Avaliação Psicológica pelo Programa de Pós-graduação em Ciências da Saúde pela UFCSPA. Especialista em Avaliação Psicológica pelo Conselho Federal de Psicologia, em Psicoterapia Cognitivo-comportamental pela WP e em Saúde Pública pela ESP/RS-ENSP-Fiocruz. Docente em Avaliação Psicológica e Neuropsicológica nos cursos de Pós-graduação em Avaliação Psicológica com ênfase no Contexto de Saúde e Hospitalar pela Pós-Artmed e PUCPR, e da Especialização em Psicologia Hospitalar da Faculdade de Ciências da Saúde Moinhos de Vento. Parecerista *ad hoc* do Sistema de Avaliação de Testes Psicológicos (Satepsi).

Membro da Comissão de Avaliação Psicológica do Conselho Regional de Psicologia (CRP/RS). Membro das sociedades científicas Instituto Brasileiro de Avaliação Psicológica (Ibap) e Federação Brasileira de Terapias Cognitivas (FBTC). Membro do GT Avaliação em Psicologia Positiva e Criatividade da Associação Nacional de Pesquisa e Pós-graduação em Psicologia (Anpepp).

Renata Saldanha-Silva – Doutoranda do Programa de Pós-graduação em Cognição e Comportamento da Universidade Federal de Minas Gerais. Atualmente é professora do Curso de Psicologia da Faculdade Ciências Médicas de Minas Gerais (CMMG), onde leciona disciplinas de avaliação psicológica, orientação profissional e terapia cognitivo-comportamental. É especialista em Terapias Cognitivas pelo Instituto WP e terapeuta cognitiva associada à Federação Brasileira de Terapias Cognitivas (FBTC). Atua, ainda, na administração científica da T.ser: centro de saberes compartilhados.

Taís Bopp da Silva – Psicóloga (UCPel), licenciada em Letras, mestre e doutora em Linguística pela Universidade Federal do Rio Grande do Sul (UFRGS). Pós-doutora na Universidade de Utrecht, Países Baixos. Especialista em Neuropsicologia: avaliação e reabilitação pelo Núcleo Médico Psicológico (Porto Alegre). Professora associada no Centro de Letras e Comunicação da Universidade Federal de Pelotas. Atualmente é doutoranda no Programa de Pós-graduação em Psicologia da Universidade Federal do Rio Grande do Sul (UFRGS).

Tatiana de Cassia Nakano – Psicóloga. Mestre e doutora em Psicologia pela Pontifícia Universidade Católica de Campinas. Especialista em avaliação psicológica. Pós-doutora em Psicologia pela Universidade São Francisco. Docente do Programa de Pós-graduação Stricto Sensu em Psicologia da Puc-Campinas. Linha de pesquisa: instrumentos e processos em avaliação psicológica. Bolsista produtividade 2 CNPq. Membro do GT da Anpepp Psicologia Positiva e Criatividade, da Associação Brasileira de Criatividade e Inovação e do Conselho Brasileiro de Superdotação.

Vanessa Kaiser – Psicóloga. Mestre em Ciências da Saúde pela Universidade Federal de Ciências da Saúde de Porto Alegre (UFCSPA). Atualmente é doutoranda em Ciências da Saúde na UFCSPA e atua como psicóloga clínica em CAPS I. Membro do Laboratório de Pesquisa em Avaliação Psicológica da UFCSPA.

Wagner de Lara Machado – Psicólogo. Doutor em Psicologia. Bolsista Produtividade CNPq. Professor do Programa de Pós-graduação em Psicologia da PUCRS. Coordenador do Grupo de Pesquisa Abes.

Coleção Avaliação Psicológica

– *Avaliação Psicológica – Aspectos teóricos e práticos*
  Manuela Lins e Juliane Callegaro Borsa (orgs.)
– *Compêndio de Avaliação Psicológica*
  Makilim Nunes Baptista, Monalisa Muniz et al.
– *Avaliação Psicológica – Guia para a prática profissional*
  Katya Luciane de Oliveira, Patrícia Waltz Schelini e Sabrina Martins Barroso (orgs.)
– *Formação e estratégias de ensino em Avaliação Psicológica*
  Katya Luciane Oliveira, Monalisa Muniz, Thatiana Helena de Lima, Daniela S. Zanini e Acácia Aparecida Angeli dos Santos (orgs.)
– *Avaliação psicológica na infância e adolescência*
  Marcela Mansur-Alves, Monalisa Muniz, Daniela Sacramento Zanini, Makilim Nunes Baptista (orgs.)
– *Tutoriais em análise de dados aplicados à psicometria*
  Cristiane Faiad, Makilim Nunes Baptista, Ricardo Primi (orgs.)
– *Avaliação psicológica de idosos*
  Irani Iracema de Lima Argimon, Sabrina Martins Barroso, Makilim Nunes Baptista, Hugo Ferrari Cardoso (orgs.)
– *Avaliação em psicologia positiva – Fundamentos e integração na prática profissional*
  Karina da Silva Oliveira, Caroline Tozzi Reppold, Evandro Morais Peixoto, Daniela Sacramento Zanini (orgs.)

Conecte-se conosco:

 facebook.com/editoravozes

 @editoravozes

 @editora_vozes

 youtube.com/editoravozes

 +55 24 2233-9033

www.vozes.com.br

Conheça nossas lojas:
www.livrariavozes.com.br

Belo Horizonte – Brasília – Campinas – Cuiabá – Curitiba
Fortaleza – Juiz de Fora – Petrópolis – Recife – São Paulo

EDITORA VOZES LTDA.
Rua Frei Luís, 100 – Centro – Cep 25689-900 – Petrópolis, RJ
Tel.: (24) 2233-9000 – E-mail: vendas@vozes.com.br